# 매화역수

수리 12 궁

벽강 안조영 지음

# 목차

## 매화역수 81 수리 해설

## 제1장  基礎理論

## 제2장  合冲과 殺의 作用論

## 제3장  神殺論

## 참고 문헌

나는 역학 공부를 한 지가 근 20년 세월이 넘었다.

명리학 공부부터 시작하여 여러 가지 역학 공부를 하였다. 여러 선생님을 찾아다니며 열심히 공부하였다. 그러나 역학 공부를 하는 것은 참으로 어려운 과제였다. 그 당시에는 역학 공부를 하려면 우선 강의비와 경비, 교통비 등 많은 돈을 써야만 했다. 지금 생각해보면 어떻게 그 시절을 보냈는지 신기하게 느껴진다. 지금은 인터넷과 유튜브 등을 통하여 쉽게 많은 역학 강의를 접할 수가 있어 요즘 역학 공부를 하시는 분들은 참으로 복을 받은 분들이다. 그 시절은 다양한 역학 과목을 배우기가 어려웠다. 명리학이나 당사주, 성명학 정도 배울 뿐이었다. 다양한 과목을 가르치는 선생님을 만나기가 참으로 어려웠기 때문이다. 지금은 인터넷 강의로 육임, 육효, 자마두수, 구성학, 매화역수, 기문둔갑 등 다양한 과목을 마음만 먹는다면 장소를 가리지 않고 저렴한 수강료로 배울 수 있어서 좋다. 앞으로 많은 역학인이 배출되어 역학계가 화려하게 꽃피길 빈다.

나는 대만에 사는 친구가 있어 자주 왕래하며 역학에 대한 토론과 여러 가지 중국 고전을 연구하곤 하였다. 어느 날 그 친구는 나에게 나이가 70이 넘은 고령의 노인을 소개하였다. 하건충(何建忠)이란 사람의 3대 제자란 분을 소개를 받으면서 『팔자심리추명학(八字心理推命學)』과 『천고팔자비결총해(千古八字秘訣總解)』라는 고서에 대해 연구하면서 여러 가지 자료 중 오행을 위주로 하여 생극 관계로 수리를 한자 원어로 해설한 책자를 접했는데 우리가 알고 있는 수리매화역수와 구성 방법이 흡사함을 발견하였다. 그런 점에서 볼 때 똑같은 형태는 아니지만 수리매화역수 학문과 맥을 같이 하는 역수가 대만에도 있다는 점을 알았다. 하건충란 이름은 들었지만 그때는 신경을 안 썼는데 몇 년 후에 서적을 뒤지며 우연히 중국 명리학자 이름 중 위천리, 하건충이란 이름이 알려진 학자임을 뒤늦게 알았다.

그러나 저러나 가장 중요한 것은 수리매화역수의 기원이다. 지금 우리가 배우는 수리 매화역수는 옛날부터 구전으로 전해온 학문이라 하지만 지금의 수리매화역수의 학문을 우리나라에 널리 알리신 분은 김종현이라는 분으로 1980년에 우리나라 방송계는 물론이고 대기업의 역학자문위원으로 활동하면서 상당한 역학계의 바람을 일으키신 분이다. 지금 우리나라에서 매화역수 강의를 하시는 분은 누구나 할 것 없이 그분에게서 수리매화역수를 공부한 분들이다. 나는 그분에게서는 배우지 못했으나 그분의 제자 정인 스님께, 수리매화역수를 배웠다. 벌써 십 년이 넘었다. 수리매화역수는 비법이 아닌 단순한 오행의 생극 작용과 공, 원, 형, 충, 파, 해, 원진의 상호작용을 파악하여 자신의 일주와 세운에서 오는 천간, 지지의 작용으로 풀어가는 학문으로 여러분이 목화토금수와 합과 상극, 공, 원, 형, 충, 파, 해, 원진만 알면 누구나 쉽게 배우는 학문이다.

　대한민국 국민의 한 가정마다 이 한 권의 책을 상비하면 한 가정의 우환을 미리 파악하여 대처하고 가족들의 안녕을 위하여 앞날을 쉽게 내다보는 지혜로움을 얻을 것이라 확신하는 바이다. 한 가정, 한 주부님께서 이 한 권의 책으로 무탈하게 만복을 누리시길 빌어본다.


　이 책을 내기까지 수리매화역수란 학문에 대하여 많은 고견을 주시고 함께 후원해주신 혜련 조병화 선생님께 감사드리며 이 책을 낼 수 있게 도와주신 백암 박서한 선생님께 존경심을 표하며 음으로 양으로 언제나 수강생의 입장에서 역학계의 발전을 위하여 노력하시는 대통인 모든 강사님의 건강과 안녕을 빌어 봅니다. 끝으로 저에게 수리매화역수란 좋은 학문을 전수해주신 정인 스님의 건강과 행운을 기원해 봅니다.


　　　　　　　　　　　　　　　　　　　　　　　벽강 안조영 올림

# | 수리매화역수의 근원 |

수리매화역수란 단어는 중국 송대의 소강절 선생의 고전을 통하여 전해지지만 소강절 선생의 매화역수는 주역의 8괘를 기반으로 만들어졌다. 수리매화역수도 근원을 따져보면 중국의 학문으로 주역을 바탕으로 이루어진 학문이다. 역학의 수리의 근원은 생수와 성수이다.

생수는 1, 2, 3, 4, 5(一, 二, 三, 四, 五)이고 성수는 6, 7, 8, 9, 10(六, 七, 八, 九, 十)이다.

모든 역학을 기반으로 하는 수가 생수(生數)와 성수(成數)이고 이 수를 기반으로 선천수(先天數)와 후천수(後千水)로 나누어진다. 수리매화역수의 기반도 이 수리의 기반에서 벗어나지 않는다. 모든 중국의 역학에 대한 학문의 수리는 선천수와 후천수의 범위를 벗어나지 못한다.

수리매화역수 수리수 역시, 선천수와 후천수의 바탕에서 근원을 같이하는 학문이다.

매화역수의 태생선천수를 알아볼 때, 태어난 생월(生月)과 생일(生日)을 더한다. 음 1을 붙여서 그 사람의 태생선천수를 알아낸다. 이때의 1은, 배 속의 아이는 0이나 태어나면 1의 탄생으로 마침내 0+1이 되어 10을 이루었다. 그래서 10을 이루면 다시 10에서 9를 빼면 0은 사라지고 1만 남는다. 주역의 무극과 태극의 상관관계와 괘를 같이하는 숫자의 이치다. 우리가 초등학교 2학년이 되면 산수 시간에 꼭 외워야 했던 구구단에서 9와 9를 곱한 수, 9 곱하기 9는 81인 수가 81 수리다. 구구단에도 마지막 수는 9이다. 10을 사용하지 않는다. 중국의 남송 시대에 채침(蔡沈)이란 수리학자가 81 수리를 고안해내었으며 이를 근간으로 하여 오늘날 성명학의 8 1수리도 괘를 같이 한다. 매화역수는 9진법을 사용한다. 1 수리부터 9 수리까지 각각 9가지의 경우의 수를 모두 얻고 나면 9 곱하기 9는 81이다.

이와 같이 매화역수의 81 수리도 같은 선상에서 괘를 같이 하는 학문이므로 우리나라에서 이 81 수리를 이용하는 수리매화역수의 기원은 확실치 않으나 삼국시대부터 81 수리가 사대부 유학생들을 통하여 사용되고 차츰 서민들이나 승려들에게 전파되어 오늘날까지 사용되고 있다고 본다. 그러나 수리매화역수가 완전한 학문으로 체계화되고 양성화된 시기는 정확하지 않고 여러 가지 설이 많다. 내가 어릴 적에 오일장에 가면 돗자리를 깔고 앉아 계시는 분께 돈 2십 원을 주면서 어머니께서 아버지의 병세가 언제쯤이면 완쾌되시는지 질문을 하셨고 그 할 아버지는 어머니를 빤히 쳐다보시다 붓에 먹을 칠하고선 숫자로 이리저리 종이에 쓰고는 공표, 짝표 하다가 올해는 병세가 완쾌되긴 어렵고 내년 6월이 넘어야 병세가 좀 나아지신다고 하는 말을 했다. 그때 그 노인은 분명히 아라비아숫자를 한지에 썼으며 좋고 나쁨을 공표와 짝표로 구분하셨다. 지금 생각해보면 정확히는 알지 못하지만 지금의 수리매화역수가 아니었나 하는 생각이 든다. 그러나 누가 뭐라고 해도 오늘날 수리매화역수를 연구하고 양성화시켜 지금의 좋은 학문으로 우리 사회에 통용하도록 힘쓰신 분은 80년대 방송계와 역학계 그리고 잘나가는 기업들의 발전에 기여한 미국에 살고 계신 김종현 선생님이시라고 믿고 있다.

수리매화역수를 양지로 선보이신 김종현 선생의 건강과 장수를 빌면서 여기서 매듭을 짓는다.

벽강 안조영

# 수리매화역수
# 사용법 배우기

이론편

| 3 | 木 | 양木 | 4 | 金 | 음金 | 1 | 水 | 양水 | 2 | 火 | 음火 |
|---|---|---|---|---|---|---|---|---|---|---|---|
| 8 |   | 음木 | 9 |   | 양金 | 6 |   | 음水 | 7 |   | 양火 |

## 生과剋(생과극), 合과凶(합과흉)

### 生(생)

木은 火를 生하고

火는 土를 生하고

土는 金을 生하고

金은 水를 生하고

水는 木을 生한다.

★ 生은 매화역수에서 좋은 의미를 가지며 돕다, 희망, 좋은 결과를 뜻한다.

### 剋(극)

木은 土를 剋한다.

土는 水를 剋한다.

水는 火를 剋한다.

火는 金을 剋한다.

金은 木을 剋한다.

★ 剋은 억누르고 지배하고 침범, 통제하는 의미로 안 좋은 뜻으로 해석한다.

### 合(합)

合에는

6합, 3합, 방합이 있으나 3합은 반합을 사용하고 방합은 사용하지 않는다.

六合

매화역수에서 六合은 무조건 좋은 뜻으로 해석한다.

## 六合(육합)의 종류

子丑(자축)

寅亥(인해)

卯戌(묘술)

辰酉(진유)

巳申(사신)

午未(오미)

## 삼합(삼합)의 종류

寅午戌(인오술)

申子辰(신자진)

巳酉丑(사유축)

亥卯未(해묘미)

★ 매화역수에서는 삼합을 쪼개서 반합만 쓴다.

예) 寅午, 午戌, 寅戌

　　申子, 子辰, 申辰

　　巳酉, 酉丑, 巳丑

　　亥卯, 卯未, 亥未

## 刑, 冲, 破, 害, 怨嗔(형, 충, 파, 해, 원진)의 종류

형, 충, 파, 해, 원진은 매화역수에서 가장 안 좋은 것으로 각각 특성적 요소로 시간과 공간에 따라 나쁜 작용을 한다.

## 刑(형): 일주 기준=훼손, 형벌, 고소, 고발, 구속, 이혼, 사망으로 본다.

三刑

**寅巳申(인사신):** 교통사고, 약물이나 가스 중독

**丑戌未(축술미):** 형제의 다툼, 배은망덕, 은혜 배척, 위장병, 피부병

위 三刑은 합도 있고 冲도 있고 刑도 동시에 내포되어 있으므로 상황에 따라 적절히 해석해야 한다.

## 自刑(자형): 같은 글자끼리 싸운다 하여 자형이라 부르며, 스스로를 헐뜯고 스스로 하며 독립심이 약함을 나타낸다.

**子卯(자묘):** 자식이 어머니를 害(해)한다 하여 붙여진 이름이다. 성격이 강하고 이성 문제 고민, 관재구설이 많으며 불구자가 될 수 있고 부모와 인연이 박하고 부부간 잔정도 없다.

**辰辰(진진):** 물로 인하여 수해를 입거나 구설 시비가 많고 육친과 인연이 없다.

**午午(오오):** 불로 인한 사고나 화재, 화상, 전기 누전 사고, 폭발물 등 돌발 사고를 가리킨다.

**酉酉(유유):** 교통사고를 일으키거나 생리통, 기타 통증 등으로 고생한다.

**亥亥(해해):** 물로 인한 사고나 익사, 함몰 신장, 방광의 질환이 생긴다.

## 沖(충): 일주 기준=충돌, 파멸, 분리, 변화, 해산, 싸우는 것으로 볼 것

沖의 역량은 六合보다 더 강하고 六合의 역량은 三刑과 六害보다 강하다.

매화역수에서 沖은 유형에 따라 작용이 다르다.

子午沖(자오충): 남녀가 다투고 남과 북의 음양이 서로 갈라지는 형상으로 이별이 있고 이해 관계나 금전 문제로 관재구설이 따르며 業(업)이 破(파)하고 위자료 청구 등 재판, 소송 등이 발생한다.

寅申沖:(인신충): 소년, 소녀가 부딪히는 현상으로 이성 문제가 발생하고 교통사고나 부상, 수술 등의 액이 있으며 때론 관재수도 있다.

卯酉沖(묘유충): 부부가 불화하며 근심, 걱정이 많고 간, 담, 대장의 수술수가 있고 手足 (수족) 부상이 있을 수 있고 관재수도 같이 따른다.

辰戌沖(진술충): 늙은 남녀가 다투는 상으로 금실이 좋지 않아 독수공방에 치정 관계로 관재 수도 발생한다.

巳亥沖(사해충): 밝고 어둠이 다투고 작은 일을 크게 부풀리며 먼저는 이득이 있는 듯하지만 후에는 속 빈 강정이 되고 교통사고로 다칠 수가 있다.

丑未沖(축미충): 형제 친구 간에 의리가 없고 믿는 도끼에 발등 찍히거나 본인이 인덕이 없게 되며 살, 위장병, 피부병, 부상 등이 발생한다.

## 破(파): 일주 기준=사기꾼, 배신자, 이별, 분해로 본다.

破는 너무 과격이 넘쳐서 파손됨을 의미한다. 子의 破는 子에서 열 번째가 되는 지지의 酉가 되는데 열 번째가 되는 지지가 만나서 破가 된다.

子酉破(자유파): 육친에 관계된 것으로 육친과 인연이 박하다. 부모 없이 자라거나 친척 식구가 떨어져 살거나 육친이 보살핌을 받기가 힘들다.

午卯破(오묘파): 주색으로 크게 낭패하거나 사업이 실패하며 그로 인하여 가정과 가족이 흩어질 수 있다.

巳申破(사신파): 합도 되고 파도 되는 특성으로 변질적 성격이 많아 이중인격이 될 소지가 크다.

寅亥破(인해파): 합도 되고 파도 되는 특성으로 변질적 성격이 많아 이중인격이 될 소지가 크다.

辰丑破(진축파): 적극적인 성향이 있어 서두른다. 낭패수가 있고 위장병으로 고생한다.

未戌破(미술파): 독선적이며 고집이 너무 세며 그로 인하여 고립되고 고독할 수 있으며 친구가 없다.

## 害(해): 일주 기준=적개심, 증오심, 폭행, 상해로 본다.

害는 본래 六合에서 발생하였다. 매화역수에서 모든 일이 合하는 것은 좋고 合을 못 하는 것은 꺼리게 되는데 合을 하지 못하게 하는 것이 바로 害이다.

寅巳害(인사해): 구설이 많이 따르고 몸을 크게 다칠 우려가 있으며 부모나 형제자매와
　　　　　　　 사이가 좋지 않다.
子未害(자미해): 부부 관계가 좋지 않고 고독을 느끼며 부모나 형제자매와 인연이 박하다.
卯辰害(묘진해): 항상 다툼이 많고 원만한 중에도 파란이 생기며 윗사람을 잘 공경하지 않는
　　　　　　　 편이다.
申亥害(신해해): 자신의 힘을 믿고 서로 경쟁하는 형상이니 얼굴에 흉터가 생기고 남을 미워
　　　　　　　 하거나 시기하는 마음이 있다.
酉戌害(유술해): 가정이 불화하고 다른 사람을 시기하는 마음이 발동하며 성격이 다소 과격
　　　　　　　 하다.
丑午害(축오해): 부모나 형제자매와 사이가 좋지 않은 사람이 많으며 서로의 의견이 극도로
　　　　　　　 대립각을 세우게 된다.

## 怨嗔(원진) 일주 기준=도주, 갈등, 떠나감, 정신적 피해, 억울함으로 본다.

사주에 원진이 있으면 나쁜 성질이 많이 드러나 운명적으로 좋지 않은 작용이 많이 드러난다. 헐뜯고 방해, 원한, 99% 노력으로 잘 해오던 일이 1%의 실수로 공든 탑이 무너지는 경향이 심하다.

子未怨嗔(자미원진): 의지력이 약하고 까닭 없이 아프며 쓸데없는 자존심이 강하고 고독, 세상 비판, 자살수, 남이 잘난 척을 하는 꼴을 못 보며 외롭고 떠돌이 생활을 하며, 눈치가 빠르고 불만이 많으며 폐쇄적, 보수적이다. 골골하며 약하고 어릴 적에는 위험한 고비를 많이 넘기며 성인이 되면 질병이 많게 되고 정신적 고통, 마비, 중풍, 당뇨, 유산, 월경 불순, 불임, 냉증이 있게 된다.
丑午怨嗔(축오원진): 남들에 의한 구설수가 많으며 남녀관계가 복잡하며 이성 편력, 고독, 방황, 가출, 남편, 처복이 없다. 이혼 확률이 높으며 이별, 실패, 가정불화, 정의감이 강하고 인정 많고 동정심 많고 눈물도 많으나 끊고 맺음이 약하다. 줏대가 없으며 여자의 부탁을 거절하지 못하며 결혼해도 순탄치 못하며 애정 문제는 비운이 따른다. 사업은 잘하나 속기도 잘한다.

장, 신경통, 골수, 관절, 허리뼈를 조심하여야 한다.

寅酉怨嗔(인유원진): 의지가 약하고 형제, 부모로부터 소외되는 경우가 많고 성격이 까다롭고 괴팍하다. 남에게 아쉬운 소리 못 하고 사회 적응력이 떨어지며 이기적이고 외롭고 적들도 많다. 예술 계통에서 일하면 나쁜 성향이 감소된다. 사업은 망해도 또 벌리는 경향이 있으며 풍, 혈압, 각종 신경성 위장 질환이 있다.

卯申怨嗔(묘신원진): 소심하고 변덕이 심하며 사사건건 따지고 물고 늘어진다. 서로 대화가 안 통하는 스타일이다. 남에게 싫은 소리 듣지 않으려 하고 상대를 짜증 나게 잘한다. 깔끔을 떨며 지저분한 것을 싫어하며 사교적이고 마음은 약하며 내성적이고 갈등은 심하다. 고독하며 바람기는 다분하고 만족하지 못하는 스타일이다. 사업은 하면 안 되는 편이고 관광 계통 직업에 좋다. 심장, 기관지, 냉증, 우울증, 알레르기가 있다.

辰亥怨嗔(진해원진): 자기 일이 아니면 관심을 두지 않으며 완벽주의자이다. 성취에 만족하지 못하고 고독, 방황, 가출, 근심이 많으며 방향 감각이 둔하고 손발이 밉고 머릿결도 안 좋다. 인물은 좋으나(반대일 때도 있음) 은근히 남에게 피해를 주는 형이다. 남의 말은 잘 안 듣는다. 한번 좋으면 좋고 싫으면 끝장낸다. 스트레스도 한 번에 풀어버린다. 술주정이 있으며 남에게 베푸는 직업을 가져야 액을 면할 수가 있다. 하체 근육 마비, 실어증, 빈혈, 두통, 하반신이 약하다.

巳戌怨嗔(사술원진): 모함과 구설로 애정이 잘 깨진다. 노처녀들에게 많고 쓸데없는 걱정거리를 만든다. 맺고 끊음이 확실하다. 뚜렷하고 명확한 것을 좋아하며 끈기 있는 저력, 불같은 성격, 속칭 독종이 많다. 방황, 방랑이 심하고 결혼은 늦게 해야 길하고 말년에 늦바람, 마약, 노름에 빠지기 쉽다. 손해 보는 일은 하지 않으나 의리는 있다. 공무원, 법조계, 경찰, 의사, 한의사, 교직자, 기사, 통역으로 큰 인물이 많다.

# 胎生(태생)선천수

태생선천수란 매화역수에서는 자신이 태어날 때부터 운명적으로 자신에게 주어진 운명수이다. 태생선천수는 일생 동안 변하지 않으며 평생 운이나 세운, 하루 운을 구할 때마다 필수로 사용하는 기본수를 말한다.

### 태생선천수 구하는 법(매화역수는 생월, 생일은 음력을 사용한다)
매화역수는 항상 9진법을 사용하므로 9는 항상 지운 나머지 수를 사용한다.

## 계산법 1형

예) 1961년 6월 14일생

태어난 월이 숫자와 태어난 일의 숫자를 더하고 1을 더한다.

6+14+1=21이다. 21을 9로 나눈다. 21÷9=2, 나머지 3이다.

나머지 3이 년, 월, 일생의 태생선천수이다.

★ 여기서 6월 14일에 1을 더 더하는 것은 아기가 모친의 모태에서 자란 기간을 더한 것이다.


## 계산법 2형

예) 1961년 6월 14일생

6+14+1=21이다. 21을 분해하여 2+1=3, 3이 태생선천수이다.

★ 나머지가 0일 때는 9로 사용한다. 나머지 0=9 사용


## 계산법 3형

예) 1961년 6월 14일생

6+14+1이란 숫자를 그냥 순서대로 더한다.

6+1+4+1=12다. 여기서 12-9=3을 하면 3이 태생선천수이다.


## 계산법 4형

예) 1961년 6월 14일생

6+14+1에서 먼저, 큰 숫자 14에서 9를 빼면 5이고 나머지 6+1+5=12에서 9를 다시 빼면, 12-9=3, 3이 태생선천수이다.

★ 배열된 숫자들에서 9를 만들어 지우고, 나머지 남는 수가 태생선천수가 된다.


## 當年(당년)후천수

당년후천수는 매년의 운수(세운)를 보는 데 필요한 숫자다.


### 금년(세운:1년 운)의 운세 구하는 법

예) 1961년 6월 14일생(60세)

현재 나이+생월수+생일수

60세+6월+14일=6+0+6+1+4=17, 17을 다시 분해하면 1+7=8

8이 당년후천수이다.

## 올해 운을 보려면

태생선천수: 3 시작 첫 칸에

당년후천수: 8 시작 둘째 칸에 배열한다.

다음과 같은 12개월에 대한 궁도가 위 60세의 올해 세운도이다.

| 3 | 8 | 2 |
|---|---|---|
| **寅** | **卯** | **辰** |
| 5(2+3) | 1(2+8) | 6(5+1) |
| **巳** | **午** | **未** |
| 2(6+5) | 7(6+1) | 9(2+7) |
| **申** | **酉** | **戌** |
| 1(3+5+2=1) | 7(8+1+7=7) | 8(2+6+9=8) |
| **亥** | **子** | **丑** |

★ 매화역수는 세운을 가장 많이 사용하므로 포국 순서를 잘 정리하여야 하므로 다음 사항을 잘 정리할 줄 알아야 한다.

1. 태생선천수를 구한다.
2. 당년후천수를 구한다.
3. 세운의 수리와 각 월을 포국해 나간다.
4. 각 수리에 오행을 적는다.
5. 포국표를 보면서 자신의 일주와 吉과 凶 관계를 찾아본다.
6. 당년후천수의 오행과 각각 수리의 오행과의 生 剋을 파악한다.
7. 자신의 사주 일지와 월별 길흉 포국표에서 월과의 합, 충, 형, 파, 해, 원진을 파악한다.


**當日數(당일수)(일진)**: 당일수는 하루(일진)의 운수를 보는 데 필요한 숫자다.

## 당일 운세를 보려면

예) 1961년 6월 14일생 태생선천수 먼저 구한다(암기 시는 계산 생략).

태생선천수 공식=생월수+생일수+1 공식을 대입하면 다음과 같다.

6+1+4+1=12, 12를 분해하면 1+2= 3, 태생선천수=3이다.

## 오늘 3월 29일 운세 뽑는 법

예) 2020년 3월 29일(음력: 3월 6일)의 당일 운수는?

(매화역수에서는 음력만 사용한다)

당일수 공식=오늘의 월수+오늘의 일수

3+6=9, 9를 분해하면 9이다. 당일수=9

## 당일수 포국법

**태생선천수:** 3은 포국도 첫 칸에 배치하고, 당일수: 9는 둘째 칸에 배치한다.

**참고:** 시간에 천간을 붙여서 해설하기도 한다. 일진 보는 날짜의 寅시가 甲寅이라면 卯시는 乙卯, 辰시는 丙辰 차례로 丑까지 육십갑자를 붙이면 된다. 그래서 자신의 천을귀인, 월덕귀인, 공망, 원진을 자기 일지와 대조하여서 좋은 시간을 잡는 것이다. 그러나 하루 일진을 볼 때 크게 필요하지 않아 무시하는 게 일반적이다.

하루의 운세는 주역의 점으로 보는 게 가장 적중률이 높다고 말한다. 참고하라.

| 3 | 9 | 3 |
|---|---|---|
| 寅 | 卯 | 辰 |
| (03:30~5:30)오전 | (05:30~07:30) | (07:30~09:30) |
| 6 | 3 | 9 |
| 巳 | 午 | 未 |
| (09:30~11:30) | (11:30~13:30) | (13:30~15:30) |
| 6 | 3 | 9 |
| 申 | 酉 | 戌 |
| (15:30~17:30) | (17:30~19:30) | (19:30~21:30) |
| 6 | 6 | 3 |
| 亥 | 子 | 丑 |
| (21:30~23:30)오전 | (23:30~01:30) | (01:30~13:30) |

## 平生運(평생운)수

평생운(평생운 보기)을 보려면?

평생운수를 구해야 한다.

평생운수는 음력, 생, 월, 일, 시를 사용한다.

포국 첫 칸에 태생선천수를 넣고, 포국도 둘째 칸에는 평생수를 넣는다.

평생운수의 공식은 다음과 같다.

평생운수=본인 사주의

년주의 천간수+년주의 지지수+생월의 수+생일의 수+시지의 수

평생운수의 공식을 포국하려면 먼저 다음 천간, 10간과 지지, 12지의 고유 수를 암기하여야 한다.

**천간의 수**

| 甲 | 乙 | 丙 | 丁 | 戊 | 己 | 庚 | 辛 | 壬 | 癸 | | |
|---|---|---|---|---|---|---|---|---|---|---|---|
| 1 | 2 | 3 | 4 | 5 | 6 | 7 | 8 | 9 | 10 | 11 | 12 |
| 子 | 丑 | 寅 | 卯 | 辰 | 巳 | 午 | 未 | 申 | 酉 | 戌 | 亥 |

**지지의 수**

**평생운수 풀이의 공식**

★본인의 사주팔자를 쓴 후, 위의 표 천간수와 지지수를 공식에 따라 붙인다.

예) 1961년 6월 14일생의 사주표 태생선천수 계산법:

6+14+1=21 분해하면 2+1=3, 태생선천수는 3이다.

| | | | 8 |
|---|---|---|---|
| 丁 | 庚 | 乙 | 辛 |
| 丑 | 申 | 未 | 丑 |
| 2 | 14 | 6 | 2 |

**년간수+년지수+생월+생일+시지수 (음력기준)**

1형=8+2+6+14+2=32, 32를 분해하면 3+2=5, 5가 평생운수

2형=8+2+6+1+4+2=23, 23÷9=2, 나머지=5는 평생운수, **평생운수=5이다**.

## 평생운(대운) 포국표

| 1월 | 3 | 2월 | 5 | 3월 | 8 |
|---|---|---|---|---|---|
| 寅 | 1~3세 | 卯 | 4~8세 | 辰 | 9~16세 |
| 4월 | 2 | 5월 | 4 | 6월 | 6 |
| 巳 | 17~18세<br>90~91 | 午 | 19~22세<br>86~89세 | 未 | 23~28세<br>80~85세 |
| 7월 | 8 | 8월 | 1 | 9월 | 9 |
| 申 | 29~36세<br>72~~79세 | 酉 | 37~37세<br>71~71세 | 戌 | 38~46세<br>62~70세 |
| 10월 | 4 | 11월 | 1 | 12월 | 5 |
| 亥 | 47~50세<br>58~61세 | 子 | 51~51세<br>57~57세 | 丑 | 52~56세 |

★ 1세부터 56세까지 순행으로 간 후, 57세부터는 역행으로 이를 계산해서 포국해나가면 됩니다.

## 매화역수의 기본 해설

### 1의 숫자의 의미
### 始生(시생), 貴人(귀인), 새로운 동업자

★ 生(생)과 合(합)을 하면: 귀인, 동업자, 이성, 결혼 상대 만남, 임신
★ 剋(극)과 凶이면: 배신, 고소 고발, 이별, 시비, 원수 만남, 관재구설, 이혼, 임신한 사람은 유산하고 새로운 일로 인해 풍파가 많아진다.

### 기본수의 특징 요약
한 가지 일을 꾸준히 못 한다.

### 수리의 의미
★ 사업의 새로운 동업자 생김, 의욕의 욕구가 강하며 활동적이고 자신의 능력으로 일을 성취하나 쉽게 흥분하지 말고 차분하고 냉정하게 모든 일을 처리해나가야 한다.
★ 먹고사는 데는 안정된다.
★ 하나를 가지고 만족 못 하고 남자는 바람기가 있다.
★ 여명은 1이 합이 되면 결혼, 20대는 이성 관계, 30대면 출산
★ 남명은 1이 합이면 流産(유산), 30대면 새로운 동업자, 40대면 명예, 60대는 가정의 경사로 본다.

18

## 1 수리의 종합수리의 해설

숫자 1은 태어난다는 의미를 갖는다.

초목이 싹을 틔우듯이 없는 것이 생기고 생생히 자람을 내포하고 있다.

그러므로 자립심, 독립심이 강하며 남에게 의지하거나 도움을 바라지 않는 경향이 다분하다.

주위 사람들의 의견을 모으는 데 소질이 있으며 리더십이 강하여 지도자적인 기질을 십분 발휘하고 상대방을 압도하는 능력을 갖고 있다.

시작하기는 좋아하나 마무리가 약한 게 흠이다.

인내심이 약하여 쉽게 포기하는 근성도 있다.

### 2의 숫자의 의미

### 變動(변동), 변화, 기둥, 없어서는 안 될 사람, 참모

★生(생)과 合(합)을 하면: 변화나 변동이 있을 시 좋다.

★剋(극)과 凶(흉)이면: 안 좋은 일이 생기므로 나서지 말고 현상 유지가 좋다.

### 기본수의 특징 요약

인자한 심성(자애로움), 보기보다 인자한 모성애를 가지고 있다.

### 수리의 의미

★ 태생기본수가 2인 사람은 평생 직업 변동이 많다.

★ 남녀 모두 정직하고 성격은 완벽주의자이며 봉사 정신이 강한 편이다.

★ 대충이라는 것은 통하지 않는다.

★ 지도자는 될 수 없는 성향이 있으나 참모 역할은 아주 잘한다. 부하직원은 2 태생선천수를 가진 사람을 쓰라.

★ 직장에서 집안까지 일감을 가져오면서까지 책임을 완수하려고 한다.

★ 결혼하면 처가 잘해주기를 바라며 가정적으로는 완벽하며 너무 지나치면 의부증, 의처증이 있을 수도 있다.

★ 연애 과정은 멋있게 보이나 결혼 생활은 피곤한 스타일이다.

★ 일생 동안 친구도 몇 명 안 되고 쉽게 자기 마음을 잘 드러내지 않는다.

★ 그릇이 작은 편이고 스케일이 작아 남 앞에 나서는 것을 꺼린다.

★ 남자는 부인이 밖에 나가서 활동하는 것을 싫어한다.

★ 맺고 끊는 기질이 부족하여 타인의 비난을 받는다.

★ 멀리 내다보는 지혜가 있다.

## 2 수리의 종합 해설

숫자 2는 기둥 주(柱)이다. 집을 지을 때 주춧돌 위에 세워서 지붕이나 서까래를 받쳐주는 나무이듯이 집안이나 단체, 나라에서 핵심적이고 요긴한 사람을 뜻한다.

자신의 생각을 남에게 터놓고 얘기하는 일이 드물며 혼자 비밀스럽게 하는 것을 좋아한다. 창작적인 재능도 많으며 머리로 생각하는 것을 실제 손으로 만들기도 잘하며 실험 정신도 강하여 한번 호기심이 발동하면 몇 번이고 되짚어 생각해본다. 동정심이 많아 어려운 처지인 사람을 이해하고 도울 줄 안다.

일을 처리할 때 멀리 내다보는 기질이 있으나 실행력이 부족하며 맺고 끊는 기질이 약하여 좋은 기회를 맞이하고도 어물거리다 놓치는 경우가 많다.

### 3의 숫자의 의미

**귀신(鬼神), 심리적 갈등, 망하게 만듦, 3은 귀문관살의 숫자다.**

★ 부정적으로 보면: 잡귀신의 작용으로 보며

　긍정적으로 보면: 조상이 도와준다.

★ 生(생)과 合(합)이면: 조상이 도와주는 것이 되며 공부나 종교 생활에 심취하게 된다.

★ 剋(극)과 凶이면: 심리적 갈등이 생기고 정신적 고통과 이혼이나 퇴사, 시험에 불합격하여 재수하게 된다.

### 기본수의 특징 요약

총명하고 영적인 능력이 다분하다.

### 수리의 의미

★ 귀(鬼)이며, 심리적 갈등이다.

★ 남녀 모두 직선적이며 매사 정직하고 강한 욕구(慾求)가 있다.

★ 자기 욕구가 충족되지 않을 때는 과격하게 배척하며 끊어버리는 게 단호하다.

★ 이성이나 만남에서 헤어지면 미련과 후회를 하지 않는다.

★ 두뇌의 회전은 빠르나 때로는 과격하여 오버하는 습성이 있고 입조심을 하여야 한다.

★ 인간적 정에는 약하고 의협심이 강하다.

★ 건강이나 심리에 갈등이 있고 명예욕이 강하다. 건들면 반응한다.

★ 3자 가진 자의 성격을 맞추어주라. 그러면 부드러움을 보인다.

★ 자기보다 강한 자에게 절대로 굽히지 않으며 아부나 아첨을 하지 않는다.

★ 3자 가진 자와 의논하거나 대화하면 시원스러움을 느끼게 된다.

## 3 수리의 종합수리의 해설

숫자 3은 鬼神(귀신)을 의미한다.

이 숫자를 가진 사람은 두뇌가 총명하고 뛰어날 뿐만 아니라 자신에 대한 긍지가 대단히 강하여 무엇이든 남에게 지기 싫어하고 마음먹은 일은 반드시 성취하고자 하는 욕구가 아주 강하다.

사교적이면서도 직선적인 성격 때문에 주위 사람들로부터 호평받기에는 부족함이 많다.

총명한 두뇌를 가지고 있어 많은 사람 가운데 두드러지게 그 재능을 발휘할 줄 알며 끊임없이 움직이며 활동하기를 좋아하고 경위가 밝고 정의로운 사람이다. 또한, 자기 자신을 반성하거나 자기 자신의 감정을 다스릴 만한 시간을 가지지 않기 때문에 조용하고 차분한 성격이 결여된 편이다.

여자인 경우, 강한 듯 보이지만 인정이나 사랑에 약하며 한번 빠져들면 물불을 가리지 않고 걷잡을 수 없는 상태가 되는 충동적 경향이 있다.

3의 숫자를 태생선천수로 가진 사람은 감정적인 충동성을 잘 다스리면 활동적이고 적극적인 성격을 최대한 발휘하여 좋은 삶을 영위할 수가 있다.

### 4의 숫자의 의미

### 숫자 4는 安定(안정)과 餘裕(여유)를 의미한다.

★ 合이 된다면 부족함이 없고 여유로움 속에 안정함을 가진다.

★ 만일 안정이 沖(충)이 된다면 안정됨이 깨진다는 뜻이다.

★ 生(생)과 合(합)이면 어려운 것들이 잘 풀리고 여유와 안정을 찾는다.

★ 剋(극)과 凶(흉)이 되면 갈등이 생기고 여자, 직장, 가정 문제에 조심해야 한다.

### 기본수의 특징 요약

남자는 효자가 많다.

### 수리의 의미

★ 마음에 여유를 갖고 일이 이루어진다.

★ 상대의 의견을 포용하고 남을 비난하거나 비평을 하지 않는다.

★ 성격이 차분해서 집에서 불이 난다고 해도 챙길 것을 모두 챙겨서 나가려고 한다.

★ 아들이나 며느리는 4 태생선천수를 가졌다면 좋다.

★ 남자면 군자처럼 매사가 느긋하고 정직한 판단을 내린다.

★ 여자면 적극성, 진취성, 활동성, 과감성이 있고 남 앞에 나서기 좋아한다. 직업 전선에 적극적이고 가정을 몸소 돌보려 한다. 4 태생선천수를 가진 여자는 남편의 체면을 받들 줄 모른다.

★ 남에 밑에 있기를 싫어하고 지도자형이다.

## 4 수리의 종합수리의 해설

숫자 4는 안정의 의미를 가진 숫자다.

글자 그대로 정신과 마음이 고요하고 편안하며 사회적인 위치도 안정적이다. 남자는 군자의 성품으로 매사에 침착하고 여유가 있는 것이 장점이며 과묵하기 때문에 어떤 어려운 일이 생겨도 당황함이 없이 자신의 임무를 수행한다.

대인 관계에 있어서도 정도에 벗어난 행동을 하지 않고 원만히 상대하므로 모든 사람과 잘 어울리고 사람이 모여든다.

그러나 여자인 경우는 남 밑에 있기를 싫어하며 리더십이 강하여 성격이 소극적인 여자와는 잘 어울리지 않으려는 경향이 있다.

불의에 참지 않으며 의협심이나 자존심을 뚜렷한 개성으로 나타내려 한다. 독선적인 경향이 너무 강하므로 주위에서 따돌림을 당하게 되는 경우가 있으며 남편의 일 처리가 난관에 부딪히면 남편을 물러서게 한 후, 자기가 나서려는 경향이 심하므로 남편과 다투는 경우도 많다.

4 수리를 태생선천수로 가진 남자라면 더욱 적극적일 필요성이 있으며, 반대로 여자라면 자신을 좀 더 절제하려는 노력이 필요하다.

## 5의 숫자의 의미
### 숫자 5는 경파, 과격한 행동과 깨짐을 의미한다.

★ 경파(警破)는 깜짝 놀라 깨짐을 말하며 혁신, 과감, 충격을 의미한다.

★ 合이 되면 좋은 일로 놀라고 충이 되면 나쁜 일로 놀라게 된다.

★ 과격한 행동을 하고 일단, 일을 저지르고 본다. 융통성이 부족하다.

★ 편재성이 있으며 큰돈을 의미한다. 5와 9는 부동산 문서를 의미한다.

★ 참고로 8 수리는 정재(正財)를 의미한다.

★ 生(생)과 合(합)이면 부동산 주식으로 큰돈을 번다.

★ 剋(극)과 凶이면 투자하거나 사채놀이를 하면 실패한다.

★ 친구나 이성 관계로 놀랄 수 있다.

★ 집을 팔아서 사업하면 본전도 못 찾는다.

## 기본수의 특징 요약

과격, 의리, 멋있고 박력이 있고 잔머리 못 굴린다.

## 수리의 의미

★ 밀어붙이는 근성을 가지고 있다.

★ 3, 5, 7을 태생선천수로 가진 사람은 불구자가 많은 편이다.

★ 벙어리가 많고 정에 약하며 상대가 속일 경우에는 다시는 안 만난다.

★ 한번 해준다면 꼭 해주며 책임진다면 반드시 책임을 지고 의리가 있어서 여자들은 마음
먹으면 공동묘지까지도 따라온다.

★ 상대자가 과격하면 좀 돌아가라. 직선적으로 오면 피하여 정면으로 부딪히지 말고 천천히
조리 있게 다루어라.

★ 불의를 모른다. 중풍에 잘 걸린다. 안정을 가져라.

★ 과격하여 모든 행동에 후회나 미련을 갖지 않는다.

★ 주위의 자문을 잘 듣지 않고 운이 안 좋을 때는 자기 고집과 자신으로 인하여 망할 수도 있다.

★ 하나하나 차분히 처리해나가는 지혜가 필요하다.

## 5 수리의 종합수리의 해설

놀랄 경(警)과 깨질 파(破)로, 물질적인 면에서나 정신적으로나 깜짝 놀라고 타격을 받는다는
뜻이다. 따라서 이런 사람들은 어떤 경우에 처하든 살려고 하는 의지가 강하고 자기 목표나
이익에 대한 집념이 강하다. 불쌍한 처지에 빠진 사람들을 도와주려는 동정심과 미지에 대한
도전하려는 모험심이 강하며 인간적으로 결속되면 의리를 끊지 않고 오래 지속시키는 지조
있는 성격을 가지고 있다.

단점으로는 냉소적, 과격한 성격, 사람들과 자주 충돌, 고로 절친한 사람이 별로 없다. 이성적
판단 능력이 결여, 충동적 판단으로 행동, 이로 인하여 여러모로 손해가 크다. 남과 타협하는
성향이 부족하고 자신의 이익을 좇는 경향이 많으므로 개인 사업을 하기 좋아한다.

인간관계에 있어서도 마음이 변하기 쉽고, 좋고 그름이 분명하기 때문에 조금은 냉정하고 접근하기가 어려운 인상을 준다. 특히, 여자인 경우는 따사로운 정이 없기 때문에 항상 집안이 설렁하고 온기가 없다.

## 6의 숫자의 의미

### 숫자 6은 관록(官祿), 명예, 승진, 행운을 의미한다.

★ 형, 충, 파, 해, 원진일 때, 병원에 입원할 수가 있다.

★ 生(생)과 合(합)이면 일주의 천간과 생을 하면 승소, 취업, 승진, 합격, 결혼, 계약 등이 성사된다.

★ 剋(극)과 凶이면 일주의 천간과 극을 할 때면 패소, 좌천, 이혼, 관재, 불합격, 구설, 시비 등으로 고전하게 된다.

★ 직업은 공직에 좋으며 군, 경, 검, 전문직(의료, 연구, 금융), 종교인, 정치인이 좋다.

## 기본수의 특징 요약

빈틈없이 꼼꼼하고 정직하며 이론에 밝고 불의를 모른다.

## 수리의 의미

★ 빈틈없이 꼼꼼하고, 완벽 정직하며, 이론이 밝고 불의를 모른다.

★ 자기 뜻대로 밀고 가고 모든 일에 완벽을 기하며, 자기 합리화를 하는 사람으로 실리적이다.

★ 매사를 3, 5, 7자를 태생선천수로 가진 사람처럼 사람 앞에 나서는 성격이 아니고 뒤에서 조정하려 한다.

★ 일생을 명예를 가지고 사는 데 천부적인 재질이 있다.

★ 교사, 법관, 의사, 은행원 등의 직업으로 좋고 어떤 문제가 오더라도 해결한다.

★ 남의 처지를 이해하고 도량과 포용심을 구비하면 사회의 진주가 될 수 있다.

★ 자신의 능력에 비추어 무리한 일은 절대 하지 않는다.

★ 남에게 신세를 지는 일은 절대 하지 않는다.

★ 6의 태생선천수를 가진 사람은 사람을 무시하는 경향이 있으므로 꼼짝 못 하게 미리 처세하라.

★ 2, 6 수리는 친구가 적으며 4, 6 수리는 실리적이다.

## 6 수리의 종합수리의 해설

숫자 6은 벼슬을 의미하는 숫자다.

벼슬이란 관청에 나가서 나랏일을 맡아 다스리는 자리를 뜻한다. 행정, 경찰, 검찰 등을 말한다.

이 숫자를 가진 사람은 성격이 침착하고 완벽함을 추구하기 때문에 절대로 타인에게 손해를 끼치거나 도움을 받으려 하지 않는다.

자기 앞가림에 주력하기 때문에 모든 문제를 폭넓게 생각하고 이해하는 능력이 부족한 게 단점이다.

잡다한 가정생활에 일일이 간섭하므로 아내를 피곤하게 하고 자식들까지 괴롭히는 성격을 가졌다.

여성인 경우는 주도면밀한 탓으로 남편의 사랑이 식는 결함이 있다.

모험적인 일이나 자신의 능력에 비추어 무리가 있다고 판단하면 굳이 하려고 하지 않는다.

## 7의 숫자의 의미

### 숫자 7은 퇴식, 정신적 갈등, 의욕, 욕구, 건강 상실

★ 生(생)과 合(합)이면 피곤하거나 가벼운 아픔이라도 거치고 간다(감기라도 걸린다).

★ 剋(극)과 凶이면 크게 아프거나 심하면 입원할 수 있고, 심하면 사망할 수도 있다.

★ 모든 일이 뜻대로 되지 않는다.

★ 태생선천수 7을 가진 사람은 작은 지병이라도 가지고 있다.

## 기본수의 특징 요약

### 자기의 氣(기)를 밀고 나가는 경향이 있으며, 고집이 세다.

## 수리의 의미(數理의 意味)

★ 독선적이고 개척하는 정신이 강하다.

★ 끈질긴 집념과 독선적인 판단을 하는 경향이 강하다.

★ 부모, 형제, 동지나 친구에게 헌신하거나 덕을 베풀어도 알아주지 않아 고독감을 느낀다.

★ 옳다고 판단하면 끝까지 밀고 나간다.

★ 집념, 끈기 친화력이 강하여 어디든 잘 어울리고 인생을 즐기려 한다.

★ 여자는 매사에 적극적이며 능동적이다. 하지만 자신의 활동 범위를 넘어서 남편의 일을 거들어주면서 남편의 체면을 손상하거나 氣(기)를 꺾어 놓기도 한다.

★ 부모는 태생기본수 7을 가진 자식이 있다면 편하게 대하고 칭찬을 해주고 정으로 다스리면 좋다.

★ 남자다운 기백이 있어 사귀기는 쉬우나 강인한 성격을 내포하고 있으며 남의 일에 앞장 서기 좋아하고 무뚝뚝하며 과격하다.

★ 남자는 남의 말에 귀를 기울이는 이해심을 가져야 하며 매사 세밀하게 판단하고 계획하여야 한다.

★ 7 수리는 사업하면 망하는 경우가 많다. 또한, 집안을 망하게 할 수도 있다.

★ 잘못 건드리면 부모도 몰라본다. 5는 고독, 7은 사교성, 친화력을 뜻한다.

★ 4 수리와 7 수리는 남편의 명예를 세울 줄 모른다.

## 7 수리의 종합수리의 해설

숫자 7은 퇴식을 나타내는 숫자이다.

물리칠 退(퇴)와 밥 食(식)이 뜻하는 것처럼 밥을 물리친다는 뜻을 갖는다. 그러므로 건강이 약하거나 발전보다는 뒤로 물러서는 퇴보성을 보인다.

7의 성격은 끈질긴 집념이 대단하지만 독선적인 성격으로 손해를 보는 일이 많으며 부모의 덕을 보기도 어렵다.

또한, 매사에 의욕적이지 못하고 소극적이기 때문에 남들로부터 신임을 받지 못한다. 장점으로는 집념과 끈기가 있고 친화력이 강하여 어디든지 잘 어울린다. 악착같지 않고 義(의)를 추구하며 동료들과 잘 어울려 인생을 즐기는 것은 좋은 점이라 하겠다.

단점으로는 자기중심적으로 판단하기 때문에 상사의 신임을 얻지 못하고 서클이나 친목회 같은 데서도 친근감을 얻기 어려운 경향이 있다.

여성은 극성맞다는 말을 들을 정도로 매사에 적극적이고 능동적이다.

활동력이 대단하여 자신의 활동 범위를 넘어서 남편의 일까지 나서므로 남편의 체면을 손상시킬 수 있으며 남편의 기를 꺾어 놓기도 한다.

남성은 자신의 주장만 세우지 말고 남의 말에도 귀를 기울일 줄 아는 이해심을 가져야 한다.

## 8의 숫자의 의미

### 財物(재물), 돈

★ 금전적 욕구가 생긴다.

★ 5와 8이 만나면 돈 때문에 놀란다.

★ 7과 8의 만남은 몸이 아파서 돈을 나가게 한다.

★ 습(합)이 되면 돈이 들어오고 刑(형)이면 돈 문제로 관재구설수가 있으며 沖(충)이 되면 돈이 나가거나 떼이며 破(파)이면 파산할 수가 있고 害(해)이면 사기를 당할 수가 있다.

### 기본수의 특징 요약

매사에 실질적 이익이 있다면 즉시 행동한다.

### 수리의 의미(數理의 意味)

★ 주머니에 돈이 있어야 편한 사람, 돈 없으면 활동 안 한다.

★ 부모님에게도 이자 놀이를 하며 모든 일에 실속을 먼저 생각하고 돈으로 안정을 찾는다.

★ 숫자 8은 재물과 밀접한 관계를 나타내는 숫자이다.

★ 태생선천수가 8인 사람은 매사에 실리를 추구하는 강한 성격으로 자연히 재물을 모으고 안정을 얻게 되는 것이 장점이다.

★ 재물을 가지고 모든 것을 판단하므로 타산적이고 이기적인 성품을 드러내는 수전노 기질이 기질이 다분하며 의지나 명분을 도움을 준 선배나 직장의 상사들까지도 배반하는 경향이 있다.

★ 여성인 경우는 아주 작은 재물이라도 포기하지 않기 때문에 오히려 화근이 되어 큰 재물을 잃는 경우가 많다.

★ 지도력이 강하고 개성이 풍부할 뿐만 아니라 항상 평범한 것을 좋아하지 않고 정열적이고 극단적인 생활을 하기 때문에 파란만장한 인생의 길을 걷는 사람도 많다. 따라서 이런 사람은 자신이 결심한 일이면 모두가 반대하는 것이라도 끝까지 밀고 나가며 그것에 몰두 하게 된다.

★ 일주가 陽干(양간)인 사람이면 통이 크고 돈을 쓸 줄을 알지만, 陰干(음간)인 사람은 짠돌이고 구두쇠가 많다.

## 8 수리의 종합수리의 해설

지도력이 강하고 개성이 풍부할 뿐만 아니라 항상 평범한 것을 좋아하지 않고 정열적이고 극단적인 생활을 하기 때문에 파란만장한 인생의 길을 걷는 사람도 많다. 따라서 이런 사람은 자신이 결심한 일이면 모두 반대하는 것이라도 끝까지 밀고 나가며 그것에 몰두하게 된다.

일주가 陽干(양간)인 사람이면 통이 크고 돈을 쓸 줄을 알지만 陰干(음간)인 사람은 짠돌이고 구두쇠가 많다.

한 푼 두 푼 저축하는 근면성은 돋보이나 재물욕이 지나쳐서 대인 관계를 손상시킬 수 있으므로 인간성을 잃지 않도록 유의해야 하겠다.

2, 6, 8 중 2는 정이 많은 것이고 6과 8은 정이 없고 실리적, 이기적임을 내포한다. 언제든지 돈으로 해서 대인 관계에 등을 돌리고 융통성이 부족하다.

## 9의 숫자의 의미

문서, 계약, 학문, 증서, 자격증, 진단서

★ 문서, 학문, 계약, 보증, 자격증 진단서 등을 나타낸다.

★ 6과 9는 명예를 나타내고 9와 5는 부동산 문서를 가리킨다.

★ 9와 7은 병원 입원 문서나 사망 문서도 될 수 있다.

★ 9와 1이 합이면 결혼이나 임신, 출산을 의미한다.

★ 2는 꼼꼼하고 3은 촉이 빠르며 9는 학문이 깊다.

★ 9가 生(생)과 合(합)이면 문서, 시험, 승진, 사업 개시, 부동산 매매, 해외여행, 9가 剋(극) 과 凶이면 문서 조심, 배신, 해고, 재판 패소, 이혼할 수 있다.

★ 9 수리는 역마를 나타내며 여행, 출장, 이민, 선거 그리고 生(생)과 死(사)를 뜻한다.

## 기본수의 특징 요약

**무뚝뚝하며 강인하고 독선적이며 목적을 위해서는 주위를 인식하지 않고 과격하다.**

## 수리의 의미

★ 자기 고집대로 밀고 나가는 성격이다.

★ 4자와 9자의 태생선천수를 가진 여자는 고집이 세고 융합하지 못한다. 무뚝뚝하고 매력 없고 처음과 끝이 변함이 없다.

★ 9의 태생선천수를 가진 여자는 일부종사하지 못한다.

★ 장점으로는 철학적 이상주의자이며 감수성이 예민하고 온순하다.

★ 자수성가형이며 독립심이 강하고 타향에서 성공한다.

★ 전문직이나 작가, 자격증, 자유업, 단순노동과 교통업에 종사하는 사람이 많다.

★ 단점으로는 배타적이며 독선적이고 남의 충고를 무시하고 친구가 적다.

★ 포기나 좌절이 빠르고 쉽게 포기하는 습성이 있다.

★ 일생에 한 번은 서류 문제로 곤욕을 치르며 남의 일에 나서지 않으며 목적을 위해서는 수단과 방법을 안 가린다.

★ 여자는 남자에게 지기 싫어하며 결혼운이 없고 과부가 많다.

## 9 수리의 종합수리의 해설

글월 문(文)과 글 서(書)를 합한 말로 물건이나 서류 등을 뜻한다.

곧 다가올 새로운 계약, 보증, 승인서 등의 서류를 나타낸다.

9 태생선천수를 가진 사람은 서류의 내용을 한 자 한 자 따져보는 끈기를 가지고 있으면서 과묵한 것이 장점이다.

남을 설득하거나 즐겁게 해주는 뛰어난 재치와 유머 감각도 지니고 있다.

특히 여성인 경우 남편에게조차 지기를 싫어하기 때문에 가정불화가 잦고 자기주장만을 내세우는 것이 흠이다.

한편, 철학적이며 심령적인 세계를 좋아하는 이상주의적인 사고를 가졌기 때문에 감수성이 아주 예민할 뿐만 아니라 작은 일에도 마음에 상처를 받기가 쉽다. 그리고 모든 일에 봉사 정신이 투철하여 동정심이 많고 부드러운 마음을 가졌기에 정열적이면서도 빨리 좌절하고 권태를 느낀다.

이러한 사람의 경우 특이하게 타향에서 성공하는 사람이나 자격증을 이용한 자유업이 많다.

## 가정에서 12수리궁 매화역수를 보는 법

누구나 매화역수로 자신의 한 해 운을 보려면 자신의 사주팔자 중 일주(태어난 날)를 알아야 한다.

### 자신의 일주를 아는 법

1. 자신의 핸드폰에서 Play 스토어 앱을 누른다.

2. 제일 위쪽 돋보기 창에 하늘도마뱀을 쓰고 돋보기 표시를 누른다.

3. 하늘도마뱀 만세력을 찾은 후 그 글자를 누르고 하늘도마뱀의 설치를 누른다.

4. 오른쪽에 열기를 누르고 기다리면 핸드폰에 앱이 설치된다.

5. 하늘도마뱀 만세력 창에서 태어난 년도, 태어난 달, 태어난 일자, 태어난 시간을 쓴다.

예) 1981년 12월 3일 오후 1시 20분에 태어났다면 창에 198112031320이라고 쓰고 음력, 양력을 체크하고 남, 여를 체크하면 자기 사주가 네 기둥으로 나온다.

6. 오른쪽에서 세 번째 기둥에 쓰인 글자 중 아래 글자가 자신의 일지이다

7. 자신의 일주는 다시 일간과 일지로 나누는데 위는 일간이라 부르고 아래는 일지라 부른다.

8. 12수리궁 매화역수는 일지가 각각의 12궁과 길(吉)이면 좋고 흉(凶)이면 나쁘다.

9. 이 정도만 알면 누구나 매화역수를 토정비결같이 볼 수 있다. 매화역수는 최고의 운세를 보는 학문이다.

10. 설치가 어려우신 분들은 핸드폰을 잘 아는 분께 도움받으시면 됩니다.

# 매화역수 81 수리 해설

## 1-1-2 ~ 9-9-9

| 길, 평, 흉 년별 진행표(선천수+후천수+선후천수) | | | | | | | | |
|---|---|---|---|---|---|---|---|---|
| 길 | 흉 | 흉 | 길 | 평 | 평 | 흉 | 길 | 흉 |
| 112 | 123 | 134 | 145 | 156 | 167 | 178 | 189 | 191 |
| 흉 | 평 | 평 | 길 | 흉 | 평 | 흉 | 평 | 길 |
| 213 | 224 | 235 | 246 | 257 | 268 | 279 | 281 | 292 |
| 흉 | 흉 | 평 | 흉 | 길 | 평 | 평 | 평 | 흉 |
| 314 | 325 | 336 | 347 | 358 | 369 | 371 | 382 | 393 |
| 길 | 길 | 흉 | 평 | 길 | 흉 | 흉 | 흉 | 평 |
| 415 | 426 | 437 | 448 | 459 | 461 | 472 | 483 | 494 |
| 평 | 흉 | 길 | 길 | 흉 | 평 | 평 | 흉 | 평 |
| 516 | 527 | 538 | 549 | 551 | 562 | 573 | 584 | 595 |
| 평 | 흉 | 흉 | 평 | 평 | 길 | 흉 | 길 | 흉 |
| 617 | 628 | 639 | 641 | 652 | 663 | 674 | 685 | 696 |
| 평 | 흉 | 흉 | 길 | 평 | 평 | 흉 | 길 | 흉 |
| 718 | 729 | 731 | 742 | 753 | 764 | 775 | 786 | 797 |
| 길 | 흉 | 길 | 흉 | 흉 | 길 | 흉 | 평 | 길 |
| 819 | 821 | 832 | 843 | 854 | 865 | 876 | 887 | 898 |
| 흉 | 평 | 흉 | 평 | 평 | 평 | 흉 | 길 | ? |
| 911 | 922 | 933 | 944 | 955 | 966 | 977 | 988 | 999 |

# 1 수리 해설

1-1-2 ~ 1-9-1

|

| 1 수리 운세표 | | | | | | | | |
|---|---|---|---|---|---|---|---|---|
| 길 | 흉 | 흉 | 길 | 평 | 평 | 흉 | 길 | 흉 |
| 112 | 123 | 134 | 145 | 156 | 167 | 178 | 189 | 191 |

## 1-1-2(吉)

| 시생 | 1 | 水☺ | 시생 | 1 | 水 | 변동 | 2 | 火☹ |
|---|---|---|---|---|---|---|---|---|
| 1월 | 寅 | 선천수 | 2월 | 卯 | 후천수 | 3월 | 辰 | 선후천수 |
| 귀신 | 3 | 木☺ | 귀신 | 3 | 木☺ | 관록 | 6 | 水☺ |
| 4월 | 巳 | 2+1=3 | 5월 | 午 | 2+1=3 | 6월 | 未 | 3+3=6 |
| 문서 | 9 | 金☺ | 문서 | 9 | 金☺ | 문서 | 9 | 金☺ |
| 7월 | 申 | 6+3=9 | 8월 | 酉 | 6+3=9 | 9월 | 戌 | 9+9=9 |
| 안정 | 4 | 金☺ | 안정 | 4 | 金☺ | 재물 | 8 | 木☺ |
| 10월 | 亥 | 1+3+9=4 | 11월 | 子 | 1+3+9=4 | 12월 | 丑 | 2+6+9=8 |

| 일지 | 寅 | 卯 | 辰 | 巳 | 午 | 未 | 申 | 酉 | 戌 | 亥 | 子 | 丑 |
|---|---|---|---|---|---|---|---|---|---|---|---|---|
| 凶月 | 4 巳 형 | 3 辰 해 | 2 卯 해 | 1 寅 형 | 2 卯 파 | 9 戌 형파 | 1 寅 형충 | 1 寅 원 | 3 辰 충 | 1 寅 파 | 2 卯 형 | 3 辰 파 |
| | 7 申 충 | 5 午 파 | 9 戌 충 | 7 申 형파 | 11 子 충 | 11 子 원 | 2 卯 원 | 2 卯 충 | 4 巳 원 | 3 辰 원 | 5 午 충 | 5 午 해원형충 |
| | 8 酉 원 | 7 申 원 | 10 亥 원 | 9 戌 원 | 12 丑 원 | 12 丑 충 | 4 巳 형파 | 9 戌 해 | 6 未 형파 | 5 巳 충 | 6 未 해원 | 6 未 충 |
| | 10 亥 파 | 8 酉 충 | 12 丑 파 | 10 亥 충 | | | 10 亥 해 | 11 子 파 | 8 酉 해 | 7 申 해 | 8 酉 파 | 9 戌 형 |
| | | 11 子 형 | | | | | | | 12 丑 형 | | | |
| 吉月 | 5 午 합 | 6 未 합 | 7 申 합 | 8 酉 합 | 1 寅 합 | 2 卯 합 | 3 辰 합 | 3 辰 합 | 1 寅 합 | 2 卯 합 | 3 辰 합 | 4 巳 합 |
| | 9 戌 합 | 9 戌 합 | 8 酉 합 | 12 丑 합 | 6 未 합 | 5 午 합 | 11 子 합 | 4 巳 합 | 2 卯 합 | 6 未 합 | 7 申 합 | 8 酉 합 |
| | 1 寅 합 | 10 亥 합 | 11 子 합 | 4 巳 합 | 9 戌 합 | 10 亥 합 | 7 申 합 | 12 丑 합 | 5 午 합 | 10 亥 합 | 12 丑 합 | 11 子 합 |

월별 吉凶(길흉) 포국표 ※ 후천수궁과 같은 12지지도 吉月에 포함한다.

※ 합은 좋은 해석, 나쁨을 좋음으로 전환 ※ 충은 싸움, 터짐, 변화, 충돌, 다툼, 경쟁, 파멸, 해산 ※ 형은 소송, 구속, 체포, 형벌, 이혼, 사망, 관재구설, 관재, 고소, 고발 ※파는 이별, 사기꾼, 배신자, 분해, ※ 해는 적개심, 증오, 폭행, 상해, 반목, 미워함 ※ 원진은 갈등, 도주, 떠나감, 억울함, 피해

## 1-1-2(吉)년 해설

\*\*

### 1-1-2

새로운 능력으로 의욕이 생기게 되고 동업자가 생긴다.

1은 귀인이 들어서고 귀인과 합이면 여명은 결혼, 30대면 출산, 남명은 30대는 새로운 동업, 40대는 명예를 얻는다.

### 3-3-6

심리적 갈등으로 마음의 변화가 있고 종교적으로도 심한 갈등을 느끼게 된다.

3은 귀신이다. 귀신이 중첩되어 들어오는 것은 정신적 갈등을 심하게 받게 된다.

5월 왕지 午는 후천수궁과 파(破)가 되니 술을 좋아하는 사람은 낭패수가 따르니 조심하라.

그러나 6월 궁과 후천수궁은 서로 좋아 관록이 들어서므로 6월이 되면 승소, 취업, 승진, 합격, 결혼, 계약 등이 성사된다.

### 9-9-9

직장인은 해외 출장, 일반인은 해외여행을 할 수 있다.

9가 연속 들어오는 것은 먼 거리 여행, 이동, 승진, 발령 등이 조짐이 있으며 특히 10월에 들어서는 수리수 4로 안정으로 들어가니 좋으며 후천수궁과 훼이 없어 무난히 좋은 가을을 지낼 것이다.

### 4-4-8

자신의 능력을 과감히 밀고 나가면 좋다.

안정 속에 재물이 보이니 얼마나 좋은가, 그러나 내년은 별로 안 좋은 해다.

좋은 상태에서 미리 대비하여야 한다.

그러나 참고로 일주가 午이면 후천수궁과 午卯 파(破)가 되어 1의 귀인이 형살이 되어 나를 해친다. 그리고 酉 일주는 2월, 3월에 귀인이 변동하여 충(沖)으로 들어오니 배반, 배신할 수가 있다.

寅酉 원진, 卯酉 충, 酉戌 해, 子酉 파 등 이러한 경우 귀인이 오히려 본인을 해치니 특히 명심하여야 한다.

귀인 1은 형, 충, 파, 해, 원진이 없으면 귀인이 되어 나를 돕는다.

## 1-2-3(凶)

| 시생 | 1 | 水☹ | 변동 | 2 | 火 | 귀신 | 3 | 木☺ |
|---|---|---|---|---|---|---|---|---|
| 1월 | 寅 | 선천수 | 2월 | 卯 | 후천수 | 3월 | 辰 | 선후천수 |
| 안정 | 4 | 金☹ | 경파 | 5 | 土☺ | 문서 | 9 | 金☹ |
| 4월 | 巳 | 3+1=4 | 5월 | 午 | 3+2=5 | 6월 | 未 | 4+5=9 |
| 안정 | 4 | 金☹ | 경파 | 5 | 土☺ | 문서 | 9 | 金☹ |
| 7월 | 申 | 9+4=4 | 8월 | 酉 | 9+5=5 | 9월 | 戌 | 4+5=9 |
| 문서 | 9 | 金☹ | 귀신 | 3 | 木☺ | 귀신 | 3 | 木☺ |
| 10월 | 亥 | 1+4+4=9 | 11월 | 子 | 2+5+5=3 | 12월 | 丑 | 3+9+9=3 |

| 일지 | 寅 | 卯 | 辰 | 巳 | 午 | 未 | 申 | 酉 | 戌 | 亥 | 子 | 丑 |
|---|---|---|---|---|---|---|---|---|---|---|---|---|
| 凶月 | 4巳형<br>7申충<br>8酉원<br>10亥파 | 3辰해<br>5午파<br>7申원<br>8酉충<br>11子형 | 2卯해<br>9戌충<br>10亥원<br>12丑파 | 1寅형<br>7申형파<br>9戌원<br>10亥충 | 2卯파<br>11子충<br>12丑원<br>10亥충 | 9戌형파<br>11子원<br>12丑형충 | 1寅형충<br>2卯원<br>4巳형파<br>10亥해 | 1寅원<br>2卯충<br>6未해<br>11子파 | 3辰충<br>4巳원<br>8酉해<br>12丑형 | 1寅파<br>3辰원<br>6未해원<br>7申해<br>8酉파 | 2卯형<br>5午충<br>8酉파 | 3辰파<br>5午해원<br>6未형원충<br>9戌형 |
| 吉月 | 5午합<br>9戌합<br>1寅합 | 6未합<br>9戌합<br>10亥합 | 7申합<br>8酉합<br>11子합 | 8酉합<br>12丑합<br>4巳합 | 1寅합<br>6未합<br>9戌합 | 2卯합<br>5午합<br>10亥합 | 3辰합<br>11子합<br>7申합 | 3辰합<br>4巳합<br>12丑합 | 1寅합<br>2卯합<br>5午합 | 2卯합<br>6未합<br>10亥합 | 3辰합<br>7申합<br>12丑합 | 4巳합<br>8酉합<br>11子합 |

월별 吉凶(길흉) 포국표 ※ 후천수궁과 같은 12지지도 吉月에 포함한다.

※ 합은 좋은 해석, 나쁨을 좋음으로 전환 ※ 충은 싸움, 터짐, 변화, 충돌, 다툼, 경쟁, 파멸, 해산 ※ 형은 소송, 구속, 체포, 형벌, 이혼, 사망, 관재구설, 관재, 고소, 고발 ※ 파는 이별, 사기꾼, 배신자, 분해 ※ 해는 적개심, 증오, 폭행, 상해, 반목, 미워함 ※ 원진은 갈등, 도주, 떠나감, 억울함, 피해

## (태생)선천수 1의 궁도

### 1-2-3(凶)년 해설

\*\*

### 1-2-3

운(年)은 후천수궁 2가 변동인데 변동에 귀신이 오니 함부로 마음먹었던 일을 시행하다가 큰 낭패를 볼 수가 있으니 1년을 느긋한 마음으로 쉬어간다는 자세로 임하면 좋다.

멀리 여행을 떠나든지 역학 공부나 종교 생활에 매진하면 좋다. 머리를 식히는 가벼운 취미 생활을 즐기는 것도 좋다.

귀인의 변동으로 마음이 변하여 나에게 큰 피해를 줄 수도 있으니 가까운 친구나 지인도 조심히 대하라.

후천수궁 2卯와 3월 辰궁의 귀신 3은 해(害)의 관계로 다툼과 파란을 불러오고 윗사람을 공경하지 않는 경향도 있다.

매화역수에서는 1-2-3은 아주 나쁜 수리군으로 보기 때문에 경솔히 행동하면 여러 가지 형태로 안 좋은 일에 직면할 수 있으니 석 달을 더 조심해야 한다.

### 4-5-9

안정 속에 경파가 오고 문서가 따라오니 수리로는 좋으나 오행이 후천수궁의 火 오행과 4월에 4金과 6월에 9金이 극(剋) 관계라 문서를 잡지 못하지만 인내로 참고 참아야 한다. 쉽게 행동하다가는 많은 손해를 입을 수 있다.

더 중요한 건 5월, 경파 土가 4월, 6월 金으로 설기를 당하고 있어, 변동으로 놀란 5월 경파가 발악을 하는 꼴이라 더욱 나쁘다. 卯, 子, 丑 일주는 조심하라. 문서, 부동산, 주식 투자를 조심하고 변화, 변동을 요하는 일에 심사숙고하여 행동하라.

### 4-5-9

위와 동일한 수리라서 같은 해석을 하지만 위와 같은 현상이 반복되고 더 오래 지속되고 강도가 높아지므로 중복된 3 수리가 들어오면 剋을 당할 때는 더 조심하여야 한다. 특히 卯, 午, 酉, 子 일주는 모두 왕지에 있고 5의 경파(驚破)가 중앙에 자리해서 힘이 강하므로 나쁘게 작용하면 큰 타격을 받으니 조심하라.

### 9-3-3

이 수리군은 죽음과 관련이 있고 귀신에 문서가 쌍으로 들어오면 음적인 요소가 강하여 환자는 진단서나 사망 문서로 해석될 수가 있다.

또한 상문(喪門)과도 연관되므로 본인 일주가 午 일주이거나 未 일주이면 11월 子와 12월 丑이 크게 충(沖)하므로 초상집에 가지 않는 게 좋다.

## 1-3-4(凶)

| 시생 | **1** | 水☺ | 귀신 | **3** | 木 | 안정 | **4** | 金☹ |
|---|---|---|---|---|---|---|---|---|
| 1월 | **寅** | 선천수 | 2월 | **卯** | 후천수 | 3월 | **辰** | 선후천수 |
| 경파 | **5** | 土☹ | 퇴식 | **7** | 火☺ | 귀신 | **3** | 木☺ |
| 4월 | **巳** | 4+1=5 | 5월 | **午** | 4+3=7 | 6월 | **未** | 5+7=3 |
| 재물 | **8** | 木☺ | 시생 | **1** | 水☺ | 문서 | **9** | 金☹ |
| 7월 | **申** | 3+5=8 | 8월 | **酉** | 3+7=1 | 9월 | **戌** | 8+1=9 |
| 경파 | **5** | 土☹ | 변동 | **2** | 火☺ | 퇴식 | **7** | 火☺ |
| 10월 | **亥** | 1+5+8=5 | 11월 | **子** | 3+7+1=2 | 12월 | **丑** | 4+3+9=7 |

| 일지 | 寅 | 卯 | 辰 | 巳 | 午 | 未 | 申 | 酉 | 戌 | 亥 | 子 | 丑 |
|---|---|---|---|---|---|---|---|---|---|---|---|---|
| 凶月 | 4巳형 | 3辰해 | 2卯해 | 1寅형 | 2卯파 | 9戌형충 | 1寅형충 | 1寅원 | 3辰충 | 1寅파 | 2卯형 | 3辰파 |
| | 7申충 | 5午파 | 9戌충 | 7申형파 | 11子충 | 11子원 | 1卯원 | 2卯충 | 4巳원 | 3辰원 | 5午충 | 5午해원형충 |
| | 8酉원 | 7申원 | 10亥원 | 9戌원 | 9戌원 | 12丑원 | 4巳형파 | 9戌해 | 6未파형충 | 4巳충 | 6未해원 | 6未형 |
| | 10亥파 | 8酉충 | 12丑파 | 12丑파 | 10亥충 | 10亥충 | 10亥해 | 11子파 | 8酉해 | 7申해 | 8酉파 | 9戌형 |
| | | 11子형 | | | | | | | 12丑형 | | | |
| 吉月 | 5午합 | 6未합 | 7申합 | 8酉합 | 1寅합 | 2卯합 | 3辰합 | 3辰합 | 1寅합 | 2卯합 | 3辰합 | 4巳합 |
| | 9戌합 | 9戌합 | 8酉합 | 12丑합 | 6未합 | 5午합 | 11子합 | 4巳합 | 2卯합 | 6未합 | 7申합 | 8酉합 |
| | 1寅합 | 10亥합 | 11子합 | 4巳합 | 9戌합 | 10亥합 | 7申합 | 12丑합 | 5午합 | 10亥합 | 12丑합 | 11子합 |

월별 吉凶(길흉) 포국표 ※ 후천수궁과 같은 12지지도 吉月에 포함한다.

※ 합은 좋은 해석, 나쁨을 좋음으로 전환 ※ 충은 싸움, 터짐, 변화, 충돌, 다툼, 경쟁, 파멸, 해산 ※ 형은 소송, 구속, 체포, 형벌, 이혼, 사망, 관재구설, 관재, 고소, 고발 ※ 파는 이별, 사기꾼, 배신자, 분해 ※ 해는 적개심, 증오, 폭행, 상해, 반목, 미워함 ※ 원진은 갈등, 도주, 떠나감, 억울함, 피해

## (태생)선천수 1의 궁도

## 1-3-4(凶)년 해설

*<br>*

### 1-3-4

새로운 일이나 사람으로 귀신이 발동하고 안정 4 수리가 후천수 3의 귀신과 剋을 이루는 상태라 안 좋다. 여기서 귀신의 작용은 사업하는 사람에게는 새로운 사건으로 정신적이나 경제적으로 타격을 입거나 안정적 경영이 깨지고, 청년은 결혼 약속이 변동되어 무산되거나 학생이면 나쁜 친구의 꾐에 빠지거나 잘하던 공부에 손을 놓거나 심하면 가출도 할 수 있는 상황도 전개되므로 심사숙고하고 자중하여 미리 대비하는 게 좋으며 더 중요한 것은 만약 안 좋은 일에 직면할 경우 다음 석 달은 5-7-3이 들어서므로 악재는 깊어지고 길어지므로 참으로 긴장해야 한다.

### 5-7-3

놀랄 일과 김빠지는 일이 귀신의 기운으로 하여 일반적으로 대흉수라 보는 수리군으로 가장 나쁜 작용을 하므로 조심하라. 오행으로 4월의 경파는 2월 후천수를 剋하고 있지만 5월 퇴식과 6월 귀신은 서로 生 관계라 그래도 큰 악재는 덜하는 작용을 하므로 다행이나 4월에 寅, 申, 亥, 戌 일지는 형살, 파살, 원진, 충으로 경파를 당하므로 크게 놀랄 일에 대비하고 5월에 子, 卯, 丑 일주는 각각 충, 파살, 원진 등으로 퇴식이 작동하여 건강을 해칠 수 있으나 경계하면 6월 귀신은 2월 후천수궁과 生 관계라서 조상의 도움으로 넘어갈 수 있다. 그래도 워낙 나쁜 운세라 타격은 있다고 보아야 할 것이다. 특히 子, 卯, 丑 일주는 상갓집에 가서는 안 좋다.

### 8-1-9

수리는 재물이 새로운 일과 사람으로 유익한 문서나 계약으로 동산, 부동산 등을 쟁취하는 운이지만 봄, 여름의 안 좋은 수리군으로 시달려서 좋은 운을 받기가 힘들다.

그래서 좋은 운이지만 운의 기운은 절감되어 약하다. 9월 문서는 후천수 3과 剋 관계라서 돈이 나갈 확률이 높고 寅, 巳, 亥, 卯 일주는 7월 재물과 각각 형충, 형파, 害殺을 먹어서 오히려 재물이 나갈 수가 있다.

### 5-2-7

경파-변동-퇴식으로 이어지면 가장 먼저 건강을 조심하여야 한다. 자신은 물론 가족까지 포함하여 미리 대비하라. 다만 11월 변동 2와 퇴식 7의 2월, 후천수궁 3 수리와 生 관계로 아주 나쁘게 작용하지 않으나 3 수리 역시 귀신의 기운이 강하므로 경계하여야 한다. 10월 경파가 후천수궁 3과 剋관계로 안 좋다. 12월은 퇴식 달이라 辰, 午, 未, 戌 일주는 건강에 특히 신경 써야 후환을 대비할 수 있다.

## 1-4-5(吉)

| 시생 | **1** | 水☺ | 안정 | **4** | 金 | 경파 | **5** | 土☺ |
|---|---|---|---|---|---|---|---|---|
| 1월 | **寅** | 선천수 | 2월 | **卯** | 후천수 | 3월 | **辰** | 선후천수 |
| 관록 | **6** | 水☺ | 문서 | **9** | 金☺ | 관록 | **6** | 水☺ |
| 4월 | **巳** | 5+1=6 | 5월 | **午** | 5+4=9 | 6월 | **未** | 6+9=6 |
| 귀신 | **3** | 木☹ | 관록 | **6** | 水☺ | 문서 | **9** | 金☺ |
| 7월 | **申** | 6+6=3 | 8월 | **酉** | 6+9=6 | 9월 | **戌** | 3+6=9 |
| 시생 | **1** | 水☺ | 시생 | **1** | 水☺ | 변동 | **2** | 火☹ |
| 10월 | **亥** | 1+6+3=1 | 11월 | **子** | 4+9+6=1 | 12월 | **丑** | 5+6+9=2 |

| 일지 | 寅 | 卯 | 辰 | 巳 | 午 | 未 | 申 | 酉 | 戌 | 亥 | 子 | 丑 |
|---|---|---|---|---|---|---|---|---|---|---|---|---|
| 凶月 | 4巳형 | 3辰해 | 2卯해 | 1寅형 | 2卯파 | 9戌형파 | 1寅형충 | 2寅원 | 3辰충 | 1寅파 | 2卯형 | 3辰파 |
| | 7申충 | 5午파 | 9戌충 | 7申형파 | 11子충 | 11子원 | 2卯원 | 2卯충 | 4巳원 | 3辰원 | 5午충 | 5午해원 |
| | 8酉원 | 7申원 | 10亥원 | 9戌원 | 12丑원 | 12丑형충 | 4巳형파 | 9戌해 | 6未파 | 6未해원 | | 6未형충 |
| | 10亥파 | 8酉충 | 12丑파 | 10亥충 | | | 10亥해 | 11子파 | 8酉해 | 7申해 | 8酉파 | 9戌형 |
| | | 11子형 | | | | | | | 12丑형 | | | |
| 吉月 | 5午합 | 6未합 | 7申합 | 8酉합 | 1寅합 | 2卯합 | 3辰합 | 3辰합 | 1寅합 | 2卯합 | 3辰합 | 4巳합 |
| | 9戌합 | 9戌합 | 8酉합 | 12丑합 | 6未합 | 5午합 | 11子합 | 4巳합 | 2卯합 | 6未합 | 7申합 | 8酉합 |
| | 1寅합 | 10亥합 | 11子합 | 4巳합 | 9戌합 | 10亥합 | 7申합 | 12丑합 | 5午합 | 10亥합 | 12丑합 | 11子합 |

월별 吉凶(길흉) 포국표 ※ 후천수궁과 같은 12지지도 吉月에 포함한다.

※ 합은 좋은 해석, 나쁨을 좋음으로 전환 ※ 충은 싸움, 터짐, 변화, 충돌, 다툼, 경쟁, 파멸, 해산 ※ 형은 소송, 구속, 체포, 형벌, 이혼, 사망, 관재구설, 관재, 고소, 고발 ※ 파는 이별, 사기꾼, 배신자, 분해 ※ 해는 적개심, 증오, 폭행, 상해, 반목, 미워함 ※ 원진은 갈등, 도주, 떠나감, 억울함, 피해

## 1-4-5(吉)년 해설

\*\*

### 1-4-5

후천수, 金이 안정이라 올 한 해가 안정 속에 자리했으므로 대체로 출발이 좋다 하겠다. 1월 부터 6월까지 모든 오행이 후천수, 4金과 生 관계를 유지하므로 계획했던 모든 일을 밀고 나 가도 무리가 안 된다. 3월에 경파가 있어 당황할 수 있는 여지가 있으나 다음 여름철 3개월도 모두 후천수궁의 안정을 生 관계로 받쳐주므로 좋은 환경에 있다 하겠다. 모든 일에 힘껏 최 선을 다하면 결과가 좋겠다.

### 6-9-6

관록과 문서가 들어오고 다시 관록에 있게 되니 좋은 운수며 더구나 4월, 5월, 6월 모두 후천 수궁에 4金과 生 관계이므로 더욱 좋다고 보면 된다.

공무원은 승진수가 있고 정치가는 명예가 상승되며 학생은 시험에 합격하거나 졸업생이면 좋 은 직장에 입사할 수 있는 운이다.

4월은 巳궁으로 선천수가 1인 사람과는 寅巳형이나 5월, 6월이 合이 들어오므로 크게 문제 가 안 되며 午未 일주를 가진 자도 合으로 좋은 관록, 문서운을 본다.

### 3-6-9

상문살이 들어오는 가을철이다. 특히 선천수가 1인 자는 상갓집에 가지 마라.

卯 일주도 상갓집에 가지 마라. 卯申 원진으로 안 좋고 7월 3木과 후천수궁, 4金은 剋 관계라 더욱 안 좋다.

卯申 원진은 상대가 소심하고 변덕이 심하며 사사건건 따지고 물고 늘어져 소통이 안 되어 마음에 상처를 입을 수 있는 소양을 가지고 있다.

### 1-1-2

여자가 1의 선천수를 가지면 12월 오행 火가 후천수궁에 金을 剋하므로 심리 갈등이 심하게 되며 주부는 1과 合이면 아들을 낳고 沖이면 딸을 낳거나 유산한다.

1 선천수는 물론이고 일반인도 7월, 8월, 9월에는 4촌 이외의 상갓집에 가지 마라.

## (태생)선천수 1의 궁도

### 1-5-6(平)

| 시생 | **1** | 水☹ | 경파 | **5** | 土 | 관록 | **6** | 水☹ |
|---|---|---|---|---|---|---|---|---|
| 1월 | **寅** | 선천수 | 2월 | **卯** | 후천수 | 3월 | **辰** | 선후천수 |
| 퇴식 | **7** | 火☺ | 변동 | **2** | 火☺ | 문서 | **9** | 金☺ |
| 4월 | **巳** | 6+1=7 | 5월 | **午** | 6+5=2 | 6월 | **未** | 7+2=9 |
| 퇴식 | **7** | 火☺ | 변동 | **2** | 火☺ | 문서 | **9** | 金☺ |
| 7월 | **申** | 9+7=7 | 8월 | **酉** | 9+2=2 | 9월 | **戌** | 7+2=9 |
| 관록 | **6** | 水☹ | 문서 | **9** | 金☺ | 관록 | **6** | 水☹ |
| 10월 | **亥** | 1+7+7=6 | 11월 | **子** | 5+2+2=9 | 12월 | **丑** | 6+9+9=6 |

| 일지 | 寅 | 卯 | 辰 | 巳 | 午 | 未 | 申 | 酉 | 戌 | 亥 | 子 | 丑 |
|---|---|---|---|---|---|---|---|---|---|---|---|---|
| 凶月 | 4巳형 | 3辰해 | 2卯해 | 1寅형 | 2卯파 | 9戌형파 | 1寅형충 | 1寅원 | 3辰충 | 1寅파 | 2卯형 | 3辰파 |
|  | 7申충 | 5午파 | 9戌충 | 7申형파 | 11子충 | 11子원 | 2卯원 | 2卯충 | 4巳원 | 3辰원 | 5午충 | 5午해원 |
|  | 8酉원 | 7申원 | 10亥원 | 9戌원 | 12丑원 | 12丑원 | 4巳형파 | 9戌해 | 6未형파 | 4巳충 | 6未해원 | 6未형충 |
|  | 10亥파 | 8酉충 | 12丑파 | 10亥충 |  |  |  | 10亥해 | 11子파 | 8酉해 | 8酉파 | 9戌형 |
|  |  | 11子형 |  |  |  |  |  |  | 12丑형 | 7申해 |  |  |
| 吉月 | 5午합 | 6未합 | 7申합 | 8酉합 | 1寅합 | 2卯합 | 3辰합 | 3辰합 | 1寅합 | 2卯합 | 3辰합 | 4巳합 |
|  | 9戌합 | 9戌합 | 8酉합 | 12丑합 | 6未합 | 5午합 | 11子합 | 4巳합 | 2卯합 | 6未합 | 7申합 | 8酉합 |
|  | 1寅합 | 10亥합 | 11子합 | 4巳합 | 9戌합 | 10亥합 | 7申합 | 12丑합 | 5午합 | 10亥합 | 12丑합 | 11子합 |

월별 吉凶(길흉) 포국표 ※ 후천수궁과 같은 12지지도 吉月에 포함한다.

※ 합은 좋은 해석, 나쁨을 좋음으로 전환 ※ 충은 싸움, 터짐, 변화, 충돌, 다툼, 경쟁, 파멸, 해산 ※ 형은 소송, 구속, 체포, 형벌, 이혼, 사망, 관재구설, 관재, 고소, 고발 ※ 파는 이별, 사기꾼, 배신자, 분해 ※ 해는 적개심, 증오, 폭행, 상해, 반목, 미워함 ※ 원진은 갈등, 도주, 떠나감, 억울함, 피해

## (태생)선천수 1의 궁도

### 1-5-6(쭈)년 해설

*
**

### 1-5-6

시작이 요란하다. 그리고 경파 5는 큰 땅, 부동산이다. 그리고 경파는 겁을 상실할 정도로 과감, 과격하므로 운이 좋을 때는 생각지도 않았는데 큰돈을 벌 수도 있다. 선천수 1인 사람은 과감히 행동할 필요가 있다. 1월, 3월 수가 후천수궁을 양쪽에서 힘을 빼고 있어 경파의 힘이 약해 큰돈이 되지 않는다. 일주와 합이 되면 적극적으로 밀고 나가라.

### 7-2-9

퇴식의 변동의 문서는 아무 생각하지 말고 건강을 지켜야 하는 게 첫째 할 일이고 두 번째는 진행하는 모든 일을 심사숙고하며 진행하고 일을 시작하지 않거나 어떠한 일을 진행하려는 사람은 올해 여름, 가을이 지날 때까지 준비하며 쉬어라. 퇴식에는 퇴식을 형, 충, 파를 하거나 원진 등이 있는 일주는 몸조심하고 잡신이 난동을 부리는 수리수군에 해당하는 일주는 월별 길흉 포국표를 참조하라. 안 좋은 달이니 자중하라.

### 7-2-9

중복되는 수리수군은 더욱 강하고 깊고 넓게 작용하므로 더욱 긴장하여야 한다. 퇴식이 있는 달은 일주에 따라 타격을 주게 되므로 월별 길흉 포국표를 참조하여 미리 대비하라. 표를 보는 법은 다음과 같다.

퇴식이 4월과 7월에 들어오니 4월에는 도표에서 巳 일지에서 寅, 申, 戌, 亥 일주는 형, 충, 파, 원진 등으로 타깃이 되고 7월은 申과 형, 충, 파, 해, 원진이 되는 寅, 卯, 巳, 亥 일주가 타깃이 되므로 도표 찾는 법에 신경 쓰기 바란다.

변동이나 문서도 이런 방식으로 찾아보면 된다.

### 6-9-6

관록, 문서, 관록일 때는 합이 된다면 명예와 행운을 다 얻을 수 있다.

합이 되는 일주는 월별 도표에서 찾아보면 관록과 합이 되는 10월 亥는 卯, 未, 亥 일주이다. 12월에 丑과 합이 되는 巳, 酉, 子 일주다. 참고해서 월별 길흉 포국표를 자주 살펴보는 습성을 길러라. 좋은 수리군이다.

## (태생)선천수 1의 궁도

### 1-6-7(平)

| 시생 | **1** | 水☺ | 관록 | **6** | 水 | 퇴식 | **7** | 火☹ |
|---|---|---|---|---|---|---|---|---|
| 1월 | 寅 | 선천수 | 2월 | 卯 | 후천수 | 3월 | 辰 | 선후천수 |
| 재물 | **8** | 木☺ | 안정 | **4** | 金☺ | 귀신 | **3** | 木☺ |
| 4월 | 巳 | 7+1=8 | 5월 | 午 | 7+6=4 | 6월 | 未 | 8+4=3 |
| 변동 | **2** | 火☹ | 퇴식 | **7** | 火☹ | 문서 | **9** | 金☺ |
| 7월 | 申 | 3+8=2 | 8월 | 酉 | 3+4=7 | 9월 | 戌 | 2+7=9 |
| 변동 | **2** | 火☹ | 재물 | **8** | 木☺ | 시생 | **1** | 水☺ |
| 10월 | 亥 | 1+8+2=2 | 11월 | 子 | 6+4+7=8 | 12월 | 丑 | 7+3+9=1 |

| 일지 | 寅 | 卯 | 辰 | 巳 | 午 | 未 | 申 | 酉 | 戌 | 亥 | 子 | 丑 |
|---|---|---|---|---|---|---|---|---|---|---|---|---|
| 凶月 | 4巳형 | 3辰해 | 2卯해 | 1寅형 | 2卯파 | 9戌형파 | 1寅형충 | 1寅원 | 3辰충 | 1寅파 | 2卯형 | 3辰파 |
|  | 7申충 | 5午파 | 3辰형 | 7申형파 | 5午형 | 11子해원 | 2卯원 | 2卯충 | 4巳원 | 3辰원 | 5午충 | 5午해원 |
|  | 8酉원 | 7申원 | 9戌충 | 9戌원 | 11子충 | 12丑형충 | 4巳형파 | 8酉형 | 6未형파 | 4巳충 | 6未해원 | 6未형충 |
|  | 10亥파 | 8酉충 | 10亥원 | 10亥충 | 12丑해원 |  | 10亥해 | 9戌해 | 8酉해 | 7申해 | 8酉파 | 9戌형 |
|  |  | 11子형 | 12丑파 |  |  |  |  | 11子파 | 12丑형 | 10亥형 |  |  |
| 吉月 | 5午합 | 6未합 | 7申합 | 7申합 | 1寅합 | 2卯합 | 3辰합 | 3辰합 | 1寅합 | 1寅합 | 3辰합 | 4巳합 |
|  | 9戌합 | 9戌합 | 8酉합 | 8酉합 | 6未합 | 5午합 | 4巳합 | 4巳합 | 2卯합 | 2卯합 | 7申합 | 8酉합 |
|  | 10亥합 | 10亥합 | 11子합 | 12丑합 | 9戌합 | 10亥합 | 11子합 | 12丑합 | 5午합 | 6未합 | 12丑합 | 11子합 |

월별 吉凶(길흉) 포국표 ※ 후천수궁과 같은 12지지도 吉月에 포함한다.

※ 합은 좋은 해석, 나쁨을 좋음으로 전환 ※ 충은 싸움, 터짐, 변화, 충돌, 다툼, 경쟁, 파멸, 해산 ※ 형은 소송, 구속, 체포, 형벌, 이혼, 사망, 관재구설, 관재, 고소, 고발 ※ 파는 이별, 사기꾼, 배신자, 분해 ※ 해는 적개심, 증오, 폭행, 상해, 반목, 미워함 ※ 원진은 갈등, 도주, 떠나감, 억울함, 피해

## 1-6-7(쭈)년 해설

*⁎
**

### 1-6-7

관록이 지배하는 해이다. 시생은 생기고 얻는다는 의미가 있고 발생하고 시작한다는 뜻이며 사람으로서는 새로운 사람, 만남, 일상으로는 결혼, 임신, 임관, 승진, 합격 등 다양하게 모두 새로움을 나타내고 있다.

적극적으로 새로움에 도전하되 3월 辰궁에 퇴식 7이 후천수궁과 훼 관계에 있으므로 건강을 조심해야 하며 다음으로는 4월, 5월, 6월도 후천수궁과 모두 生 관계에 있으므로 적극적 활동을 하면 좋은 봄이다. 1 선천수를 가진 사람은 좋은 봄이다.

### 8-4-3

재물이 안정 속에 스며들고 未월에 귀신 3이 후천수궁의 관록과 生 관계라 조상의 음덕으로 도와주고 있다. 1월, 2월, 3월에 시작한 모든 일은 4월, 5월, 6월에 성과를 낼 수 있으니 목적한 바를 이룬다. 직장인은 안정 속에 승진하고 사업가는 조상의 도움으로 재물을 얻고 학생은 관록으로 합격하고 소송 중인 사람은 관록의 안정으로 승소하고 대체로 좋은 시기이다.

### 2-7-9

변동-퇴식-문서, 세 단어가 붙어 있으면 무조건 안 좋은 수리군이다.

가을 3개월은 맑은 공기 마시며 푹 쉬어라. 함부로 설치다가는 큰코다친다.

7 퇴식과 9 문서가 어깨동무하면 몸이 아프다는 전갈이다. 잡신이 난동을 부리는 안 좋은 수리이다. 7월, 8월 모두 후천수궁과 오행으로 훼 상태라 7월에는 변동, 변화, 이동에 조심하고 8월에는 오직 건강에만 신경 쓰라.

### 2-8-1

10월 변동 2는 12월 시생 1과 서로 훼 관계에 있다.

이것은 변동으로 하여 새로운 시생이 훼으로 안 좋은 움직임을 말하고 있다.

또한 10월 변동이 후천수궁 관록과도 훼 관계이므로 이동, 변화로 후천수 관록궁과 척을 지니 관록 쪽에서 시생하는 官 일거리와 官 사람으로 하여 타격을 입을 수가 있다. 더 설명하자면 오행으로 보면 12월 시생 水가 재물 8의 木을 生하고 다시 재물 8의 木은 변동 2의 火를 生하고 있어 변동으로 안 좋음이 만만치가 않다.

## 1-7-8(凶)

| 시생 | **1** | 水☹ | 퇴식 | **7** | 火 | 재물 | **8** | 木☺ |
|---|---|---|---|---|---|---|---|---|
| 1월 | **寅** | 선천수 | 2월 | **卯** | 후천수 | 3월 | **辰** | 선후천수 |
| 문서 | **9** | 金☹ | 관록 | **6** | 水☹ | 관록 | **6** | 水☹ |
| 4월 | **巳** | 8+1=9 | 5월 | **午** | 8+7=6 | 6월 | **未** | 9+6=6 |
| 관록 | **6** | 水☹ | 귀신 | **3** | 木☺ | 문서 | **9** | 金☹ |
| 7월 | **申** | 6+9=6 | 8월 | **酉** | 6+6=3 | 9월 | **戌** | 6+3=9 |
| 퇴식 | **7** | 火☺ | 퇴식 | **7** | 火☺ | 경파 | **5** | 土☺ |
| 10월 | **亥** | 1+9+6=7 | 11월 | **子** | 7+6+3=7 | 12월 | **丑** | 8+6+9=5 |

| 일지 | 寅 | 卯 | 辰 | 巳 | 午 | 未 | 申 | 酉 | 戌 | 亥 | 子 | 丑 |
|---|---|---|---|---|---|---|---|---|---|---|---|---|
| 凶月 | 4巳형 7申충 8酉원 10亥파 | 3辰해 5午파 7申원 8酉충 11子형 | 2卯해 6戌충 10亥원 12丑파 | 1寅형 7申형충 9戌원 10亥충 | 2卯파 11子충 12丑원 | 9戌형파 11子원 12丑원 | 1寅형충 2卯원 4巳형파 10亥해 | 1寅원 2卯충 9戌해 11子파 | 3辰충 4巳원 6未형충 8酉해 12丑형 | 1寅파 3辰원 4巳충 7申해 | 2卯형 5午충 6未해원 8酉파 | 3辰파 5午해원형충 6未원 9戌형 |
| 吉月 | 5午합 9戌합 1寅합 | 6未합 9戌합 10亥합 | 7申합 8酉합 11子합 | 8酉합 12丑합 4巳합 | 1寅합 6未합 9戌합 | 2卯합 5午합 10亥합 | 3辰합 11子합 7申합 | 3辰합 4巳합 12丑합 | 1寅합 2卯합 5午합 | 2卯합 6未합 10亥합 | 3辰합 7申합 12丑합 | 4巳합 8酉합 11子합 |

월별 吉凶(길흉) 포국표 ※ 후천수궁과 같은 12지지도 吉月에 포함한다.

※ 합은 좋은 해석, 나쁨을 좋음으로 전환 ※ 충은 싸움, 터짐, 변화, 충돌, 다툼, 경쟁, 파멸, 해산 ※ 형은 소송, 구속, 체포, 형벌, 이혼, 사망, 관재구설, 관재, 고소, 고발 ※ 파는 이별, 사기꾼, 배신자, 분해 ※ 해는 적개심, 증오, 폭행, 상해, 반목, 미워함 ※ 원진은 갈등, 도주, 떠나감, 억울함, 피해

## 1-7-8(凶)년 해설

**
### 1-7-8

시생이 퇴식을 만나 재물이 약해지는 모습이다. 재물 8木이 후천수궁, 퇴식 7火를 生하여주는 모양새를 봐도 그렇다. 모든 수리가 퇴식 7 옆에 있을 때는 눈을 비비고 잘 보아야 한다. 퇴식은 말 그대로 먹어야 살 수 있는 음식을 물리는 것이다. 정신적 갈등과 건강 상실이 이 키워드를 대표하는 의미이다. 그리고 의욕을 상실하고 욕구불만을 낳는다. 대표적으로 3월 재물 辰궁과 沖하는 지지는 戊 일주를 가진 사람이다. 이 사람은 건강 문제가 발생하여 돈이 빠져나간다고 해설해주어야 할 것이다.

### 9-6-6

金생水, 金생水 문서 9가 5월, 관록 6과 6월, 관록 6을 生해주고 있고 관록수 5월, 6월 두 개의 6水는 후천수궁과 尅 관계에 있다. 올해의 대표 수 후천수궁, 7 퇴식을 두 놈이 힘자랑이라도 하는 듯 水극火하고 있다면 보통 심각한 게 아니다.

대표적으로 피해를 입는 사람은 子 일주와 丑 일주이다. 5월 궁과 6월 궁을 서로 子午충, 丑未충으로 강해진 관록과 沖하고 있기 때문이다.

이럴 때 관직을 그만두라는 사표 제시를 요구하거나 건강 상실로 병원 신세를 지는 진단서를 받게 되고 더 나아가서는 관록을 沖하므로 관재구설수가 있다.

### 6-3-9

일반적으로 관록 다음에 귀신이 따라붙으면 대체로 안 좋은 결과를 낳는다.

거기에 문서가 따라오면 나쁘면 지명 수배, 체포 영장, 공무원이면 한직으로 발령이나 스스로 사직서를 던지거나 하는 악재에 빠진다. 9 수리는 문서로 알리고 매듭을 짓는 행위의 수단이다. 7월에 合이 되는 辰, 子, 申 일주 관록의 혜택을 입을 수 있어 승진, 승소, 합격 등이 성사되고 7월 申과 8월 酉와 沖이 되는 寅, 卯 일주는 특히 관재구설이나 직장에서 퇴사하는 일이 없도록 조심하라.

### 7-7-5

4월, 5월, 6월 각각 巳, 午, 未가 10월, 11월, 12월 각각 亥, 子, 丑과 沖을 하고 있으므로 4월, 5월, 6월의 안 좋은 기운이 10월, 11월, 12월에 발산되어 몸이 많이 아플 수가 있으니 巳, 午, 未 일주는 건강 관리에 최선을 다하라.

7-7-5는 누구나 긴장하고 건강에 힘쓰라. 가장 안 좋은 수리군이다.

10월, 11월은 合이 되어도 몸조심하고 12월, 巳, 酉, 子 일주는 좋은 일로 놀랄 일이 있어 좋다 하겠다.

## (태생)선천수 1의 궁도

### 1-8-9(吉)

| 시생 | 1 | 水☺ | 재물 | 8 | 木 | 문서 | 9 | 金☹ |
|---|---|---|---|---|---|---|---|---|
| 1월 | 寅 | 선천수 | 2월 | 卯 | 후천수 | 3월 | 辰 | 선후천수 |
| 시생 | 1 | 水☺ | 재물 | 8 | 木☺ | 문서 | 9 | 金☹ |
| 4월 | 巳 | 9+1=1 | 5월 | 午 | 9+8=8 | 6월 | 未 | 1+8=9 |
| 시생 | 1 | 水☺ | 재물 | 8 | 木☺ | 문서 | 9 | 金☹ |
| 7월 | 申 | 9+1=1 | 8월 | 酉 | 9+8=8 | 9월 | 戌 | 1+8=9 |
| 귀신 | 3 | 木☺ | 관록 | 6 | 水☺ | 문서 | 9 | 金☹ |
| 10월 | 亥 | 1+1+1=3 | 11월 | 子 | 8+8+8=6 | 12월 | 丑 | 9+9+9=9 |

| 일지 | 寅 | 卯 | 辰 | 巳 | 午 | 未 | 申 | 酉 | 戌 | 亥 | 子 | 丑 |
|---|---|---|---|---|---|---|---|---|---|---|---|---|
| 凶月 | 4巳형 | 3辰해 | 2卯해 | 1寅형 | 2卯파 | 9戌형파 | 1寅형충 | 1寅원 | 3辰충 | 1寅파 | 2卯형 | 3辰파 |
| | 7申충 | 5午파 | 9戌충 | 7申형파 | 11子충 | 11子원 | 2卯원 | 2卯충 | 4巳원 | 3辰원 | 5午충 | 5午원 |
| | 8酉원 | 7申원 | 10亥원 | 9戌원 | 12丑원 | 12丑충형 | 4巳형파 | 9戌해 | 6未형파 | 4巳충 | 6未원 | 6未충형 |
| | 10亥파 | 8酉충 | 12丑파 | 10亥충 | | | 10亥해 | 11子파 | 8酉해 | 7申해 | 8酉파 | 9戌형 |
| | | 11子형 | | | | | | | 12丑형 | | | |
| 吉月 | 5午합 | 6未합 | 7申합 | 7申합 | 1寅합 | 2卯합 | 3辰합 | 3辰합 | 1寅합 | 1寅합 | 3辰합 | 4巳합 |
| | 9戌합 | 9戌합 | 8酉합 | 8酉합 | 6未합 | 5午합 | 4巳합 | 4巳합 | 2卯합 | 2卯합 | 7申합 | 8酉합 |
| | 10亥합 | 10亥합 | 11子합 | 12丑합 | 9戌합 | 10亥합 | 11子합 | 12丑합 | 5午합 | 6未합 | 12丑합 | 11子합 |

월별 吉凶(길흉) 포국표 ※ 후천수궁과 같은 12지지도 吉月에 포함한다.

※ 합은 좋은 해석, 나쁨을 좋음으로 전환 ※ 충은 싸움, 터짐, 변화, 충돌, 다툼, 경쟁, 파멸, 해산 ※ 형은 소송, 구속, 체포, 형벌, 이혼, 사망, 관재구설, 관재, 고소, 고발 ※ 파는 이별, 사기꾼, 배신자, 분해 ※ 해는 적개심, 증오, 폭행, 상해, 반목, 미워함 ※ 원진은 갈등, 도주, 떠나감, 억울함, 피해

## (태생)선천수 1의 궁도

## 1-8-9(吉)년 해설

✳

### 1-8-9

올해는 재물 8이 후천수 운이다. 인간사에서 재물은 그 사람의 신분을 결정짓는 아주 중요한 요소이다. 재물운은 쉽게 말하면 좋고 나쁨에 따라 희비(喜悲)가 갈리고 흥망(興亡)이 분명해진다. 봄, 여름, 가을 모두 재물운이다. 재물운이 9개월 동안이나 지속된다고 하면 나쁜 운이 자리 잡을 여력이 없으니 웬만한 형, 충, 파, 해, 원진이 들어온다고 해도 쉽게 회복하는 힘을 가지게 되므로 9개월 운이 최상으로 좋게 흐른다고 보아야 할 것이다. 선천수가 1인 사람은 분발하고 노력하여 좋은 결과를 보라.

### 1-8-9

子, 丑 일주는 다른 일지에 비하여 子午충, 丑未충으로 재물과 문서에 데미지를 입고 있으므로 여러 가지 계약이나 부동산 구입, 금전 거래에 조심할 필요가 있다. 그러나 8 수리와 9 수리가 合이 되는 寅, 未, 戌 일주와 卯, 午, 亥 일주는 능력에 따라 대박을 터트리거나 행운을 만나 복권 당첨도 가능하다.

### 1-8-9

9월 문서 다음에 오는 10월은 3 수리 귀신이다. 운이 나쁘면 꺾이는 달이라 특히 子, 卯 일주는 子酉파, 卯酉충으로 재물을 잃을 수도 있다.
그 외의 일주는 모두 좋다.

### 3-6-9

369, 639는 관재구설, 노인 사망 등으로 해석한다.
1-8-9, 8-1-9, 3-5-8 등 좋은 수리에 돌아가시면 천명을 다하신 분이고 2-1-3, 1-2-3, 5-7-3, 3-6-9 등에 돌아가시면 자기 명대로 못 살다 가신 분이다. 하여간 3-6-9는 관재구설이나 집안에 우환이 있다고 보면 된다.
1 선천수를 가진 사람은 10월, 11월, 12월에 역학 공부나 하면서 쉬는 게 좋다.
그러나 11월에 辰, 申, 丑 일주나 12월에 巳, 酉, 子 일주는 계속 정진해도 좋다.
다만 4촌 이외의 상갓집에 가는 것은 안 좋게 작용할 수가 있다.

## (태생)선천수 1의 궁도

### 1-9-1(凶)

| 시생 | **1** | 水☺ | 문서 | **9** | 金 | 시생 | **1** | 水☺ |
|---|---|---|---|---|---|---|---|---|
| 1월 | **寅** | 선천수 | 2월 | **卯** | 후천수 | 3월 | **辰** | 선후천수 |
| 변동 | **2** | 火☹ | 시생 | **1** | 水☺ | 귀신 | **3** | 木☹ |
| 4월 | **巳** | 1+1=2 | 5월 | **午** | 1+9=1 | 6월 | **未** | 2+1=3 |
| 경파 | **5** | 土☺ | 안정 | **4** | 金☺ | 문서 | **9** | 金☺ |
| 7월 | **申** | 3+2=5 | 8월 | **酉** | 3+1=4 | 9월 | **戌** | 5+4=9 |
| 재물 | **8** | 木☹ | 경파 | **5** | 土☺ | 안정 | **4** | 金☺ |
| 10월 | **亥** | 1+2+5=8 | 11월 | **子** | 9+1+4=5 | 12월 | **丑** | 1+3+9=4 |

| 일지 | 寅 | 卯 | 辰 | 巳 | 午 | 未 | 申 | 酉 | 戌 | 亥 | 子 | 丑 |
|---|---|---|---|---|---|---|---|---|---|---|---|---|
| 凶月 | 4 巳 형 | 3 辰 해 | 2 卯 해 | 1 寅 형 | 2 卯 파 | 9 戌 형파 | 1 寅 형충 | 1 寅 원 | 3 辰 충 | 1 寅 파 | 2 卯 형 | 3 辰 파 |
| | 7 申 충 | 5 午 파 | 9 戌 충 | 7 申 형파 | 11 子 충 | 11 子 원 | 2 卯 원 | 2 卯 충 | 4 辰 원 | 3 辰 원 | 5 午 충 | 5 午 해원 |
| | 8 酉 원 | 7 申 원 | 7 申 원 | 9 戌 원 | 9 戌 원 | 12 丑 형충 | 4 巳 형파 | 9 戌 해 | 6 未 파 | 4 巳 충 | 6 未 해원 | 6 未 원형충 |
| | 10 亥 파 | 8 酉 충 | 10 亥 원 | 12 丑 파 | 10 亥 충 | | 10 亥 해 | 11 子 파 | 8 酉 해 | 7 申 해 | 8 酉 파 | 9 戌 형 |
| | | 11 子 형 | | | | | | | 12 丑 형 | | | |
| 吉月 | 5 午 합 | 6 未 합 | 7 申 합 | 8 酉 합 | 1 寅 합 | 2 卯 합 | 3 辰 합 | 3 辰 합 | 1 寅 합 | 2 卯 합 | 3 辰 합 | 4 巳 합 |
| | 9 戌 합 | 9 戌 합 | 8 酉 합 | 12 丑 합 | 6 未 합 | 5 午 합 | 11 子 합 | 4 巳 합 | 2 卯 합 | 6 未 합 | 7 申 합 | 8 酉 합 |
| | 1 寅 합 | 10 亥 합 | 11 子 합 | 4 巳 합 | 9 戌 합 | 10 亥 합 | 7 申 합 | 12 丑 합 | 5 午 합 | 10 亥 합 | 12 丑 합 | 11 子 합 |

월별 吉凶(길흉) 포국표 ※ 후천수궁과 같은 12지지도 吉月에 포함한다.

※ 합은 좋은 해석, 나쁨을 좋음으로 전환 ※ 충은 싸움, 터짐, 변화, 충돌, 다툼, 경쟁, 파멸, 해산 ※ 형은 소송, 구속, 체포, 형벌, 이혼, 사망, 관재구설, 관재, 고소, 고발 ※ 파는 이별, 사기꾼, 배신자, 분해 ※ 해는 적개심, 증오, 폭행, 상해, 반목, 미워함 ※ 원진은 갈등, 도주, 떠나감, 억울함, 피해

## 1-9-1(凶)년 해설

✳

### 1-9-1

후천수궁에 문서 9의 金을 1월, 3월 水가 힘을 빼고 있다. 이렇게 오행이 양쪽에서 가운데 있는 오행을 설기(泄氣)하는 것은 가장 안 좋은 현상이다.

만약에 7 퇴식이 火이고 가운데 자리했는데 양쪽에서 1, 6, 水가 자리했다면 환자 일주는 사망할 수도 있다. 이런 점을 유심히 파악해서 전해주어야 한다.

1-9-1 수리는 삼십육계 도망 수리다. 손 놓고 이번 봄은 쉬어라.

### 2-1-3

4월 2 변동 火가 후천수궁 9金과 剋을 하고 있고 6월 3木 귀신도 후천수궁 9金과 剋을 하고 있어 변동과 귀신은 양쪽에서 문서를 찢고 있다. 그것은 5월에 자리한 1 시생 水는 안 좋은 상황에 있다는 뜻이 된다. 1은 연인, 내가 좋아하는 사람, 그게 문서와 연관된 사람이라면 배후자가 아닌가? 혼인 신고가 된 관계라는 뜻이다. 그래서 안 좋은 운에 접어들면서 이혼수가 발생한다. 그러나 자중하고 9월까지 미루면 이혼수는 사라진다. 9월에는 안정으로 접어들고 후천수 문서 9와 生의 관계인 오행이 金이면서 卯戌 합이 된다.

2-1-3, 1-2-3 수리는 안 좋은 수리이다. 亥, 子, 丑 일주는 4월, 5월, 6월에 크게 곤경에 빠진다. 서로 沖으로 접하기 때문이다.

### 5-4-9

7월, 8월, 9월의 경파 5, 안정 4, 문서 9가 모두 후천수궁 9金 문서를 다 生하고 있으므로 놀랄 일이 있지만 금방 안정되므로 크게 걱정 안 해도 된다.

때에 따라서는 辰, 子, 申 일주는 좋은 일로 크게 놀랄 일이 있으므로 복권 당첨이나 주식가가 상승하여 돈을 벌거나 좋은 부동산을 싼값에 구입하거나 자신의 부동산을 최고가에 팔아서 큰 이익을 얻어 닐리리 맘보를 출 수도 있다.

### 8-5-4

寅, 巳, 申 일주는 亥월에 재(財)가 나가는 돈이다.

10월 재물 8木이 11월 경파 5土를 剋하므로 11월 경파 5土가 12월 안정 4金을 제대로 生을 못 하므로 재물은 흩어지거나 나가는 돈이나 재물이 된다.

이것이 바른 이치다. 오행의 生과 剋은 매화역수에서 많은 해답을 주게 된다.

수리매화역수는 오행의 生剋 관계와 지지의 형, 충, 파, 해, 원진의 상호관계의 대립에서 작용하는 흐름을 파악하여 형이상학적으로 풀어가는 학문이다. 그래서 특수한 비법이나 별다른 이치가 따로 존재하지 않는 평범한 학문이다. 비법이라고 하며 매화역수를 별난 학문처럼 호도하는 자는 사기꾼이라 보면 된다.

# 2 수리 해설

2-1-3 ~ 2-9-2

| 2 수리 운세표 | | | | | | | | |
|---|---|---|---|---|---|---|---|---|
| 흉 | 평 | 평 | 길 | 흉 | 평 | 흉 | 평 | 길 |
| 213 | 224 | 235 | 246 | 257 | 268 | 279 | 281 | 292 |

## 2-1-3(凶)

| 변동 | 2 | 火☹ | 시생 | 1 | 水 | 귀신 | 3 | 木☺ |
|---|---|---|---|---|---|---|---|---|
| 1월 | 寅 | 선천수 | 2월 | 卯 | 후천수 | 3월 | 辰 | 선후천수 |
| 경파 | 5 | 土☹ | 안정 | 4 | 金☺ | 문서 | 9 | 金☺ |
| 4월 | 巳 | 3+2=5 | 5월 | 午 | 3+1=4 | 6월 | 未 | 5+4=9 |
| 경파 | 5 | 土☹ | 안정 | 4 | 金☺ | 문서 | 9 | 金☺ |
| 7월 | 申 | 9+5=5 | 8월 | 酉 | 9+4=4 | 9월 | 戌 | 5+4=9 |
| 귀신 | 3 | 木☺ | 문서 | 9 | 金☺ | 귀신 | 3 | 木☺ |
| 10월 | 亥 | 2+5+5=3 | 11월 | 子 | 1+4+4=9 | 12월 | 丑 | 3+9+9=3 |

| 일지 | 寅 | 卯 | 辰 | 巳 | 午 | 未 | 申 | 酉 | 戌 | 亥 | 子 | 丑 |
|---|---|---|---|---|---|---|---|---|---|---|---|---|
| 凶月 | 4 巳 형 | 3 辰 해 | 2 卯 해 | 1 寅 형 | 2 卯 파 | 9 戌 형파 | 1 寅 형충 | 1 寅 원 | 3 辰 충 | 1 寅 형 | 2 卯 형 | 3 辰 파 |
|  | 7 申 충 | 5 午 파 | 9 戌 충 | 7 申 형파 | 11 子 충 | 11 子 원 | 2 卯 원 | 2 卯 충 | 4 巳 원 | 3 辰 원 | 5 午 충 | 5 午 해원형충 |
|  | 8 酉 원 | 7 申 원 | 10 亥 원 | 10 亥 원 | 9 戌 원 | 12 丑 원 | 4 巳 형파 | 9 戌 해 | 6 未 형파 | 4 巳 충 | 6 未 해원 | 6 未 형충 |
|  | 10 亥 파 | 8 酉 충 | 12 丑 파 | 10 亥 충 |  |  | 10 亥 해 | 11 子 파 | 8 酉 해 | 7 申 해 | 8 酉 파 | 9 戌 형 |
|  |  | 11 子 형 |  |  |  |  |  |  | 12 丑 형 |  |  |  |
| 吉月 | 5 午 합 | 6 未 합 | 7 申 합 | 8 酉 합 | 1 寅 합 | 2 卯 합 | 3 辰 합 | 3 辰 합 | 1 寅 합 | 2 卯 합 | 3 辰 합 | 4 巳 합 |
|  | 9 戌 합 | 9 戌 합 | 8 酉 합 | 12 丑 합 | 6 未 합 | 5 午 합 | 11 子 합 | 4 巳 합 | 2 卯 합 | 6 未 합 | 7 申 합 | 8 酉 합 |
|  | 1 寅 합 | 10 亥 합 | 11 子 합 | 4 巳 합 | 9 戌 합 | 10 亥 합 | 7 申 합 | 12 丑 합 | 5 午 합 | 10 亥 합 | 12 丑 합 | 11 子 합 |

월별 吉凶(길흉) 포국표 ※ 후천수궁과 같은 12지지도 吉月에 포함한다.

※ 합은 좋은 해석, 나쁨을 좋음으로 전환 ※ 충은 싸움, 터짐, 변화, 충돌, 다툼, 경쟁, 파멸, 해산 ※ 형은 소송, 구속, 체포, 형벌, 이혼, 사망, 관재구설, 관재, 고소, 고발 ※ 파는 이별, 사기꾼, 배신자, 분해 ※ 해는 적개심, 증오, 폭행, 상해, 반목, 미워함 ※ 원진은 갈등, 도주, 떠나감, 억울함, 피해

## (태생)선천수 2의 궁도

### 2-1-3(凶)년 해설

⁂

#### 2-1-3

1월 변동은 2월 시생을 剋하고 2월 시생은 3월 귀신을 生하고 있다.

2-1-3이나 1-2-3 수리군은 안 좋은 수리수군이다.

일주가 2월, 후천수궁과 合이 된다면 3월 귀신은 조상이다. 조상의 도움으로 1월 변동은 새로운 일과 사람으로 좋은 전기를 마련한다.

그러나 2월 후천수궁과 충, 형, 파 등이 된다면 주위로부터 갈등, 배반, 배신을 당할 수가 있다. 이때 1은 귀인이 아니라 방해꾼이며 훼방을 놓는 자다.

#### 5-4-9

4월 경파 5는 5월 안정 4를 土생金으로 生해주고 6월의 문서 9도 金으로 둘 다 똑같이 生을 받고 있으므로 좋고 5월에 안정 4金은 후천수궁과 生 관계이므로 1월 변동과 2월 시생이 만나 헤어졌던 사람과 다시 만날 수 있고 총각, 처녀라면 결혼수도 있다고 보면 된다. 2월 후천수궁을 주위 모든 오행이 生해주기 때문이다. 그러나 申, 酉 일주는 2월 후천수궁이 악인이 되어 배신, 배반, 모략 등 나를 강하게 해치므로 조심하라. 2월 후천수궁과 형, 충, 파, 원진 등만 없다면 좋다. 5-4-9가 좋을 때, 경파는 큰 것을 나타내고 9는 거래, 문서이니 투자를 해도 좋고 동산, 부동산을 거래해도 안정되므로 좋다.

#### 5-4-9

4월, 5월, 6월의 반복 수리군이라 특별히 추가할 사항은 없으나 자신의 일주가 2월, 후천수궁과 合이라면 하는 일을 계속 밀고 나가도 무난하겠다. 그러나 후천수궁과 合 관계가 아니라면 더욱 인연 관계에 세심히 대할 필요가 있다.

#### 3-9-3

귀신 수리군이다. 巳, 午, 未, 亥 일주는 巳亥충, 子未원진, 子午충, 亥亥자형으로 안 좋다. 특히 상문살(喪門煞)에 취약하니 상갓집에 가면 안 좋다. 항상 월별 길흉 포국표를 보면서 吉, 凶을 대입하는 습관을 가져야 한다. 자주 보다 보면 암기가 되어 쉽게 빨리 해설할 수가 있다.

(태생)선천수 2의 궁도

## 2-2-4(平)

| 변동 | **2** | 火☺ | 변동 | **2** | 火 | 안정 | **4** | 金☹ |
|---|---|---|---|---|---|---|---|---|
| 1월 | 寅 | 선천수 | 2월 | 卯 | 후천수 | 3월 | 辰 | 선후천수 |
| 관록 | **6** | 水☹ | 관록 | **6** | 水☹ | 귀신 | **3** | 木☺ |
| 4월 | 巳 | 4+2=6 | 5월 | 午 | 4+2=6 | 6월 | 未 | 6+6=3 |
| 문서 | **9** | 金☹ | 문서 | **9** | 金☹ | 문서 | **9** | 金☹ |
| 7월 | 申 | 3+6=9 | 8월 | 酉 | 3+6=9 | 9월 | 戌 | 6+3=9 |
| 재물 | **8** | 木☺ | 재물 | **8** | 木☺ | 퇴식 | **7** | 火☺ |
| 10월 | 亥 | 2+6=9=8 | 11월 | 子 | 2+6+9=8 | 12월 | 丑 | 4+3+9=7 |

| 일지 | 寅 | 卯 | 辰 | 巳 | 午 | 未 | 申 | 酉 | 戌 | 亥 | 子 | 丑 |
|---|---|---|---|---|---|---|---|---|---|---|---|---|
| 凶月 | 4巳형 | 3辰해 | 2卯해 | 1寅형 | 2卯파 | 9戌형파충 | 1寅형충 | 1寅원 | 3辰충 | 1寅파 | 2卯형 | 3辰파 |
| | 7申충 | 5午파 | 9戌충 | 7申형파 | 11丑충 | 11子원 | 2卯원 | 2卯충 | 4巳원 | 3辰원 | 5午충 | 5午해원형충 |
| | 8酉원 | 7申원 | 10亥원 | 9戌원 | 12丑원 | 12丑형충 | 4巳형파 | 9戌해 | 6未형파 | 5巳충 | 6未해원 | 9戌형 |
| | 10亥파 | 8酉충 | 12丑파 | 10亥충 | | | 10亥해 | 11子파 | 8酉원 | 7申해 | 8酉파 | |
| | | 11子형 | | | | | | | 12丑형 | | | |
| 吉月 | 5午합 | 4未합 | 7申합 | 8酉합 | 1寅합 | 2卯합 | 3辰합 | 3辰합 | 1寅합 | 2卯합 | 3辰합 | 4巳합 |
| | 9戌합 | 9戌합 | 9戌합 | 8酉합 | 12丑합 | 6未합 | 11子합 | 4巳합 | 2卯합 | 6未합 | 7申합 | 8酉합 |
| | 1寅합 | 10亥합 | 11子합 | 4巳합 | 9戌합 | 10亥합 | 7申합 | 12丑합 | 5午합 | 10亥합 | 12丑합 | 11子합 |

월별 吉凶(길흉) 포국표 ※ 후천수궁과 같은 12지지도 吉月에 포함한다.

※ 합은 좋은 해석, 나쁨을 좋음으로 전환 ※ 충은 싸움, 터짐, 변화, 충돌, 다툼, 경쟁, 파멸, 해산 ※ 형은 소송, 구속, 체포, 형벌, 이혼, 사망, 관재구설, 관재, 고소, 고발 ※ 파는 이별, 사기꾼, 배신자, 분해 ※ 해는 적개심, 증오, 폭행, 상해, 반목, 미워함 ※ 원진은 갈등, 도주, 떠나감, 억울함, 피해

54

## 2-2-4(卯)년 해설

⁑

### 2-2-4

卯년이라고 되어 있으나 후천수궁 2의 일 년 운을 자세히 보면 生剋 관계가 요동이 심하다. 오행으로 보면 3월 안정은 후천수궁 변동과 剋 관계이고 관록궁 4, 5월 水도 후천수궁 오행 火와 水극火로 역시 剋이며 문서 9金도 역시 후천수궁과 剋 관계다. 다만 귀신 木, 퇴식 火, 재물 木만 후천수궁과 生 관계이다.

변동이 심한 한 해가 될 것이다. 후천수궁과 형, 충, 파, 해, 원진이 되는 일주는 변동하지 말고 조용히 자리를 지켜라. 월별 길흉 포국표를 참고하라..

### 6-6-3

관록 6水는 4, 5월 중복으로 들어섰으나 후천수궁과는 水극火로 剋 관계라 움직일수록 관재 구설이나 명예가 추락하는 일이 올 수가 있다. 중첩되어 오는 것은 그 강도가 강하므로 凶으로 작용할 때는 배가 된다.

그러나 6월 귀신 3木이 卯월 후천수궁과 生 관계고 6월 귀신 3木이 4월, 5월 관록 6水와도 生 관계라 4월, 5월, 6월 석 달은 직장인은 승진운이 들어오고 정치가는 명예가 오르며 취업 자는 입사운이 있다.

### 9-9-9

이 수리는 먼 곳을 여행하는 수리거나 먼 곳에 발령을 받을 수 있거나 해외 이민을 갈 수리군 이기도 하다. 9-9-9는 3을 만나거나 7을 만나면 중풍을 만나거나 병원 신세를 질 수가 있으므로 주의하라.

또 9-9-9가 3을 만나서 沖일 경우 중풍은 3일, 3월, 3년에 오니 빨리 치료해라. 9-9-9는 어떠한 수리와 만나는지에 따라 해석을 달리할 수가 있다.

쉽게 생각해보라.

(예) 1을 만나며 동반 여행을 할 수가 있다.

### 8-8-7

寅, 申, 巳, 亥 일주는 재물이 나가고 卯, 午, 未, 酉 일지도 돈이 나간다.

그 외의 일주는 퇴식 7火가 후천수궁과 합이고 10월, 11월 재물 8木이 중첩해서 12월 퇴식 7火와 오행이 生 관계이니 큰 재물을 얻을 수 있다.

(태생)선천수 2의 궁도

## 2-3-5(平)

| 변동 | 2 | 火☺ | 귀신 | 3 | 木 | 경파 | 5 | 土☹ |
|---|---|---|---|---|---|---|---|---|
| 1월 | 寅 | 선천수 | 2월 | 卯 | 후천수 | 3월 | 辰 | 선후천수 |
| 퇴식 | 7 | 火☺ | 재물 | 8 | 木☺ | 관록 | 6 | 水☺ |
| 4월 | 巳 | 5+2=7 | 5월 | 午 | 5+3=8 | 6월 | 未 | 7+8=6 |
| 안정 | 4 | 金☹ | 경파 | 5 | 土☹ | 문서 | 9 | 金☹ |
| 7월 | 申 | 6+7=4 | 8월 | 酉 | 6+8=5 | 9월 | 戌 | 4+5=9 |
| 안정 | 4 | 金☹ | 퇴식 | 7 | 火☺ | 변동 | 2 | 火☺ |
| 10월 | 亥 | 2+7+4=4 | 11월 | 子 | 3+8+5=7 | 12월 | 丑 | 5+6+9=2 |

| 일지 | 寅 | 卯 | 辰 | 巳 | 午 | 未 | 申 | 酉 | 戌 | 亥 | 子 | 丑 |
|---|---|---|---|---|---|---|---|---|---|---|---|---|
| 凶월 | 4巳형<br>7申충<br>8酉원<br>10亥파 | 3辰해<br>5午파<br>7申원<br>8酉충<br>11子형 | 2卯해<br>9戌충<br>10亥원<br>12丑파 | 1寅형<br>7申형파<br>9戌원<br>10亥충 | 2卯파<br>11子충<br>12丑원 | 9戌형파<br>11子원<br>12丑원 | 1寅형충<br>2卯원<br>4巳형파 | 1寅원<br>2卯충<br>9戌해<br>10亥해 | 3辰충<br>4巳원<br>6未형파<br>11子파<br>12丑형 | 1寅파<br>3辰원<br>5午충<br>8酉해 | 2卯형<br>5午충<br>6未해원<br>7申해 | 3辰파<br>5午해원형충<br>6未형충<br>9戌형 |
| 吉월 | 5午합<br>9戌합<br>1寅합 | 6未합<br>9戌합<br>10亥합 | 7申합<br>8酉합<br>11子합 | 8酉합<br>12丑합<br>4巳합 | 1寅합<br>6未합<br>9戌합 | 2卯합<br>5午합<br>10亥합 | 3辰합<br>11子합<br>7申합 | 3辰합<br>4巳합<br>12丑합 | 1寅합<br>2卯합<br>5午합 | 2卯합<br>6未합<br>10亥합 | 3辰합<br>7申합<br>12丑합 | 4巳합<br>8酉합<br>11子합 |

월별 吉凶(길흉) 포국표 ※ 후천수궁과 같은 12지지도 吉月에 포함한다.

※ 합은 좋은 해석, 나쁨을 좋음으로 전환 ※ 충은 싸움, 터짐, 변화, 충돌, 다툼, 경쟁, 파멸, 해산 ※ 형은 소송, 구속, 체포, 형벌, 이혼, 사망, 관재구설, 관재, 고소, 고발 ※ 파는 이별, 사기꾼, 배신자, 분해 ※ 해는 적개심, 증오, 폭행, 상해, 반목, 미워함 ※ 원진은 갈등, 도주, 떠나감, 억울함, 피해

## (태생)선천수 2의 궁도

## 2-3-5(卯)년 해설

**

### 2-3-5

후천수궁에 귀신이 들어섰다. 변동이 심한 기운이 후천수궁과 生 관계에 있는 현상이라 3월, 5 경파 土는 후천수궁과 剋 관계다. 2-3-5 수리 때는 사업을 진행 중인 사람은 쉬어가고 계획을 추진하려는 사람은 당분간 멈추어야 하며 변동과 변화의 마음이 강하게 생길수록 자숙해야 할 것이다. 2-3-5 수리 자체가 안 좋은 수리다. 辰, 午, 申, 酉, 子 일주는 부동이 원칙이고 未, 戌, 亥 일주도 조심히 일을 추진하고 변덕이 심한 사람을 조심하라.

### 7-8-6

7 퇴식은 정신적 갈등, 건강 상실, 욕구 불만이 대표적 키워드다. 대체로 일이 잘되지 않는 속성 이 있다. 오는 복도 차버리는 기운이 있는 수리다.

그러나 4월 퇴식 7火는 후천수궁, 3木이 生 관계에 있으며 5월 재물 8木도 후천수궁 3木 같은 오행이며 6월 관록 水 역시 후천수궁 木을 生하고 있고 4월, 5월, 6월 오행 일체가 후천수궁, 귀 신 3木을 서로 生 관계에 있고 더구나 4월 퇴식 火는 왕지(旺支)에 있는 5월 재물 8木을 生하 고 6월 관록 6水도 5월 재물 8木을 완벽히 生하고 있어 4월 퇴식은 후천수궁, 귀신 3木이 生해 주는 관계라 사업을 하는 사람은 관록이 돕는 재물이라 큰돈을 잡겠고 4월 퇴식과 형, 충, 파, 원 진 관계인 寅, 申, 亥, 戌 일주라도 조금 긴장하고 조심하면 조상의 은덕으로 보호하므로 큰 탈 은 없겠다.

### 4-5-9

8월 경파 5土를 7월 안정 4金이 힘을 빼고, 9월 문서 9金도 같이 힘을 합세하여 빼니 가뜩이나 후천수궁 귀신 3木과 剋 관계로 놀라고 깨져가는 입장에서 더욱 기력을 상실하며 최후의 발악 중이라 寅, 卯, 戌, 子 일주는 충격을 받을 일이 있으니 더욱 자중하라. 한 개의 오행을 가운데 놓고 두 개의 오행이 양쪽에서 힘을 빼는 현상은 가장 안 좋은 해석을 해주어야 올바른 상담이 다. 또한 9월 문서 9金도 후천수궁과 剋 관계라 辰, 巳, 未, 酉, 丑 일주는 문서 잡는 일로 문제 가 있어 놀랄 수가 있다.

### 4-7-2

10월 안정 속에 11월 퇴식이 들어섰고 11월 퇴식 火는 후천수궁 木으로 生해주고 있으므로 조 상의 도움으로 가벼운 감기 정도로 넘어간다. 12월 변동도 후천수궁이 生으로 돕고 있고 다음 해 1월, 2월, 3월이 좋으니 활동을 강행해도 좋겠다.

## 2-4-6(吉)

| 변동 | **2** | 火☹ | 안정 | **4** | 金 | 관록 | **6** | 水☺ |
|---|---|---|---|---|---|---|---|---|
| 1월 | 寅 | 선천수 | 2월 | 卯 | 후천수 | 3월 | 辰 | 선후천수 |
| 재물 | **8** | 木☹ | 시생 | **1** | 水☺ | 문서 | **9** | 金☺ |
| 4월 | 巳 | 6+2=8 | 5월 | 午 | 6+4=1 | 6월 | 未 | 8+1=9 |
| 재물 | **8** | 木☹ | 시생 | **1** | 水☺ | 문서 | **9** | 金☺ |
| 7월 | 申 | 9+8=8 | 8월 | 酉 | 9+1=1 | 9월 | 戌 | 8+1=9 |
| 문서 | **9** | 金☺ | 관록 | **6** | 水☺ | 관록 | **6** | 水☺ |
| 10월 | 亥 | 2+8+8=9 | 11월 | 子 | 4+1+1=6 | 12월 | 丑 | 6+9+9=6 |

| 일지 | 寅 | 卯 | 辰 | 巳 | 午 | 未 | 申 | 酉 | 戌 | 亥 | 子 | 丑 |
|---|---|---|---|---|---|---|---|---|---|---|---|---|
| 凶月 | 4巳형<br>7申충<br>8酉원<br>10亥파 | 3辰해<br>6午파<br>7申원<br>8酉충<br>11子형 | 2卯해<br>9戌충<br>10亥원<br>12丑파 | 1寅형<br>7申형파<br>9戌원<br>10亥충 | 2卯파<br>11子충<br>12丑원 | 9戌형파<br>11子원<br>12丑형충 | 1寅형충<br>2卯원<br>4巳형파 | 1寅원<br>2卯충<br>9戌해 | 3辰충<br>4巳원<br>6未형파<br>10亥해<br>12丑형 | 1寅파<br>3辰원<br>4巳충<br>11子파 | 2卯형<br>5午충<br>6未해원형충<br>7申해<br>8酉파 | 3辰파<br>5午해원형충<br>6未충<br>9戌형 |
| 吉月 | 5午합<br>9戌합<br>1寅합 | 6未합<br>9戌합<br>10亥합 | 7申합<br>8酉합<br>11子합 | 8酉합<br>12丑합<br>4巳합 | 1寅합<br>6未합<br>9戌합 | 2卯합<br>5午합<br>10亥합 | 3辰합<br>11子합<br>7申합 | 3辰합<br>4巳합<br>12丑합 | 1寅합<br>2卯합<br>5午합 | 2卯합<br>6未합<br>10亥합 | 3辰합<br>7申합<br>12丑합 | 4巳합<br>8酉합<br>11子합 |

월별 吉凶(길흉) 포국표 ※ 후천수궁과 같은 12지지도 吉月에 포함한다.

※ 합은 좋은 해석, 나쁨을 좋음으로 전환 ※ 충은 싸움, 터짐, 변화, 충돌, 다툼, 경쟁, 파멸, 해산 ※ 형은 소송, 구속, 체포, 형벌, 이혼, 사망, 관재구설, 관재, 고소, 고발 ※ 파는 이별, 사기꾼, 배신자, 분해 ※ 해는 적개심, 증오, 폭행, 상해, 반목, 미워함 ※ 원진은 갈등, 도주, 떠나감, 억울함, 피해

※
※

## 2-4-6(吉)년 해설

후천수궁에 안정이 들어섰다. 안정은 사람이 삶에서 가장 추구하는 소망이다. 2 수리를 가진 사람은 후천수궁에 안정이 들어서고 3월 관록이 후천수 안정궁과 生 관계라 공무원이나 직장을 가진 자는 승진운이 있고 관청에 종사하는 직업을 가진 자는 안정 속에 명예를 얻는다. 다만 1월 변동 2火가 후천수궁과 剋 관계라 2 선천수를 기진 사람은 이동수나 이사, 전업이나 교류 및 남녀 교제는 신중하지 않으면 이동수나 이사는 손해수가 있고 전업이나 교류는 실패하며 교제는 깨진다. 더 나아가서 1월 변동에 휘말려 2월, 3월의 좋은 기회도 사라진다.

## 8-1-9

이 수리는 재물-시생-문서라는 그냥 보아도 좋은 수리이다. 그리고 7, 8, 9월도 같은 좋은 수리가 6개월간 지속된다. 1년 가운데 6개월이 좋다면 계획했던 일들을 추진하고 시행하려는 사람에게는 좋은 기회. 2 수리를 가진 자는 적극적으로 나서서 목적을 이루라. 후천궁이 안정이라 6개월이 안정 속에서 목적을 이룰 수 있는 기회다. 다만 寅, 巳, 申, 亥 일주는 4, 7월이 2월 후천수궁과 金극木으로 剋이 되므로 금전 손해를 볼 수 있고 새로운 사람과 문서적인 일로 안정이 깨지는 일이 있을 수 있으므로 돈거래나 부동산 거래에 신중해야 할 것이다. 丑, 辰, 巳, 子 일주는 누구보다 좋은 기회이므로 적극적으로 행동하면 득이 있다.

## 8-1-9

중복되는 수리궁이 좋으면 더 설명할 필요가 없으나 중복되는 수리궁 다음에 오는 수리궁에 따라 속도를 조절할 필요가 있다. 그러나 다음에 오는 10월, 11월, 12월도 후천수궁과 모두 金생水 관계이거나 같은 金의 오행 관계라 좋고 9-6-6의 상승이 수리수로 명예가 오르고 진급하며 서류는 힘을 가지는 결과를 가져온다. 다만 5월은 子午충으로 새로 만난 남녀 관계로 다투거나 법정 싸움도 할 수가 있고 子 일주는 새로운 인연과 심한 충돌과 헤어지게 되고 8월은 卯酉충으로 卯 일주는 새로운 일로 부부 관계가 악화하거나 새로운 사람으로 불화하며 건강에도 간, 담, 대장 수술수도 조심하여야 하고 관재수도 있다.

## 9-6-6

명예가 상승하고 문서는 관록의 영향으로 힘을 받아 성취도가 높고 고위층 관록자는 명예가 높아져 이름을 날리고 학생은 시험에 합격하며 사업가는 관록의 힘으로 돈과 재물을 크게 얻는다. 단 午, 未 일주는 11월, 12월에 직장을 잃을 수 있으니 긴장하고 자만심을 버리고 현재 근무하는 곳에서 이탈하지 않아야 한다. 구관이 명관이다. 올해는 대단히 좋은 해다. 2 수리를 가진 자는 적극적으로 행동하라.

## 2-5-7(凶)

| 변동 | 2 | 火☺ | 경파 | 5 | 土 | 퇴식 | 7 | 火☺ |
|---|---|---|---|---|---|---|---|---|
| 1월 | 寅 | 선천수 | 2월 | 卯 | 후천수 | 3월 | 辰 | 선후천수 |
| 문서 | 9 | 金☺ | 귀신 | 3 | 木☹ | 귀신 | 3 | 木☹ |
| 4월 | 巳 | 7+2=9 | 5월 | 午 | 7+5=3 | 6월 | 未 | 9+3=3 |
| 귀신 | 3 | 木☹ | 관록 | 6 | 水☹ | 문서 | 9 | 金☺ |
| 7월 | 申 | 3+9=3 | 8월 | 酉 | 3+3=6 | 9월 | 戌 | 3+6=9 |
| 경파 | 5 | 土☺ | 경파 | 5 | 土☺ | 시생 | 1 | 水☹ |
| 10월 | 亥 | 2+9+3=5 | 11월 | 子 | 5+3+6=5 | 12월 | 丑 | 7+3+9=1 |

| 일지 | 寅 | 卯 | 辰 | 巳 | 午 | 未 | 申 | 酉 | 戌 | 亥 | 子 | 丑 |
|---|---|---|---|---|---|---|---|---|---|---|---|---|
| 凶月 | 4巳형 | 3辰해 | 2卯해 | 1寅형 | 2卯파 | 9戌형파 | 1寅형충 | 1寅원 | 3辰충 | 1寅파 | 2卯형 | 3辰파 |
| | 7申충 | 5午파 | 9戌충 | 7申형파 | 11子충 | 11子원 | 2卯원 | 2卯충 | 4巳원 | 3辰원 | 5午충 | 5午해원형충 |
| | 8酉원 | 7申원 | 10亥원 | 9戌원 | 12丑원 | 12丑원 | 4巳형파 | 9戌해 | 6未형파 | 4巳충 | 6未해원 | 6未충형 |
| | 10亥파 | 8酉충 | 12丑파 | 10亥충 | | | 10亥해 | 11子파 | 8酉해 | 7申해 | 8酉파 | 9戌형 |
| | | 11子형 | | | | | | | 12丑형 | | | |
| 吉月 | 5午합 | 6未합 | 7申합 | 8酉합 | 1寅합 | 2卯합 | 3辰합 | 3辰합 | 1寅합 | 2卯합 | 3辰합 | 4巳합 |
| | 9戌합 | 9戌합 | 8酉합 | 12丑합 | 6未합 | 5午합 | 11子합 | 4巳합 | 5午합 | 6未합 | 7申합 | 8酉합 |
| | 1寅합 | 10亥합 | 11子합 | 4巳합 | 9戌합 | 10亥합 | 7申합 | 12丑합 | 2卯합 | 10亥합 | 12丑합 | 11子합 |

월별 吉凶(길흉) 포국표 ※ 후천수궁과 같은 12지지도 吉月에 포함한다.

※ 합은 좋은 해석, 나쁨을 좋음으로 전환 ※ 충은 싸움, 터짐, 변화, 충돌, 다툼, 경쟁, 파멸, 해산 ※ 형은 소송, 구속, 체포, 형벌, 이혼, 사망, 관재구설, 관재, 고소, 고발 ※ 파는 이별, 사기꾼, 배신자, 분해 ※ 해는 적개심, 증오, 폭행, 상해, 반목, 미워함 ※ 원진은 갈등, 도주, 떠나감, 억울함, 피해

## 2-5-7(凶)년 해설

**

### 2-5-7

2월 후천수는 경파가 들어섰다. 경파는 파격적인 행동 및 행위, 깨짐을 의미하며 깜짝 놀라 허둥대거나 십년감수한다. 혁신, 과감 등의 의미를 가진다. 2와 5가 붙어 있으면 더욱 요란하고 경파의 힘이 강하다. 거기다 3월 퇴식 7火는 정신적 갈등, 의욕, 욕구, 건강 상실 등을 대표하므로 후천수궁과는 生 관계라 그나마 강도가 약하나 2-5-7과 같이하여 대단히 안 좋은 수리군이다. 다시 말해, 2 수리를 가진 사람은 1월, 2월, 3월이 안 좋은 달이다. 첫째 건강에 만전을 기하고 이동이나 이사 여행 등은 삼가야 하며 개업도 하지 마라.

경파는 밀어붙이는 근성이 있어 위험한 함정에 빠질 수 있으니 심사숙고하라.

특히 다음 4~6월도 아주 안 좋은 달이라 후환이 오래간다.

### 9-3-3

본 수리궁은 귀신들이 문서를 잡은 꼴이다. 4월부터 7월까지 귀신들이 난리굿을 하는 형국이다. 5월, 6월, 7월 귀신 3木으로 후천수궁과는 木극土로 헌 관계라 정말로 안 좋은 달이다. 아픈 자는 병이 악화되고 노인은 별세할 수 있으며 사업가나 장사하는 사람은 파업하거나 부도에 직면하며 부부는 이혼수가 있고 잘되던 계약도 깨지며 미성년자는 가출수가 있고 학생은 공부에 흥미를 잃고 방황한다.

### 3-6-9

4월, 5월, 6월과 연이어 3-6-9 달 역시 조심해야 할 것이다. 올해는 경파가 이끌어가는 해이나 좋아서 놀라고 나빠서 놀라는 형국이므로 5월, 6월, 7월 귀신이 모두 후천수궁과 헌이고 8월 관록과 9월 문서는 좋은 것보다는 나쁜 쪽으로 일이 진행될 경우가 다분하다. 이럴 경우 8월 관록 6水는 2월 후천수궁, 경파 5土와는 土극水로 헌 관계라 관재구설수에 휘말릴 수가 있으므로 특히 문서로 하여 법정 다툼이나 문서에 관여된 일로 귀신들의 난동에 사기를 당할 수가 있으니 여러모로 신중하고 주의하라.

### 5-5-1

10월, 11월 경파 5土는 2월 후천수궁과는 같은 오행 土이므로 生 관계에 있으니 경파는 9월의 문서, 9와 함께 부동산으로 보기 때문에 부동산을 취득하면 좋다.

다음 해가 2-6-8로 좋은 해가 오니 부동산으로 사업을 하는 사람이라면 내년에 팔면 큰돈이 된다. 올해는 전체적으로 凶한 해이니 역학 공부나 하면서 쉬어가라.

월별 길흉 포국표를 달마다 대입해보며 지혜롭게 헤쳐 나가라.

## (태생)선천수 2의 궁도

## 2-6-8(平)

| 변동 | 2 | 火☹ | 관록 | 6 | 水 | 재물 | 8 | 木☺ |
|---|---|---|---|---|---|---|---|---|
| 1월 | 寅 | 선천수 | 2월 | 卯 | 후천수 | 3월 | 辰 | 선후천수 |
| 시생 | 1 | 水☺ | 경파 | 5 | 土☹ | 관록 | 6 | 水☺ |
| 4월 | 巳 | 8+2=1 | 5월 | 午 | 8+6=5 | 6월 | 未 | 1+5=6 |
| 퇴식 | 7 | 火☹ | 변동 | 2 | 火☹ | 문서 | 9 | 金☺ |
| 7월 | 申 | 6+1=7 | 8월 | 酉 | 6+5=2 | 9월 | 戌 | 7+2=9 |
| 시생 | 1 | 水☺ | 안정 | 4 | 金☺ | 경파 | 5 | 土☹ |
| 10월 | 亥 | 2+1+7=1 | 11월 | 子 | 6+5+2=4 | 12월 | 丑 | 8+6+9=5 |

| 일지 | 寅 | 卯 | 辰 | 巳 | 午 | 未 | 申 | 酉 | 戌 | 亥 | 子 | 丑 |
|---|---|---|---|---|---|---|---|---|---|---|---|---|
| 凶月 | 4巳형 | 3辰해 | 2卯해 | 1寅형 | 2卯파 | 9戌형파 | 1寅형충 | 1寅원 | 3辰충 | 1寅파 | 2卯형 | 3辰파 |
|  | 7申충 | 5午파 | 9戌충 | 7申형파 | 11子충 | 11子원 | 2卯원 | 2卯충 | 4巳원 | 3辰원 | 5午충 | 5午해원형충 |
|  | 8酉원 | 7申원 | 10亥원 | 9戌원 | 12丑원 | 12丑형충 | 4巳형파 | 9戌해 | 6未형파 | 5午충 | 6未해원 | 6未원 |
|  | 10亥파 | 8酉충 | 12丑파 | 10亥충 |  |  |  | 10亥해 | 11子파 | 8酉해 | 7申해 | 9戌형 |
|  |  | 11子형 |  |  |  |  |  |  | 12丑형 |  | 8酉파 |  |
| 吉月 | 5午합 | 6未합 | 7申합 | 8酉합 | 1寅합 | 2卯합 | 3辰합 | 3辰합 | 1寅합 | 2卯합 | 3辰합 | 4巳합 |
|  | 9戌합 | 9戌합 | 8酉합 | 12丑합 | 6未합 | 5午합 | 11子합 | 4巳합 | 2卯합 | 6未합 | 7申합 | 8酉합 |
|  | 1寅합 | 10亥합 | 11子합 | 4巳합 | 9戌합 | 10亥합 | 7申합 | 12丑합 | 5午합 | 10亥합 | 12丑합 | 11子합 |

월별 吉凶(길흉) 포국표 ※ 후천수궁과 같은 12지지도 吉月에 포함한다.

※ 합은 좋은 해석, 나쁨을 좋음으로 전환 ※ 충은 싸움, 터짐, 변화, 충돌, 다툼, 경쟁, 파멸, 해산 ※ 형은 소송, 구속, 체포, 형벌, 이혼, 사망, 관재구설, 관재, 고소, 고발 ※ 파는 이별, 사기꾼, 배신자, 분해 ※ 해는 적개심, 증오, 폭행, 상해, 반목, 미워함 ※ 원진은 갈등, 도주, 떠나감, 억울함, 피해

## 2-6-8(卯)년 해설

⁂

### 2-6-8

1월 변동 2火는 2월 후천수궁 관록, 6水와의 관계는 水극火로 변동, 변화로 관록에 안 좋은 영향을 준다. 소송은 연기시키고 관청의 볼일은 4월로 미루면 좋은 인연이나 좋은 일이 생겨서 승소하거나 명예가 오르거나 윗사람이 돕는다. 3월에 재물 8木은 卯, 戌, 亥, 丑 일주는 재물이 나가고 申, 子 일주는 재물이 들어온다.

### 1-5-6

4월 시생 1水와 6월 관록 6水는 같은 오행으로 5월의 경파 5土를 양쪽에서 土극水로 힘을 빼고 있다. 이런 경우 5월 경파 5土는 발악을 하는 꼴이 되어 안 좋은데 5월 경파 5土는 2월 후천수궁과도 土극水로 剋을 하고 있으므로 새로운 사람이나 이미 시작한 일, 사건, 소송 등으로 크게 놀라게 된다.

4월, 5월, 6월에는 새로 만난 사람이나 새로운 거래를 조심하고 부동산과 관련된 문서나 물건을 조심하고 관청 일로 놀라거나 직장에서 권고사직을 당할 수 있으니 자중하라. 4월에는 寅, 申, 戌, 亥 일주는 사람을 조심하고, 5월은 子, 丑 일주, 6월은 戌, 子, 丑 일주가 조심하여야 할 대상이다.

### 7-2-9

2 수리를 가진 사람은 7월, 8월은 안 좋은 달이다. 7월 퇴식 7火와 8월 변동 2火는 모두 2월 후천수궁과는 水극火로 剋을 당하고 있으므로 관재수가 있거나 7월은 후천수궁과 卯申 원진, 8월은 卯酉충이다. 7월은 卯, 申 원진으로 스트레스나 우울증, 심장병 등으로 건강을 잃을 수 있고 8월은 卯酉충으로 부부가 불화하거나 걱정거리가 생기며 간, 담, 대장에 수술수가 있고 수족 부상이 있을 수 있으며 관재수도 같이 따른다.

### 1-4-5

10월은 새로운 일이나 사람으로 안정을 찾으나 12월 경파 5土가 2월 후천수궁, 관록 6水를 剋하고 있어 승진을 바라는 자는 승진이 안 되며 시험 합격을 원하는 자는 떨어지고 소송을 하는 자는 너무 밀어붙이다 소송에 진다.

특히 辰, 午, 未, 戌 일주는 심사숙고하며 조심히 12월을 넘겨라. 午, 未 일주는 더욱 조심하라.

## (태생)선천수 2의 궁도

### 2-7-9(凶)

| 변동 | 2 | 火☺ | 퇴식 | 7 | 火 | 문서 | 9 | 金☹ |
|---|---|---|---|---|---|---|---|---|
| 1월 | 寅 | 선천수 | 2월 | 卯 | 후천수 | 3월 | 辰 | 선후천수 |
| 변동 | 2 | 火☺ | 퇴식 | 7 | 火☺ | 문서 | 9 | 金☹ |
| 4월 | 巳 | 9+2=2 | 5월 | 午 | 9+7=7 | 6월 | 未 | 2+7=9 |
| 변동 | 2 | 火☺ | 퇴식 | 7 | 火☺ | 문서 | 9 | 金☹ |
| 7월 | 申 | 9+2=2 | 8월 | 酉 | 9+7=7 | 9월 | 戌 | 2+7=9 |
| 관록 | 6 | 水☹ | 귀신 | 3 | 木☺ | 문서 | 9 | 金☹ |
| 10월 | 亥 | 2+2+2=6 | 11월 | 子 | 7+7+7=3 | 12월 | 丑 | 9+9+9=9 |

| 일지 | 寅 | 卯 | 辰 | 巳 | 午 | 未 | 申 | 酉 | 戌 | 亥 | 子 | 丑 |
|---|---|---|---|---|---|---|---|---|---|---|---|---|
| 凶月 | 4巳형 | 3辰해 | 2卯해 | 1寅형 | 2卯파 | 9戌형파 | 1寅형충 | 1寅원 | 3辰충 | 1寅파 | 2卯형 | 3辰파 |
| | 7申충 | 5午파 | 9戌충 | 7申형파 | 11子충 | 11子원 | 2卯원 | 2卯충 | 4巳원 | 3辰원 | 5午충 | 5午해원형충 |
| | 8酉원 | 7申원 | 7申원 | 10亥원 | 9戌원 | 12丑원 | 4巳형파 | 9戌해 | 6未형파 | 4巳충 | 6未해원 | 6未형충 |
| | 10亥파 | 8酉충 | 12丑파 | 10亥충 | 9戌충 | 12丑형충 | 10亥해 | 11子파 | 8酉해 | 7申해 | 8酉파 | 9戌형 |
| | | 11子형 | | | | | | | 12丑형 | | | |
| 吉月 | 5午합 | 6未합 | 7申합 | 8酉합 | 1寅합 | 2卯합 | 3辰합 | 3辰합 | 1寅합 | 2卯합 | 3辰합 | 4巳합 |
| | 9戌합 | 9戌합 | 8酉합 | 12丑합 | 6未합 | 5午합 | 11子합 | 4巳합 | 2卯합 | 6未합 | 7申합 | 8酉합 |
| | 1寅합 | 10亥합 | 10亥합 | 11子합 | 4巳합 | 9戌합 | 10亥합 | 7申합 | 12丑합 | 5午합 | 10亥합 | 12丑합 |

월별 吉凶(길흉) 포국표 ※ 후천수궁과 같은 12지지도 吉月에 포함한다.

※ 합은 좋은 해석, 나쁨을 좋음으로 전환 ※ 충은 싸움, 터짐, 변화, 충돌, 다툼, 경쟁, 파멸, 해산 ※ 형은 소송, 구속, 체포, 형벌, 이혼, 사망, 관재구설, 관재, 고소, 고발 ※ 파는 이별, 사기꾼, 배신자, 분해 ※ 해는 적개심, 증오, 폭행, 상해, 반목, 미워함 ※ 원진은 갈등, 도주, 떠나감, 억울함, 피해

64

## (태생)선천수 2의 궁도

# 2-7-9(凶)년 해설

＊＊

### 2-7-9

2월 후천수궁 퇴식 7은 말 그대로 밥그릇을 뒤엎는다는, 우리에게 가장 안 좋은 수리수다. 7이라면 행운의 숫자라고 일반적으로 생각하는 것과 반대가 되는 개념이다. 2 수리를 가진 자가 퇴식을 만나면 먼저 자신의 건강을 체크해보아야 한다. 퇴식은 의욕과 욕구가 사그라들고 정신적 갈등이 심해지며 육체와 정신적으로 건강을 상실하는 대표적인 수리수이다. 퇴식은 건강뿐만 아니라 사람이 가장 추구하는 재물과 직장 그리고 소득과도 안 좋은 해석과 개념을 가지고 있다. 퇴식은 주위 수리수의 배열에 따라 심대한 타격을 주기 때문에 7 주위에 3이나 5, 2, 7이 중복되어 있으면 안 좋고 7의 오행이 2월 후천수궁과 剋이 되거나 7의 지지와 형, 충, 파, 해, 원진을 가진 일주는 지대한 타격을 받는다.

### 2-7-9

2-7-9는 2월 후천수궁과 1월 변동 2火가 같은 오행이라 힘이 된다는 예전의 해석과는 달리 특이하게도 변동이라는 키워드 자체가 변화, 변동이란 변화무쌍한 해석이 주위 수리수의 환경에 따라 달라지므로 예견하기 어렵다. 3월 문서 9金을 후천수궁 퇴식 7火가 剋을 하므로 3월의 문서는 1월, 2월의 2-7로 하여 이미 안 좋은 문서를 내포하고 있다. 이 3월의 문서는 부동산, 주식, 공문서, 합의서, 계약서, 자격증, 진단서, 임명장 등 수많은 문서가 존재하는 세상살이에 너무나 확실한 현실을 반영하는 수단으로 각인되는 편의상의 약속의 개념이다. 여기서 이미 3월의 문서는 진단서, 출두요구서, 사망 진단서, 체포 영장, 이혼 합의서, 계약 파기 등 안 좋은 쪽의 문서로 해석하는 게 맞다.

### 2-7-9

이 수리군은 안 좋은 조합으로 1년에 9개월이나 반복해서 들어왔다.

2-7-9가 들어선 한 해는 우환이 받은 해이므로 아무 일도 벌이지 말고 자중하며 역학 공부나 하는 게 훗날 도움이 된다 하겠다. 월별 길흉도에서 卯 일지, 申 일지, 戌 일지, 凶월의 일주는 정말로 조심하라. 나이 많은 노인은 사망에 이르며 환자는 병이 악화되고, 사업가는 부도가 나고 학생은 공부를 안 하며 미성년자는 가출할 수 있으며 부부는 이혼수, 소송은 지며 법을 어긴 자는 쉬이 체포된다.

### 6-3-9

10월 건록 6水가 2월 후천수궁 퇴식 7火와 剋 관계이며 12월 문서 9金도 마찬가지로 후천수궁과 剋 관계이다. 11월 귀신 3木이 후천수궁과 生 관계이나 양쪽으로 剋을 받아 힘이 없다. 6-3-9는 관재구설수를 조심하고 11월, 12월에 午, 未 일주는 이별, 이혼수, 배신, 자살수를 조심하라.

# (태생)선천수 2의 궁도

## 2-8-1(平)

| 변동 | **2** | 火☺ | 재물 | **8** | 木 | 시생 | **1** | 水☺ |
|---|---|---|---|---|---|---|---|---|
| 1월 | 寅 | 선천수 | 2월 | 卯 | 후천수 | 3월 | 辰 | 선후천수 |
| 귀신 | **3** | 木☺ | 문서 | **9** | 金☹ | 귀신 | **3** | 木☺ |
| 4월 | 巳 | 1+2=3 | 5월 | 午 | 1+8=9 | 6월 | 未 | 3+9=3 |
| 관록 | **6** | 水☺ | 귀신 | **3** | 木☺ | 문서 | **9** | 金☹ |
| 7월 | 申 | 3+3=6 | 8월 | 酉 | 3+9=3 | 9월 | 戌 | 6+3=9 |
| 변동 | **2** | 火☺ | 변동 | **2** | 火☺ | 안정 | **4** | 金☹ |
| 10월 | 亥 | 2+3+6=2 | 11월 | 子 | 8+9+3=2 | 12월 | 丑 | 1+3+9=4 |

| 일지 | 寅 | 卯 | 辰 | 巳 | 午 | 未 | 申 | 酉 | 戌 | 亥 | 子 | 丑 |
|---|---|---|---|---|---|---|---|---|---|---|---|---|
| 凶月 | 4 巳형 | 3 辰해 | 2 卯해 | 1 寅형 | 2 卯파 | 9 戌형파 | 1 寅형충 | 1 寅원 | 3 辰충 | 1 寅파 | 2 卯형 | 3 辰파 |
| | 7 申충 | 5 午파 | 9 戌충 | 7 申형파 | 11 子충 | 11 子원 | 2 卯원 | 2 卯충 | 4 巳원 | 3 辰원 | 5 午충 | 5 午해원 |
| | 8 酉원 | 7 申원 | 10 亥원 | 9 戌원 | 12 丑원 | 12 丑형충 | 4 巳형파 | 9 戌해 | 6 未형파 | 5 巳충 | 6 未해원 | 6 未형충 |
| | 10 亥파 | 8 酉충 | 12 丑파 | 10 亥충 | | | 10 亥해 | 11 子파 | 8 酉해 | 7 申해 | 8 酉파 | 9 戌형 |
| | | 11 子형 | | | | | | | 12 丑형 | | | |
| 吉月 | 5 午합 | 6 未합 | 7 申합 | 8 酉합 | 1 寅합 | 2 卯합 | 3 辰합 | 3 辰합 | 1 寅합 | 2 卯합 | 3 辰합 | 4 巳합 |
| | 9 戌합 | 9 戌합 | 8 酉합 | 12 丑합 | 6 未합 | 5 午합 | 11 子합 | 4 巳합 | 2 卯합 | 6 未합 | 7 申합 | 8 酉합 |
| | 1 寅합 | 10 亥합 | 11 子합 | 4 巳합 | 9 戌합 | 10 亥합 | 7 申합 | 12 丑합 | 5 午합 | 10 亥합 | 12 丑합 | 11 子합 |

월별 吉凶(길흉) 포국표 ※ 후천수궁과 같은 12지지도 吉月에 포함한다.

※ 합은 좋은 해석, 나쁨을 좋음으로 전환 ※ 충은 싸움, 터짐, 변화, 충돌, 다툼, 경쟁, 파멸, 해산 ※ 형은 소송, 구속, 체포, 형벌, 이혼, 사망, 관재구설, 관재, 고소, 고발 ※ 파는 이별, 사기꾼, 배신자, 분해 ※ 해는 적개심, 증오, 폭행, 상해, 반목, 미워함 ※ 원진은 갈등, 도주, 떠나감, 억울함, 피해

## 2-8-1(卯)년 해설

**☀**

### 2-8-1

이 해는 전체적으로 2월 후천수궁, 재물 8木을 剋하는 달이 5월, 9월과 12월뿐이다.

이런 해도 드물다. 대체로 나쁘지 않은 해라고 보아야 할 것이다.

1월 변동 2火는 후천수궁, 재물 8木에 生을 받고 있고 3월 시생 1水는 후천수궁을 水로 生하고 있으므로 새로운 일이나 사람으로 하여 움직인 만큼 재물을 얻을 수 있다. 적어도 1월, 2월, 3월은 재물이 들어오는 수리군이니 재물 관리를 잘하라. 4월, 5월, 6월이 凶 수리군이다.

### 3-9-3

5월 문서 9金은 4월 귀신 3木과 6월 같은 귀신에게 양쪽에서 샌드위치가 되는 형상이다. 이럴 경우 5월 문서 9金은 2월 후천수궁, 재물 8木과도 剋을 하므로 이 문서는 대단히 안 좋은 문서이다. 卯, 子, 丑 일주는 긴장하라. 노인은 사망 진단서를 받고, 남녀는 이별수, 금전 문제로 관재수가 있다. 사업은 망하고 부부 파혼, 법정 싸움도 있다. 3월과 6월에 凶 일주인 卯, 戌, 子, 亥, 丑 일주도 조심하여야 한다.

### 6-3-9

7월 관록 6水와 8월 귀신 3木은 2월 후천수궁과 生 관계이지만 9월 문서 9金은 金극木으로 剋을 하고 있어 안 좋은 문서다. 그리고 9월 문서는 8월 귀신과 金극木으로 剋하고 있다. 만일 7월과 8월에 凶 지지 일주를 가진 자는 주의하라.

7월은 寅, 卯, 巳, 亥 일주, 8월은 寅, 卯, 戌, 子는 특히 조심하라.

관재구설이 바로 문밖에 당도해 있으니 사업하는 자는 돈 문제로 시빗거리가 생기며 더 나빠지면 법적 소송이나 사기나 횡령 등으로 감옥에 갈 수도 있다.

특히 寅, 卯 일주는 7월, 8월에 조심하라. 서로 가장 강한 沖이기 때문이다. 沖일 때는 寅, 申충은 교통사고, 수술, 부상, 이성 문제, 卯酉충일 때는 부부 불화, 근심, 걱정, 간, 담, 대장 수술수와 수족 부상, 그리고 관재수가 따른다.

### 2-2-4

변동이 연이어 들어오면 안 좋다. 변동이 길어지면 변화가 심하므로 어떤 일에 꾸준히 감을 잡고 수행해나가기가 힘들다. 거기다 12월 안정 4金이 2월 후천수궁과 金극木으로 剋을 하므로 안 좋고 10월, 11월 火 오행이 火극金으로 12월 안정을 깨고 있으니 조심하라. 다만 11월, 12월에 합이 되는 일주는 이동, 변동, 개업, 이사 등에는 좋다고 본다. 단 그 외의 일주는 12월 안정을 그대로 유지하라.

# (태생)선천수 2의 궁도

## 2-9-2(吉)

| 변동 | **2** | 火☹ | 문서 | **9** | 金 | 변동 | **2** | 火☹ |
|---|---|---|---|---|---|---|---|---|
| 1월 | 寅 | 선천수 | 2월 | 卯 | 후천수 | 3월 | 辰 | 선후천수 |
| 안정 | **4** | 金☺ | 변동 | **2** | 火☹ | 관록 | **6** | 水☺ |
| 4월 | 巳 | 2+2=4 | 5월 | 午 | 2+9=2 | 6월 | 未 | 4+2=6 |
| 시생 | **1** | 水☺ | 재물 | **8** | 木☹ | 문서 | **9** | 金☺ |
| 7월 | 申 | 6+4=1 | 8월 | 酉 | 6+2=8 | 9월 | 戌 | 1+8=9 |
| 퇴식 | **7** | 火☹ | 시생 | **1** | 水☺ | 재물 | **8** | 木☹ |
| 10월 | 亥 | 2+4+1=7 | 11월 | 子 | 9+2+8=1 | 12월 | 丑 | 2+6+9=8 |

| 일지 | 寅 | 卯 | 辰 | 巳 | 午 | 未 | 申 | 酉 | 戌 | 亥 | 子 | 丑 |
|---|---|---|---|---|---|---|---|---|---|---|---|---|
| 凶月 | 4巳형 | 3辰해 | 2卯해 | 1寅형 | 2卯파 | 9戌형파 | 1寅형충 | 1寅원 | 3辰충 | 1寅파 | 2卯형 | 3辰파 |
|  | 7申충 | 5午파 | 9戌충 | 7申형파 | 11子충 | 11子원 | 2卯원 | 2卯충 | 4巳원 | 3辰원 | 5午충 | 5午해원형충 |
|  | 8酉원 | 7申원 | 10亥원 | 9戌원 | 12丑원 | 12丑원형충 | 4巳형파 | 9戌해 | 6未형파 | 4巳충 | 6未원 | 6未 |
|  | 10亥파 | 8酉충 | 12丑파 | 10亥충 |  |  | 10亥해 | 11子파 | 8酉해 | 7申해 | 8酉파 | 9戌형 |
|  |  | 11子형 |  |  |  |  |  |  | 12丑형 |  |  |  |
| 吉月 | 5午합 | 6未합 | 7申합 | 8酉합 | 1寅합 | 2卯합 | 3辰합 | 3辰합 | 1寅합 | 2卯합 | 3辰합 | 4巳합 |
|  | 9戌합 | 9戌합 | 8酉합 | 12丑합 | 6未합 | 5午합 | 11子합 | 4巳합 | 2卯합 | 6未합 | 7申합 | 8酉합 |
|  | 1寅합 | 10亥합 | 11子합 | 4巳합 | 9戌합 | 10亥합 | 7申합 | 12丑합 | 5午합 | 10亥합 | 12丑합 | 11子합 |

월별 吉凶(길흉) 포국표 ※ 후천수궁과 같은 12지지도 吉月에 포함한다.

※ 합은 좋은 해석, 나쁨을 좋음으로 전환 ※ 충은 싸움, 터짐, 변화, 충돌, 다툼, 경쟁, 파멸, 해산 ※ 형은 소송, 구속, 체포, 형벌, 이혼, 사망, 관재구설, 관재, 고소, 고발 ※ 파는 이별, 사기꾼, 배신자, 분해 ※ 해는 적개심, 증오, 폭행, 상해, 반목, 미워함 ※ 원진은 갈등, 도주, 떠나감, 억울함, 피해

## 2-9-2(吉)년 해설

＊＊

### 2-9-2

올해는 문서가 주도권을 잡고 12달을 이끌어가므로 선천수가 2인 사람은 문서에 대하여 운을 타는 한 해가 되어야 하겠다.

1월 변동 2火는 2월 후천수궁 문서 9금과 剋 관계고 3월 변동 2火도 2월 후천수궁의 문서 9金을 剋하고 있어 심한 변동에 시달리는 문서라 안 좋은 문서다.

辰, 午, 申, 酉, 子 일주는 조심하라. 문서로 인하여 심한 고통을 받는다. 특히 酉 일주는 부부 불화, 수술, 관재수가 있으며 午 일주는 午, 卯파로 주색으로 낭패를 보든지 사업에 실패하여 가족이 흩어진다.

### 4-2-4

4월 안정과 6월 관록이 2월 후천수궁을 각각 金과 水로 生하고 있으니 5월 변동 2火가 후천수궁 金을 剋해도 6월 관록 6水가 5월 변동 2火를 剋으로 힘을 빼고 있으므로 안정 속에서 모든 일을 도모해도 좋으며 공무원이면 진급 시험에 합격하고 학생은 성적이 오르며 사업가는 관가의 도움으로 성장하며 직장인은 승진한다. 정치인은 명예가 오르며 관청 일에 종사하는 사람은 관록운이 따른다.

다만 6월 戌, 子, 丑 일주는 오히려 반대로 운을 받을 수가 없다.

### 1-8-9

이 수리는 좋은 수리이다. 말 그대로 새로운 일이나 사람으로 재물을 보고 문서로 낙인을 찍는 구도로 소득이 확보됨을 의미한다.

8월 재물 8木은 2월 후천수궁 문서 9金에 剋을 받고 있다 해도 9월 문서 9金은 같은 오행이고 7월 시생 1水도 후천수궁에 힘이 되므로 8월 재물 8木은 주위 환경과 후천수궁의 剋을 받아 지배를 당하므로 새로운 일과 귀인으로 재물을 얻는다.

참고로 3개의 수리가 모두 좋은 수리군으로 묶여 있을 경우는 형, 충, 파, 해, 원진의 영향을 덜 받으므로 해석할 때 꼭 잊지 말기 바란다.

### 7-1-8

퇴식은 먼저 건강을 생각하여야 한다. 내 건강을 해치는 일이 없어야 하므로 주위 수리를 잘 살펴야 한다. 10월은 퇴식이고 다음 달 11월은 시생이므로 새로운 일, 새로운 사람이며, 12월 재물과 生 관계이므로 10월은 2월 후천수궁과 剋 관계라 寅, 辰, 巳, 申 일주는 건강을 조심하고 나머지 일주는 귀인을 만나서 재물을 만지거나 생각지 않은 일로 수익을 올린다.

巳, 酉, 子 일주는 재물복이 들어온다. 단 10월, 11월에 월별 길흉 포국표에서 형,충, 파, 해, 원진인 사람은 조심하지 않으면 사기를 당하거나 돈이 나간다.

# 3 수리 해설

3-1-4 ~ 3-9-3

| 3 수리 운세표 | | | | | | | | |
|---|---|---|---|---|---|---|---|---|
| 흉 | 흉 | 평 | 흉 | 길 | 평 | 평 | 평 | 흉 |
| 314 | 325 | 336 | 347 | 358 | 369 | 371 | 382 | 393 |

## (태생)선천수 3의 궁도

### 3-1-4(凶)

| 귀신 | **3** | 木☺ | 시생 | **1** | 水 | 안정 | **4** | 金☺ |
|---|---|---|---|---|---|---|---|---|
| 1월 | **寅** | 선천수 | 2월 | **卯** | 후천수 | 3월 | **辰** | 선후천수 |
| 퇴식 | **7** | 火☹ | 경파 | **5** | 土☹ | 귀신 | **3** | 木☺ |
| 4월 | **巳** | 4+3=7 | 5월 | **午** | 4+1=5 | 6월 | **未** | 7+5=3 |
| 시생 | **1** | 水☺ | 재물 | **8** | 木☺ | 문서 | **9** | 金☺ |
| 7월 | **申** | 3+7=1 | 8월 | **酉** | 3+5=8 | 9월 | **戌** | 1+8=9 |
| 변동 | **2** | 火☹ | 경파 | **5** | 土☹ | 퇴식 | **7** | 火☹ |
| 10월 | **亥** | 3+7+1=2 | 11월 | **子** | 1+5+8=5 | 12월 | **丑** | 4+3+9=7 |

| 일지 | 寅 | 卯 | 辰 | 巳 | 午 | 未 | 申 | 酉 | 戌 | 亥 | 子 | 丑 |
|---|---|---|---|---|---|---|---|---|---|---|---|---|
| **凶月** | 4 巳 형 | 3 辰 해 | 2 卯 해 | 1 寅 형 | 2 卯 파 | 9 戌 형파 | 1 寅 형충 | 1 寅 원 | 3 辰 충 | 1 寅 파 | 2 卯 형 | 3 辰 파 |
| | 7 申 충 | 5 午 파 | 9 戌 충 | 7 申 형파 | 11 子 충 | 11 子 원 | 2 卯 원 | 2 卯 충 | 4 巳 원 | 3 辰 원 | 5 午 충 | 5 午 해원형충 |
| | 8 酉 원 | 7 申 원 | 10 亥 원 | 9 戌 원 | 12 丑 원 | 12 丑 형충 | 4 巳 형파 | 9 戌 해 | 6 未 형파 | 5 午 충 | 6 未 원 | 6 未 해원형충 |
| | 10 亥 파 | 8 酉 충 | 12 丑 파 | 10 亥 충 | | | 10 亥 해 | 11 子 파 | 8 酉 해 | 7 申 해 | 8 酉 파 | 9 戌 형 |
| | | 11 子 형 | | | | | | | 12 丑 형 | | | |
| **吉月** | 5 午 합 | 6 未 합 | 7 申 합 | 8 酉 합 | 1 寅 합 | 2 卯 합 | 3 辰 합 | 3 辰 합 | 1 寅 합 | 2 卯 합 | 3 辰 합 | 4 巳 합 |
| | 9 戌 합 | 9 戌 합 | 8 酉 합 | 12 丑 합 | 6 未 합 | 5 午 합 | 11 子 합 | 4 巳 합 | 2 卯 합 | 6 未 합 | 7 申 합 | 8 酉 합 |
| | 1 寅 합 | 10 亥 합 | 11 子 합 | 4 巳 합 | 9 戌 합 | 10 亥 합 | 7 申 합 | 12 丑 합 | 5 午 합 | 10 亥 합 | 12 丑 합 | 11 子 합 |

월별 吉凶(길흉) 포국표 ※ 후천수궁과 같은 12지지도 吉月에 포함한다.

※ 합은 좋은 해석, 나쁨을 좋음으로 전환 ※ 충은 싸움, 터짐, 변화, 충돌, 다툼, 경쟁, 파멸, 해산 ※ 형은 소송, 구속, 체포, 형벌, 이혼, 사망, 관재구설, 관재, 고소, 고발 ※ 파는 이별, 사기꾼, 배신자, 분해 ※ 해는 적개심, 증오, 폭행, 상해, 반목, 미워함 ※ 원진은 갈등, 도주, 떠나감, 억울함, 피해

## (태생)선천수 3의 궁도

### 3-1-4(凶)년 해설

**
**

### 3-1-4

3 선천수를 가진 사람은 올해는 새로운 일, 새로운 인연(사람)으로 움직이는 해이다. 그러나 1월 3 귀신이 2월 후천수궁 시생 1 옆에 있으면 일단 새로운 일, 새로운 사람이 귀신과 같이하므로 안 좋을 확률이 높겠구나 하고 먼저 생각하라.

3월 안정 4숲은 2월 후천수궁을 숲생水로 돕고 있지만 잘 보면 4월 퇴식 7火, 5월 경파土가 2월 후천수궁을 剋하고 있어 안정이 도움이 안 되므로 6개월은 새로운 사람, 새로운 일로 하여 안 좋으므로 전반기 봄, 여름이 안 좋겠다. 인연을 맺지 말고 주위 사람을 살펴라.

### 7-5-3

퇴식이 들어와 힘이 없는 상태인데 놀랄 일이 생기고 정신 차리려니 귀신이 바로 옆에 서 있다면 당신은 어떻게 하겠는가?

이 수리군은 모든 수리 중 대단히 강한 수리군으로 가장 나쁘다.

生剋을 따지지 말고 엎드려 숨죽이라. 집에서 역학 공부나 해라. 쉬는 게 좋다. 2월 시생은 새로운 일, 사람이지만 이런 운에는 배신자, 훼방꾼, 건강 이상, 가정 파괴범, 정신적 갈등으로 보아라.

### 1-8-9

가을 3개월이 참으로 맑고 좋다. 7월에 만난 사람은 귀인으로 재물을 얻는데 협조자이며 어떤 일이 생겨도 이득 쪽으로 흐른다. 3 선천수를 가진 사람은 적극적으로 행동하라. 다만 10월, 11월, 12월이 안 좋으므로 속전속결로 2달 이내에 행동을 감행하라. 지난 봄, 여름이 안 좋아서 많은 데미지를 입은 사람은 자중하라. 쉽게 덤비다가는 오히려 財도 잃고 건강도 더 나빠진다.

### 2-5-7

10월, 11월, 12월 모두 2월 후천수궁과 서로 剋 관계이다.

그리고 10월 변동 2火와 12월 퇴식 7火는 11월 경파 5土를 양쪽에서 生해주고 있으며 11월 경파는 강력한 힘으로 2월 후천수궁 시생 1水를 剋하고 있다. 대단히 안 좋은 겨울철 3개월이다. 10월, 11월, 12월의 일지를 가진 사람은 반드시 월별 길흉 포국표를 살펴서 해당하는 형, 충, 파, 해, 원진의 뜻풀이에 따라 조신하며 행동하라.

73

## (태생)선천수 3의 궁도

### 3-2-5(凶)

| 귀신 | 3 | 木☺ | 변동 | 2 | 火 | 경파 | 5 | 土☺ |
|---|---|---|---|---|---|---|---|---|
| 1월 | 寅 | 선천수 | 2월 | 卯 | 후천수 | 3월 | 辰 | 선후천수 |
| 재물 | 8 | 木☺ | 퇴식 | 7 | 火☺ | 관록 | 6 | 水☹ |
| 4월 | 巳 | 5+3=8 | 5월 | 午 | 5+2=7 | 6월 | 未 | 8+7=6 |
| 경파 | 5 | 土☺ | 안정 | 4 | 金☹ | 문서 | 9 | 金☹ |
| 7월 | 申 | 6+8=5 | 8월 | 酉 | 6+7=4 | 9월 | 戌 | 5+4=9 |
| 퇴식 | 7 | 火☺ | 안정 | 4 | 金☹ | 변동 | 2 | 火☺ |
| 10월 | 亥 | 3+8+5=7 | 11월 | 子 | 2+7+4=4 | 12월 | 丑 | 5+6+9=2 |

| 일지 | 寅 | 卯 | 辰 | 巳 | 午 | 未 | 申 | 酉 | 戌 | 亥 | 子 | 丑 |
|---|---|---|---|---|---|---|---|---|---|---|---|---|
| 凶月 | 4巳형 | 3辰해 | 2卯해 | 1寅형 | 2卯파 | 9戌형충 | 1寅형충 | 1寅원 | 3辰충 | 1寅파 | 2卯형 | 3辰파 |
| | 7申충 | 5午파 | 9戌충 | 7申형파 | 11子충 | 11子원 | 2卯원 | 2卯충 | 3辰원 | 3辰원 | 5午충 | 5午해원형충 |
| | 8酉원 | 7申원 | 10亥원 | 9戌원 | 9戌원 | 12丑원 | 4巳형파 | 4巳원 | 6未형파 | 4巳충 | 6未해원 | 6未형 |
| | 10亥파 | 8酉충 | 12丑파 | 10亥충 | | | 10亥해 | 9戌해 | 8酉해 | 7申해 | 8酉파 | 9戌형 |
| | | 11子형 | | | | | | 11子파 | 12丑형 | | | |
| 吉月 | 5午합 | 6未합 | 7申합 | 8酉합 | 1寅합 | 2卯합 | 3辰합 | 3辰합 | 1寅합 | 2卯합 | 3辰합 | 4巳합 |
| | 9戌합 | 9戌합 | 8酉합 | 12丑합 | 6未합 | 5午합 | 11子합 | 4巳합 | 2卯합 | 6未합 | 7申합 | 8酉합 |
| | 1寅합 | 10亥합 | 11子합 | 4巳합 | 9戌합 | 10亥합 | 7申합 | 12丑합 | 5午합 | 10亥합 | 12丑합 | 11子합 |

월별 吉凶(길흉) 포국표 ※ 후천수궁과 같은 12지지도 吉月에 포함한다.

※ 합은 좋은 해석, 나쁨을 좋음으로 전환 ※ 충은 싸움, 터짐, 변화, 충돌, 다툼, 경쟁, 파멸, 해산 ※ 형은 소송, 구속, 체포, 형벌, 이혼, 사망, 관재구설, 관재, 고소, 고발 ※ 파는 이별, 사기꾼, 배신자, 분해 ※ 해는 적개심, 증오, 폭행, 상해, 반목, 미워함 ※ 원진은 갈등, 도주, 떠나감, 억울함, 피해

## (태생)선천수 3의 궁도

# 3-2-5(쭈)년 해설

＊＊

### 3-2-5

올해는 변동이 한 해를 이끌어간다. 3 선천수를 가진 사람은 한 해를 변동, 변화 속에서 살아가겠다. 귀신이 들어 木生火로 변동의 기운이 강한데 3월 경파로 놀랄 일이 생기는 형상이다. 이럴 경우 다음에 오는 수리군을 살펴라. 4월, 5월이 2월 후천수궁과 모두 生 관계이며 6월 관록 6水는 4월 재물 8木을 生해주므로 비록 6월 관록 6水가 2월 후천수궁 변동 2火를 剋하지만 5월 퇴식 7火가 2월을 같은 오행으로 힘을 더하므로 6월 관록 6水의 힘은 강하지 않다. 그래서 1월, 2월, 3월은 변동을 하면 조상의 도움으로 좋은 일에 놀라서 기쁠 수 있다. 3 선천수를 가진 사람은 습일 경우 과감히 행동해도 좋다.

### 8-7-6

재물과 퇴식, 관록이 들어섰다.

5월의 퇴식은 대체로 안 좋게 해석하지만 후천궁과 오행이 같을 경우 禍(화)를 입지 않거나 덜 작용하게 된다. 예를 들어 卯, 子, 丑 일주가 아프거나 정신적 스트레스가 오더라도 크게 영향을 받지 않아 그냥 스쳐 간다. 다시 말해 형, 충, 파, 해, 원진의 영향을 덜 받는다. 과감히 밀고 나가라. 관록에 연관된 재물 관계로 기뻐할 수가 있다.

다만 4월 재물 8木에 형, 충, 파, 해, 원진에 해당하는 일주는 반대로 재물이 나가거나 법적 소송에 휘말려서 손해를 볼 수 있다. 그래서 과격하거나 심한 변동을 자제하라.

### 5-4-9

7월 경파 5土는 후천수궁과 生 관계이지만 지지가 卯, 申 원진이며 8월 안정 4金은 후천수궁과도 剋 관계고 지지도 서로 卯, 酉충이라 안정을 찾으며 조용히 지내라. 일주가 酉이면 8월이 자형이고 9월은 해살이니 닭 쫓던 개 지붕 쳐다보는 격이다. 9월에는 장거리 운행으로 이동할 경우 사고에 조심하라. 후천수궁과 剋 관계이다. 월별 길흉 포국표를 보고 8월, 9월에 일지가 형, 충, 파, 해, 원진에 해당하면 조심하라.

### 7-4-2

10월 퇴식 7火는 후천수궁 변동 2火와 같은 오행이라 건강에 변동이 생길 수 있으니 조심하고 11월 안정 4金이 2월 후천수궁 변동 2火로 剋하므로 안정이 깨지므로 변동수가 있다 해도 안 움직이는 것이 좋다. 역학 공부를 해라. 항상 월별 길흉 포국표를 보고 자기 일지와의 형, 충, 파, 해, 원진을 달마다 대입해서 吉, 凶을 보고 吉, 凶의 의미는 어떤 뜻인지를 중요표에서 해석하라.

매화역수는 비법이 없는 학문이다. 비법이라고 하는 자는 사기꾼이다. 다만 음양오행과 더 풀어서 천간 10자와 지지 12자의 합과 형, 충, 파, 해, 원진의 작용을 해설하면 된다.

## 3-3-6(平)

| 귀신 | **3** | 木☺ | 귀신 | **3** | 木 | 관록 | **6** | 水☺ |
|---|---|---|---|---|---|---|---|---|
| 1월 | 寅 | 선천수 | 2월 | 卯 | 후천수 | 3월 | 辰 | 선후천수 |
| 문서 | **9** | 金☹ | 문서 | **9** | 金☹ | 문서 | **9** | 金☹ |
| 4월 | 巳 | 6+3=9 | 5월 | 午 | 6+3=9 | 6월 | 未 | 9+9=9 |
| 문서 | **9** | 金☹ | 문서 | **9** | 金☹ | 문서 | **9** | 金☹ |
| 7월 | 申 | 9+9=9 | 8월 | 酉 | 9+9=9 | 9월 | 戌 | 9+9=9 |
| 귀신 | **3** | 木☺ | 귀신 | **3** | 木☺ | 관록 | **6** | 水☺ |
| 10월 | 亥 | 3+9+9=3 | 11월 | 子 | 3+9+9=3 | 12월 | 丑 | 6+9+9=6 |

| 일지 | 寅 | 卯 | 辰 | 巳 | 午 | 未 | 申 | 酉 | 戌 | 亥 | 子 | 丑 |
|---|---|---|---|---|---|---|---|---|---|---|---|---|
| 凶月 | 4巳형 | 3辰해 | 2卯해 | 1寅형 | 2卯파 | 9戌형파 | 1寅형충 | 1寅원 | 3辰충 | 1寅파 | 2卯형 | 3辰파 |
| | 7申충 | 5午파 | 9戌충 | 7申형파 | 11子충 | 11子원 | 2卯원 | 2卯충 | 4巳원 | 3辰원 | 5午충 | 5午해원형충 |
| | 8酉원 | 7申원 | 10亥원 | 9戌원 | 12丑원 | 12丑원 | 4巳형파 | 9戌해 | 6未형파 | 4巳해 | 6未원 | 6未원 |
| | 10亥파 | 8酉충 | 12丑파 | 10亥충 | | | 10亥해 | 11子파 | 8酉해 | 7申해 | 8酉파 | 9戌형 |
| | | 11子형 | | | | | | | 12丑형 | | | |
| 吉月 | 5午합 | 6未합 | 7申합 | 8酉합 | 1寅합 | 2卯합 | 3辰합 | 3辰합 | 1寅합 | 2卯합 | 3辰합 | 4巳합 |
| | 9戌합 | 9戌합 | 8酉합 | 12丑합 | 6未합 | 5午합 | 11子합 | 4巳합 | 2卯합 | 6未합 | 7申합 | 8酉합 |
| | 1寅합 | 10亥합 | 11子합 | 4巳합 | 9戌합 | 10亥합 | 7申합 | 12丑합 | 5午합 | 10亥합 | 12丑합 | 11子합 |

월별 吉凶(길흉) 포국표 ※ 후천수궁과 같은 12지지도 吉月에 포함한다.

※ 합은 좋은 해석, 나쁨을 좋음으로 전환 ※ 충은 싸움, 터짐, 변화, 충돌, 다툼, 경쟁, 파멸, 해산 ※ 형은 소송, 구속, 체포, 형벌, 이혼, 사망, 관재구설, 관재, 고소, 고발 ※ 파는 이별, 사기꾼, 배신자, 분해 ※ 해는 적개심, 증오, 폭행, 상해, 반목, 미워함 ※ 원진은 갈등, 도주, 떠나감, 억울함, 피해

## (태생)선천수 3의 궁도

### 3-3-6(쭈)년 해설

*<br>\*\*

### 3-3-6

올해는 3 수리 귀신이 좌지우지하는 해이다. 귀신이 좌지우지한다는 것은 인간으로서는 참으로 난감한 경우를 만난 것이다. 좋으면 神(신)이나 조상, 돌아가신 부모가 돕거나 좋은 운의 기운이 들어와 힘을 보태지만 나쁘면 온갖 형태의 사건, 사고, 피해, 건강 이상, 정신 장애, 교통사고, 부부 이별, 소송 패소, 가출, 유산, 자살, 사망, 탈선 등 모든 만사가 해당되므로 귀신 3 수리는 가볍게 보아서는 안 된다.

직장에 문제가 발생할 수 있으므로 직장 일에 신경 쓰고 직장을 옮기지 마라.

3 다음에 3이 연속하여 들어오는 것은 안 좋다. 인간의 힘을 빼는 작용을 한다.

3이 연속하여 들어올 경우 정신적 갈등이 심하여 누구에게 의지하려는 경향이 강하며 교회나 절을 찾거나 무속인을 찾아갈 수가 있으며 심하면 병원을 찾는다.

3이 연속으로 오면 역학 공부를 하면 모든 나쁜 사항이 해갈되므로 명심하라.

### 9-9-9

12달 오행을 살펴보는 습관도 키워야 한다. 2월 후천수궁에 귀신 3木은 점잖게도 剋을 당하고만 있지만 剋을 하는 힘이 없다. 그래서 올해가 귀신 후천수궁이지만 귀신이 회의하려 하늘에 올라간 격이다. 쉽게 말해 윤달에 신이 비어 있는 것 같은 형상이다. 그래서 4월, 5월, 6월, 7월, 8월은 生이 되면 정치가는 명예가 오르고 사업가는 관운을 타서 먼 곳에서 계약도 되며 멀리 움직일수록 좋다. 다만, 달별로 9 수리와 剋이 되는 일지는 월별 길흉 포국표를 참조해서 凶에 해당되면 아주 조심하라.

### 9-9-9

반복되는 9-9-9 수리군은 3월 관록의 영향을 받아 4월, 5월, 6월에 하던 일을 꾸준히 밀고 나가서 이루는 바를 성취하라. 만일 후천수궁이 9 수리를 剋한다면 7월, 8월, 9월 석 달이 안 좋게 흐르므로 3월 관록은 직장인, 공무원 등의 경우 문서적으로 사건, 사고로 퇴직할 수 있다.

### 3-3-6

3, 3이 연속으로 들어오는 것은 안 좋다. 그러나 10월, 11월이 2월 후천궁 귀신 3木과 같으므로 크게 문제가 없다. 다만 아래 월별 길흉 포국표를 보고 10월과 11월에 충이 되는 일주는 법 문제 발생 시 신속히 대처하여 후환을 없애라. 3과 9는 상문살과 통하므로 10월에 巳 일주, 11월에 午 일주는 4촌 이외의 상갓집에는 안 가는 것이 좋다.

(태생)선천수 3의 궁도

## 3-4-7(凶)

| 귀신 | **3** | 木☹ | 안정 | **4** | 金 | 퇴식 | **7** | 火☹ |
|---|---|---|---|---|---|---|---|---|
| 1월 | 寅 | 선천수 | 2월 | 卯 | 후천수 | 3월 | 辰 | 선후천수 |
| 시생 | **1** | 水☺ | 변동 | **2** | 火☹ | 귀신 | **3** | 木☹ |
| 4월 | 巳 | 7+3=1 | 5월 | 午 | 7+4=2 | 6월 | 未 | 1+2=3 |
| 안정 | **4** | 金☺ | 경파 | **5** | 土☺ | 문서 | **9** | 金☺ |
| 7월 | 申 | 3+1=4 | 8월 | 酉 | 3+2=5 | 9월 | 戌 | 4+5=9 |
| 재물 | **8** | 木☹ | 변동 | **2** | 火☹ | 시생 | **1** | 水☺ |
| 10월 | 亥 | 3+1+4=8 | 11월 | 子 | 4+2+5=2 | 12월 | 丑 | 7+3+9=1 |

| 일지 | 寅 | 卯 | 辰 | 巳 | 午 | 未 | 申 | 酉 | 戌 | 亥 | 子 | 丑 |
|---|---|---|---|---|---|---|---|---|---|---|---|---|
| 凶月 | 4巳형<br>7申충<br>8酉원<br>10亥파 | 3辰해<br>5午파<br>7申원<br>8酉충<br>11子형 | 2卯해<br>9戌충<br>10亥원<br>12丑파 | 1寅형<br>7申형파<br>9戌원<br>10亥충 | 2卯파<br>11子충<br>12丑원 | 9戌형파<br>11子원<br>12丑원 | 1寅형충<br>2卯원<br>4巳형파<br>10亥해 | 3辰충<br>2卯충<br>9戌해<br>11子파 | 1寅파<br>4巳원<br>6未형파<br>8酉해<br>12丑형 | 2卯형<br>3辰원<br>4巳충<br>7申해 | 3辰파<br>5午충<br>6未해원<br>8酉파 | 3辰파<br>5午해원형충<br>6未원형충<br>9戌형 |
| 吉月 | 5午합<br>9戌합<br>1寅합 | 6未합<br>9戌합<br>10亥합 | 7申합<br>8酉합<br>11子합 | 8酉합<br>12丑합<br>4巳합 | 1寅합<br>6未합<br>9戌합 | 2卯합<br>5午합<br>10亥합 | 3辰합<br>11子합<br>7申합 | 3辰합<br>4巳합<br>12丑합 | 1寅합<br>2卯합<br>5午합 | 2卯합<br>6未합<br>10亥합 | 3辰합<br>7申합<br>12丑합 | 4巳합<br>8酉합<br>11子합 |

월별 吉凶(길흉) 포국표 ※ 후천수궁과 같은 12지지도 吉月에 포함한다.

※ 합은 좋은 해석, 나쁨을 좋음으로 전환 ※ 충은 싸움, 터짐, 변화, 충돌, 다툼, 경쟁, 파멸, 해산 ※ 형은 소송, 구속, 체포, 형벌, 이혼, 사망, 관재구설, 관재, 고소, 고발 ※ 파는 이별, 사기꾼, 배신자, 분해 ※ 해는 적개심, 증오, 폭행, 상해, 반목, 미워함 ※ 원진은 갈등, 도주, 떠나감, 억울함, 피해

## 3-4-7(凶)년 해설

\**

### 3-4-7

안정이 한 해를 지배한다. 선천수 3인 사람은 올 한 해는 안정을 바라며 살아갈 것이다. 후천수 궁이 안정이나 바람과는 다르게 1월과 3월에 안 좋은 수리가 양쪽을 감싸고 있다. 귀신과 퇴식 은 9가지 수리 중 가장 주의를 요하는 수리다. 퇴식 7 근처에 귀신 3이 있다면 아무 생각 하지 말 고 집안에 아픈 사람이나 부모의 건강을 살펴라.

더 나아가서 가족 모두의 건강을 체크하라. 이 봄 3개월은 건강하게 집안이 무사히 보내는 것이 우선이다. 1월 귀신 3木과 3월 퇴식 7火가 2월 안정 4金의 후천수궁을 양쪽에서 剋을 하거나 설기로 힘을 빼고 있다. 3 선천수를 가진 사람은 긴장하라.

### 1-2-3

이 수리군은 원래가 안 좋은 수리군이다. 이 수리군이 들어오면 만사가 뒤틀릴 수 있는 수리라고 먼저 생각하고 시작하라. 무엇이 생겨나 변동, 변화를 일으키는데 귀신이 옆에 있다면 불안하지 않겠는가?

4월 시생 1水는 2월 후천수궁과 生 관계이지만 5월과 6월은 2월 후천수궁과 모두 剋 관계이다. 5월 변동 2火는 2월 후천수궁 안정 4金을 6월 귀신 3木과 합세하여 요란을 피우므로 2월 후천수 궁 4金이 4월 시생 1수를 生하고 있다 하더라도 4월 시생 1水가 6월 귀신 3木을 水생木으로 生 하고 있어 4월 시생 1水는 귀인이 아니라 상대에 따라 여러 가지 해석을 할 수 있다.

학생은 잘못된 친구를 만나 공부는 안 하고 엉뚱한 짓을 하거나 이성 문제로 고민에 빠져 방황 한다. 직장을 다니는 공무원이나 회사원은 새로운 사람이나 새로운 일로 인해 순간적인 실수로 퇴직 권고를 받거나 파직을 당하며 사업가는 부하 직원이나 동업자의 실수 및 고의적 착복으로 위기에 처하며 부부는 새로운 사람으로 사이가 나빠지거나 바람이 나며 부모나 노인이 집에서 병고를 치르고 있다면 별세할 수 있다.

### 4-5-9

7월, 8월, 9월 3개월은 모두 후천수궁과 生이라 좋으므로 부동산 투자를 한 者는 큰돈을 벌고 부동산이나 주식, 큰 것에 투자하려는 者는 좋다. 다만 일지의 吉凶을 살펴라.

### 8-2-1

10월 8木은 후천수궁과 剋 관계라 불완전한 재물이고, 11월 변동 2火를 生하므로 본 재물은 실속이 없이 들어왔다 나갔다 할 뿐이고, 12월 시생 1水는 귀인, 좋은 일이다.

## 3-5-8(吉)

| 귀신 | 3 | 木☹ | 경파 | 5 | 土 | 재물 | 8 | 木☹ |
|---|---|---|---|---|---|---|---|---|
| 1월 | 寅 | 선천수 | 2월 | 卯 | 후천수 | 3월 | 辰 | 선후천수 |
| 변동 | 2 | 火☺ | 안정 | 4 | 金☺ | 관록 | 6 | 水☹ |
| 4월 | 巳 | 8+3=2 | 5월 | 午 | 8+5=4 | 6월 | 未 | 2+4=6 |
| 재물 | 8 | 木☹ | 시생 | 1 | 水☹ | 문서 | 9 | 金☺ |
| 7월 | 申 | 6+2=8 | 8월 | 酉 | 6+4=1 | 9월 | 戌 | 8+1=9 |
| 안정 | 4 | 金☺ | 시생 | 1 | 水☹ | 경파 | 5 | 土☺ |
| 10월 | 亥 | 3+2+8=4 | 11월 | 子 | 5+4+1=1 | 12월 | 丑 | 8+6+9=5 |

| 일지 | 寅 | 卯 | 辰 | 巳 | 午 | 未 | 申 | 酉 | 戌 | 亥 | 子 | 丑 |
|---|---|---|---|---|---|---|---|---|---|---|---|---|
| 凶月 | 4巳형 | 3辰해 | 2卯해 | 1寅형 | 2卯파 | 9戌형파 | 1寅형충 | 1寅원 | 3辰충 | 1寅파 | 2卯형 | 3辰파 |
| | 7申충 | 5午파 | 9戌충 | 7申형파 | 11子충 | 11子원 | 2卯원 | 2卯충 | 4巳원 | 3辰원 | 5午충 | 5午해원형충 |
| | 8酉원 | 7申원 | 10亥원 | 9戌원 | 12丑원 | 12丑 | 4巳형파 | 9戌해 | 6未형파 | 4巳충 | 6未해원 | 6未충 |
| | 10亥파 | 8酉충 | 12丑파 | 10亥충 | | | 10亥해 | 11子파 | 8酉해 | 7申해 | 8酉파 | 9戌형 |
| | | 11子형 | | | | | | 12丑형 | | | | |
| 吉月 | 5午합 | 6未합 | 7申합 | 8酉합 | 1寅합 | 2卯합 | 3辰합 | 3辰합 | 1寅합 | 2卯합 | 3辰합 | 4巳합 |
| | 9戌합 | 9戌합 | 8酉합 | 8酉합 | 12丑합 | 6未합 | 5午합 | 11子합 | 4巳합 | 2卯합 | 6未합 | 8酉합 |
| | 1寅합 | 10亥합 | 11子합 | 4巳합 | 9戌합 | 10亥합 | 7申합 | 12丑합 | 5午합 | 10亥합 | 12丑합 | 11子합 |

월별 吉凶(길흉) 포국표 ※ 후천수궁과 같은 12지지도 吉月에 포함한다.

※ 합은 좋은 해석, 나쁨을 좋음으로 전환 ※ 충은 싸움, 터짐, 변화, 충돌, 다툼, 경쟁, 파멸, 해산 ※ 형은 소송, 구속, 체포, 형벌, 이혼, 사망, 관재구설, 관재, 고소, 고발 ※ 파는 이별, 사기꾼, 배신자, 분해 ※ 해는 적개심, 증오, 폭행, 상해, 반목, 미워함 ※ 원진은 갈등, 도주, 떠나감, 억울함, 피해

## 3-5-8(吉)년 해설

\*\*\*

### 3-5-8

가운데 후천수궁 경파 5土는 1월, 3월 木으로 剋을 당하게 된다.

한 해 전체를 볼 때, 인간에게 중요한 재물, 관록 귀인이 모두 2월 후천수궁과 剋 관계이다. 1월 귀신 3木은 후천수궁을 剋하고 있어 크게 놀라는데 3월 재물 8木도 木극土로 후천수궁을 剋하고 있어 안 좋다. 안 좋은 달이다.

3이 5를 만나면 좋다거나 7을 만나면 좋다는 것을 주장하는 사람들도 있지만 근거가 없다. 오행은 만남 그대로 흐를 뿐이다.

### 2-4-6

4월 변동 2火와 5월 안정 4金은 2월 후천수궁과 서로 生 관계이므로 1월, 2월, 3월에 놀라고 안 좋은 것들은 4월의 변동으로 5월의 안정으로 제자리를 찾고 안정은 6월, 관록 6水를 生하므로 관록의 힘을 얻어 직업에 따라 명예가 오르고 승진하며 관록을 剋하는 일주는 반대로 벌칙을 받거나 사퇴 종용을 받게 된다.

대체로 좋은 여름 3개월이다.

### 8-1-9

재물-시생-문서, 그대로 해석하면 재물이 일과 사람을 만나 문서적으로 놀랄 수가 있다는 수리군이다. 좋게 해석하면 재물이 귀인을 만나 문서를 잡지만 안 좋으면 악인을 만나 재물을 잃거나 문서적으로 관재수에 휘말릴 수 있다. 왜냐하면 6월의 관록은 2월, 후천수궁과 剋 관계이기 때문에 그렇다.

월별 길흉 포국표를 보고 凶월에 해당되는 일지는 문서로 손실수가 있고 吉의 월에 해당되는 일주는 부동산이나 주식을 구입해도 좋겠다. 대체로 좋은 달이다.

### 4-1-5

안정이 시생으로 놀랄 일이 들어선다는 수리군이다. 더 풀어 말한다면 안정된 상태에서 사람이나 일거리로 인해 놀라는 상황에 직면하게 된다는 것이다.

11월 시생 1水는 2월 후천수궁의 剋을 받아 안 좋은 인연이나 일로 하여 안 좋은 일을 당한다. 월별 길흉 포국표의 11월 凶과 吉을 찾아보라.

이 수리군은 그래도 10월 안정 4金과 12월 경파 5土가 후천수궁과 生 관계에 있어 좋다.

## 3-6-9(平)

| 귀신 | **3** | 木☺ | 관록 | **6** | 水 | 문서 | **9** | 金☺ |
|---|---|---|---|---|---|---|---|---|
| 1월 | **寅** | 선천수 | 2월 | **卯** | 후천수 | 3월 | **辰** | 선후천수 |
| 귀신 | **3** | 木☺ | 관록 | **6** | 水☺ | 문서 | **9** | 金☺ |
| 4월 | **巳** | 9+3=3 | 5월 | **午** | 9+6=6 | 6월 | **未** | 3+6=9 |
| 귀신 | **3** | 木☺ | 관록 | **6** | 水☺ | 문서 | **9** | 金☺ |
| 7월 | **申** | 9+3=3 | 8월 | **酉** | 9+6=6 | 9월 | **戌** | 3+6=9 |
| 문서 | **9** | 金☺ | 문서 | **9** | 金☺ | 문서 | **9** | 金☺ |
| 10월 | **亥** | 3+3+3=9 | 11월 | **子** | 6+6+6=9 | 12월 | **丑** | 9+9+9=9 |

| 일지 | 寅 | 卯 | 辰 | 巳 | 午 | 未 | 申 | 酉 | 戌 | 亥 | 子 | 丑 |
|---|---|---|---|---|---|---|---|---|---|---|---|---|
| 凶月 | 4巳형 7申충 8酉원 10亥파 | 3辰해 5午파 7申원 8酉충 11子형 | 2卯해 10戌충 7申원 12丑파 | 1寅형 7申형 9戌원 10亥충 | 2卯파 11子충 9戌원 10亥충 | 9戌형파 11子원 12丑원 | 1寅형충 2卯원 4巳형파 10亥해 | 1寅원 2卯충 9戌해 11子파 | 3辰충 4巳원 6未형파 8酉해 12丑형 | 1寅파 3辰원 4巳충 7申해 8酉파 | 2卯형 5午충 6未원 8酉파 | 3辰파 5午해원 6未형충 9戌형 |
| 吉月 | 5午합 9戌합 1寅합 | 6未합 9戌합 10亥합 | 7申합 8酉합 11子합 | 8酉합 12丑합 4巳합 | 1寅합 6未합 9戌합 | 2卯합 5午합 10亥합 | 3辰합 11子합 7申합 | 3辰합 4巳합 12丑합 | 1寅합 2卯합 5午합 | 2卯합 6未합 10亥합 | 3辰합 7申합 12丑합 | 4巳합 8酉합 11子합 |

월별 吉凶(길흉) 포국표 ※ 후천수궁과 같은 12지지도 吉月에 포함한다.

※ 합은 좋은 해석, 나쁨을 좋음으로 전환 ※ 충은 싸움, 터짐, 변화, 충돌, 다툼, 경쟁, 파멸, 해산 ※ 형은 소송, 구속, 체포, 형벌, 이혼, 사망, 관재구설, 관재, 고소, 고발 ※ 파는 이별, 사기꾼, 배신자, 분해 ※ 해는 적개심, 증오, 폭행, 상해, 반목, 미워함 ※ 원진은 갈등, 도주, 떠나감, 억울함, 피해

## 3-6-9(卯)년 해설

\*\*

### 3-6-9

이 수리군이 9개월이나 반복하여 지속된다. 모든 달이 2월 후천수궁 관록 6水와 生이나, 힘을 보태는 같은 오행이다. 어찌 보면 너무나 2월 후천수궁과 剋이 되는 달이 없어 좋다. 어떤 사람들은 이 수리군을 관재수가 많은 궁으로 취급하지만 주위 환경에 따라 극적으로 변하는 궁이다. 좋은 일지를 가진 경우에는 무척 좋고 나쁜 일지를 가진 자는 아주 나쁘게 작용한다는 특성이 있을 뿐이다.

2월이 관록궁이라 올 한 해는 관록이 지배하므로 희비가 분명히 갈리는 해라고 보면 된다. 3 수리 선천수를 가진 사람은 2월 관록궁과 형, 충, 파, 해, 원진과 관계가 없다면 좋은 쪽으로 한 해를 보내게 될 것이다. 다만 辰, 午, 申, 酉, 子 일주는 올 한 해를 신중히 긴장하며 돌다리도 두드리며 가야 한다. 未, 戌, 亥 일주는 마음을 터놓고 질주하라.

관록의 기운을 타고 조상의 도움이나 좋은 기운으로 출세하거나 좋은 문서를 손에 잡는다. 다만 2월 후천수궁이 3월 문서 9金과 害살 관계라 문서로 다툼이 있을 수 있고, 윗사람의 분노로 일을 망칠 수가 있으니 윗사람과 선배를 공경하라.

### 3-6-9

辰, 午, 申, 酉, 子 일주는 3-6-9 수리를 만날 때 관재구설, 법정 다툼, 금전 손실, 자살, 음주 사고, 약물 사고, 수없이 많은 형태의 사고가 2월 후천수궁의 수리에 따라 변한다.

예를 들어 2월 후천수궁이 3이라면 그 한 해는 귀신이 해이므로 정신적으로 고통이 있게 된다. 갈등이나 약물 중독, 자살, 아프거나 죽거나 사이비 종교에 빠지기도 하며 무속의 길을 찾아가기도 한다. 2월 후천수궁은 수리수가 6이다.

올 한 해가 관록이 지배하므로 국가 차원의 법과 통제 아래 있는 일들에 연관되어야 하는 운명에 처한다. 형태와 사건에 따라 고소, 고발, 다툼, 횡령, 사기, 법규 위반, 공무원은 부정, 청탁, 월권 등으로 좌천되거나 사직한다. 그러나 그 외의 일주는 3-6-9는 명예를 얻을 수가 있고 조상과 좋은 기운으로 목적하는 바를 이룰 수가 있다. 5월 관록과 6월 문서가 午, 未합 관계고 2월 후천수궁과 같은 오행이라 좋다.

### 3-6-9

문서와 서류와 연관된 일의 모든 일주는 명확한 주관성을 가지고 내 것과 남의 것의 개념을 확실히 하고 움직이고 이동하려는 심리적 갈등이 오므로 그 자리에서 하는 일을 가려가며 조심히 가을철을 넘겨라. 辰, 午, 申, 酉, 子 일주는 죽었다 하고 고개를 숙여라.

### 9-9-9

적극적 활동을 추구함으로써 발전과 변화를 추구한다. 먼 거리의 외부적 활동을 실행에 옮길 수 있는 상태로 환경이 변하므로 장애 요소에 두려워하지 말고 전진하라.

(태생)선천수 3의 궁도

## 3-7-1(平)

| 귀신 | 3 | 木☺ | 퇴식 | 7 | 火 | 시생 | 1 | 水☹ |
|---|---|---|---|---|---|---|---|---|
| 1월 | 寅 | 선천수 | 2월 | 卯 | 후천수 | 3월 | 辰 | 선후천수 |
| 안정 | 4 | 金☹ | 재물 | 8 | 木☺ | 귀신 | 3 | 木☺ |
| 4월 | 巳 | 1+3=4 | 5월 | 午 | 1+7=8 | 6월 | 未 | 4+8=3 |
| 퇴식 | 7 | 火☺ | 변동 | 2 | 火☺ | 문서 | 9 | 金☹ |
| 7월 | 申 | 3+4=7 | 8월 | 酉 | 3+8=2 | 9월 | 戌 | 7+2=9 |
| 경파 | 5 | 土☺ | 재물 | 8 | 木☺ | 안정 | 4 | 金☹ |
| 10월 | 亥 | 3+4+7=5 | 11월 | 子 | 7+8+2=8 | 12월 | 丑 | 1+3+9=4 |

| 일지 | 寅 | 卯 | 辰 | 巳 | 午 | 未 | 申 | 酉 | 戌 | 亥 | 子 | 丑 |
|---|---|---|---|---|---|---|---|---|---|---|---|---|
| 凶月 | 4巳형 | 3辰해 | 2卯해 | 1寅형 | 2卯파 | 9戌형파 | 1寅형충 | 1寅원 | 3辰충 | 1寅파 | 2卯형 | 3辰파 |
| | 7申충 | 5午파 | 9戌충 | 7申형파 | 11子충 | 11子원 | 2卯원 | 2卯충 | 4巳원 | 3辰원 | 5午충 | 5午해원형충 |
| | 8酉원 | 7申원 | 10亥원 | 9戌원 | 12丑원 | 12丑형충 | 4巳형파 | 9戌해 | 6未형원 | 4巳원 | 6未해원 | 6未형충 |
| | 10亥파 | 8酉충 | 12丑파 | 10亥충 | | | 10亥해 | 11子파 | 8酉해 | 7申해 | 8酉파 | 9戌형 |
| | | 11子형 | | | | | | | 12丑형 | | | |
| 吉月 | 5午합 | 6未합 | 7申합 | 8酉합 | 1寅합 | 2卯합 | 3辰합 | 3辰합 | 1寅합 | 2卯합 | 3辰합 | 4巳합 |
| | 9戌합 | 9戌합 | 8酉합 | 12丑합 | 6未합 | 5午합 | 11子합 | 4巳합 | 2卯합 | 6未합 | 7申합 | 8酉합 |
| | 1寅합 | 10亥합 | 11子합 | 4巳합 | 9戌합 | 10亥합 | 7申합 | 12丑합 | 5午합 | 10亥합 | 12丑합 | 11子합 |

월별 吉凶(길흉) 포국표 ※ 후천수궁과 같은 12지지도 吉月에 포함한다.

※ 합은 좋은 해석, 나쁨을 좋음으로 전환 ※ 충은 싸움, 터짐, 변화, 충돌, 다툼, 경쟁, 파멸, 해산 ※ 형은 소송, 구속, 체포, 형벌, 이혼, 사망, 관재구설, 관재, 고소, 고발 ※ 파는 이별, 사기꾼, 배신자, 분해 ※ 해는 적개심, 증오, 폭행, 상해, 반목, 미워함 ※ 원진은 갈등, 도주, 떠나감, 억울함, 피해

## 3-7-1(卯)년 해설

**

### 3-7-1

퇴식이 올 한 해를 지배한다.

2월 후천수궁 퇴식 7火는 1월 귀신 3木의 生을 받고 있다. 그리고 3월 시생 1水는 후천수궁 2월 퇴식 7火를 水극火로 훼을 하고 있다.

이럴 경우 7은 3과 같이 오면 무조건 먼저 건강 문제, 의욕 상실, 정신적 스트레스가 온다고 보라. 그리고 3월 시생 水가 후천수궁, 퇴식을 훼하므로 안 좋은 일이나 사람으로 건강이 나빠지거나 의욕 상실 및 스트레스를 받아 죽고 싶어진다.

3 선천수를 가진 사람은 마음을 가다듬고 건강 관리에 신경을 쓰고 쓸데없는 사람과 일에 신경 쓰지 말라.

### 4-8-3

4월 안정 4金이 후천수궁, 퇴식 7火를 훼하는 것이 아니라 후천수궁의 훼을 받는 상태라 안정을 그대로 유지하면서 조상의 도움으로 돈이 들어온다. 다만 4월 안정이 후천수궁의 퇴식과 훼을 받으므로 크게 도움은 안 된다. 안정이 깨질 경우는 여러 가지로 조심하되 특히 7 퇴식을 후천수가 된 해는 잘못하다가는 밥상을 물리듯 재물이 나갈 수가 있음을 명심하라. 재물이 5월에 있어 午와 형, 충, 파, 해, 원진 일주를 가진 사람은 재물이 빠져나가고 후천수궁과 서로 지지가 卯, 午파로 건강도 조심하라.

### 7-2-9

이 수리수군은 대단히 안 좋은 수리수군이다.

퇴식이 변동을 만나며 문서를 만나면 아픈 자는 악화되어 병원 신세를 지거나 자금에 시달리는 사업가는 변동, 변화에 문서로 파산할 수가 있다. 자리를 지켜라.

7-2-9가 오면 일단 머리를 숙이고 죽은 듯 지내라. 역학 공부나 하면서 지내라.

### 5-8-4

10월은 경파라 놀랄 일이 있어 후천수궁의 퇴식인 경우 경파가 온다는 것은 건강 문제로 놀라는 경우가 허다하다. 11월, 12월은 2월 후천수궁을 훼하지는 않으므로 안정 속에 들어오는 돈을 만질 수 있다. 그러나 2월과 12월은 서로 훼 관계라 완전한 안정은 기대하지 마라.

## 3-8-2(平)

| | | | | | | | | |
|---|---|---|---|---|---|---|---|---|
| 귀신 | **3** | 木☺ | 재물 | **8** | 木☺ | 변동 | **2** | 火☺ |
| 1월 | 寅 | 선천수 | 2월 | 卯 | 후천수 | 3월 | 辰 | 선후천수 |
| 경파 | **5** | 土☹ | 시생 | **1** | 水☺ | 관록 | **6** | 水☺ |
| 4월 | 巳 | 2+3=5 | 5월 | 午 | 2+8=1 | 6월 | 未 | 5+1=6 |
| 변동 | **2** | 火☺ | 퇴식 | **7** | 火☺ | 문서 | **9** | 金☹ |
| 7월 | 申 | 6+5=2 | 8월 | 酉 | 6+1=7 | 9월 | 戌 | 2+7=9 |
| 시생 | **1** | 水☺ | 퇴식 | **7** | 火☺ | 재물 | **8** | 木☺ |
| 10월 | 亥 | 3+5+2=1 | 11월 | 子 | 8+1+7=7 | 12월 | 丑 | 2+6+9=8 |

| 일지 | 寅 | 卯 | 辰 | 巳 | 午 | 未 | 申 | 酉 | 戌 | 亥 | 子 | 丑 |
|---|---|---|---|---|---|---|---|---|---|---|---|---|
| 凶月 | 4巳형 | 3辰해 | 2卯해 | 1寅형 | 2卯파 | 9戌형파 | 1寅형충 | 1寅원 | 3辰충 | 1寅파 | 2卯형 | 3辰파 |
| | 7申충 | 5午파 | 9戌충 | 7申형파 | 11子충 | 11子원 | 2卯원 | 2卯충 | 4巳원 | 3辰원 | 5午충 | 5午해원형충 |
| | 8酉원 | 7申원 | 10亥원 | 9戌원 | 12丑원 | 12丑원 | 4巳형파 | 9戌해 | 6未파 | 4巳충 | 6未해원 | 6未형원충 |
| | 10亥파 | 8酉충 | 12丑파 | 10亥충 | 10亥충 | | 10亥해 | 11子파 | 8酉해 | 8酉파 | 7申해 | 9戌형 |
| | 11子형 | | | | | | | | 12丑형 | | | |
| 吉月 | 5午합 | 6未합 | 7申합 | 8酉합 | 1寅합 | 2卯합 | 3辰합 | 3辰합 | 1寅합 | 2卯합 | 3辰합 | 4巳합 |
| | 9戌합 | 9戌합 | 8酉합 | 12丑합 | 6未합 | 5午합 | 11子합 | 4巳합 | 2卯합 | 6未합 | 7申합 | 8酉합 |
| | 1寅합 | 10亥합 | 11子합 | 4巳합 | 9戌합 | 10亥합 | 7申합 | 12丑합 | 5午합 | 10亥합 | 12丑합 | 11子합 |

월별 吉凶(길흉) 포국표 ※ 후천수궁과 같은 12지지도 吉月에 포함한다.

※ 합은 좋은 해석, 나쁨을 좋음으로 전환 ※ 충은 싸움, 터짐, 변화, 충돌, 다툼, 경쟁, 파멸, 해산 ※ 형은 소송, 구속, 체포, 형벌, 이혼, 사망, 관재구설, 관재, 고소, 고발 ※ 파는 이별, 사기꾼, 배신자, 분해 ※ 해는 적개심, 증오, 폭행, 상해, 반목, 미워함 ※ 원진은 갈등, 도주, 떠나감, 억울함, 피해

## 3-8-2(卯)년 해설

**

### 3-8-2

올해는 후천수궁이 재물을 관장하는 해이다.

재물은 인간이 살아가는 데 있으면 있을수록 풍요로워진다. 만인이 삶을 위해 가장 먼저 취하려는 것은 동산과 부동산, 유가 증권 등이다.

오행이 중첩되어 후천수궁을 剋하면 대단히 나쁘나 1월, 2월 木이 중첩되어 들어왔다. 3월의 火와 木생火 관계라 좋게 해석한다.

이렇게 보면 3 선천수를 가진 사람은 1월, 2월, 3월은 조상의 덕으로 움직인 만큼 재물을 얻는다. 재물이 후천수궁에 있을 때, 각 월에 재물이 많을수록 좋고, 剋을 안 받아야 한다. 酉 일주는 卯, 酉 충으로 재물을 잃을 수 있으니 조심하라.

### 5-1-6

경파 5는 큰 부동산으로도 본다. 경파는 명리로 보면 재물이지만 편재로 보며 편재란 재물 중에도 치우친 재물, 가끔 계획 없이 생기는 재물이므로 운에 따라 엄청 큰 재물일 수도 있다. 4월 경파 5 土가 5월, 6월에 水가 중복되어 들어오는 것을 土극水하나 힘이 약해져 오히려 역극을 당하므로 5월 경파가 안 좋은 역할을 하게 되므로 5월 시생 1수와 6월 관록 6수로 하여 안 좋게 흘러간다.

6월 관록은 직장이고 5월 시생은 사람이라고 보면 직장 동료나 직장에서 믿었던 사람으로부터 배신, 갈등, 불화, 모략, 구설이 있을 것으로 보라. 子丑 일주는 더 신중히 5월, 6월을 보내야 한다.

### 2-7-9

7월, 8월 2개의 火가 9월 문서 9金을 剋하고 있어 7월 변동 2火와 8월 퇴식 7火로 찢어지니 문서는 나쁜 역할을 하게 된다. 문서가 나쁜 역할을 할 경우 퇴식과 어우러져 병원의 진단서로 변할 수 있으니 건강을 조심하라. 7월에 合이 되는 일주는 변동하여도 탈이 없으나 凶이 되는 일주는 움직이거나 변동하지 마라. 잘못하다가는 회사나 직장 등에서 밥줄을 놓게 되는 일이 생길 수 있다. 퇴식은 물리는 것이다.

### 1-7-8

10월에 시생 1水는 2월 후천수궁 재물 8木과 상생 관계로 귀인이며 12월 재물 8木을 水생木으로 生해주고 있어 재물을 모아주는 귀인이다.

3이 선천수인 사람은 11월에 건강에 대한 문제는 후천수의 剋을 안 받으므로 이상이 없다.

전체적으로 올해는 대체로 좋은 해다. 그러나 9월은 7월, 8월 火가 9월 金을 녹이니 주변 사람과 갈등, 불화, 다툼이 없도록 하라. 소송이나 고소가 있을 수 있다.

## 3-9-3(凶)

| 귀신 | 3 | 木☹ | 문서 | 9 | 金 | 귀신 | 3 | 木☹ |
|---|---|---|---|---|---|---|---|---|
| 1월 | 寅 | 선천수 | 2월 | 卯 | 후천수 | 3월 | 辰 | 선후천수 |
| 관록 | 6 | 水☺ | 귀신 | 3 | 木☹ | 문서 | 9 | 金☺ |
| 4월 | 巳 | 2+3=5 | 5월 | 午 | 2+8=1 | 6월 | 未 | 5+1=6 |
| 관록 | 6 | 水☺ | 귀신 | 3 | 木☹ | 문서 | 9 | 金☺ |
| 7월 | 申 | 6+5=2 | 8월 | 酉 | 6+1=7 | 9월 | 戌 | 2+7=9 |
| 관록 | 6 | 水☺ | 관록 | 6 | 水☺ | 귀신 | 3 | 木☹ |
| 10월 | 亥 | 3+5+2 =1 | 11월 | 子 | 8+1+7 =7 | 12월 | 丑 | 2+6+9 =8 |

| 일지 | 寅 | 卯 | 辰 | 巳 | 午 | 未 | 申 | 酉 | 戌 | 亥 | 子 | 丑 |
|---|---|---|---|---|---|---|---|---|---|---|---|---|
| 凶月 | 4巳형 | 3辰해 | 2卯해 | 1寅형 | 2卯파 | 9戌형파 | 1寅형충 | 1寅원 | 3辰충 | 1寅파 | 2卯형 | 3辰파 |
| | 7申충 | 5午파 | 9戌충 | 7申형파 | 11子충 | 11子원 | 2卯원 | 2卯충 | 4巳원 | 3辰원 | 5午충 | 5午해원 |
| | 8酉원 | 7申원 | 10亥원 | 9戌원 | 12丑원 | 12丑 | 4巳형파 | 9戌해 | 6未형파 | 4巳원 | 6未해원 | 6未형충 |
| | 10亥파 | 8酉충 | 12丑파 | 10亥충 | | | 10亥해 | 11子파 | 8酉해 | 7申해 | 8酉파 | 9戌형 |
| | | 11子형 | | | | | | | 12丑형 | | | |
| 吉月 | 5午합 | 6未합 | 7申합 | 8酉합 | 1寅합 | 2卯합 | 3辰합 | 3辰합 | 1寅합 | 2卯합 | 3辰합 | 4巳합 |
| | 9戌합 | 9戌합 | 8酉합 | 12丑합 | 6未합 | 5午합 | 11子합 | 4巳합 | 2卯합 | 6未합 | 7申합 | 8酉합 |
| | 1寅합 | 10亥합 | 11子합 | 4巳합 | 9戌합 | 10亥합 | 7申합 | 12丑합 | 5午합 | 10亥합 | 12丑합 | 11子합 |

월별 吉凶(길흉) 포국표 ※ 후천수궁과 같은 12지지도 吉月에 포함한다.

※ 합은 좋은 해석, 나쁨을 좋음으로 전환 ※ 충은 싸움, 터짐, 변화, 충돌, 다툼, 경쟁, 파멸, 해산 ※ 형은 소송, 구속, 체포, 형벌, 이혼, 사망, 관재구설, 관재, 고소, 고발 ※ 파는 이별, 사기꾼, 배신자, 분해 ※ 해는 적개심, 증오, 폭행, 상해, 반목, 미워함 ※ 원진은 갈등, 도주, 떠나감, 억울함, 피해

## (태생)선천수 3의 궁도

# 3-9-3(凶)년 해설

$\overset{*}{\underset{**}{}}$

### 3-9-3

올해는 문서가 주관하는 해이다. 문서는 다양하다. 그러므로 해석도 다양하다.

문서의 주위를 잘 살펴보고 2월 후천수궁과의 관계를 보고 같은 숫자가 중복되어 들어와 후천수궁을 剋하거나 옆의 궁을 剋하면 매우 안 좋다.

1월 귀신 3木이 3월 귀신 3木과 같이 손을 잡고 2월 후천수궁 문서 9金을 설기하고 있다. 다시 말해서 힘을 양쪽에서 빼고 있다. 안 좋은 현상이다.

2월의 문서는 1월, 3월, 5월, 8월 등의 귀신으로 둘러싸여 상문을 내포한다.

酉 일주, 申 일주가 노약자이거나 환자, 노인이면 생명이 위험할 수 있다.

또, 상갓집에 절대 가지 마라. 2월 후천수궁 문서 9金과 凶이 되는 일주는 사기성 문서로 피해를 볼 수 있으므로 조심하라. 辰, 午, 申, 酉, 子 일주이다. 빌려준 돈은 못 받는다.

### 6-3-9

이 수리군은 안 좋다. 관록에 귀신이 붙어 서류가 소송이나 고발, 고소장으로 변해 관재구설로 시달린다. 귀신 3과 합이 되는 일주는 조상이 도와준다.

4월부터 9월까지 안 좋은 수리로 모든 일이 안 좋게 변한다.

### 6-3-9

4월, 5월, 6월과 같은 작용을 한다.

만사가 귀찮아지는 수리군이다. 의욕이 떨어지는 수리군이다.

부부가 이혼도 많이 하고 직장을 가진 자는 직장에서 나오거나 연인은 헤어지고 6월, 9월 문서 9金과 凶이 되는 일주는 사기를 당하거나 소송 문제가 발생한다.

### 6-6-3

합이 되면 미루어두었던 관청 일을 보면 쉽게 풀리고 직장이 없는 자는 10월, 11월에 직장을 구하면 좋고 직장인은 승진하고 수시 시험을 보는 학생은 합이 되면 합격한다.

월별 길흉 포국표를 보며 귀신과 凶이 되면 조심하라.

# 4 수리 해설

4-1-5 ~ 4-9-4

| 4 수리 운세표 | | | | | | | | |
|---|---|---|---|---|---|---|---|---|
| 길 | 길 | 흉 | 평 | 길 | 흉 | 흉 | 흉 | 평 |
| 415 | 426 | 437 | 448 | 459 | 461 | 472 | 483 | 494 |

(태생)선천수 4의 궁도

## 4-1-5(吉)

| 안정 | 4 | 金☺ | 시생 | 1 | 水 | 경파 | 5 | 土☹ |
|---|---|---|---|---|---|---|---|---|
| 1월 | 寅 | 선천수 | 2월 | 卯 | 후천수 | 3월 | 辰 | 선후천수 |
| 문서 | 9 | 金☺ | 관록 | 6 | 水☺ | 관록 | 6 | 水☺ |
| 4월 | 巳 | 5+4=9 | 5월 | 午 | 5+1=6 | 6월 | 未 | 9+6=6 |
| 관록 | 6 | 水☺ | 귀신 | 3 | 木☺ | 문서 | 9 | 金☺ |
| 7월 | 申 | 6+9=6 | 8월 | 酉 | 6+6=3 | 9월 | 戌 | 6+3=9 |
| 시생 | 1 | 水☺ | 시생 | 1 | 水☺ | 변동 | 2 | 火☹ |
| 10월 | 亥 | 4+9+6=1 | 11월 | 子 | 1+6+3=1 | 12월 | 丑 | 5+6+9=2 |

| 일지 | 寅 | 卯 | 辰 | 巳 | 午 | 未 | 申 | 酉 | 戌 | 亥 | 子 | 丑 |
|---|---|---|---|---|---|---|---|---|---|---|---|---|
| 凶月 | 4巳형 | 3辰해 | 2卯해 | 1寅형 | 2卯파 | 9戌형파 | 1寅형충 | 1寅원 | 3辰충 | 1寅파 | 2卯형 | 3辰파 |
|  | 7申충 | 5午파 | 9戌충 | 7申형파 | 11子충 | 11子원 | 2卯원 | 2卯충 | 4巳원 | 3辰원 | 5午충 | 5午해원 |
|  | 8酉원 | 7申원 | 10亥원 | 9戌원 | 12丑원 | 12丑 | 4巳형파 | 9戌해 | 6未형파 | 4巳충 | 6未해원 | 6未형충 |
|  | 10亥파 | 8酉충 | 12丑파 | 10亥충 |  |  |  | 10亥해 | 11子파 | 8酉해 | 8酉파 | 9戌형 |
|  |  |  | 11子형 |  |  |  |  |  | 12丑형 |  |  |  |
| 吉月 | 5午합 | 6未합 | 7申합 | 8酉합 | 1寅합 | 2卯합 | 3辰합 | 3辰합 | 1寅합 | 2卯합 | 3辰합 | 4巳합 |
|  | 9戌합 | 9戌합 | 8酉합 | 12丑합 | 6未합 | 5午합 | 11子합 | 4巳합 | 2卯합 | 6未합 | 7申합 | 8酉합 |
|  | 1寅합 | 10亥합 | 11子합 | 4巳합 | 9戌합 | 10亥합 | 7申합 | 12丑합 | 5午합 | 10亥합 | 12丑합 | 11子합 |

월별 吉凶(길흉) 포국표 ※ 후천수궁과 같은 12지지도 吉月에 포함한다.

※ 합은 좋은 해석, 나쁨을 좋음으로 전환 ※ 충은 싸움, 터짐, 변화, 충돌, 다툼, 경쟁, 파멸, 해산 ※ 형은 소송, 구속, 체포, 형벌, 이혼, 사망, 관재구설, 관재, 고소, 고발 ※ 파는 이별, 사기꾼, 배신자, 분해 ※ 해는 적개심, 증오, 폭행, 상해, 반목, 미워함 ※ 원진은 갈등, 도주, 떠나감, 억울함, 피해

## (태생)선천수 4의 궁도

## 4-1-5(吉)년 해설

**

### 4-1-5

후천수궁이 1 시생이라 올해는 새로운 일과 귀인의 만남이 있을 것이다.

4의 선천수를 가진 사람은 안정된 상황에서 새로운 사람을 만나 명예와 문서적으로 발전할 수가 있으며 결혼 문제가 급진전되고 아이를 못 낳은 여자는 임신할 수도 있다. 1월 안정 4金이 2월 후천수궁, 시생 1水를 生하고 있으므로 2월 시생은 좋은 일이나 귀인으로 인하여 깜짝 놀랄 수 있는 일이 생긴다.

### 9-6-6

4월, 5월, 6월도 모두 2월 후천수궁 生 관계라 문서가 관록을 두 손에 잡고 새로운 일과 사람으로 맘보를 추니 얼마나 좋은가. 후천수가 4인 사람은 적극적으로 미루었던 일들을 밀고 나가라. 그러면 직장인은 승진, 수험생은 합격하고 사업가는 자금 유통이 잘되고 임산부는 귀한 자식을 얻어 출생 신고를 하며 정치가나 예술가는 명예가 오르고 어려운 환경에 있는 이는 관청의 도움으로 어려움이 풀리는 혜택을 받을 수 있다. 4월 문서 9가 5월, 6월 관록을 生하고 5월, 6월 관록은 2월 후천수궁의 生을 받아 전반기 6개월은 좋은 운이라 노력하고 움직여라.

### 6-3-9

7월 관록 6水와 9월 문서 9金은 후천궁 시생 1金과 서로 生 관계나 같은 오행이라 하자가 없지만 8월 귀신 3木은 2월 후천수궁의 生을 받고 있어 귀신이 점잖아져서 죽은 듯 있는 모양새라 큰 영향력이 없고 7월 관록 6水가 水生木을 8월 귀신 3木에게 해주고 있어 좋은 쪽으로 해석해도 된다. 다만 8월 귀신 3木과 凶이 되는 일주인 寅, 戌, 子는 조심하라. 寅 일주는 원진이라 寅, 酉 원진은 가까운 사람과 다툼으로 거리가 멀어지는 일이 생기며 가족, 형제간에 관청 문서로 다툼이 있을 수 있다.

子 일주를 가진 자는 子, 酉파로 건강을 조심하라. 처나 남편이 큰 수술을 받을 수 있다. 또, 믿는 도끼에 발등을 찍히는 일이 있으니 계약, 취직, 매매, 금전 거래 등이 계획대로 되지 않는다. 戌 일주는 8월 귀신 3木과 酉, 戌 害殺(해살)로 가정의 불화로 형제간 다툼이 있고 시기하는 마음을 가질 수 있으니 차분한 마음을 가져라. 잘못하면 가까운 사람끼리 칼부림이 날 수도 있다.

### 1-1-2

10월, 11월, 12월은 귀인이 당도하고 새로운 일이 나를 도와주니 4 선천수를 가진 자는 겨울 3개월이 좋은 달이다. 움직이고 변화를 줄수록 좋다. 그러나 10월, 11월에 凶이 되는 寅, 辰, 巳, 申 일주나 11월에 卯, 午, 未, 酉 일주는 새로운 사람이나 새로운 일로 하여 여러 가지 형태로 손해를 입는다. 월별 길흉 포국표를 참고하라.

## (태생)선천수 4의 궁도

### 4-2-6(吉)

| 안정 | **4** | 金☹ | 변동 | **2** | 火 | 관록 | **6** | 水☹ |
|---|---|---|---|---|---|---|---|---|
| 1월 | 寅 | 선천수 | 2월 | 卯 | 후천수 | 3월 | 辰 | 선후천수 |
| 시생 | **1** | 水☹ | 재물 | **8** | 木☺ | 문서 | **9** | 金☹ |
| 4월 | 巳 | 6+4=1 | 5월 | 午 | 6+2=8 | 6월 | 未 | 1+8=9 |
| 시생 | **1** | 水☹ | 재물 | **8** | 木☺ | 문서 | **9** | 金☹ |
| 7월 | 申 | 9+1=1 | 8월 | 酉 | 9+8=8 | 9월 | 戌 | 1+8=9 |
| 관록 | **6** | 水☹ | 문서 | **9** | 金☹ | 관록 | **6** | 水☹ |
| 10월 | 亥 | 4+1+1=6 | 11월 | 子 | 2+8+8=9 | 12월 | 丑 | 6+9+9=6 |

| 일지 | 寅 | 卯 | 辰 | 巳 | 午 | 未 | 申 | 酉 | 戌 | 亥 | 子 | 丑 |
|---|---|---|---|---|---|---|---|---|---|---|---|---|
| 凶月 | 4 巳 형 | 3 辰 해 | 2 卯 해 | 1 寅 형 | 2 卯 파 | 9 戌 형파 | 1 寅 형충 | 1 寅 원 | 3 辰 충 | 1 寅 파 | 2 卯 형 | 3 辰 파 |
| | 7 申 충 | 5 午 파 | 9 戌 충 | 7 申 형파 | 11 子 충 | 11 子 원 | 2 卯 원 | 2 卯 충 | 4 巳 원 | 3 辰 원 | 5 午 충 | 5 午 해원형충 |
| | 8 酉 원 | 7 申 원 | 10 亥 원 | 9 戌 원 | 12 丑 원 | 12 丑 형충 | 4 巳 형파 | 9 戌 해 | 6 未 파 | 4 巳 충 | 6 未 해원 | 6 未 |
| | 10 亥 파 | 8 酉 충 | 12 丑 파 | 10 亥 충 | | | 10 亥 해 | 11 子 파 | 8 酉 해 | 7 申 해 | 8 酉 파 | 9 戌 형 |
| | | 11 子 형 | | | | | | | 12 丑 형 | | | |
| 吉月 | 5 午 합 | 6 未 합 | 7 申 합 | 8 酉 합 | 1 寅 합 | 2 卯 합 | 3 辰 합 | 3 辰 합 | 1 寅 합 | 2 卯 합 | 3 辰 합 | 4 巳 합 |
| | 9 戌 합 | 9 戌 합 | 8 酉 합 | 12 丑 합 | 6 未 합 | 5 午 합 | 11 子 합 | 4 巳 합 | 2 卯 합 | 6 未 합 | 7 申 합 | 8 酉 합 |
| | 1 寅 합 | 10 亥 합 | 11 子 합 | 4 巳 합 | 9 戌 합 | 10 亥 합 | 7 申 합 | 12 丑 합 | 5 午 합 | 10 亥 합 | 12 丑 합 | 11 子 합 |

월별 吉凶(길흉) 포국표 ※ 후천수궁과 같은 12지지도 吉月에 포함한다.

※ 합은 좋은 해석, 나쁨을 좋음으로 전환 ※ 충은 싸움, 터짐, 변화, 충돌, 다툼, 경쟁, 파멸, 해산 ※ 형은 소송, 구속, 체포, 형벌, 이혼, 사망, 관재구설, 관재, 고소, 고발 ※ 파는 이별, 사기꾼, 배신자, 분해 ※ 해는 적개심, 증오, 폭행, 상해, 반목, 미워함 ※ 원진은 갈등, 도주, 떠나감, 억울함, 피해

## 4-2-6(吉)년 해설

**∗∗**

### 4-2-6

변동이 주관하는 해이다. 2 수리는 변동, 변화, 기둥, 대들보, 참모 등 해석하기에 따라 다르다. 봄 3개월은 안정 속에 변화하려는 마음이 발동한다. 1월 寅과 3월 辰과 凶이 되는 일주는 자중하라. 1월은 후천수궁과 火극金으로 안 좋고 3월은 후천수궁을 水극火로 剋하고 있다. 그러나 그 외의 일주를 가진 사람은 4-2-6은 좋은 수리궁이니 낡은 관념을 버리고 새로움에 도전하고 희망을 가지고 전진하라. 4월, 5월, 6월, 7월, 8월, 9월까지 황금의 수리수군 1-8-9가 양탄자를 깔고 기다리고 있어 승리의 깃발을 꽂아라. 비록 凶이 있는 일주라 하더라도 잠시 스쳐 갈 뿐이니 의기소침하지 마라.

### 1-8-9

새로운 사람과 인연으로 또는 새로운 일로 재물을 얻어 문서를 확인하는 좋은 수리군이다. 왜 그런가 하면 4월 시생 1水가 5월 재물 8木을 生하고 5월 재물 8木은 2월 후천수궁의 변동 2 火를 生하고 있다. 그리고 2월 변동 2火는 6월 문서 9金을 火극金한다고 해도, 한 해를 대표하는 후천수궁을 剋하지 않고 剋을 당하는 것은 순응한다는 의미가 있다고 보기 때문이다. 앞으로도 6개월간 사람들의 도움으로 사업가는 소득이 많으며 사업하려고 마음먹고 있는 자는 이때 시작하면 사업운이 따른다. 퇴직자나 직장 생활을 접으려는 사람도 이때가 개인 사업에 뛰어들 때다. 망설이지 말고 앞으로 나아가라. 변화, 변동을 원하는 사람은 변동이 들어선 해에 움직여야 탈이 없다.

### 1-8-9

다음 10월, 11월, 12월도 좋은 수리라 이 가을철도 풍성한 마음과 재물로 맘껏 투자하고 거두어들여라. 1-8-9 수리와 凶의 일주를 가진 자도 지나친 모험만 하지 않는다면 같은 운을 받으며 갈 수 있는 장애가 별로 없는 고속도로 길 위에 있는 격이다. 이때가 변화, 변동의 적기이며 기회다. 밀고 나가라. 성공이 보인다.

### 6-9-6

관록, 문서, 관록 용이 양어깨에 날개를 달고 높은 하늘을 향해 오르는 격이다.

단 子, 午, 卯, 酉 일주는 월별 길흉 포국표를 참조하라. 4월과 7월의 시생 1의 만남으로 관청의 일이나 직장에서 여러 가지 난처한 일로 스트레스를 받거나 기분 나쁜 일로 신경을 쓰겠다. 올해는 전반적으로 모두 좋은 한 해이니 다음 해를 힘 있게 맞이하라.

## 4-3-7(凶)

| 안정 | 4 | 金☹ | 귀신 | 3 | 木 | 퇴식 | 7 | 火☺ |
|---|---|---|---|---|---|---|---|---|
| 1월 | 寅 | 선천수 | 2월 | 卯 | 후천수 | 3월 | 辰 | 선후천수 |
| 변동 | 2 | 火☺ | 시생 | 1 | 水☺ | 귀신 | 3 | 木☺ |
| 4월 | 巳 | 7+4=2 | 5월 | 午 | 7+3=1 | 6월 | 未 | 2+1=3 |
| 경파 | 5 | 土☹ | 안정 | 4 | 金☹ | 문서 | 9 | 金☹ |
| 7월 | 申 | 3+2=5 | 8월 | 酉 | 3+1=4 | 9월 | 戌 | 5+4=9 |
| 변동 | 2 | 火☺ | 재물 | 8 | 木☺ | 시생 | 1 | 水☺ |
| 10월 | 亥 | 4+2+5=2 | 11월 | 子 | 3+1+4=8 | 12월 | 丑 | 7+3+9=1 |

| 일지 | 寅 | 卯 | 辰 | 巳 | 午 | 未 | 申 | 酉 | 戌 | 亥 | 子 | 丑 |
|---|---|---|---|---|---|---|---|---|---|---|---|---|
| 凶月 | 4 巳 형 | 3 辰 해 | 2 卯 해 | 1 寅 형 | 2 卯 파 | 9 戌 형파 | 1 寅 형충 | 1 寅 원 | 3 辰 충 | 1 寅 파 | 2 卯 형 | 3 辰 파 |
| | 7 申 충 | 5 午 파 | 9 戌 충 | 7 申 형파 | 11 子 충 | 11 子 원 | 2 卯 원 | 2 卯 충 | 4 巳 원 | 3 辰 원 | 5 午 충 | 5 午 해원 |
| | 8 酉 원 | 7 申 원 | 10 亥 원 | 9 戌 원 | 12 丑 원 | 12 丑 충 | 4 巳 형파 | 9 戌 해 | 6 未 형파 | 4 巳 충 | 6 未 해원 | 6 未 형충 |
| | 10 亥 파 | 8 酉 충 | 12 丑 파 | 10 亥 충 | | | 10 亥 해 | 11 子 파 | 8 酉 해 | 7 申 해 | 8 酉 파 | 9 戌 형 |
| | | 11 子 형 | | | | | | | 12 丑 형 | | | |
| 吉月 | 5 午 합 | 6 未 합 | 7 申 합 | 8 酉 합 | 1 寅 합 | 2 卯 합 | 3 辰 합 | 3 辰 합 | 1 寅 합 | 2 卯 합 | 3 辰 합 | 4 巳 합 |
| | 9 戌 합 | 9 戌 합 | 8 酉 합 | 12 丑 합 | 6 未 합 | 5 午 합 | 11 子 합 | 4 巳 합 | 2 卯 합 | 6 未 합 | 7 申 합 | 8 酉 합 |
| | 1 寅 합 | 10 亥 합 | 11 子 합 | 4 巳 합 | 9 戌 합 | 10 亥 합 | 7 申 합 | 12 丑 합 | 5 午 합 | 10 亥 합 | 12 丑 합 | 11 子 합 |

월별 吉凶(길흉) 포국표 ※ 후천수궁과 같은 12지지도 吉月에 포함한다.

※ 합은 좋은 해석, 나쁨을 좋음으로 전환 ※ 충은 싸움, 터짐, 변화, 충돌, 다툼, 경쟁, 파멸, 해산 ※ 형은 소송, 구속, 체포, 형벌, 이혼, 사망, 관재구설, 관재, 고소, 고발 ※ 파는 이별, 사기꾼, 배신자, 분해 ※ 해는 적개심, 증오, 폭행, 상해, 반목, 미워함 ※ 원진은 갈등, 도주, 떠나감, 억울함, 피해

## (태생)선천수 4의 궁도

## 4-3-7(凶)년 해설

*
**

### 4-3-7

올해는 귀신이 후천수궁에 자리해서 일 년 열두 달을 쥐락펴락할 것이다.

보이지 않는 기운이 귀신이다. 사람으로서 가장 예측하기 힘든 영역을 지키고 있다. 1월 안정 4金이 2월 후천수궁을 金극木으로 정월부터 剋하고 있다.

또한 후천수궁은 3월 퇴식 7火를 生하고 있다.

4가 3을 만나면 원인 모를 갈등이 심해진다. 현실에서 탈피하려는 마음과 종교적 관심을 보인다. 후천수궁 귀신 3木은 3월 퇴식 7火를 生하므로 3월 辰과 凶이 되는 일주는 특히 건강 관리에 힘쓰라. 모든 일주가 1월, 2월, 3월은 안 좋다. 4 수리 선천수를 가진 사람도 건강 관리를 하면서 차분한 마음으로 현실을 접하라.

### 2-1-3

4월 변동 2火가 후천수궁 3 귀신木으로 生을 받고 있고 5월 시생 1水는 2월 후천수궁을 水생木으로 生하고 있으면서 6월 귀신 3木 역시 2월 귀신 3木하고 生관계다. 이럴 경우 5월 시생은 변동과 귀신에 둘러싸여 귀신 놀이를 하는 사람이다.

변화, 변동을 흔들며 주위를 힘들게 하며 착하게 지내던 친지나 식구가 귀신이 들어 여러 사람을 괴롭힐 수 있다. 부부간이나 부자간, 고부간을 가리지 않고 나타나므로 1월부터 6월까지 가까운 사람들과 갈등과 다툼이 없도록 서로 화합하고 거리를 두고 지내면 좋다. 2-1-3은 혁신적 변화를 가리킨다. 젊은이는 죽거나 이혼하거나 가출할 수 있으며 부부간은 잠시 떨어져 사는 것이 좋다. 4월에 寅, 申, 亥 일주는 특히 자신을 낮추고 상대를 존중하는 마음을 가지고 주위 사람을 대하라.

### 5-4-9

7월에 경파는 안정을 바라보고 있고 8월 안정은 9월 문서와 같은 오행이라 좋다.

안정이 되는 가운데 좋은 쪽으로 놀랄 일이 문서를 통해 올 수 있으나 7월, 8월, 9월의 오행은 모두 2월 후천수궁과 剋 관계라 좋다고 할 수 없다. 특히 寅 일주는 7월, 8월을 조심하라. 월별 길흉 포국표를 보고 시비를 따져보아야 도움이 된다. 그러나 상반기 6개월 동안 힘든 터널을 지나와서 심신이 덜 회복된 상태라 안정을 취하라.

### 2-8-1

10월, 11월, 12월 모두 2월 후천수궁과 서로 상생 관계에 있으므로 좋다.

11월 재물은 10월 변동을 木생火로 生해주고 12월, 시생 1은 11월 재불 8木을 生해주니 4 선천수를 가진 사람은 참으로 좋은 일과 사람으로 겨울 3개월을 즐겁게 지낼 수가 있겠다. 또 후천수궁 2월 귀신 3木이 11월 재물 8木과 같은 오행으로 힘을 보태니 조상이 나서서 돕는다.

# (태생)선천수 4의 궁도

## 4-4-8(平)

| 안정 | 4 | 金☺ | 안정 | 4 | 金 | 재물 | 8 | 木☹ |
|---|---|---|---|---|---|---|---|---|
| 1월 | 寅 | 선천수 | 2월 | 卯 | 후천수 | 3월 | 辰 | 선후천수 |
| 귀신 | 3 | 木☹ | 귀신 | 3 | 木☹ | 관록 | 6 | 水☺ |
| 4월 | 巳 | 8+4=3 | 5월 | 午 | 8+4=3 | 6월 | 未 | 3+3=6 |
| 문서 | 9 | 金☺ | 문서 | 9 | 金☺ | 문서 | 9 | 金☺ |
| 7월 | 申 | 6+3=9 | 8월 | 酉 | 6+3=9 | 9월 | 戌 | 9+9=9 |
| 퇴식 | 7 | 火☹ | 퇴식 | 7 | 火☹ | 경파 | 5 | 土☺ |
| 10월 | 亥 | 4+3+9=7 | 11월 | 子 | 4+3+9=7 | 12월 | 丑 | 8+6+9=5 |

| 일지 | 寅 | 卯 | 辰 | 巳 | 午 | 未 | 申 | 酉 | 戌 | 亥 | 子 | 丑 |
|---|---|---|---|---|---|---|---|---|---|---|---|---|
| 凶月 | 4巳형 | 3辰해 | 2卯해 | 1寅형 | 2卯파 | 9戌형파 | 1寅형충 | 1寅원 | 3辰충 | 1寅파 | 2卯형 | 3辰파 |
| | 7申충 | 5午파 | 9戌충 | 7申형파 | 11子충 | 11子원 | 2卯원 | 2卯충 | 4巳원 | 3辰원 | 5午충 | 5午해원형충 |
| | 8酉원 | 7申원 | 10亥원 | 9戌원 | 12丑원 | 12丑형충 | 4巳형파 | 9戌해 | 6未형파 | 4巳충 | 6未원 | 6未해원 |
| | 10亥파 | 8酉충 | 12丑파 | 10亥충 | | | | 10亥해 | 11子파 | 7申해 | 8酉파 | 9戌형 |
| | | 11子형 | | | | | | | 12丑형 | | | |
| 吉月 | 5午합 | 6未합 | 7申합 | 8酉합 | 1寅합 | 2卯합 | 3辰합 | 3辰합 | 1寅합 | 2卯합 | 3辰합 | 4巳합 |
| | 9戌합 | 9戌합 | 8酉합 | 12丑합 | 6未합 | 5午합 | 11子합 | 4巳합 | 2卯합 | 6未합 | 7申합 | 8酉합 |
| | 1寅합 | 1寅합 | 10亥합 | 11子합 | 4巳합 | 9戌합 | 10亥합 | 7申합 | 12丑합 | 5午합 | 10亥합 | 11子합 |

월별 吉凶(길흉) 포국표 ※ 후천수궁과 같은 12지지도 吉月에 포함한다.

※ 합은 좋은 해석, 나쁨을 좋음으로 전환 ※ 충은 싸움, 터짐, 변화, 충돌, 다툼, 경쟁, 파멸, 해산 ※ 형은 소송, 구속, 체포, 형벌, 이혼, 사망, 관재구설, 관재, 고소, 고발 ※ 파는 이별, 사기꾼, 배신자, 분해 ※ 해는 적개심, 증오, 폭행, 상해, 반목, 미워함 ※ 원진은 갈등, 도주, 떠나감, 억울함, 피해

## (태생)선천수 4의 궁도

### 4-4-8(쭈)년 해설

**＊＊**

#### 4-4-8

안정이 후천수궁에 들어섰다. 4의 선천수를 가진 사람은 작년 고생이 심했다. 올해는 1월, 2월, 3월에 안정을 찾는 게 먼저 할 일이다. 1월, 2월 안정이 겹쳐 들어와 좋다. 그러나 3월 재물 8木은 후천수궁의 剋을 받았고 4월, 5월에 귀신궁이 겹쳐있어 잘못하면 돈 쓸 일이 생길 수 있으니 조심하라. 卯, 戌, 亥, 子 일주는 건강에 힘쓰고 투자하지 말고 관재구설에도 주의해라. 다만 凶이 되는 일주를 제외한 모든 일주는 대체로 좋고 많은 재물은 아니지만 안정 속에 재물을 얻을 수가 있는 수리군이다. 4-4-8은 좋은 수리군이기 때문에 더 중요한 것은 3월 재물궁이 2월 후천수궁을 剋하는 것이 아니라 후천수궁의 剋을 받고 있기 때문에 달리 해석하면 안정이 재물을 탈취한다는 의미도 된다. 그것은 곧 안정 속에 재물을 얻을 수가 있다는 해석도 가능하다.

#### 3-3-6

4월, 5월에 귀신이 짝을 지어 들어온다. 3-3이 연달아 보이면 그것은 귀신의 공포감을 풍기게 하는 음습한 기운을 내포하고 있다고 봐야 한다. 병약한 사람이나 노인, 또는 우울증, 조울증이 있는 사람은 경계하여야 하며 3-3 다음에 관록을 만나면 더욱 심각히 보아야 한다. 이때 관록은 凶을 만난 일주는 병원도 되고 교도소도 되고 사업가는 사업의 실패로 부도 처리되어 패가망신을 할 수도 있다.

3-3-6은 상문과도 연관되어 있는 수리군이다. 4촌 이외에는 상갓집을 금하라.

직계 4촌, 처가 4촌까지는 괜찮으나 5촌부터는 남의 상갓집으로 보면 된다. 부조만 보내라. 선천수 4인 사람은 4월, 5월, 6월을 지혜롭게 넘겨라.

#### 9-9-9

7월, 8월, 9월 모두 문서가 줄지어 들어왔다. 9-9-9는 주위의 수리에 따라 다양하게 해석할 수가 있다. 1 수리 다음에 들어오면 새로운 사람과 여행을 가거나 새로운 일로 먼 곳을 가게 되며, 6 수리 다음에 들어오면 새로운 변동 사항으로 직장인이 먼 곳으로 발령되거나 학생이 유학을 간다. 또 3 수리 다음에 오면 질병에 주의하여야 한다. 노인은 혈액 순환 계통의 병에 노출되며 젊은이는 정신적인 압박으로 오는 병에 주의하라. 이렇게 각 수리의 특성과 속성에 따라 재량껏 9-9-9의 해석을 하면 된다.

#### 7-7-5

10월 퇴식 7火와 11월 퇴식 7火는 2월 후천수궁 안정 4金을 두 개의 퇴식이 후천수궁을 剋하므로 선천수 4를 가진 사람은 갑자기 건강 문제로 놀랄 일이 발생하니 긴장하라.

99

## 4-5-9(吉)

| 안정 | 4 | 金☺ | 경파 | 5 | 土 | 문서 | 9 | 金☺ |
|---|---|---|---|---|---|---|---|---|
| 1월 | 寅 | 선천수 | 2월 | 卯 | 후천수 | 3월 | 辰 | 선후천수 |
| 안정 | 4 | 金☺ | 경파 | 5 | 土☺ | 문서 | 9 | 金☺ |
| 4월 | 巳 | 9+4=4 | 5월 | 午 | 9+5=5 | 6월 | 未 | 4+5=9 |
| 안정 | 4 | 金☺ | 경파 | 5 | 土☺ | 문서 | 9 | 金☺ |
| 7월 | 申 | 9+4=4 | 8월 | 酉 | 9+5=5 | 9월 | 戌 | 4+5=9 |
| 귀신 | 3 | 木☹ | 관록 | 6 | 水☹ | 문서 | 9 | 金☺ |
| 10월 | 亥 | 4+4+4=3 | 11월 | 子 | 5+5+5=6 | 12월 | 丑 | 9+9+9=9 |

| 일지 | 寅 | 卯 | 辰 | 巳 | 午 | 未 | 申 | 酉 | 戌 | 亥 | 子 | 丑 |
|---|---|---|---|---|---|---|---|---|---|---|---|---|
| 凶月 | 4巳형 | 3辰해 | 2卯해 | 1寅형 | 2卯파 | 9戌형파 | 1寅형충 | 1寅원 | 3辰충 | 1寅파 | 2卯형 | 3辰파 |
| | 7申충 | 5午파 | 9戌충 | 7申형파 | 11子충 | 11子원 | 2卯원 | 2卯충 | 4巳원 | 3辰원 | 5午충 | 5午해원형충 |
| | 8酉원 | 7申원 | 10亥원 | 9戌원 | 12丑원 | 12丑형충 | 4巳형파 | 9戌해 | 6未형파 | 4巳충 | 6未해원 | 6未형 |
| | 10亥파 | 8酉충 | 12丑파 | 10亥충 | | | 10亥해 | 11子파 | 8酉해 | 7申해 | 8酉파 | 9戌형 |
| | | 11子형 | | | | | | | 12丑형 | | | |
| 吉月 | 5午합 | 6未합 | 7申합 | 8酉합 | 1寅합 | 2卯합 | 3辰합 | 3辰합 | 1寅합 | 2卯합 | 3辰합 | 4巳합 |
| | 9戌합 | 9戌합 | 8酉합 | 12丑합 | 6未합 | 5午합 | 11子합 | 4巳합 | 2卯합 | 6未합 | 7申합 | 8酉합 |
| | 1寅합 | 10亥합 | 11子합 | 4巳합 | 9戌합 | 10亥합 | 7申합 | 12丑합 | 5午합 | 10亥합 | 11子합 | 11子합 |

월별 吉凶(길흉) 포국표 ※ 후천수궁과 같은 12지지도 吉月에 포함한다.

※ 합은 좋은 해석, 나쁨을 좋음으로 전환 ※ 충은 싸움, 터짐, 변화, 충돌, 다툼, 경쟁, 파멸, 해산 ※ 형은 소송, 구속, 체포, 형벌, 이혼, 사망, 관재구설, 관재, 고소, 고발 ※ 파는 이별, 사기꾼, 배신자, 분해 ※ 해는 적개심, 증오, 폭행, 상해, 반목, 미워함 ※ 원진은 갈등, 도주, 떠나감, 억울함, 피해

## (태생)선천수 4의 궁도

## 4-5-9(吉)년 해설

**

### 4-5-9

경파가 후천수궁에 들어섰다. 경파의 특성은 첫 번째가 크게 놀랄 일이 생긴다는 것이다. 두 번째로 좋으면 기뻐서 놀라고 안 좋으면 기겁을 하며 안절부절 어쩔 줄 몰라 당황하며 놀란다는 것이다. 기뻐서 놀란다는 것은 그냥 좋지만 안 좋아서 놀란다는 것은 쇼크와 멘붕이 동시에 오기 때문에 심각한 사항으로 번져가므로 위험한 단계이다. 후천수궁 경파 5土가 1월 3월 궁을 土生金으로 生하여 주고 있다. 주식이나 부동산에 투자하면 좋다. 경파 5는 큰 부동산도 된다.

### 4-5-9

더욱 과감히 밀고 나가라. 거리낌이 없는 상생의 수리군이다. 1년에 9개월이 좋으니 이 기회를 반드시 잡아라. 선천수 4를 가진 사람은 무엇을 해도 기쁜 일로 지낼 수 있다. 문서는 만사다. 만사는 문서가 매듭짓는다. 문서가 좋은 문서인지 나쁜 문서인지만 알면 된다. 2월, 5월, 8월, 11월에 沖이 되는 일주를 가진 자는 함부로 행동하지 않아야 좋다.

### 4-5-9

계속해서 움직여서 이번 가을에 수확을 얻어라. 투자한 자는 투자한 만큼 성장세를 타고 몇 년 후엔 돌아온다. 다음 10월, 11월, 12월은 그리 좋은 수리군이 아니므로 1월부터 9개월간 해왔던 적극적 투자 활동도 마무리를 깨끗이 해두고 손을 떼야 한다.

### 3-6-9

11월의 관록 6水는 2월 후천수궁과 상극 관계다. 그러나 후천수궁을 헌하는 것이 아니라 헌을 당하고 있어 관재구설이 약화된 꼴이다. 그러나 안정을 깨는 일주나 경파를 깨는 일주는 일 년 내내 조심해라. 하던 일을 망칠 수도 있다. 월별 길흉 포국표를 참고하여 사고에 대비하라. 안정을 깨는 寅, 申충과 巳, 亥충이 되는 일주와 子,午충, 卯, 酉충이 되는 일주, 辰, 戌충 丑, 未충이 되는 일주이다. 각각 달에 따라 적용해보면 이해가 될 것이다.

## (태생)선천수 4의 궁도

### 4-6-1(凶)

| 안정 | **4** | 金☺ | 관록 | **6** | 水 | 시생 | **1** | 水☺ |
|---|---|---|---|---|---|---|---|---|
| 1월 | 寅 | 선천수 | 2월 | 卯 | 후천수 | 3월 | 辰 | 선후천수 |
| 경파 | **5** | 土☹ | 퇴식 | **7** | 火☹ | 귀신 | **3** | 木☺ |
| 4월 | 巳 | 1+4=5 | 5월 | 午 | 1+6=7 | 6월 | 未 | 5+7=3 |
| 재물 | **8** | 木☺ | 시생 | **1** | 水☺ | 문서 | **9** | 金☺ |
| 7월 | 申 | 3+5=8 | 8월 | 酉 | 3+7=1 | 9월 | 戌 | 8+1=9 |
| 재물 | **8** | 木☺ | 경파 | **5** | 土☹ | 안정 | **4** | 金☺ |
| 10월 | 亥 | 4+5+8=8 | 11월 | 子 | 6+7+1=5 | 12월 | 丑 | 1+3+9=4 |

| 일지 | 寅 | 卯 | 辰 | 巳 | 午 | 未 | 申 | 酉 | 戌 | 亥 | 子 | 丑 |
|---|---|---|---|---|---|---|---|---|---|---|---|---|
| 凶月 | 4 巳 형 | 3 辰 해 | 2 卯 해 | 1 寅 형 | 2 卯 파 | 9 戌 형파 | 1 寅 형충원 | 1 寅 원 | 3 辰 충 | 1 寅 파 | 2 卯 형 | 3 辰 파 |
| | 7 申 충 | 5 午 파 | 9 戌 충 | 7 申 형파 | 11 子 충 | 11 子 원 | 2 卯 원 | 2 卯 충 | 4 巳 원 | 3 辰 원 | 5 午 충 | 5 午 해원 |
| | 8 酉 원 | 7 申 원 | 10 亥 원 | 9 戌 원 | 12 丑 원 | 12 丑 형충 | 4 巳 형파 | 9 戌 해 | 6 未 형충 | 4 巳 충 | 6 未 해원 | 6 未 형충 |
| | 10 亥 파 | 8 酉 충 | 12 丑 파 | 10 亥 충 | | | 10 亥 해 | 11 子 파 | 8 酉 해 | 7 申 해 | 8 酉 파 | 9 戌 형 |
| | | 11 子 형 | | | | | | | 12 丑 형 | | | |
| 吉月 | 5 午 합 | 6 未 합 | 7 申 합 | 8 酉 합 | 1 寅 합 | 2 卯 합 | 3 辰 합 | 3 辰 합 | 1 寅 합 | 2 卯 합 | 3 辰 합 | 4 巳 합 |
| | 9 戌 합 | 9 戌 합 | 8 酉 합 | 12 丑 합 | 6 未 합 | 5 午 합 | 11 子 합 | 4 巳 합 | 2 卯 합 | 6 未 합 | 7 申 합 | 8 酉 합 |
| | 1 寅 합 | 10 亥 합 | 11 子 합 | 4 巳 합 | 9 戌 합 | 10 亥 합 | 7 申 합 | 12 丑 합 | 5 午 합 | 10 亥 합 | 12 丑 합 | 11 子 합 |

월별 吉凶(길흉) 포국표 ※ 후천수궁과 같은 12지지도 吉月에 포함한다.

※ 합은 좋은 해석, 나쁨을 좋음으로 전환 ※ 충은 싸움, 터짐, 변화, 충돌, 다툼, 경쟁, 파멸, 해산 ※ 형은 소송, 구속, 체포, 형벌, 이혼, 사망, 관재구설, 관재, 고소, 고발 ※ 파는 이별, 사기꾼, 배신자, 분해 ※ 해는 적개심, 증오, 폭행, 상해, 반목, 미워함 ※ 원진은 갈등, 도주, 떠나감, 억울함, 피해

## 4-6-1(凶)년 해설

※
※※

### 4-6-1

올해의 후천수궁에는 관록이 자리했다. 관록도 희비에 따라 곡절이 많으므로 환경에 따라, 시간과 공간에 따라, 천태만상으로 결과를 돌출시킨다. 관록은 무섭다. 저항하지 못하는 찍혀버린 도장의 직인과 같은 것이다. 3월 시생 1水는 4월 경파 5土에게 剋을 당하고 있어 5월, 6월 모두 안 좋은 수리가 대기하고 있으므로 3월 시생 1水는 관록과 연관된 일이나 사람 등으로 예견되고 안정 다음에 관록이 붙어 있으면 가정의 식구나 전부터 알고 지낸 사람이나 동료, 친구 등으로 해석해도 된다. 안정의 속성이 그렇다. 그렇다면 3월 시생은 4월, 5월, 6월의 수리군의 영향에 따라 1월부터 6개월간 안 좋은 일이나 사람으로 凶하게 작용할 소지가 매우 크다.

### 5-7-3

4월, 5월, 6월 차례로 경파-퇴식-귀신이 들어섰다. 1월, 2월, 3월이 아무리 좋다 해도 4월, 5월, 6월을 만나면 망가지게 되는 수리군이며 총체적으로 아주 나쁜 6개월이다. 3월 시생은 귀인이 아니라 원수 같은 존재가 되고 좋은 일이 아니라 안 좋은 일로 관재에 휘말릴 수 있다. 누구든 5-7-3은 나쁜 수리수이다.

첫째 가족과의 관계를 돈독히 하라. 가족 간에 다툼이 있겠다. 둘째로 친구, 동료, 애인, 오래 지내온 지인 간에 반목이 생겨 원수로 변하거나 등을 돌리거나 배신을 할 수가 있고 경영인은 내부 사원의 부정행위로 회사에 막대한 피해를 온다고 하겠으며 이런저런 일로 하여 올해가 관록이 지배하는 해이므로 법적인 송사가 있을 것이다.

집안에 아픈 자는 병이 심해지고 노인은 별세할 수도 있다. 경각심을 가지고 지내라. 불리한 송사가 생긴 경우 4 선천수를 가진 사람은 재판을 7월, 8월, 9월에 해결하도록 지연시키면 좋다.

### 8-1-9

8월 시생 1木은 좋은 수리궁에 에워싸여 좋은 일과 귀인이다.

서로 生을 하면서 좋은 관계를 유지하고 있다. 2월 후천수궁과도 모두 生 관계이므로 최고의 수리수군이다. 모든 일을 과감히 처리하고 소송 중인 사항도 적극적으로 임하면 승소한다. 재물도 귀인의 도움으로 취득하겠으며 멀어졌던 사람도 좋아지며 임신한 여인은 자식을 얻겠다. 다만 4월, 5월, 6월의 기운이 남아 있는 안 좋은 일주는 자중하라. 월별 길흉 포국표를 보고 4월, 5월, 6월의 凶일주를 살펴보라. 특히 충을 살펴보라.

### 8-5-4

卯, 未 일주는 10월에 돈이 들어오고 寅, 辰, 巳, 申 일주는 돈이 나간다. 전체적으로 올 한 해는 안 좋은 해이다. 12월의 안정에 힘입어 속히 안정 속에 다음 해를 맞이하라.

## 4-7-2(凶)

| 안정 | 4 | 金☹ | 퇴식 | 7 | 火 | 변동 | 2 | 火☺ |
|---|---|---|---|---|---|---|---|---|
| 1월 | 寅 | 선천수 | 2월 | 卯 | 후천수 | 3월 | 辰 | 선후천수 |
| 관록 | 6 | 水☹ | 문서 | 9 | 金☹ | 관록 | 6 | 水☹ |
| 4월 | 巳 | 2+4=6 | 5월 | 午 | 2+7=9 | 6월 | 未 | 6+9=6 |
| 귀신 | 3 | 木☺ | 관록 | 6 | 水☹ | 문서 | 9 | 金☹ |
| 7월 | 申 | 6+6=3 | 8월 | 酉 | 6+9=6 | 9월 | 戌 | 3+6=9 |
| 안정 | 4 | 金☹ | 안정 | 4 | 金☹ | 재물 | 8 | 木☺ |
| 10월 | 亥 | 4+6+3=4 | 11월 | 子 | 7+9+6=4 | 12월 | 丑 | 2+6+9=8 |

| 일지 | 寅 | 卯 | 辰 | 巳 | 午 | 未 | 申 | 酉 | 戌 | 亥 | 子 | 丑 |
|---|---|---|---|---|---|---|---|---|---|---|---|---|
| 凶月 | 4巳형<br>7申충<br>8酉원<br>10亥파 | 3辰해<br>5午파<br>7申원<br>8酉형<br>11子형 | 2卯해<br>9戌충<br>10亥원<br>12丑파 | 1寅형<br>7申형파<br>9戌원<br>10亥충 | 2卯파<br>11子충<br>12丑원 | 9戌형파<br>11子원<br>12丑형충 | 1寅형충<br>2卯원<br>4巳형파<br>10亥해 | 1寅원<br>2卯충<br>9戌해<br>11子파 | 3辰충<br>4巳원<br>6未형파<br>8酉해<br>10亥해<br>12丑형 | 1寅파<br>3辰원<br>4巳충<br>7申해<br>8酉형 | 2卯형<br>5午충<br>6未해원<br>9戌형 | 3辰파<br>5午해원형충<br>6未형충<br>9戌형 |
| 吉月 | 5午합<br>9戌합<br>1寅합 | 6未합<br>9戌합<br>10亥합 | 7申합<br>8酉합<br>11子합 | 8酉합<br>12丑합<br>4巳합 | 1寅합<br>6未합<br>9戌합 | 2卯합<br>5午합<br>10亥합 | 3辰합<br>11子합<br>7申합 | 3辰합<br>4巳합<br>12丑합 | 1寅합<br>2卯합<br>5午합 | 2卯합<br>6未합<br>10亥합 | 3辰합<br>7申합<br>12丑합 | 4巳합<br>8酉합<br>11子합 |

월별 吉凶(길흉) 포국표 ※ 후천수궁과 같은 12지지도 吉月에 포함한다.

※ 합은 좋은 해석, 나쁨을 좋음으로 전환 ※ 충은 싸움, 터짐, 변화, 충돌, 다툼, 경쟁, 파멸, 해산 ※ 형은 소송, 구속, 체포, 형벌, 이혼, 사망, 관재구설, 관재, 고소, 고발 ※ 파는 이별, 사기꾼, 배신자, 분해 ※ 해는 적개심, 증오, 폭행, 상해, 반목, 미워함 ※ 원진은 갈등, 도주, 떠나감, 억울함, 피해

# 4-7-2(凶)년 해설

※

## 4-7-2

올해는 퇴식이라는 9 수리 가운데 가장 안 좋은 수리가 들어왔다. 퇴식은 명리학에서도 가장 안 좋게 판단하는 단어다.

퇴식은 밥그릇을 치운다는 뜻이다. 사람이 밥을 멀리하면 환자가 된다. 아픈 환자는 식사하는 데 많은 불편이 따른다. 그와 같이 퇴식이 들어서면 제일 먼저 나의 건강 문제가 중요하다. 선천수 4를 가진 사람은 올 한 해 건강 관리를 12달 신경 써야 한다. 사업을 하는 사람도 많은 투자를 하지 말고 근신하며 지혜롭게 넘겨야 손해를 안 보며 직장인도 직장 생활에 적응하려고 노력하라. 올해는 상사, 동료와 다투는 일이 있으면 손해로 돌아온다. 그리고 안정된 일상이 깨진다. 변동하지 마라.

## 6-9-6

4월 관록은 2월 후천수궁 퇴식 7火를 훼하고 있다. 4월 관록 6水와 凶이 되는 일주는 관록을 병원으로 보라. 관록은 병원도 된다. 국립 병원도 관청이다. 종합 사립 병원들도 국가에서 지정된 치료 기관에 거의 등록되어 있다. 4월에 凶인 일주는 월별 길흉 포국표를 보고 긴장하라. 병원에 입원할 수 있고 수심 깊은 진단을 받을 수 있다.

그러나 합이 되는 일주는 정치, 예술가는 명예가 오르고 직장인은 특진이나 승진을 하고 취직을 하려는 자는 직장을 얻으며 수험생들은 관록-문서-관록수에 합격한다.

5월은 2월 후천수궁에 훼을 당하여 크게 문제가 되지 않으나 6월 관록 6水는 2월 후천수궁, 水극火로 치고 있다. 훼 중 가장 안 좋은 것이 水극火다. 戌, 子, 丑 일주는 건강은 물론이고 매사 모든 일에 신중하여야 한다. 특히 戌, 丑 일주는 더욱 조심하라. 사업가는 부도, 파산, 자금 융통이 되지 않고 일반인은 건강으로 수술하거나 소송에서 진다.

## 3-6-9

7월 귀신 3木이 2월 후천수궁의 퇴식 7火를 木생火로 生해주고 있다. 귀신이 퇴식을 生하고 있다면 좋게 봐야 하나 나쁘게 봐야 하나 의문이 생길 것이다.

이때는 나쁜 쪽으로 해석하라. 귀신과 퇴식은 사촌 관계다. 퇴식이 귀신을 불러들였다고 보라. 그 다음으로 오는 달, 8월은 2월 후천수궁을 水극火하고 있고 9월은 문서 9金인데 후천수궁의 훼을 받고 있다. 4 선천수를 가진 사람은 8월, 9월을 조심하라. 약자는 몸이 크게 아프거나 관재로 하여 교도소에 갈 수 있으며 가족이 8월, 9월에 사고로 관청과 관계된 문서로 큰 고통에 시달리게 될 수 있다. 부동산에 손해수가 있으며 8월, 9월 凶 일주가 지지도 沖(충)이고 천간도 沖(충)이 함께 들면 사고나 병으로 죽을 수도 있는 운이다. 명심하라(천충지충은 사망에 이를 수 있다).

## 4-4-8

안정과 퇴식은 반대로 대립되는 단어다. 2월 후천수궁에서 10월, 11월 안정 4金을 火극金으로 훼하고 있다. 이럴 경우 왠지 모르게 불안, 불명, 방황, 초조, 안절부절 현상에 빠져들어 심하면 믿었던 사람을 괜히 의심하게 된다. 사고로 돈이 나갈 수 있는 운이다.

## 4-8-3(凶)

| 안정 | 4 | 金☹ | 재물 | 8 | 木 | 귀신 | 3 | 木☺ |
|---|---|---|---|---|---|---|---|---|
| 1월 | 寅 | 선천수 | 2월 | 卯 | 후천수 | 3월 | 辰 | 선후천수 |
| 퇴식 | 7 | 火☺ | 변동 | 2 | 火☺ | 문서 | 9 | 金☹ |
| 4월 | 巳 | 3+4=7 | 5월 | 午 | 3+8=2 | 6월 | 未 | 7+2=9 |
| 퇴식 | 7 | 火☺ | 변동 | 2 | 火☺ | 문서 | 9 | 金☹ |
| 7월 | 申 | 9+7=7 | 8월 | 酉 | 9+2=2 | 9월 | 戌 | 7+2=9 |
| 문서 | 9 | 金☹ | 귀신 | 3 | 木☺ | 귀신 | 3 | 木☺ |
| 10월 | 亥 | 4+7+7=8 | 11월 | 子 | 8+2+2=3 | 12월 | 丑 | 3+9+9=3 |

| 일지 | 寅 | 卯 | 辰 | 巳 | 午 | 未 | 申 | 酉 | 戌 | 亥 | 子 | 丑 |
|---|---|---|---|---|---|---|---|---|---|---|---|---|
| 凶月 | 4巳형 | 3辰해 | 2卯해 | 1寅형 | 2卯파 | 9戌형충 | 1寅형충 | 1寅원 | 3辰충 | 1寅파 | 2卯형 | 3辰파 |
| | 7申충 | 5午충 | 9戌충 | 7申형파 | 11子충 | 11子원 | 2卯원 | 2卯충 | 4巳원 | 3辰원 | 5午충 | 5午해형충 |
| | 8酉원 | 7申원 | 10亥원 | 9戌원 | 12丑원 | 12丑원 | 4巳형파 | 9戌해 | 6未파 | 4巳충 | 6未원 | 6未원충 |
| | 10亥파 | 8酉충 | 12丑파 | 10亥충 | 10亥충 | | 10亥해 | 11子파 | 8酉해 | 7申해 | 8酉파 | 9戌형 |
| | | 11子형 | | | | | | | 12丑형 | | | |
| 吉月 | 5午합 | 6未합 | 7申합 | 8酉합 | 1寅합 | 2卯합 | 3辰합 | 3辰합 | 1寅합 | 2卯합 | 3辰합 | 4巳합 |
| | 9戌합 | 9戌합 | 8酉합 | 12丑합 | 6未합 | 5午합 | 11子합 | 4巳합 | 2卯합 | 6未합 | 7申합 | 8酉합 |
| | 1寅합 | 10亥합 | 11子합 | 4巳합 | 9戌합 | 10亥합 | 7申합 | 12丑합 | 5午합 | 10亥합 | 12丑합 | 11子합 |

월별 吉凶(길흉) 포국표 ※ 후천수궁과 같은 12지지도 吉月에 포함한다.

※ 합은 좋은 해석, 나쁨을 좋음으로 전환 ※ 충은 싸움, 터짐, 변화, 충돌, 다툼, 경쟁, 파멸, 해산 ※ 형은 소송, 구속, 체포, 형벌, 이혼, 사망, 관재구설, 관재, 고소, 고발 ※ 파는 이별, 사기꾼, 배신자, 분해 ※ 해는 적개심, 증오, 폭행, 상해, 반목, 미워함 ※ 원진은 갈등, 도주, 떠나감, 억울함, 피해

## (태생)선천수 4의 궁도

# 4-8-3(凶)년 해설

\*\*

## 4-8-3

후천수궁에 재물이 들어왔다. 인간은 재물에 민감하고 또한 재물은 인간의 삶을 안정적으로 받쳐주는 최고의 원동력을 가진 수단이다. 그러나 재물은 사람에 따라 천태만상으로 작용하여 인간의 희비애락을 만들게 한다. 우리 역학에서는 재물을 동산, 부동산 등으로 크게 보지만 알고 보면 돈이다.

재물이 들어오면 좋은 해가 되어야 할 텐데 여름 석 달, 가을 석 달이 수리수군이 아주 나쁘므로 들어오는 돈이 아니라 나가는 돈이 상당히 많게 된다.

3월에 월별 길흉 포국표에 合이 되는 申, 酉, 子 일주는 1월, 2월, 3월 안에 조상의 도움으로 적은 돈은 들어온다. 그러나 그 외의 일주는 재물의 욕구는 강하지만 재물이 나간다. 1월 안정이 후천수궁 재물 8木을 金극木으로 剋하기 때문이다.

## 7-2-9

4월, 5월, 6월, 7월, 8월, 9월, 6개월은 안 좋은 수리군으로 무슨 일을 해도 성사되는 데는 어려움이 많을 것이다. 퇴식-변동-문서가 6개월간 반복되고 있다. 2월 후천수궁 재물 8木은 4월 퇴식 7火와 5월 변동 2火를 生해주고 있지만 결국 6월, 9월 문서 9金은 2월 후천수궁을 金극木으로 재물을 안 좋은 쪽으로 만들고 있다. 그러면 결국 재물이 나가고 문서는 재물을 나가게 하는 문서가 될 것이다. 또 건강상으로는 퇴식이 들어와 안정을 변동이 깨니 6월이 되면 재물이 퇴식과 변동으로 인하여 나간다. 4월, 7월 퇴식과 5월, 8월 변동으로 6월, 9월 문서를 剋하고 6월, 9월 문서는 후천수궁을 金극木하니 재물은 안 좋은 문서 관계로 나가게 된다.

## 7-2-9

재물이 후천수궁일 때 4 선천수를 가진 모든 사람은 재물에 집착하여 새로운 일이나 사업에 도전하려는 욕구가 강하게 되지만 후천수궁과 결과를 도출하는 문서가 모두 깨졌으므로 되는 일이 없고 낭패를 보며 재물은 쉽게 나가는 일이 생기게 된다. 사업가는 인사 관리를 철저히 하고 재산 관리도 신중하게 하여야 하며 퇴식이 중중하므로 건강을 최선을 다하여 지켜야 한다. 7-2는 건강의 변화를 의미하므로 결과는 문서로 귀결된다면 문서는 중병 진단서로 나타날 수 있다.

## 9-3-3

9월과 10월의 문서 9金은 11월, 12월 귀신 3木를 剋하므로 귀신들이 발악을 하고 있어 대단히 안 좋은 상황이다. 이럴 경우 4월, 7월에 건강이 나빠졌던 사람이 중병에 시달리거나 약자나 노인은 사망에 이를 수가 있다. 또, 상갓집에 잘못 다니다가 귀신에 씌어 정신 나간 짓을 하거나 노이로제로 고생할 수가 있다.

## 4-9-4(平)

| 안정 | **4** | 金☺ | 문서 | **9** | 金 | 안정 | **4** | 金☺ |
|---|---|---|---|---|---|---|---|---|
| 1월 | 寅 | 선천수 | 2월 | 卯 | 후천수 | 3월 | 辰 | 선후천수 |
| 재물 | **8** | 木☹ | 안정 | **4** | 金☺ | 귀신 | **3** | 木☹ |
| 4월 | 巳 | 4+4=8 | 5월 | 午 | 4+9=4 | 6월 | 未 | 8+4=3 |
| 변동 | **2** | 火☹ | 퇴식 | **7** | 火☹ | 문서 | **9** | 金☺ |
| 7월 | 申 | 3+8=2 | 8월 | 酉 | 3+4=7 | 9월 | 戌 | 2+7=9 |
| 경파 | **5** | 土☺ | 변동 | **2** | 火☹ | 퇴식 | **7** | 火☹ |
| 10월 | 亥 | 4+8+2=5 | 11월 | 子 | 9+4+7=2 | 12월 | 丑 | 4+3+9=7 |

| 일지 | 寅 | 卯 | 辰 | 巳 | 午 | 未 | 申 | 酉 | 戌 | 亥 | 子 | 丑 |
|---|---|---|---|---|---|---|---|---|---|---|---|---|
| 凶月 | 4 巳 형 | 3 辰 해 | 2 卯 해 | 1 寅 형 | 2 卯 파 | 9 戌 형파 | 1 寅 형충 | 1 寅 원 | 3 辰 충 | 1 寅 파 | 2 卯 형 | 3 辰 파 |
| | 7 申 충 | 5 午 파 | 9 戌 충 | 7 申 형파 | 11 子 충 | 11 子 원 | 2 卯 원 | 2 卯 충 | 4 巳 원 | 3 辰 원 | 5 午 충 | 5 午 해원형충 |
| | 8 酉 원 | 7 申 원 | 10 亥 원 | 9 戌 원 | 9 戌 원 | 12 丑 원 | 4 巳 형파 | 9 戌 해 | 6 未 형파 | 4 巳 충 | 6 未 원 | 6 未 해원형충 |
| | 10 亥 파 | 8 酉 충 | 12 丑 파 | 10 亥 충 | 10 亥 충 | 12 丑 형충 | 10 亥 해 | 11 子 파 | 8 酉 해 | 8 酉 파 | 8 酉 파 | 9 戌 형 |
| | | 11 子 형 | | | | | | | 12 丑 형 | | | |
| 吉月 | 5 午 합 | 6 未 합 | 7 申 합 | 8 酉 합 | 1 寅 합 | 2 卯 합 | 3 辰 합 | 3 辰 합 | 1 寅 합 | 2 卯 합 | 3 辰 합 | 4 巳 합 |
| | 9 戌 합 | 9 戌 합 | 8 酉 합 | 12 丑 합 | 6 未 합 | 5 午 합 | 11 子 합 | 4 巳 합 | 2 卯 합 | 6 未 합 | 7 申 합 | 8 酉 합 |
| | 1 寅 합 | 10 亥 합 | 11 子 합 | 4 巳 합 | 9 戌 합 | 10 亥 합 | 7 申 합 | 12 丑 합 | 5 午 합 | 10 亥 합 | 12 丑 합 | 11 子 합 |

월별 吉凶(길흉) 포국표 ※ 후천수궁과 같은 12지지도 吉月에 포함한다.

※ 합은 좋은 해석, 나쁨을 좋음으로 전환 ※ 충은 싸움, 터짐, 변화, 충돌, 다툼, 경쟁, 파멸, 해산 ※ 형은 소송, 구속, 체포, 형벌, 이혼, 사망, 관재구설, 관재, 고소, 고발 ※ 파는 이별, 사기꾼, 배신자, 분해 ※ 해는 적개심, 증오, 폭행, 상해, 반목, 미워함 ※ 원진은 갈등, 도주, 떠나감, 억울함, 피해

## (태생)선천수 4의 궁도

# 4-9-4(쭈)년 해설

*.*
.*

## 4-9-4

문서가 후천수궁에 들어섰다. 4의 선천수를 가진 사람은 올해는 문서로 바쁜 한 해를 보낸다. 문서는 사람과 사람 간의 약속, 규칙, 방법, 실행, 벌칙, 취득, 거래, 결과, 판정, 해지 및 기타 등등 헤아릴 수 없는 형태로 역사를 같이했다.

1월 안정 4金과 3월 안정 4金이 양쪽에서 2월 후천수궁 문서 9金을 같은 오행으로 힘을 보태주니 2월 후천수궁은 강력한 힘을 가진 문서다. 안정이란 수리가 양쪽에서 문서를 보좌하는 꼴이다. 4 수리를 가진 사람에게 올해는 최고의 일 년 12달이다. 1월부터 5월까지 하고 싶은 일들을 밀고 나가라. 학생은 시험에 합격하여 합격증을 받겠고 직장인은 승진으로 임명장을 받으며 주식에 투자하는 사람은 안정 속에 이득을 취하며 소송 중인 사람은 승소 판결문을 받을 수가 있고 사업가는 자금 회전이 안정적으로 잘될 것이다.

## 8-4-3

4월, 5월, 6월 중 6월 귀신 3木은 2월 후천수궁과 剋 관계이다. 문서와 귀신이 서로 剋 관계를 가질 때는 그 문서는 깨진 문서로 凶 작용을 한다는 것을 잊지 말아야 할 것이다.

이렇게 剋이 될 경우 문서로 발생하는 거래는 하지 말아야 하며 하려면 신중히 생각하고 실천에 옮겨야 뒤탈이 없다. 특히 가까운 지인이라도 이달에 보증을 서는 것은 절대로 해서는 안 된다. 큰 피해를 보거나 패가망신으로 가정이 파탄에 이를 것이다. 그러나 4월과 5월은 1월, 2월, 3월에 이어서 하던 일을 계속하여서 목표를 달성하라.

## 2-7-9

7월 변동, 8월 퇴식, 9월 문서는 가장 안 좋은 수리군이다. 7월, 8월, 9월은 하던 일도 잠시 멈추고 차근차근 점검하고 근신하라. 4 선천수를 가진 사람은 변화, 변동을 잘못할 경우 건강이 급격히 나빠져 병원에 입원할 수 있다. 특히 卯 일주는 8월 퇴식 7火와 沖이 되므로 수술을 받거나 사고로 치료를 받을 수 있고 사업가는 부도가 나거나 자금 회전이 어려워 곤경에 처하므로 미리미리 대비하라.

## 5-2-7

이 수리수군은 주변 상황에 따라 변화가 심한 수리수군이다. 10월 경파는 2월 후천수궁을 生하고 있으므로 놀랍게도 큰 부동산, 큰 재물이지만 11월 변동 2火가 2월 후천수궁을 火극金으로 녹이고 있으므로 변화, 변동으로 잘못하면 큰 재물이 나가거나 건강이 나빠져 크게 놀라는 병명으로 입원할 수 있다. 11월에 卯, 午 일주, 12월에 未, 戌 일주는 하던 일에 변화, 변동을 하여서는 안 되며 되도록 이동이나 이사, 장거리 출장 등을 가지 않는 게 좋다. 자동차 사고로 큰 재앙을 만날 수 있다.

# 5 수리 해설

5-1-6 ~ 5-9-5

---

| 5 수리 운세표 | | | | | | | | |
|---|---|---|---|---|---|---|---|---|
| 평 | 흉 | 길 | 길 | 흉 | 평 | 평 | 흉 | 평 |
| 516 | 527 | 538 | 549 | 551 | 562 | 573 | 584 | 595 |

# (태생)선천수 5의 궁도

## 5-1-6(平)

| 경파 | 5 | 土☹ | 시생 | 1 | 水 | 관록 | 6 | 水☺ |
|---|---|---|---|---|---|---|---|---|
| 1월 | 寅 | 선천수 | 2월 | 卯 | 후천수 | 3월 | 辰 | 선후천수 |
| 변동 | 2 | 火☹ | 퇴식 | 7 | 火☹ | 문서 | 9 | 金☺ |
| 4월 | 巳 | 6+5=2 | 5월 | 午 | 6+1=7 | 6월 | 未 | 2+7=9 |
| 변동 | 2 | 火☹ | 퇴식 | 7 | 火☹ | 문서 | 9 | 金☺ |
| 7월 | 申 | 9+2=2 | 8월 | 酉 | 9+7=7 | 9월 | 戌 | 2+7=9 |
| 문서 | 9 | 金☺ | 관록 | 6 | 水☺ | 관록 | 6 | 水☺ |
| 10월 | 亥 | 5+2+2=9 | 11월 | 子 | 1+7+7=6 | 12월 | 丑 | 6+9+9=6 |

| 일지 | 寅 | 卯 | 辰 | 巳 | 午 | 未 | 申 | 酉 | 戌 | 亥 | 子 | 丑 |
|---|---|---|---|---|---|---|---|---|---|---|---|---|
| 凶月 | 4巳형 | 3辰해 | 2卯해 | 1寅형 | 2卯파 | 9戌형충 | 1寅형충 | 1寅원 | 3辰충 | 1寅파 | 2卯형 | 3辰파 |
| | 7申충 | 5午파 | 9戌충 | 7申형파 | 11子충 | 11子원 | 2卯원 | 2卯충 | 4巳원 | 3辰원 | 5午충 | 5午해원형충 |
| | 8酉원 | 7申원 | 10亥원 | 9戌원 | 12丑원 | 12丑형충 | 4巳형파 | 9戌해 | 6未형원 | 4巳충 | 6未해원 | 6未충 |
| | 10亥파 | 8酉충 | 12丑파 | 10亥충 | | | 10亥해 | 11子파 | 8酉충 | 7申해 | 8酉파 | 9戌형 |
| | | 11子형 | | | | | | | 12丑형 | | | |
| 吉月 | 5午합 | 6未합 | 7申합 | 8酉합 | 1寅합 | 2卯합 | 3辰합 | 3辰합 | 1寅합 | 2卯합 | 3辰합 | 4巳합 |
| | 9戌합 | 9戌합 | 8酉합 | 12丑합 | 6未합 | 5午합 | 11子합 | 4巳합 | 2卯합 | 6未합 | 7申합 | 8酉합 |
| | 1寅합 | 10亥합 | 11子합 | 4巳합 | 9戌합 | 10亥합 | 7申합 | 12丑합 | 5午합 | 10亥합 | 12丑합 | 11子합 |

월별 吉凶(길흉) 포국표 ※ 후천수궁과 같은 12지지도 吉月에 포함한다.

※ 합은 좋은 해석, 나쁨을 좋음으로 전환 ※ 충은 싸움, 터짐, 변화, 충돌, 다툼, 경쟁, 파멸, 해산 ※ 형은 소송, 구속, 체포, 형벌, 이혼, 사망, 관재구설, 관재, 고소, 고발 ※ 파는 이별, 사기꾼, 배신자, 분해 ※ 해는 적개심, 증오, 폭행, 상해, 반목, 미워함 ※ 원진은 갈등, 도주, 떠나감, 억울함, 피해

## 5-1-6(쭈)년 해설

∗∗

### 5-1-6

놀랄 일에 봉착되어 힘겨울 때, 새로운 일, 귀인에게 강한 힘을 받아 어려움을 타개하는 운이다. 지금껏 해오던 일이나 방식이 새로운 기운의 강력한 도움으로 혁명을 일으키듯 좋은 쪽으로 변화되어 새로운 환경에서 발전하는 운이다.

선천수 5를 가진 사람은 귀인의 도움을 받는 운이므로 주위의 한 사람, 한 사람을 소홀히 상대하지 말고 예의를 갖추어 상면(相面)하고 귀인의 도움에는 과감히 행동하고 변화되어가는 과정에는 정열을 다하라.

### 2-7-9

2-7이 같이 만나면 변동으로 잃는 것이 많아지고, 7-9가 같이 만나면 힘들어함이 확실한 현실로 표출된다. 그리고 2-7-9 세 수리가 군(群)을 이루어 만나면 2-7의 만남과 7-9의 만남이 합해져서 3배의 힘으로 강도가 높아지며 강력한 힘으로 사람들의 삶의 한복판을 아수라장으로 만드는 가장 안 좋은 수리수군이다.

이때 배신자, 이간하는 자, 부부 이별, 직장 퇴직, 패업, 남녀 이별, 학생은 공부 소홀, 환자는 건강 악화로 사망할 수도 있다. 특히 5의 선천수를 가진 사람 중 辰, 午, 申, 酉, 子 일주는 새로운 사람이 당신의 적일 수 있으니 주위하고 특히 酉 일주를 가진 환자나 노인은 강력한 충이므로 건강 관리에 최선을 다하라. 소홀히 하면 큰 병을 치르거나 사망할 수도 있다. 이 시기에는 5 선천수를 가진 사람은 누구나 함부로 행동하지 말고 기도하는 마음으로 차분한 생활과 안정된 마음을 유지하려고 노력하라.

### 2-7-9

4월부터 9월까지 어려움이 지속된다는 것은 참으로 견디기 어려운 현실에 봉착된 상황이라 때론 죽고 싶은 생각이 들고 정신적 스트레스로 병을 얻어 병원 생활을 하게 되는 일이 실제로 많아진다. 이때 젊은이들은 자살 충동에 빠지고, 가출하고 이성 간은 헤어지며 부부간에도 장벽이 쳐지는 일이 발생하므로 가족은 서로 아끼고 존중하며 관심을 가지고 서로 배려하는 마음을 가져라.

4월 변동 2火와 7월 변동 2火가 凶이 되는 일주는 변동하지 말고 자리를 지키고,

5월 퇴식 7火와 8월 퇴식 7火가 凶이 되는 일주는 가장 먼저 건강에 힘써야 하며,

6월 문서 9金과 9월 문서 9金과 凶이 되는 일주는 먼 거리 여행을 가거나 중매로 선을 본다. 약혼이나 결혼은 좋은 운이 올 때까지 기다려라.

### 9-6-6

10월, 11월, 12월이 모두 2월 후천수궁과 生 관계라서 가장 좋다. 습이 되면 모든 일이 잘되고 凶이 되는 일주는 일이나 사람으로 법적 소송이나 구속, 감금이 될 수 있다.

## 5-2-7(凶)

| 경파 | 5 | 土☺ | 변동 | 2 | 火 | 퇴식 | 7 | 火☺ |
|---|---|---|---|---|---|---|---|---|
| 1월 | 寅 | 선천수 | 2월 | 卯 | 후천수 | 3월 | 辰 | 선후천수 |
| 귀신 | 3 | 木☺ | 문서 | 9 | 金☹ | 귀신 | 3 | 木☺ |
| 4월 | 巳 | 7+5=3 | 5월 | 午 | 7+2=9 | 6월 | 未 | 3+9=3 |
| 관록 | 6 | 水☹ | 귀신 | 3 | 木☺ | 문서 | 9 | 金☹ |
| 7월 | 申 | 3+3=6 | 8월 | 酉 | 3+9=3 | 9월 | 戌 | 6+3=9 |
| 경파 | 5 | 土☺ | 경파 | 5 | 土☺ | 시생 | 1 | 水☹ |
| 10월 | 亥 | 5+3+6=5 | 11월 | 子 | 2+9+3=5 | 12월 | 丑 | 7+3+9=1 |

| 일<br>지 | 寅 | | 卯 | | 辰 | | 巳 | | 午 | | 未 | | 申 | | 酉 | | 戌 | | 亥 | | 子 | | 丑 | |
|---|---|---|---|---|---|---|---|---|---|---|---|---|---|---|---|---|---|---|---|---|---|---|---|---|
| 凶月 | 4 巳 | 형 | 3 辰 | 해 | 2 卯 | 해 | 1 寅 | 형 | 2 卯 | 파 | 9 戌 | 형<br>파 | 1 寅 | 형<br>충 | 1 寅 | 원 | 3 辰 | 충 | 1 寅 | 파 | 2 卯 | 형 | 3 辰 | 파 |
| | 7 申 | 충 | 5 午 | 파 | 9 戌 | 충 | 7 申 | 형<br>파 | 11 子 | 충 | 11 子 | 파 | 2 卯 | 원 | 2 卯 | 충 | 4 巳 | 원 | 3 辰 | 원 | 5 午 | 충 | 5 午 | 해<br>원<br>형<br>충 |
| | 8 酉 | 원 | 7 申 | 원 | 10 亥 | 원 | 9 戌 | 원 | 12 丑 | 원 | 12 丑 | 형<br>충 | 4 巳 | 형<br>파 | 9 戌 | 해 | 6 未 | 형<br>원 | 4 巳 | 충 | 6 未 | 해<br>원 | 6 未 | 형 |
| | 10 亥 | 파 | 8 酉 | 충 | 12 丑 | 파 | 10 亥 | 충 | | | | | 10 亥 | 해 | 11 子 | 파 | 8 酉 | 해 | 7 申 | 해 | 8 酉 | 파 | 9 戌 | |
| | | | 11 子 | 형 | | | | | | | | | | | | | 12 丑 | 형 | | | | | | |
| 吉月 | 5 午 | 합 | 6 未 | 합 | 7 申 | 합 | 8 酉 | 합 | 1 寅 | 합 | 2 卯 | 합 | 3 辰 | 합 | 3 辰 | 합 | 1 寅 | 합 | 2 卯 | 합 | 3 辰 | 합 | 4 巳 | 합 |
| | 9 戌 | 합 | 9 戌 | 합 | 8 酉 | 합 | 12 丑 | 합 | 6 未 | 합 | 5 午 | 합 | 11 子 | 합 | 4 巳 | 합 | 2 卯 | 합 | 6 未 | 합 | 7 申 | 합 | 8 酉 | 합 |
| | 1 寅 | 합 | 10 亥 | 합 | 11 子 | 합 | 4 巳 | 합 | 9 戌 | 합 | 10 亥 | 합 | 7 申 | 합 | 12 丑 | 합 | 5 午 | 합 | 10 亥 | 합 | 12 丑 | 합 | 11 子 | 합 |

월별 吉凶(길흉) 포국표 ※ 후천수궁과 같은 12지지도 吉月에 포함한다.

※ 합은 좋은 해석, 나쁨을 좋음으로 전환 ※ 충은 싸움, 터짐, 변화, 충돌, 다툼, 경쟁, 파멸, 해산 ※ 형은 소송, 구속, 체포, 형벌, 이혼, 사망, 관재구설, 관재, 고소, 고발 ※ 파는 이별, 사기꾼, 배신자, 분해 ※ 해는 적개심, 증오, 폭행, 상해, 반목, 미워함 ※ 원진은 갈등, 도주, 떠나감, 억울함, 피해

## 5-2-7(凶)년 해설

\*
\*\*

### 5-2-7

변동이 주관하는 1년이다. 변동이란 변화를 머리에 이고 움직이는 과정이고 진행형이다. 조그마한 주위 환경의 변화에도 변동으로 이어진다.

그런데 놀랄 일이 발생하고 그로 인하여 변동하게 되면 퇴식으로 이어지므로 손해수나 건강이 나빠지고 사업가는 자금이 안 돌아서 부도가 날 수가 있다.

### 3-9-3

4월, 5월, 6월은 귀신들이 문서를 잡고 누구를 잡아갈까 노려보는 꼴이다. 올바른 정신이 있는 사람도 혼란과 혼돈에 빠질 수 있는 수리수군이다.

4월 귀신 3木과 6월 귀신 3木은 2월 후천수궁 변동 2火를 生하고 있어 변동은 귀신 놀이에 힘을 실었다. 거기에 3월 퇴식 7火도 힘을 같이하니 후천수궁의 변동 2火는 강력한 힘으로 5월 문서 9金을 火극金하므로 5월에 문서 9金은 상당한 몸부림을 치는 심상치 않은 안 좋은 문서로 환자가 암 선고를 받거나 병으로 사망하며 사업가는 변동하는 과정에서 부도를 맞거나 일반인은 교통사고로 다치거나 죽으며 상갓집을 다녀온 사람이 갑자기 쓰러질 수 있는 수리군이다. 남의 상갓집에는 가지 말고 부조는 꼭 하는 게 자신을 지키는 방책이다.

### 6-3-9

7월, 8월, 9월은 안 좋은 관록의 문서를 가지고 귀신이 놀이를 하고 있다.

7월 관록 6水는 8월 귀신 3木을 生하고 9월 문서 9金은 2월 후천수궁에서 火극金 으로 剋을 받고 있고 8월 귀신 3木을 金극木으로 剋을 하고 있고 7월 관록 6水는 8월 귀신 3木을 生해주므로 9월 문서 9金은 굉장히 안 좋은 문서이다.

특히 관록에 연관된 귀신의 문서이므로 몇 가지 예를 든다면 매매에서 관청의 인가가 필요한 부동산 문제이거나 매매, 이전, 등기의 잘못으로 오는 법적 문제나 법적 싸움에서 패소하여 큰 손실을 보는 수리수군이다. 7월, 8월, 9월에 凶이 되는 일주는 월별 길흉 포국표를 유심히 보아서 조심하라.

### 5-5-1

그냥 보면 깜짝 놀랄 일이 중첩되어 있고 시생이 따라와 긴장감을 더해주지만 5 선천수를 가진 사람들은 내년 1월부터 12월까지 나쁜 수리가 후천수를 제외하곤 없으니 조상의 도움으로 발복한다. 다만 12월과 凶이 되는 일주는 긴장하라. 나쁜 쪽으로 크게 놀랄 일이 생긴다. 12월 시생 1水에 해당되는 凶 일주는 월별 길흉 포국표 참조가 필수다. 관청과 연관된 일로 크게 놀랄 수 있다. 이런 운에 교도소에 갈 일이 잘 생긴다.

## (태생)선천수 5의 궁도

### 5-3-8(吉)

| 경파 | **5** | 土☹ | 귀신 | **3** | 木 | 재물 | **8** | 木☺ |
|---|---|---|---|---|---|---|---|---|
| 1월 | 寅 | 선천수 | 2월 | 卯 | 후천수 | 3월 | 辰 | 선후천수 |
| 안정 | **4** | 金☹ | 변동 | **2** | 火☺ | 관록 | **6** | 水☺ |
| 4월 | 巳 | 8+5=4 | 5월 | 午 | 8+3=2 | 6월 | 未 | 4+2=6 |
| 시생 | **1** | 水☺ | 재물 | **8** | 木☺ | 문서 | **9** | 金☹ |
| 7월 | 申 | 6+4=1 | 8월 | 酉 | 6+2=8 | 9월 | 戌 | 1+8=9 |
| 시생 | **1** | 水☺ | 안정 | **4** | 金☹ | 경파 | **5** | 土☹ |
| 10월 | 亥 | 5+4+1=1 | 11월 | 子 | 3+2+8=4 | 12월 | 丑 | 8+6+9=5 |

| 일지 | 寅 | 卯 | 辰 | 巳 | 午 | 未 | 申 | 酉 | 戌 | 亥 | 子 | 丑 |
|---|---|---|---|---|---|---|---|---|---|---|---|---|
| 凶月 | 4巳형<br>7申충<br>8酉원<br>10亥파 | 3辰해<br>5午파<br>7申원<br>8酉충<br>11子형 | 2卯해<br>9戌충<br>10亥원<br>12丑파 | 1寅형<br>7申형파<br>9戌원<br>10亥충 | 2卯파<br>11子충<br>12丑원<br>10亥충 | 9戌형파<br>11子원<br>12丑원<br>12丑형충 | 1寅형충<br>2卯원<br>4巳형파<br>10亥해 | 1寅원<br>2卯충<br>9戌해<br>11子파 | 3辰충<br>4巳원<br>6未형파<br>8酉해<br>12丑형 | 1寅파<br>3辰원<br>4巳충<br>7申해 | 2卯형<br>5午충<br>6未해원<br>8酉파 | 3辰파<br>5午해원형충<br>6未형충<br>9戌형 |
| 吉月 | 5午합<br>9戌합<br>1寅합 | 6未합<br>9戌합<br>10亥합 | 7申합<br>8酉합<br>11子합 | 8酉합<br>12丑합<br>4巳합 | 1寅합<br>6未합<br>9戌합 | 2卯합<br>5午합<br>10亥합 | 3辰합<br>11子합<br>7申합 | 3辰합<br>4巳합<br>12丑합 | 1寅합<br>2卯합<br>5午합 | 2卯합<br>6未합<br>10亥합 | 3辰합<br>7申합<br>12丑합 | 4巳합<br>8酉합<br>11子합 |

월별 吉凶(길흉) 포국표 ※ 후천수궁과 같은 12지지도 吉月에 포함한다.

※ 합은 좋은 해석, 나쁨을 좋음으로 전환 ※ 충은 싸움, 터짐, 변화, 충돌, 다툼, 경쟁, 파멸, 해산 ※ 형은 소송, 구속, 체포, 형벌, 이혼, 사망, 관재구설, 관재, 고소, 고발 ※ 파는 이별, 사기꾼, 배신자, 분해 ※ 해는 적개심, 증오, 폭행, 상해, 반목, 미워함 ※ 원진은 갈등, 도주, 떠나감, 억울함, 피해

## 5-3-8(吉)년 해설

**\*\***

### 5-3-8

올 한 해는 유일하게 후천수궁 귀신 3을 빼고는 3, 5, 7이라는 대체로 나쁜 수리군이 없이 맑은 한 해이다. 이런 경우 후천수궁의 3은 귀신이라는 나쁜 관점에서 보지 말고 좋은 귀신이라는 의미로 해석해야 한다. 다시 말해 명리학에서 천을귀인이나 월덕귀인 같은 좋은 신으로 보거나 조상님의 보살핌이 있다고 보면 된다. 그리고 예수교를 믿는 사람은 예수님이, 불교를 믿는 사람은 부처님이, 그 외의 종교를 믿는 사람은 그에 따른 믿음에서 도와주신다고 생각하면 된다.

5 선천수를 가진 사람들은 올해부터 사업을 시작하면 좋은 운으로 장기간 발전할 수 있다. 결혼을 하려는 사람은 결혼을 하고 돈을 벌려고 장사하는 사람은 큰돈을 벌 수 있다. 부동산에 투자한 사람은 내년 10월, 11월, 12월경에 깜짝 놀랄 만큼 큰돈을 번다. 1월, 2월, 3월은 기쁜 마음으로 재물을 취할 수 있다. 아니면 궁색함이 풀린다.

### 4-2-6

4월 안정 4金은 2월 후천수궁 귀신 3木을 金극木으로 剋하고 있고 5월 변동 2火에게는 剋을 당해 안정은 깨졌다. 4월에 凶이 되는 일주는 평정심을 찾아라.

그러나 그 외의 일주는 5월 변동 2火가 2월 후천수궁의 木생火로 도움을 받으니 변동하는 모든 일은 좋게 해석하면 된다. 이사, 이동, 여행, 사업장 이전, 새로운 직장으로 전환 등 모두 좋다.

### 1-8-9

재물이 들어오고 나가는 운이다. 2월 귀신 3木을 좋은 귀신으로 본다면 들어오는 돈이다. 새로운 사람, 새로운 일이 재물을 만들어주는 꼴이다.

7월 시생 1水는 후천수궁을 水생木으로 生하고 있고 9월 문서 9金에서 金생水로 生을 받고 있다. 8월 재물과 凶이 안 되는 일주는 재물을 얻거나 돈이 들어온다.

### 1-4-5

7월, 10월 시생 자치는 후천수궁을 生하기 때문에 귀인이 되어 나를 돕는다. 모든 일이 순조롭게 잘 되어간다. 올 한 해를 돌아보면 좋은 달로 꽉 채워진 좋은 1년이다. 진군을 멈추지 말고 내년으로 힘차게 진군하라. 7월, 10월에 만난 인연과 함께 손잡고 내일을 설계하라. 좋은 인연이 될 것이다.

## 5-4-9(吉)

| 경파 | 5 | 土☺ | 안정 | 4 | 金 | 문서 | 9 | 金☺ |
|---|---|---|---|---|---|---|---|---|
| 1월 | 寅 | 선천수 | 2월 | 卯 | 후천수 | 3월 | 辰 | 선후천수 |
| 경파 | 5 | 土☺ | 안정 | 4 | 金☺ | 문서 | 9 | 金☺ |
| 4월 | 巳 | 9+5=5 | 5월 | 午 | 9+4=4 | 6월 | 未 | 5+4=9 |
| 경파 | 5 | 土☺ | 안정 | 4 | 金☺ | 문서 | 9 | 金☺ |
| 7월 | 申 | 9+5=5 | 8월 | 酉 | 9+4=4 | 9월 | 戌 | 5+4=9 |
| 관록 | 6 | 水☺ | 귀신 | 3 | 木☹ | 문서 | 9 | 金☺ |
| 10월 | 亥 | 5+5+5=6 | 11월 | 子 | 4+4+4=3 | 12월 | 丑 | 9+9+9=9 |

| 일지 | 寅 | 卯 | 辰 | 巳 | 午 | 未 | 申 | 酉 | 戌 | 亥 | 子 | 丑 |
|---|---|---|---|---|---|---|---|---|---|---|---|---|
| 凶月 | 4 巳 형 | 3 辰 해 | 2 卯 해 | 1 寅 형 | 2 卯 파 | 9 戌 형충 | 1 寅 형충 | 1 寅 원 | 3 辰 충 | 1 寅 파 | 2 卯 형 | 3 辰 파 |
|  | 7 申 충 | 5 午 파 | 9 戌 충 | 7 申 형파 | 11 子 충 | 11 子 원 | 2 卯 원 | 2 卯 충 | 4 巳 원 | 3 辰 원 | 5 午 충 | 5 午 해원형충 |
|  | 8 酉 원 | 7 申 원 | 10 亥 원 | 9 戌 원 | 12 丑 원 | 12 丑 원 | 4 巳 형파 | 9 戌 해 | 6 未 형파 | 5 午 충 | 6 未 해원 | 6 未 형충 |
|  | 10 亥 파 | 8 酉 충 | 12 丑 파 | 10 亥 충 | 10 亥 충 |  | 10 亥 해 | 11 子 파 | 8 酉 충 | 7 申 해 | 8 酉 파 | 9 戌 형 |
|  |  | 11 子 형 |  |  |  |  |  |  | 12 丑 형 |  |  |  |
| 吉月 | 5 午 합 | 6 未 합 | 7 申 합 | 8 酉 합 | 1 寅 합 | 2 卯 합 | 3 辰 합 | 3 辰 합 | 1 寅 합 | 2 卯 합 | 3 辰 합 | 4 巳 합 |
|  | 9 戌 합 | 9 戌 합 | 8 酉 합 | 12 丑 합 | 6 未 합 | 5 午 합 | 11 子 합 | 4 巳 합 | 2 卯 합 | 6 未 합 | 7 申 합 | 8 酉 합 |
|  | 1 寅 합 | 10 亥 합 | 11 子 합 | 4 巳 합 | 9 戌 합 | 10 亥 합 | 7 申 합 | 12 丑 합 | 5 午 합 | 10 亥 합 | 12 丑 합 | 11 子 합 |

월별 吉凶(길흉) 포국표 ※ 후천수궁과 같은 12지지도 吉月에 포함한다.

※ 합은 좋은 해석, 나쁨을 좋음으로 전환 ※ 충은 싸움, 터짐, 변화, 충돌, 다툼, 경쟁, 파멸, 해산 ※ 형은 소송, 구속, 체포, 형벌, 이혼, 사망, 관재구설, 관재, 고소, 고발 ※ 파는 이별, 사기꾼, 배신자, 분해 ※ 해는 적개심, 증오, 폭행, 상해, 반목, 미워함 ※ 원진은 갈등, 도주, 떠나감, 억울함, 피해

## (태생)선천수 5의 궁도

### 5-4-9(吉)년 해설

**

**5-4-9**

후천수궁에 안정이 들어서고 모든 오행이 土, 金, 水로 이루어져 후천수궁, 안정을 生해주거나 같은 오행으로 힘이 보태주고 있다.

5-4-9가 9월까지 반복되며 깔려 있어 참으로 좋다. 경파는 명리학적으로 볼 때 편재성을 의미하므로 큰돈이다. 5와 9가 같은 수리군에 있거나 같이 붙어 있으면 부동산 문서를 의미하므로 부동산 거래를 해도 좋으며 주식 투자를 해도 좋은 운이다. 금년은 안정된 상태에서 매사가 여유 있을 것이다.

**5-4-9**

3월, 6월, 9월의 문서로 모든 것이 성취되고 2월, 5월, 8월의 반복되는 안정과 마음의 평정으로 하는 일은 놀라도록 이루어지며 5-1-6, 5-2-7에서 고생한 보상이 5-4-9를 통하여 회복된다. 그리고 그동안 어려움에 처해 있던 일들도 이 시기에 풀리니 마음의 안정을 가지고 진취적으로 전진하라.

**5-4-9**

그동안 마음속으로 설계하고 계획했던 일들이 있다면 이 황금의 시기를 놓치지 말고 마음 놓고 모험하고 내일의 좋은 삶을 위하여 적극적으로 임하면 좋다.

사람은 다가온 기회를 놓치면 다시 잡기가 힘들며 5-4-9 다음에 오는 6-3-9 수리군은 집안에 병자가 있거나 노인이 있다면 위험한 수리군이다.

**6-3-9**

10월과 凶이 되는 일주는 관재구설이나 소송으로 어려운 상황에 처하므로 신중하고 관청 일로 손해 보는 일이 없도록 세심히 검토하라. 11월은 유일하게 2월 후천수궁의 剋을 받고 있으므로 11월 귀신 3木과 凶의 되는 일주는 각별히 조심하라.

## (태생)선천수 5의 궁도

### 5-5-1(凶)

| 경파 | 5 | 土☺ | 경파 | 5 | 土 | 시생 | 1 | 水☹ |
|---|---|---|---|---|---|---|---|---|
| 1월 | 寅 | 선천수 | 2월 | 卯 | 후천수 | 3월 | 辰 | 선후천수 |
| 관록 | 6 | 水☹ | 관록 | 6 | 水☹ | 귀신 | 3 | 木☹ |
| 4월 | 巳 | 1+5=6 | 5월 | 午 | 1+5=6 | 6월 | 未 | 6+6=3 |
| 문서 | 9 | 金☺ | 문서 | 9 | 金☺ | 문서 | 9 | 金☺ |
| 7월 | 申 | 3+6=9 | 8월 | 酉 | 3+6=9 | 9월 | 戌 | 9+9=9 |
| 변동 | 2 | 火☺ | 변동 | 2 | 火☺ | 안정 | 4 | 金☺ |
| 10월 | 亥 | 2+6+9=2 | 11월 | 子 | 5+6+9=2 | 12월 | 丑 | 1+3+9=4 |

| 일지 | 寅 | 卯 | 辰 | 巳 | 午 | 未 | 申 | 酉 | 戌 | 亥 | 子 | 丑 |
|---|---|---|---|---|---|---|---|---|---|---|---|---|
| 凶月 | 4巳형 | 3辰해 | 2卯해 | 1寅형 | 2卯파 | 9戌형파 | 1寅형충 | 1寅원 | 3辰충 | 1寅파 | 2卯형 | 3辰파 |
| | 7申충 | 5午파 | 9戌충 | 7申형파 | 11子충 | 11子원 | 2卯원 | 2卯충 | 4巳원 | 3辰원 | 5午충 | 5午해원 |
| | 8酉원 | 7申원 | 10亥원 | 9戌원 | 12丑원 | 12丑형충 | 4巳형파 | 9戌해 | 6未파 | 4巳충 | 6未해원 | 6未해원 |
| | 10亥파 | 8酉충 | 12丑파 | 10亥충 | | | | 10亥해 | 11子파 | 8酉해 | 7申해 | 8酉파 9戌형 |
| | | 11子형 | | | | | | | | 12丑형 | | |
| 吉月 | 5午합 | 6未합 | 7申합 | 8酉합 | 1寅합 | 2卯합 | 3辰합 | 3辰합 | 1寅합 | 2卯합 | 3辰합 | 4巳합 |
| | 9戌합 | 9戌합 | 8酉합 | 12丑합 | 6未합 | 5午합 | 11子합 | 4巳합 | 2卯합 | 6未합 | 7申합 | 8酉합 |
| | 1寅합 | 10亥합 | 11子합 | 4巳합 | 9戌합 | 10亥합 | 7申합 | 12丑합 | 5午합 | 10亥합 | 12丑합 | 11子합 |

월별 吉凶(길흉) 포국표 ※ 후천수궁과 같은 12지지도 吉月에 포함한다.

※ 합은 좋은 해석, 나쁨을 좋음으로 전환 ※ 충은 싸움, 터짐, 변화, 충돌, 다툼, 경쟁, 파멸, 해산 ※ 형은 소송, 구속, 체포, 형벌, 이혼, 사망, 관재구설, 관재, 고소, 고발 ※ 파는 이별, 사기꾼, 배신자, 분해 ※ 해는 적개심, 증오, 폭행, 상해, 반목, 미워함 ※ 원진은 갈등, 도주, 떠나감, 억울함, 피해

## 5-5-1(凶)년 해설

**

### 5-5-1

후천수궁에 5 수리 경파가 들어왔다. 경파는 과격한 행동, 깨짐, 깜짝 놀람을 의미하며 물질로는 부동산, 큰돈 등이며 과격한 행동, 일을 저지르고 보는 성격 등이 있다. 1월, 2월 경파에 3월 시생이 들어섰다. 그러나 3월 시생은 2월 후천수궁의 土극水로 剋을 당하고 있다. 3월에 만난 사람은 귀인이 아니다. 메마른 땅에 무엇인가가 생긴 꼴이다. 명리학에서 戊土(무토)를 생각하면 된다. 5-5가 같이 들어올 경우 마른 땅이다. 또한 생겨난 일도 잘 성사되지 않는다. 경파는 밀어붙이는 특성이 있으므로 1월, 2월 5-5가 3월 시생을 만나 일을 밀어붙이면 실패하며 사람 역시 만나면 득이 없다. 5 선천수를 가진 사람은 1월, 2월, 3월은 그 자리를 지켜라.

### 6-6-3

4월, 5월, 6월 모두 후천수궁에게 剋을 당하거나 剋을 하고 있다.

4월 관록 6水와 5월 관록 6水는 관록이 겹쳐 들어 合이 되는 사람은 직장에서나 업장에서나 4월, 5월에 승진하거나 관청의 혜택을 보지만 4월, 5월에 凶이 되는 일주는 새로 만난 사람으로 하여 난감한 상황에 빠지거나 이름에 먹칠을 당하고 따돌림을 당할 수 있다.

### 9-9-9

5 선천수를 가진 사람 중 子 일주는 7월에, 丑 일주는 8월에, 午 일주는 9월에 부동산을 매입하거나 큰돈이 되는 일에서 큰돈을 번다. 7월, 8월, 9월은 모두 후천수궁의 경파 5土의 生을 받고 있기 때문이다. 그러나 6월 귀신 3木 다음 9-9-9가 따라 들어왔다. 3 다음에 9-9-9가 따라붙으면 제일 먼저 혈액 순환 계통의 질병이 생긴다. 사지 마비, 중풍, 심혈관 계통의 병이 찾아온다. 특히 중풍이 따라오므로 7월, 8월, 9월에 9 수리와 凶이 되는 일주는 조심하라. 미리 검진을 받거나 건강을 체크하라. 노인은 더욱 신경을 써야 하며 요즘은 40대에도 중풍이 일찍 찾아오므로 경계하라.

### 2-2-4

변동-변동에 안정이 따라붙었다.

이런 경우 변동이 있고 난 뒤에 안정이 자리하면 변화, 변동에 적극적으로 대처해나가면 좋은 결과로 귀결됨을 예시한다. 2월 후천수궁을 生해주고 있어서 깜짝 놀랄 정도의 좋은 결과를 가져온다. 이사, 이동, 변경, 직장 옮김, 사업체 변경, 심지어 사람을 바꿔 쓰는 것도 좋은 결과를 얻는다. 그러나 10월에 寅, 申, 巳, 亥 일주는, 11월에 卯, 午, 未, 酉 일주는 변동하지 마라. 손해가 따른다.

## 5-6-2(平)

| 경파 | 5 | 土☹ | 관록 | 6 | 水 | 변동 | 2 | 火☹ |
|---|---|---|---|---|---|---|---|---|
| 1월 | 寅 | 선천수 | 2월 | 卯 | 후천수 | 3월 | 辰 | 선후천수 |
| 퇴식 | 7 | 火☹ | 재물 | 8 | 木☺ | 관록 | 6 | 水☺ |
| 4월 | 巳 | 2+5=7 | 5월 | 午 | 2+6=8 | 6월 | 未 | 7+8=6 |
| 안정 | 4 | 金☺ | 경파 | 5 | 土☹ | 문서 | 9 | 金☺ |
| 7월 | 申 | 6+7=4 | 8월 | 酉 | 6+8=5 | 9월 | 戌 | 4+5=9 |
| 퇴식 | 7 | 火☹ | 시생 | 1 | 水☺ | 재물 | 8 | 木☺ |
| 10월 | 亥 | 5+7+4=7 | 11월 | 子 | 6+8+5=1 | 12월 | 丑 | 2+6+9=8 |

| 일지 | 寅 | 卯 | 辰 | 巳 | 午 | 未 | 申 | 酉 | 戌 | 亥 | 子 | 丑 |
|---|---|---|---|---|---|---|---|---|---|---|---|---|
| 凶月 | 4巳형 | 3辰해 | 2卯해 | 1寅형 | 2卯파 | 9戌형파 | 1寅형충 | 1寅원 | 3辰충 | 1寅파 | 2卯형 | 3辰파 |
| | 7申충 | 5午파 | 9戌충 | 7申형파 | 11子충 | 11子원 | 2卯원 | 2卯충 | 4巳원 | 3辰원 | 5午충 | 5午 해원형충 |
| | 8酉원 | 7申원 | 10亥원 | 9戌원 | 12丑원 | 12丑원충 | 4巳형파 | 9戌해 | 6未형파 | 4巳충 | 6未해원 | 6未형충 |
| | 10亥파 | 8酉충 | 12丑파 | 10亥충 | | | 10亥해 | 11子파 | 8酉파 | 7申해 | 8酉파 | 9戌형 |
| | | 11子형 | | | | | | | 12丑형 | | | |
| 吉月 | 5午합 | 6未합 | 7申합 | 8酉합 | 1寅합 | 2卯합 | 3辰합 | 3辰합 | 1寅합 | 2卯합 | 3辰합 | 4巳합 |
| | 9戌합 | 9戌합 | 9戌합 | 12丑합 | 6未합 | 5午합 | 11子합 | 4巳합 | 2卯합 | 6未합 | 7申합 | 8酉합 |
| | 1寅합 | 10亥합 | 11子합 | 4巳합 | 9戌합 | 10亥합 | 7申합 | 12丑합 | 5午합 | 10亥합 | 12丑합 | 11子합 |

월별 吉凶(길흉) 포국표 ※ 후천수궁과 같은 12지지도 吉月에 포함한다.

※ 합은 좋은 해석, 나쁨을 좋음으로 전환 ※ 충은 싸움, 터짐, 변화, 충돌, 다툼, 경쟁, 파멸, 해산 ※ 형은 소송, 구속, 체포, 형벌, 이혼, 사망, 관재구설, 관재, 고소, 고발 ※ 파는 이별, 사기꾼, 배신자, 분해 ※ 해는 적개심, 증오, 폭행, 상해, 반목, 미워함 ※ 원진은 갈등, 도주, 떠나감, 억울함, 피해

## 5-6-2(표)년 해설

✻✻

### 5-6-2

1월 경파 5토가 후천수궁이 2월 후천수궁 관록 6수에게 剋을 하고 3월 변동 2火에게 水극火로 힘을 빼가고 있다. 2월 후천수궁은 양쪽의 剋 관계로 관록은 힘이 없다. 5 선천수를 가진 사람은 1월 경파 5土가 법 무서운 줄 모르고 과격한 변동수로 밀어붙이다가 법적인 한계에 부딪히게 된다. 또한 4월 퇴식 7火는 후천수궁의 剋을 받고 있어 그로 인해 건강에 이상이 생기면 몸이 상하고 돈이 나간다. 다행히 6월, 7월이 2월 후천수궁의 힘이 되어주거나 生을 하여주므로 가벼운 치료로 완쾌한다. 1월, 2월, 3월, 4월, 5월은 조심하고 함부로 변동하지 마라.

### 7-8-6

4월은 퇴식이 들어 寅, 申, 亥, 戌 일주는 건강에 만전을 기해야 하며 5월 재물 8木과 沖이 되는 子 일주나 6월과 沖이 되는 丑 일주는 자중해야 좋다. 子 일주는 돈이 나가고 丑 일주는 법적으로 관재수로 시달리게 된다. 그러나 7월, 8월, 9월이 되면 子 일주는 申, 子합, 丑 일주는 酉, 丑합, 卯 일주는 卯, 戌合으로 안정도 찾고 큰돈도 들어온다. 그래서 1월, 2월, 3월, 4월, 5월, 6월은 대체로 안 좋은 달이므로 재물에 욕심을 내지 마라.

### 4-5-9

월별 길흉 포국표를 보고 凶에 해당되지 않는다면 7월 안정 4金이 후천수궁을 生하고 8월 경파 5土는 9월 문서 9金을 生하므로 안정 속에 큰돈을 벌거나 좋은 문서로 부동산 쪽으로 이득을 본다. 다만 너무 무리하면 10월에 병이 나서 큰돈을 쓰게 되므로 무리하지 마라.

### 7-1-8

10월, 11월, 12월 3개월은 合이 되는 일주와 凶이 되는 일주가 분명히 갈라서서 희비를 낳게 되는 수리군이다. 凶이 되는 일주는 병이 나서 돈이 나가거나 금전 유통이 안 되어 파산 위기에 몰리게 되어 고전하지만 合이 되는 일주는 새로운 물건이나 새로운 사람으로 인하여 모든 일이 일사천리로 풀리면서 재물을 얻는다. 부동산도 돈을 많이 받고 팔리고 적은 돈으로 사들이는 횡재수도 있다. 그러나 모든 일은 올해가 가기 전에 매듭지어라. 다음에 오는 1월, 2월, 3월은 안 좋은 수리군이 자리한다.

## 5-7-3(平)

| 경파 | 5 | 土☺ | 퇴식 | 7 | 火 | 귀신 | 3 | 木☺ |
|---|---|---|---|---|---|---|---|---|
| 1월 | 寅 | 선천수 | 2월 | 卯 | 후천수 | 3월 | 辰 | 선후천수 |
| 재물 | 8 | 木☺ | 시생 | 1 | 水☹ | 문서 | 9 | 金☹ |
| 4월 | 巳 | 3+5=8 | 5월 | 午 | 3+7=1 | 6월 | 未 | 8+1=9 |
| 재물 | 8 | 木☺ | 시생 | 1 | 水☹ | 문서 | 9 | 金☹ |
| 7월 | 申 | 9+8=8 | 8월 | 酉 | 9+1=1 | 9월 | 戌 | 8+1=9 |
| 귀신 | 3 | 木☺ | 문서 | 9 | 金☹ | 귀신 | 3 | 木☺ |
| 10월 | 亥 | 5+8+8=3 | 11월 | 子 | 7+1+1=9 | 12월 | 丑 | 3+9+9=3 |

| 일지 | 寅 | 卯 | 辰 | 巳 | 午 | 未 | 申 | 酉 | 戌 | 亥 | 子 | 丑 |
|---|---|---|---|---|---|---|---|---|---|---|---|---|
| 凶月 | 4巳형<br>7申충<br>8酉원<br>10亥파 | 3辰해<br>5午파<br>7申원<br>8酉충<br>11子형 | 2卯해<br>9戌충<br>10亥원<br>12丑파 | 1寅형<br>7申형파<br>9戌원<br>10亥충 | 2卯파<br>11子충<br>9戌원 | 9戌형파<br>11子충<br>12丑원 | 1寅형충<br>2卯원<br>12丑형충 | 1寅원<br>2卯충<br>4巳형파<br>10亥해 | 3辰충<br>4巳원<br>6未파<br>11子파<br>12丑형 | 1寅파<br>3辰원<br>4巳충<br>8酉해<br>7申해 | 2卯형<br>5午충<br>6未해원<br>8酉파 | 3辰파<br>5午해원<br>6未해원형충<br>9戌형 |
| 吉月 | 5午합<br>9戌합<br>1寅합 | 6未합<br>9戌합<br>10亥합 | 7申합<br>8酉합<br>11子합 | 8酉합<br>12丑합<br>4巳합 | 1寅합<br>6未합<br>9戌합 | 2卯합<br>5午합<br>10亥합 | 3辰합<br>11子합<br>7申합 | 3辰합<br>4巳합<br>12丑합 | 1寅합<br>2卯합<br>5午합 | 2卯합<br>6未합<br>10亥합 | 3辰합<br>7申합<br>12丑합 | 4巳합<br>8酉합<br>11子합 |

월별 吉凶(길흉) 포국표 ※ 후천수궁과 같은 12지지도 吉月에 포함한다.

※ 합은 좋은 해석, 나쁨을 좋음으로 전환 ※ 충은 싸움, 터짐, 변화, 충돌, 다툼, 경쟁, 파멸, 해산 ※ 형은 소송, 구속, 체포, 형벌, 이혼, 사망, 관재구설, 관재, 고소, 고발 ※ 파는 이별, 사기꾼, 배신자, 분해 ※ 해는 적개심, 증오, 폭행, 상해, 반목, 미워함 ※ 원진은 갈등, 도주, 떠나감, 억울함, 피해

## (태생)선천수 5의 궁도

### 5-7-3(卯)년 해설

✽✽

### 5-7-3

올해는 후천수궁에 퇴식이 들어섰다. 환자나 중병이 있는 노인은 올해를 잘 넘겨야 하는 운명에 놓이게 되었다. 그러나 1월 경파 5土가 2월 후천수궁 퇴식 7火와 生 관계이고 3월 귀신 3木은 퇴식을 生하므로 3월과 合이 되는 일주나 凶이 없는 일주는 아프더라도 조상의 도움으로 쉽게 넘어가지만 3월 귀신 3木과 凶이 되는 卯, 戌, 亥, 丑 일주는 건강을 매우 조심하여야 한다.

### 8-1-9

4월 재물 8木은 후천수궁을 生하여 주고 있으나 5월 시생 1水는 후천수궁을 水극火로 중앙에서 剋을 하고 있고 6월 문서 9金은 후천수궁의 火의 剋을 받아 힘을 빼고 있다. 8-1-9라는 수리군은 좋은 수리군이지만 후천수궁에 퇴식 7火와는 5월, 6월이 상극 관계로 안 좋으므로 4월, 5월, 6월에 凶이 되는 일주는 돈을 잃고 건강을 잃는다.

### 8-1-9

8-1-9는 木-水-金, 오행의 관계로 金생水, 水생木으로 재물이 귀인을 만나거나 좋은 운으로 좋은 일이 생겨나서 돈을 만들어주는 수리수군이다.

이 수리수군에는 凶과 관련이 없는 일주는 과감히 일을 추진해야 소득이 많아진다.

7월과 沖이 되는 寅 일주는 건강 문제가 발생하니 건강을 미리 체크하고 酉와 沖이 되는 卯 일주는 시생궁이므로 사람을 조심하지 않으면 문서적으로 사기를 당할 수 있다.

### 3-9-3

안 좋은 수리군이다. 이 시기에는 자신의 일주가 각 달과 凶이 될 경우에는 남보다 더 긴장하여야 한다. 2월 후천수궁이 7 퇴식인데 3-9-3은 기분이 안 좋은 수리군이다. 명리로 해석해보면 3-9-3은 凶신이고 상문살, 조객살과 가까운 수리수다.

4촌 이외의 상갓집에는 선천수가 5인 사람은 안 가는 것이 좋으며 10월, 11월, 12월과 凶이 되는 사람은 절대 장례식장에 가지 마라. 가정에 아픈 환자가 있거나 아픈 부모님을 모시고 계실 경우, 간호하는 자도 일주나 선천수와 관계없이 상갓집에 가면 안 된다.

## 5-8-4(凶)

| 경파 | **5** | 土☹ | 재물 | **8** | 木 | 안정 | **4** | 金☹ |
|---|---|---|---|---|---|---|---|---|
| 1월 | 寅 | 선천수 | 2월 | 卯 | 후천수 | 3월 | 辰 | 선후천수 |
| 문서 | **9** | 金☹ | 귀신 | **3** | 木☺ | 귀신 | **3** | 木☺ |
| 4월 | 巳 | 4+5=9 | 5월 | 午 | 4+8=3 | 6월 | 未 | 9+3=3 |
| 귀신 | **3** | 木☺ | 관록 | **6** | 水☺ | 문서 | **9** | 金☹ |
| 7월 | 申 | 3+9=3 | 8월 | 酉 | 3+3=6 | 9월 | 戌 | 3+6=9 |
| 재물 | **8** | 木☺ | 재물 | **8** | 木☺ | 퇴식 | **7** | 火☺ |
| 10월 | 亥 | 5+9+3=8 | 11월 | 子 | 8+3+6=8 | 12월 | 丑 | 4+3+9=7 |

| 일지 | 寅 | 卯 | 辰 | 巳 | 午 | 未 | 申 | 酉 | 戌 | 亥 | 子 | 丑 |
|---|---|---|---|---|---|---|---|---|---|---|---|---|
| 凶月 | 4巳형<br>7申충<br>8酉원<br>10亥파 | 3辰해<br>5午파<br>7申원<br>9戌충<br>11子형 | 2卯해<br>9戌충<br>10亥원<br>12丑파 | 1寅형<br>7申형파<br>10亥원 | 2卯파<br>11子충<br>12丑원 | 9戌형파충<br>11子원<br>12丑형충 | 1寅형충<br>2卯원<br>4巳형파<br>10亥해 | 1寅원<br>2卯충<br>9戌해<br>11子파 | 3辰충<br>4巳원<br>6未형파<br>8酉해<br>12丑형 | 1寅원<br>3辰원<br>5午충<br>6未해원형충<br>7申해<br>8酉파 | 2卯형<br>5午충<br>6未해원형충<br>9戌형 | 3辰해원형충<br>5午충<br>6未원<br>8酉파<br>9戌형 |
| 吉月 | 5午합<br>9戌합<br>1寅합 | 6未합<br>9戌합<br>10亥합 | 7申합<br>8酉합<br>11子합 | 8酉합<br>12丑합<br>4巳합 | 1寅합<br>6未합<br>9戌합 | 2卯합<br>5午합<br>10亥합 | 3辰합<br>11子합<br>7申합 | 3辰합<br>4巳합<br>12丑합 | 1寅합<br>2卯합<br>5午합 | 2卯합<br>6未합<br>10亥합 | 3辰합<br>7申합<br>12丑합 | 4巳합<br>8酉합<br>11子합 |

월별 吉凶(길흉) 포국표 ※ 후천수궁과 같은 12지지도 吉月에 포함한다.

※ 합은 좋은 해석, 나쁨을 좋음으로 전환 ※ 충은 싸움, 터짐, 변화, 충돌, 다툼, 경쟁, 파멸, 해산 ※ 형은 소송, 구속, 체포, 형벌, 이혼, 사망, 관재구설, 관재, 고소, 고발 ※ 파는 이별, 사기꾼, 배신자, 분해 ※ 해는 적개심, 증오, 폭행, 상해, 반목, 미워함 ※ 원진은 갈등, 도주, 떠나감, 억울함, 피해

## (태생)선천수 5의 궁도

### 5-8-4(凶)년 해설

*

**5-8-4**

후천수궁에 8 수리 재물이 들어섰다. 한 해를 관장하는 왕지다. 그러나 재물의 특성이란 운에 따라 들어오기도 하고 나가기도 하는 게 세상의 이치다. 1월 경파 5土는 후천수궁으로부터 木극土를 당하고 3월 안정 4金도 金극木으로 후천수궁 재물을 剋하고 있다. 5의 선천수를 가진 사람은 1월, 2월, 3월은 재물 욕심을 부리지 말고 제자리를 지켜라.

**9-3-3**

3-3 앞에 9가 오거나 3-3의 다음에 9가 오면 일단 적신호다. 환자는 병시중에 신경 쓰고 노인은 약 복용이나 의사를 가까이해야 한다. 이런 수리군에 세상을 하직하는 일이 왕왕 있다. 또한 반대로 3 다음에 9-9-9가 오거나 9-9-9 다음에 3이 오는 것도 갑작스럽게 움직이지 못하는 혈액 순환 질병으로 시달릴 수가 있다.

4월 문서 9金은 후천수궁을 金극木으로 剋하고 있어 재물을 날리는 문서다. 투자하거나 남에게 돈을 빌려주지 마라. 寅, 申, 戌, 亥 일주는 명심하라.

5월과 6월의 귀신 3木은 7월의 귀신 3木과 3-3-3의 수리를 이루고 그다음에 오는 8월, 9월에 관록 6과 문서 9로 귀결되어 관재구설수가 있겠으며 그로 인하여 9월 문서 9金이 金극木으로 후천수궁을 剋하고 있으므로 문서로 인하여 소송이 있거나 재물과 연관된 사건으로 법정 출두 요구나 영장 청구로 구금이 될 수도 있다.

**3-6-9**

5, 6, 7, 8, 9가 관재수나 건강을 해치거나 약자와 노인은 위험에 처하는 수리가 집결되어 아주 안 좋은 6개월이 되겠다. 올해의 후천수가 재물이기 때문에 모든 것이 재물로 귀결되어 만나는 사람도 돈으로 하여 시빗거리가 생기고 그로 하여 법정이나 경찰서에서 조사를 받는 일들이 생긴다. 8월 관록 6水 와 沖이 되거나 刑이 되는 사람은 구속되어 교도소에 갈 수 있다. 조심하라. 3-3-3-6으로 이어지기 때문이다.

**8-8-7**

10월, 11월은 5 선천수를 가진 사람과 合이 되는 일주는 2달 동안 돈이 들어와 좋다. 다만 凶이 되는 일주는 움직이지 마라. 잘못하다 돈이 나간다.

10월, 11월, 12월 모두 후천수궁과 生 관계이나 석 달에 걸쳐 合이 되는 일주들은 큰돈을 만질 수 있다.

## 5-9-5(平)

| 경파 | 5 | 土☺ | 문서 | 9 | 金 | 경파 | 5 | 土☺ |
|---|---|---|---|---|---|---|---|---|
| 1월 | 寅 | 선천수 | 2월 | 卯 | 후천수 | 3월 | 辰 | 선후천수 |
| 시생 | 1 | 水☺ | 경파 | 5 | 土☺ | 관록 | 6 | 水☺ |
| 4월 | 巳 | 5+5=1 | 5월 | 午 | 5+9=5 | 6월 | 未 | 1+5=6 |
| 퇴식 | 7 | 火☹ | 변동 | 2 | 火☹ | 문서 | 9 | 金☺ |
| 7월 | 申 | 6+1=7 | 8월 | 酉 | 6+5=2 | 9월 | 戌 | 7+2=9 |
| 안정 | 4 | 金☺ | 퇴식 | 7 | 火☹ | 변동 | 2 | 火☹ |
| 10월 | 亥 | 5+1+7=4 | 11월 | 子 | 9+5+2=7 | 12월 | 丑 | 5+6+9=2 |

| 일지 | 寅 | 卯 | 辰 | 巳 | 午 | 未 | 申 | 酉 | 戌 | 亥 | 子 | 丑 |
|---|---|---|---|---|---|---|---|---|---|---|---|---|
| 凶月 | 4巳형 | 3辰해 | 2卯해 | 1寅형 | 2卯파 | 9戌형파 | 1寅형충 | 1寅원 | 3辰충 | 1寅파 | 2卯형 | 3辰파 |
|  | 7申충 | 5午파 | 9戌충 | 7申형파 | 11子충 | 11子원 | 2卯원 | 2卯충 | 4巳원 | 3辰원 | 5午충 | 5午해원형충 |
|  | 8酉원 | 7申원 | 10亥원 | 9戌원 | 12丑원 | 12丑형충 | 4巳형파 | 9戌해 | 6未형파 | 4巳충 | 6未원형 | 6未충 |
|  | 10亥파 | 8酉충 | 12丑파 | 10亥충 |  |  | 10亥해 | 11子파 | 8酉해 | 7申해 | 8酉파 | 9戌형 |
|  |  | 11子형 |  |  |  |  |  |  | 12丑형 |  |  |  |
| 吉月 | 5午합 | 6未합 | 7申합 | 8酉합 | 1寅합 | 2卯합 | 3辰합 | 3辰합 | 1寅합 | 2卯합 | 3辰합 | 4巳합 |
|  | 9戌합 | 9戌합 | 8酉합 | 12丑합 | 6未합 | 5午합 | 11子합 | 4巳합 | 2卯합 | 6未합 | 7申합 | 8酉합 |
|  | 1寅합 | 10亥합 | 11子합 | 4巳합 | 9戌합 | 10亥합 | 7申합 | 12丑합 | 5午합 | 10亥합 | 12丑합 | 11子합 |

월별 吉凶(길흉) 포국표 ※ 후천수궁과 같은 12지지도 吉月에 포함한다.

※ 합은 좋은 해석, 나쁨을 좋음으로 전환 ※ 충은 싸움, 터짐, 변화, 충돌, 다툼, 경쟁, 파멸, 해산 ※ 형은 소송, 구속, 체포, 형벌, 이혼, 사망, 관재구설, 관재, 고소, 고발 ※ 파는 이별, 사기꾼, 배신자, 분해 ※ 해는 적개심, 증오, 폭행, 상해, 반목, 미워함 ※ 원진은 갈등, 도주, 떠나감, 억울함, 피해

## 5-9-5(쭈)년 해설

※
※※

### 5-9-5

1월 경파 5土와 3월 경파 5土는 양쪽에서 土생金으로 生을 해주고 4월, 5월, 6월 궁과 후천
수금궁 모두 상생 관계이므로 귀인을 만나 문서적으로 이득을 취하고 깜짝 놀라는 일은 많지만
모두 큰돈을 만드는 기쁨을 부르는 수리군이다.

주식 투자나 부동산 거래 시 좋은 운이다.

### 1-5-6

4월 시생 1水에 새로운 일이나 사람을 만나 5월 경파 5土에 큰일을 도모하여 6월 관록 6水에
명예와 귀함을 얻는다. 1-5-6, 5-1-6은 혁신하고 개선하며 새롭게 바꾸는 수리수이다. 직장이
없는 자는 4월에 만난 사람으로 인하여 6월경에 취직되며 직장인은 상사의 추천이나 직장 내
귀인의 도움으로 승진하거나 명예가 오른다.

다만 4월 시생 1水와 凶이 되는 일주는 나를 방해하는 사람이거나 손해를 끼치는 사람이다. 5
월에 환자나 노인이 놀라면 병이 되어 진단서를 받는다.

### 7-2-9

7-2-9는 火-火-金이다. 다시 말해 퇴식-변동-문서다. 퇴식이 변화, 변동을 거쳐 만든 문서들이
다. 이 문서들은 깨진 문서이다. 깨진 문서는 가장 안 좋은 현실을 나타낸다. 그러므로 모든 수
리군 중 가장 안 좋은 수리군이다. 이 수리군이 들어오면 하던 일을 멈추고 고개를 숙여야 한
다. 사람을 만나는 것도 일을 추진하는 것도 하지 마라. 또 노인이나 노약자, 병상에 있는 사람
들도 쉽게 완쾌되지 않는다.

### 4-7-2

10월 안정, 11월 퇴식, 12월 변동이다. 11월, 12월 퇴식 7火는 후천수금궁을 火극金으로 심하
게 剋하고 있다. 5 선천수를 가진 사람은 모두 건강 관리나 자금 관리에 힘쓰라.

퇴식은 건강을 해치게 하고 자금 유통이 안 되거나 돈이 사그라든다는 뜻도 있다.

재물이 분산되거나 들어오던 돈도 나가게 만든다. 퇴식은 가장 안 좋은 수리다.

# 6 수리 해설

6-1-7 ~ 6-9-6

| 6 수리 운세표 | | | | | | | | |
|---|---|---|---|---|---|---|---|---|
| 평 | 흉 | 흉 | 평 | 평 | 길 | 흉 | 길 | 흉 |
| 617 | 628 | 639 | 641 | 652 | 663 | 674 | 685 | 696 |

## 6-1-7(平)

| 관록 | 6 | 水☺ | 시생 | 1 | 水 | 퇴식 | 7 | 火☹ |
|---|---|---|---|---|---|---|---|---|
| 1월 | 寅 | 선천수 | 2월 | 卯 | 후천수 | 3월 | 辰 | 선후천수 |
| 안정 | 4 | 金☺ | 재물 | 8 | 木☺ | 귀신 | 3 | 木☺ |
| 4월 | 巳 | 7+6=4 | 5월 | 午 | 7+1=8 | 6월 | 未 | 4+8=3 |
| 퇴식 | 7 | 火☹ | 변동 | 2 | 火☹ | 문서 | 9 | 金☺ |
| 7월 | 申 | 3+4=7 | 8월 | 酉 | 3+8=2 | 9월 | 戌 | 7+2=9 |
| 재물 | 8 | 木☺ | 변동 | 2 | 火☹ | 시생 | 1 | 水☺ |
| 10월 | 亥 | 6+4+7=8 | 11월 | 子 | 1+8+2=2 | 12월 | 丑 | 7+3+1=2 |

| 일지 | 寅 | 卯 | 辰 | 巳 | 午 | 未 | 申 | 酉 | 戌 | 亥 | 子 | 丑 |
|---|---|---|---|---|---|---|---|---|---|---|---|---|
| 凶月 | 4巳형 | 3辰해 | 2卯해 | 1寅형 | 2卯파 | 9戌형파 | 1寅형충 | 1寅원 | 3辰충 | 1寅파 | 2卯형 | 3辰파 |
| | 7申충 | 5午파 | 9戌충 | 7申형파 | 11子충 | 11子원 | 2卯원 | 2卯충 | 4巳원 | 5午충 | 5午충 | 5午해원형충 |
| | 8酉원 | 7申원 | 10亥원 | 9戌원 | 12丑원 | 12丑형충 | 4巳원 | 9戌해 | 6未형파 | 6未해원형 | 6未해원형 | 6未해원형충 |
| | 10亥파 | 8酉충 | 12丑파 | 10亥충 | | | 10亥해 | 11子파 | 8酉해 | 7申해 | 8酉파 | 9戌형 |
| | | 11子형 | | | | | | | 12丑형 | | | |
| 吉月 | 5午합 | 6未합 | 7申합 | 8酉합 | 1寅합 | 2卯합 | 3辰합 | 3辰합 | 1寅합 | 2卯합 | 3辰합 | 4巳합 |
| | 9戌합 | 9戌합 | 8酉합 | 12丑합 | 6未합 | 5午합 | 11子합 | 4巳합 | 2卯합 | 6未합 | 7申합 | 8酉합 |
| | 1寅합 | 10亥합 | 11子합 | 4巳합 | 9戌합 | 10亥합 | 7申합 | 12丑합 | 5午합 | 10亥합 | 12丑합 | 11子합 |

월별 吉凶(길흉) 포국표 ※ 후천수궁과 같은 12지지도 吉月에 포함한다.

※ 합은 좋은 해석, 나쁨을 좋음으로 전환 ※ 충은 싸움, 터짐, 변화, 충돌, 다툼, 경쟁, 파멸, 해산 ※ 형은 소송, 구속, 체포, 형벌, 이혼, 사망, 관재구설, 관재, 고소, 고발 ※ 파는 이별, 사기꾼, 배신자, 분해 ※ 해는 적개심, 증오, 폭행, 상해, 반목, 미워함 ※ 원진은 갈등, 도주, 떠나감, 억울함, 피해

## 6-1-7(旱)년 해설

**

### 6-1-7

6 선천수를 가진 사람은 올해 시생이 들어서서 새로운 일, 새로운 사람과 인연으로 한 해를 바쁘게 보낼 것이다. 1월 관록 6水는 2월 후천수궁 1水와 같은 오행으로 힘을 더해준다. 그러나 3월 퇴식 7火는 후천수궁이 剋을 받고 있다. 剋을 받는다는 것은 凶에 영역에 들어간다는 것이다. 관록은 회사, 직장, 작업 현장, 근무지, 관청 등 해석에 따라 다양하지만 일반적으로 일반인들은 관청, 직장, 학교, 병원, 검, 경, 군 등으로 본다.

같은 근무처에서 좋은 인연이 힘이 되어주거나 승진이나 영전을 추천해주는 상사가 있어 귀인이 된다. 그러나 순조롭게 큰 도움은 못 받는다. 3월 퇴식 7火가 水극火로 후천수궁의 시생의 힘을 빼고 있어 귀인이 큰 힘을 발휘하지 못하기 때문이다.

3월에 凶이 되는 일주는 월별 길흉 포국표를 보고 건강을 체크하라.

### 4-8-3

6 선천수를 가진 사람은 4월, 5월, 6월이 가장 좋다. 안정된 상태에서 조상과 귀인의 도움으로 돈이 들어오고 재물을 얻는다. 1월, 4월, 5월, 6월 모두 서로 生 관계라 모든 일이 순조롭게 진행되므로 하던 일을 계속 밀고 나가라. 4월 안정 4金은 후천수궁 시생 1水를 生하므로 또 후천수궁은 水생木으로 5월 재물 8木과 6월 귀신 3木을 生해주므로 사람과 귀신이다. 6 선천수를 가진 사람을 돕고 있어 아주 좋다. 과감히 행동하라.

항상 각 달에 따라 凶 일주인 사람은 일일이 설명하지 않아도 월별 길흉 포국표를 봐서 대처하라. 모두 표기하여 설명하기엔 한계가 있기 때문이다.

### 7-2-9

이 수리군은 나쁜 수리를 대표한다. 하는 일이 뒤죽박죽되어 정신없이 손해를 보는 운이다. 7월 퇴식 7火는 후천수궁에서 剋을 하고 있어 하는 일은 안 되고 새로 만난 사람과는 손해를 보며 8월 변동 2火 역시 후천수궁의 剋을 받아 변동 사항으로 손해를 본다. 9월 문서 9金은 2월 후천수궁 시생 1水를 生하지만 7월과 8월의 火로 火극金으로 剋을 강하게 양쪽에서 받으므로 문서는 깨졌다. 사기꾼을 조심하고 계약을 하거나 돈거래도 하지 마라.

### 8-2-1

재물에 욕심을 내서 여러 가지 방법을 통하여 동서로 분주히 움직이다가는 큰 손해를 본다. 특히 11월에 午 일주는 변동, 변화하지 말고 卯, 未 일주는 사기꾼을 조심하라.

그 외의 일주도 凶이 되면 조심하라. 여러 가지 형태로 손해를 본다.

학생은 午, 未 일주나 申, 酉는 해마다 불리하다. 11월, 12월, 1월, 2월에 수능이나 대학 시험, 수시 등에 불리할 뿐만 아니라 면접시험에도 불리해진다.

## (태생)선천수 6의 궁도

### 6-2-8(凶)

| 관록 | 6 | 水☹ | 변동 | 2 | 火 | 재물 | 8 | 木☺ |
|---|---|---|---|---|---|---|---|---|
| 1월 | 寅 | 선천수 | 2월 | 卯 | 후천수 | 3월 | 辰 | 선후천수 |
| 경파 | 5 | 土☺ | 시생 | 1 | 水☹ | 관록 | 6 | 水☹ |
| 4월 | 巳 | 8+6=5 | 5월 | 午 | 8+2=1 | 6월 | 未 | 5+1=6 |
| 변동 | 2 | 火☺ | 퇴식 | 7 | 火☺ | 문서 | 9 | 金☹ |
| 7월 | 申 | 6+5=2 | 8월 | 酉 | 6+1=7 | 9월 | 戌 | 2+7=9 |
| 안정 | 4 | 金☹ | 시생 | 1 | 水☹ | 경파 | 5 | 土☺ |
| 10월 | 亥 | 6+5+2=4 | 11월 | 子 | 2+1+7=1 | 12월 | 丑 | 8+6+9=5 |

| 일지 | 寅 | 卯 | 辰 | 巳 | 午 | 未 | 申 | 酉 | 戌 | 亥 | 子 | 丑 |
|---|---|---|---|---|---|---|---|---|---|---|---|---|
| 凶月 | 4巳형 | 3辰해 | 2卯해 | 1寅형 | 2卯파 | 9戌형파충 | 1寅형충 | 1寅원 | 3辰충 | 1寅파 | 2卯형 | 3辰파 |
| | 7申충 | 5午파 | 9戌충 | 7申형파 | 11子충 | 11子원 | 2卯원 | 2卯충 | 4巳원 | 3辰원 | 5午충 | 5午해원형충 |
| | 8酉원 | 7申원 | 10亥원 | 9戌원 | 12丑원 | 12丑형충 | 4巳형파 | 9戌해 | 6未형파 | 5午충 | 6未해원형충 | 6未형 |
| | 10亥파 | 8酉충 | 12丑파 | 10亥충 | | | 10亥해 | 11子파 | 8酉해 | 6未해원 | 8酉파 | 9戌형 |
| | | 11子형 | | | | | | | 12丑형 | 7申해 | | |
| 吉月 | 5午합 | 6未합 | 7申합 | 8酉합 | 1寅합 | 2卯합 | 3辰합 | 3辰합 | 1寅합 | 2卯합 | 3辰합 | 4巳합 |
| | 9戌합 | 9戌합 | 8酉합 | 12丑합 | 6未합 | 5午합 | 11子합 | 4巳합 | 2卯합 | 6未합 | 7申합 | 8酉합 |
| | 1寅합 | 10亥합 | 11子합 | 4巳합 | 9戌합 | 10亥합 | 7申합 | 12丑합 | 5午합 | 10亥합 | 12丑합 | 11子합 |

월별 吉凶(길흉) 포국표 ※ 후천수궁과 같은 12지지도 吉月에 포함한다.

※ 합은 좋은 해석, 나쁨을 좋음으로 전환 ※ 충은 싸움, 터짐, 변화, 충돌, 다툼, 경쟁, 파멸, 해산 ※ 형은 소송, 구속, 체포, 형벌, 이혼, 사망, 관재구설, 관재, 고소, 고발 ※ 파는 이별, 사기꾼, 배신자, 분해 ※ 해는 적개심, 증오, 폭행, 상해, 반목, 미워함 ※ 원진은 갈등, 도주, 떠나감, 억울함, 피해

## 6-2-8(凶)년 해설

\*\*

### 6-2-8

변동을 주관하는 해이다. 2 변동은 사람의 마음을 변화하려는 충동심을 갖게 하여 조용히 있기가 힘들어진다. 이때 운이 나쁘면 형태별로 여러 가지를 잃게 된다.

6-2가 만날 때, 직장의 일이나 법적인 일, 또는 까다로운 일로 스트레스를 받고 사람이면 따지기 좋아하는 사람을 만나게 되어 피곤하며 법적인 일이면 진행하려는 노력만큼 쉽게 되지 않고 브레이크가 걸린다. 습이 된 사람은 움직인 만큼 돈이 들어온다.

### 5-1-6

5월 시생 1水와 6월 관록 6水가 후천수궁, 변동 2火를 剋하고 있어 새로 만난 사람이나 일로 하여 변화, 변동을 과감히 하다가는 법적으로 문제가 발생해 경, 검의 조사를 받거나 심하면 구속될 수도 있다. 子 일주는 사기꾼 조심, 丑 일주는 관재수를 조심하라. 그 외의 일주도 월별 길흉 포국표를 살펴서 피해가 없도록 해라.

### 2-7-9

안 좋은 수리군이다. 이렇게 안 좋은 수리가 들어올 때는 득이 2라고 하면 실은 8이다. 좋아서는 미약하고 나빠서는 엄청나게 타격을 입는다.

다만 7월 변동 2火와 8월 퇴식 7火는 후천수궁과 다행히 같은 오행이라 剋이 없어 타격이 덜하고 건강 문제도 쉽게 나아서 탈이 없겠지만 9월 문서 9金은 후천수궁과 火극金으로 剋을 받아 변동된 문서로 6월부터 조사받던 일로 구속될 수도 있다. 6월 6과 7월 2가 만나면 신경이 예민해진다. 월별 길흉 포국표를 보고 凶이 되는 달에는 조심하라.

### 4-1-5

안정된 상태에서 귀인이 나타나니 좋을 것 같지만 2월 후천수궁과 10월, 11월 모두 剋 관계라 안정은 깨지고 귀인은 나를 배신하거나 손해를 끼치며 생각 외로 갑자기 생긴 일로 크게 놀라서 심적 타격을 입는다. 午 일주는 11월에 사기꾼을 조심하고 卯, 未, 酉 일주는 욕심을 버리고 경거망동하지 마라.

11월에 生을 받으면 귀인의 도움을 받더라도 2월 후천수궁을 剋하므로 사소하다.

## 6-3-9(凶)

| 관록 | 6 | 水☺ | 귀신 | 3 | 木 | 문서 | 9 | 金☹ |
|---|---|---|---|---|---|---|---|---|
| 1월 | 寅 | 선천수 | 2월 | 卯 | 후천수 | 3월 | 辰 | 선후천수 |
| 관록 | 6 | 水☺ | 귀신 | 3 | 木☺ | 문서 | 9 | 金☹ |
| 4월 | 巳 | 9+6=6 | 5월 | 午 | 9+3=3 | 6월 | 未 | 6+3=9 |
| 관록 | 6 | 水☺ | 귀신 | 3 | 木☺ | 문서 | 9 | 金☹ |
| 7월 | 申 | 9+6=6 | 8월 | 酉 | 9+3=3 | 9월 | 戌 | 6+3=9 |
| 문서 | 9 | 金☹ | 문서 | 9 | 金☹ | 문서 | 9 | 金☹ |
| 10월 | 亥 | 6+6+6=9 | 11월 | 子 | 3+3+3=9 | 12월 | 丑 | 9+9+9=9 |

| 일지 | 寅 | 卯 | 辰 | 巳 | 午 | 未 | 申 | 酉 | 戌 | 亥 | 子 | 丑 |
|---|---|---|---|---|---|---|---|---|---|---|---|---|
| 凶月 | 4巳형 | 3辰해 | 2卯해 | 1寅형 | 2卯파 | 9戌형파 | 1寅형충 | 1寅원 | 3辰충 | 1寅파 | 2卯형 | 3辰파 |
| | 7申충 | 5午파 | 9戌충 | 7申형파 | 11子충 | 11子원 | 2卯원 | 2卯충 | 4巳원 | 3辰원 | 5午충 | 5午해원형충 |
| | 8酉원 | 7申원 | 7申원 | 9戌원 | 9戌원 | 12丑원 | 4巳형파 | 9戌해 | 6未파 | 4巳충 | 6未해원형충 | 6未형 |
| | 10亥파 | 8酉충 | 10亥원 | 10亥충 | | 12丑 | 12丑형충 | 10亥해 | 11子파 | 8酉해 | 8酉파 | 9戌형 |
| | | 11子형 | | | | | | | 12丑형 | | | |
| 吉月 | 5午합 | 6未합 | 7申합 | 8酉합 | 1寅합 | 2卯합 | 3辰합 | 3辰합 | 1寅합 | 2卯합 | 3辰합 | 4巳합 |
| | 9戌합 | 9戌합 | 8酉합 | 12丑합 | 6未합 | 5午합 | 11子합 | 4巳합 | 2卯합 | 6未합 | 7申합 | 8酉합 |
| | 1寅합 | 10亥합 | 11子합 | 4巳합 | 9戌합 | 10亥합 | 7申합 | 12丑합 | 5午합 | 10亥합 | 12丑합 | 11子합 |

월별 吉凶(길흉) 포국표 ※ 후천수궁과 같은 12지지도 吉月에 포함한다.

※ 합은 좋은 해석, 나쁨을 좋음으로 전환 ※ 충은 싸움, 터짐, 변화, 충돌, 다툼, 경쟁, 파멸, 해산 ※ 형은 소송, 구속, 체포, 형벌, 이혼, 사망, 관재구설, 관재, 고소, 고발 ※ 파는 이별, 사기꾼, 배신자, 분해 ※ 해는 적개심, 증오, 폭행, 상해, 반목, 미워함 ※ 원진은 갈등, 도주, 떠나감, 억울함, 피해

## 6-3-9(凶)년 해설

\*\*

### 6-3-9

6 선천수를 가진 사람은 후천수궁에 귀신이 들어 참으로 어려운 한 해를 보낸다. 직장에서나 일터에서나 학교에서나 법정에서나 의욕을 상실하고 정신적 불안감이 따라붙고 하는 일마다 장애가 있다. 관록과 귀신이 손잡고 하는 일마다 훼방을 놓아 결과물을 망가트리는 꼴이 이 수리군이다.

9개월간 어려운 터널을 지날 테니 인내심을 가지고 행동하라.

### 6-3-9

이 수리군은 특히 관재수에 예민하다. 이때 6의 선천수를 가진 사람은 누구나 정상적으로 생활하기가 힘들다. 학생, 직장인, 부부, 가족, 할 거 없이 하는 일이나 하던 일에 소홀해지고 서로가 갈등하고 서로에게 태만해지고 배려는 상실한다.

### 6-3-9

寅, 巳, 申 일주는 관재수에 寅, 卯, 子, 戌 일주는 정신적 갈등과 인연과의 불화와 이별, 직장 퇴직, 辰, 未, 戌, 丑 일주는 문서로 매듭지어지는 모든 일이 안 좋게 결말이 형성되어서 패가 망신이나 사업 부도, 패소, 이혼, 사망 선고 등으로 극단화된다.

### 9-9-9

8월 귀신 3木 다음 9-9-9가 연속 따라붙었다. 이럴 경우 8월 귀신 3木과 沖이 되는 卯 일주는 특히 중풍이나 혈액 순환과 관계되는 병을 조심하라.

올해는 사업을 벌이지 말고 가정의 한 가족은 서로 위로하고 배려하며 서로의 의사를 존중하고 인내로 가족을 서로가 지킨다는 마음으로 넓은 혜안을 가져라.

여행하는 자는 좋고 멀리 여행할수록 나쁜 운을 없애준다.

6의 선천수를 가진 사람은 월별 길흉 포국표를 눈에 달고 살아라.

# (태생)선천수 6의 궁도

## 6-4-1(平)

| 관록 | **6** | 水☺ | 안정 | **4** | 金 | 시생 | **1** | 水☺ |
|---|---|---|---|---|---|---|---|---|
| 1월 | 寅 | 선천수 | 2월 | 卯 | 후천수 | 3월 | 辰 | 선후천수 |
| 퇴식 | **7** | 火☹ | 경파 | **5** | 土☺ | 귀신 | **3** | 木☹ |
| 4월 | 巳 | 1+6=7 | 5월 | 午 | 1+4=5 | 6월 | 未 | 7+5=3 |
| 시생 | **1** | 水☺ | 재물 | **8** | 木☹ | 문서 | **9** | 金☺ |
| 7월 | 申 | 3+7=1 | 8월 | 酉 | 3+5=8 | 9월 | 戌 | 1+8=9 |
| 경파 | **5** | 土☺ | 재물 | **8** | 木☹ | 안정 | **4** | 金☺ |
| 10월 | 亥 | 6+7+1=5 | 11월 | 子 | 4+5+8=8 | 12월 | 丑 | 1+3+9=4 |

| 일지 | 寅 | 卯 | 辰 | 巳 | 午 | 未 | 申 | 酉 | 戌 | 亥 | 子 | 丑 |
|---|---|---|---|---|---|---|---|---|---|---|---|---|
| 凶月 | 4巳형 | 3辰해 | 2卯해 | 1寅형 | 2卯파 | 9戌형파 | 1寅형충 | 1寅원 | 3辰충 | 1寅파 | 2卯형 | 3辰파 |
|  | 7申충 | 5午파 | 9戌충 | 7申형파 | 11子충 | 11子원 | 2卯원 | 2卯충 | 4巳원 | 3辰원 | 5午충 | 5午해원 |
|  | 8酉원 | 7申원 | 10亥원 | 9戌원 | 12丑원 | 12丑형충 | 4巳형파 | 9戌해 | 6未형파 | 4巳충 | 6未원 | 6未충 |
|  | 10亥파 | 8酉충 | 12丑파 | 10亥충 |  |  | 10亥해 | 11子파 | 8酉해 | 7申해 | 8酉파 | 9戌형 |
|  |  | 11子형 |  |  |  |  |  |  | 12丑형 |  |  |  |
| 吉月 | 5午합 | 8未합 | 7申합 | 8酉합 | 1寅합 | 2卯합 | 3辰합 | 3辰합 | 1寅합 | 2卯합 | 3辰합 | 4巳합 |
|  | 9戌합 | 9戌합 | 8酉합 | 12丑합 | 6未합 | 5午합 | 11子합 | 4巳합 | 2卯합 | 6未합 | 7申합 | 8酉합 |
|  | 1寅합 | 10亥합 | 11子합 | 4巳합 | 9戌합 | 10亥합 | 7申합 | 12丑합 | 5午합 | 10亥합 | 12丑합 | 11子합 |

월별 吉凶(길흉) 포국표 ※ 후천수궁과 같은 12지지도 吉月에 포함한다.

※ 합은 좋은 해석, 나쁨을 좋음으로 전환 ※ 충은 싸움, 터짐, 변화, 충돌, 다툼, 경쟁, 파멸, 해산 ※ 형은 소송, 구속, 체포, 형벌, 이혼, 사망, 관재구설, 관재, 고소, 고발 ※ 파는 이별, 사기꾼, 배신자, 분해 ※ 해는 적개심, 증오, 폭행, 상해, 반목, 미워함 ※ 원진은 갈등, 도주, 떠나감, 억울함, 피해

## 6-4-1(쭈)년 해설

\*\*

### 6-4-1

올해는 안정을 바탕에 깔았다. 안정은 최고의 좋은 키워드다. 1월 선천수와 3월 선후천수가 안정을 生하여주므로 6의 선천수를 가진 사람은 3개월이 좋다.

승이면 법정에서 귀인의 도움으로 승소, 실업자는 취업이 되고 직장인은 승진을 하며 시험을 보는 자는 합격, 젊은 남녀는 결혼하며 사업가는 계약이 성사된다.

그러나 작년에 너무 심적, 물적으로 시달리다 보니 좋은 운이 반감되어 진취적으로 결과를 얻지 못하나 작년을 잘 지내온 일주는 상관없이 좋다.

### 7-5-3

凶한 수리군이다. 4월 퇴식 火는 후천수궁을 火극金하고 있어 안 좋다.

퇴식이 안정을 깬다는 것은 사망과 연결되거나 최고의 악조건이 만들어지거나 사망 선고를 받는 병으로 놀라는 일이 일어나거나 사업가는 깡통을 차는 일이 일어나고 가정은 풍비박산이 나고 부부는 이별, 사별, 파혼하는 일이 벌어지고 형제, 부모는 반목하여 원수가 되는 일이 일어난다. 이처럼 크게 凶한 수이므로 4월, 5월, 6월에 凶이 되는 일주는 반드시 엎드려 신과 조상께 석 달 열흘을 목욕재계하고 빌고 빌어라. 월별 길흉 포국표를 꼼꼼히 따져 보아라. 승이 된다 해도 얻을 것은 없다.

### 1-8-9

좋은 수리수군이다. 여기서는 좋은 수리수군이 절감된다. 8월 재물 8木이 2월 후천수궁의 剋을 받으니 재물이 깨졌다. 그리고 7월 시생 1水는 후천수궁의 生을 받고 8월 재물 8木을 水생木으로 生하므로 어려운 상황을 돕는 귀인으로 마침내 9월에 가서는 문서 9金이 후천수궁의 안정을 도우니 재물로 어려웠던 일들이 풀린다.

승이 되는 일주는 하고 싶었던 일들을 계속 밀고 나가라. 약간의 돈을 번다.

### 5-8-4

8월, 11월 재물과 凶이 되는 일주를 제외하고는 부동산에 투자하거나 사업을 크게 벌여도 탈 없이 안정권에 도달하여 지인들이 놀랄 만큼 돈을 번다. 그러나 모든 일은 올해 마무리하라.

젊은 남녀는 3월에 만난 연인과 12월에 결혼할 수다.

## 6-5-2(平)

| 관록 | 6 | 水☹ | 경파 | 5 | 土 | 변동 | 2 | 火☺ |
|---|---|---|---|---|---|---|---|---|
| 1월 | 寅 | 선천수 | 2월 | 卯 | 후천수 | 3월 | 辰 | 선후천수 |
| 재물 | 8 | 木☹ | 퇴식 | 7 | 火☺ | 관록 | 6 | 水☹ |
| 4월 | 巳 | 2+6=8 | 5월 | 午 | 2+5=7 | 6월 | 未 | 8+7=6 |
| 경파 | 5 | 土☺ | 안정 | 4 | 金☺ | 문서 | 9 | 金☺ |
| 7월 | 申 | 6+8=5 | 8월 | 酉 | 6+7=4 | 9월 | 戌 | 5+4=9 |
| 시생 | 1 | 水☹ | 퇴식 | 7 | 火☺ | 재물 | 8 | 木☹ |
| 10월 | 亥 | 6+8+5=1 | 11월 | 子 | 5+7+4=7 | 12월 | 丑 | 2+6+9=8 |

| 일지 | 寅 | 卯 | 辰 | 巳 | 午 | 未 | 申 | 酉 | 戌 | 亥 | 子 | 丑 |
|---|---|---|---|---|---|---|---|---|---|---|---|---|
| 凶月 | 4巳형 | 3辰해 | 2卯해 | 1寅형 | 2卯파 | 9戌형파 | 1寅형충 | 1寅원 | 3辰충 | 1寅파 | 2卯형 | 3辰파 |
| | 7申충 | 5午파 | 9戌충 | 7申형파 | 11子원 | 11子원 | 2卯원 | 2卯충 | 4巳원 | 3辰원 | 5午충 | 5午해원형충 |
| | 8酉원 | 7申원 | 10亥원 | 9戌원 | 12丑원 | 12丑형충 | 4巳형파 | 9戌해 | 6未형파 | 4巳해원 | 6未원 | 6未 |
| | 10亥파 | 8酉충 | 12丑파 | 10亥충 | 10亥충 | | 10亥해 | 11子파 | 8酉해 | 7申해 | 8酉파 | 9戌형 |
| | | 11子형 | | | | | | | 12丑형 | | | |
| 吉月 | 5午합 | 6未합 | 7申합 | 8酉합 | 1寅합 | 2卯합 | 3辰합 | 3辰합 | 1寅합 | 2卯합 | 3辰합 | 4巳합 |
| | 9戌합 | 9戌합 | 8酉합 | 12丑합 | 6未합 | 5午합 | 11子합 | 4巳합 | 2卯합 | 6未합 | 7申합 | 8酉합 |
| | 1寅합 | 10亥합 | 11子합 | 4巳합 | 9戌합 | 10亥합 | 7申합 | 12丑합 | 5午합 | 10亥합 | 12丑합 | 11子합 |

월별 吉凶(길흉) 포국표 ※ 후천수궁과 같은 12지지도 吉月에 포함한다.

※ 합은 좋은 해석, 나쁨을 좋음으로 전환 ※ 충은 싸움, 터짐, 변화, 충돌, 다툼, 경쟁, 파멸, 해산 ※ 형은 소송, 구속, 체포, 형벌, 이혼, 사망, 관재구설, 관재, 고소, 고발 ※ 파는 이별, 사기꾼, 배신자, 분해 ※ 해는 적개심, 증오, 폭행, 상해, 반목, 미워함 ※ 원진은 갈등, 도주, 떠나감, 억울함, 피해

## 6-5-2(쭈)년 해설

\**

### 6-5-2

금년의 운세는 후천수궁, 경파 5土의 지배 아래 있다. 투자할 때 적극성을 가지면 얻는 것이 크다. 동산, 부동산, 증권 등 투자하면 한 만큼 거두어들일 수 있다. 거두어들이는 시기는 6 선천수의 가장 좋은 해에 이루어진다. 고집이 센 만큼 남의 말에 개의치 말고 투자하라. 또 부동산을 팔려거든 지금 팔아라. 3월 변동이 후천수궁 경파를 돕고 경파는 관록을 剋하고 있다. 이런 때는 물건과 주식을 팔아도 돈이 된다.

### 8-7-6

이 수리군은 5월 경파가 있어 마음에 걸리지만 子 일주들이 건강만 챙기면 재물에 투자하는 건 큰돈이 되어 크게 놀란다. 5월 火가 후천수궁 土와 서로 상생 관계를 이루어 좋다. 그러나 4월 재물 8木이 후천수궁 경파 5土와 직접 剋이 되므로 경솔히 투자하다가는 돈을 잃고 쇠고랑을 찬다. 寅, 申, 戌, 亥 일주는 투자하지 마라. 5월에 卯, 子, 丑 일주는 오직 건강만을 온종일 생각하라. 조금만 아파도 병원에 가라. 그리고 2월 후천수궁과 凶이 되는 일주 중, 子 일주나 酉 일주는 투자는 금물이다. 왜냐하면 서로 沖과 刑 관계이기 때문이다. 충과 형은 타격의 강도가 물질성에 강하고 정신성에도 심한 데미지를 준다. 나머지 일주는 법에 저촉될 일이 없다면 적극적으로 투자하라. 8 수리와 5 수리는 生이나 합일 때 투자하는 것이 원칙이다. 숙지하라.

### 5-4-9

7월, 8월, 9월은 모두 후천수궁과 生 관계이다. 부동산, 동산, 주식, 물건 확보, 투자할 수 있는 것에는 마음 크게 먹고 투자하되 단기간에 거두어들일 수 있는 것에만 투자하라.
여기서 단기간이라면 10월 1 시생을 만나기 전까지를 말한다. 왜냐하면 10월 시생 다음에 퇴식이 들어오면 투자하던 것들이 방해꾼을 만나서 손해로 돌아설 수가 있다고 판단되기 때문이다.

### 1-7-8

10월 시생 1水와 합이 되는 일주는 좋은 일들이나 귀인으로 해석하지만 凶이 되는 일주는 나쁜 일이나 나에게 안 좋은 사람이므로 경계 대상이다. 그러나 여기서는 일반적으로 2월 후천수궁의 剋을 받고 있어 안 좋은 일이나 안 좋은 사람이다. 재물로 인하여 사기를 당한다. 조심하라. 또한 새로운 병을 얻어 돈이 나갈 수도 있다는 개념을 가져라.

## 6-6-3(吉)

| 관록 | 6 | 水☺ | 관록 | 6 | 水 | 귀신 | 3 | 木☺ |
|---|---|---|---|---|---|---|---|---|
| 1월 | 寅 | 선천수 | 2월 | 卯 | 후천수 | 3월 | 辰 | 선후천수 |
| 문서 | 9 | 金☺ | 문서 | 9 | 金☺ | 문서 | 9 | 金☺ |
| 4월 | 巳 | 3+6=9 | 5월 | 午 | 3+6=9 | 6월 | 未 | 9+9=9 |
| 문서 | 9 | 金☺ | 문서 | 9 | 金☺ | 문서 | 9 | 金☺ |
| 7월 | 申 | 9+9=9 | 8월 | 酉 | 9+9=9 | 9월 | 戌 | 9+9=9 |
| 관록 | 6 | 水☺ | 관록 | 6 | 水☺ | 귀신 | 3 | 木☺ |
| 10월 | 亥 | 6+9+9=6 | 11월 | 子 | 6+9+9=6 | 12월 | 丑 | 3+9+9=3 |

| 일지 | 寅 | 卯 | 辰 | 巳 | 午 | 未 | 申 | 酉 | 戌 | 亥 | 子 | 丑 |
|---|---|---|---|---|---|---|---|---|---|---|---|---|
| 凶 | 4巳형 | 3辰해 | 2卯해 | 1寅형 | 2卯파 | 9戌형파 | 1寅형충 | 1寅원 | 3辰충 | 1寅파 | 2卯형 | 3辰파 |
| | 7申충 | 5午파 | 9戌충 | 7申형파 | 11子충 | 11子원 | 2卯원 | 2卯충 | 4巳원 | 3辰원 | 5午충 | 5午해원형충 |
| | 8酉원 | 7申원 | 10亥원 | 9戌원 | 12丑원 | 12丑형충 | 4巳형파 | 9戌해 | 6未형파 | 4巳충 | 6未원 | 6未형 |
| | 10亥파 | 8酉충 | 12丑파 | 10亥충 | | | | | 10亥해 | 11子파 | 8酉파 | 9戌형 |
| | | 11子형 | | | | | | | 12丑형 | 7申해 | | |
| 吉 | 5午합 | 6未합 | 7申합 | 8酉합 | 1寅합 | 2卯합 | 3辰합 | 3辰합 | 1寅합 | 2卯합 | 3辰합 | 4巳합 |
| | 9戌합 | 9戌합 | 8酉합 | 12丑합 | 6未합 | 5午합 | 11子합 | 4巳합 | 2卯합 | 6未합 | 7申합 | 8酉합 |
| | 1寅합 | 10亥합 | 10亥합 | 11子합 | 4巳합 | 9戌합 | 10亥합 | 7申합 | 12丑합 | 5午합 | 10亥합 | 11子합 |

월별 吉凶(길흉) 포국표 ※ 후천수궁과 같은 12지지도 吉月에 포함한다.

※ 합은 좋은 해석, 나쁨을 좋음으로 전환 ※ 충은 싸움, 터짐, 변화, 충돌, 다툼, 경쟁, 파멸, 해산 ※ 형은 소송, 구속, 체포, 형벌, 이혼, 사망, 관재구설, 관재, 고소, 고발 ※ 파는 이별, 사기꾼, 배신자, 분해 ※ 해는 적개심, 증오, 폭행, 상해, 반목, 미워함 ※ 원진은 갈등, 도주, 떠나감, 억울함, 피해

## (태생)선천수 6의 궁도

# 6-6-3(吉)년 해설

✳

### 6-6-3

올해는 관록이 한 해를 관장한다. 12달 모두 후천수궁, 관록 6水를 生하거나 힘이 되어주거나 후천수궁의 生을 받고 있어 참으로 좋은 해라고 보면 될 것이다.

다만 3월 귀신 3木이 4월, 5월, 6월에 귀신 9金이 줄지어 기다리니 6 선천수를 가진 사람은 혈압, 뇌졸중이나 풍으로 사지를 못 쓰거나 위험에 빠질 수 있으니 건강을 조심하라. 戌, 亥, 丑 일주는 특히 조심하기 바란다. 그러나 해당이 없는 일주는 금년은 대운이므로 하고 싶은 모든 일을 과감히 행하라. 특히 직장인, 공무원 등은 올해 진급하고 승진하고 명예가 올라갈 수 있는 절호의 기회다.

### 9-9-9

6-6-3~9-9-9로 이어지는 수리수군은 해외로 나가는 사람에게 많은 관록의 혜택을 받으며 특히 일반 직장인이나 공무원은 공무로 해외 발령을 받고 나간다면 좋은 수리군이다. 또한 9-9-9 수리가 연속해서 들어올 경우 해외로 여행을 하거나 이주, 이동, 이민을 가면 좋다.

### 9-9-9

1월부터 9월까지 6 선천수를 가진 자는 길흉에 크게 신경 쓰지 말고 목표를 향해 힘차게 밀고 나가라. 모든 달이 후천수궁과 사이가 좋아 凶을 설령 만난다 해도 쉽게 해소될 것이다. 이 기회에 관공서에 의하여 해결 못 한 사항은 이 시기를 놓치지 말고 해결하고 직장에 대하여 전부터 마음먹고 있던 소신을 마음껏 피력하고 알려서 명예를 얻고 승승장구하는 기회를 만들어라. 직장인은 해외 발령을 기뻐하라. 연인도 동반 해외여행에서 사이가 좋아지고 부모님에게 효도 관광을 시켜드리면 성취감으로 오는 기쁨이 정신적 건강에 너무나 좋다. 복을 받는다.

### 6-6-3

직장인은 좋은 일과 귀인을 만나 명예가 상승하고 승전하거나 좋은 보직으로 발령을 받으며 해외 쪽으로 승진, 발령을 받거나 먼 지방 쪽으로 승진, 발령을 받으면 좋다. 학생은 대입에 합격할 수다. 외국으로 유학을 가면 더없이 좋고 자기 집에서 멀리 떨어진 대학교 시험을 보면 합격 확률이 높아진다. 12월 귀신 3木은 관록이 도와주는 힘을 가진 조상이나 나를 도와주는 좋은 기운이므로 무엇을 도전하든 힘이 된다. 정치인은 이때 명예가 상승하고 지지자가 급상승하여 당선되거나 요직을 맡는다. 올해는 전반적으로 좋아 선천수 6을 가진 사람들은 망설이지 말고 자신의 목표를 향해 앞으로 나아갈 수 있는 터전을 열심히 닦아 놓으면 훗날을 기약할 수 있다.

## (태생)선천수 6의 궁도

### 6-7-4(凶)

| 관록 | 6 | 水☹ | 퇴식 | 7 | 火 | 안정 | 4 | 金☹ |
|---|---|---|---|---|---|---|---|---|
| 1월 | 寅 | 선천수 | 2월 | 卯 | 후천수 | 3월 | 辰 | 선후천수 |
| 시생 | 1 | 水☹ | 변동 | 2 | 火☺ | 귀신 | 3 | 木☺ |
| 4월 | 巳 | 4+6=1 | 5월 | 午 | 4+7=2 | 6월 | 未 | 1+2=3 |
| 안정 | 4 | 金☹ | 경파 | 5 | 土☺ | 문서 | 9 | 金☹ |
| 7월 | 申 | 3+1=4 | 8월 | 酉 | 3+2=5 | 9월 | 戌 | 4+5=9 |
| 변동 | 2 | 火☺ | 경파 | 5 | 土☺ | 퇴식 | 7 | 火☺ |
| 10월 | 亥 | 6+1+4=2 | 11월 | 子 | 7+2+5=5 | 12월 | 丑 | 4+3+9=7 |

| 일지 | 寅 | 卯 | 辰 | 巳 | 午 | 未 | 申 | 酉 | 戌 | 亥 | 子 | 丑 |
|---|---|---|---|---|---|---|---|---|---|---|---|---|
| 凶月 | 4 巳 형 | 3 辰 해 | 2 卯 해 | 1 寅 형 | 2 卯 파 | 9 戌 형파 | 1 寅 형충 | 1 寅 원 | 3 辰 충 | 1 寅 파 | 2 卯 형 | 3 辰 파 |
| | 7 申 충 | 5 午 파 | 9 戌 충 | 7 申 형파 | 11 子 충 | 11 子 원 | 2 卯 원 | 2 卯 충 | 4 巳 원 | 3 辰 원 | 5 午 충 | 5 午 해원형충 |
| | 8 酉 원 | 7 申 원 | 10 亥 원 | 9 戌 원 | 12 丑 원 | 12 丑 형충 | 4 巳 형파 | 9 戌 해 | 6 未 형파 | 4 巳 충 | 6 未 해원형충 | 6 未 |
| | 10 亥 파 | 8 酉 충 | 12 丑 파 | 10 亥 충 | | | 10 亥 해 | 11 子 파 | 8 酉 해 | 7 申 해 | 8 酉 파 | 9 戌 형 |
| | | 11 子 형 | | | | | | | 12 丑 형 | | | |
| 吉月 | 5 午 합 | 6 未 합 | 7 申 합 | 8 酉 합 | 1 寅 합 | 2 卯 합 | 3 辰 합 | 3 辰 합 | 1 寅 합 | 2 卯 합 | 3 辰 합 | 4 巳 합 |
| | 9 戌 합 | 9 戌 합 | 8 酉 합 | 12 丑 합 | 6 未 합 | 5 午 합 | 11 子 합 | 4 巳 합 | 2 卯 합 | 6 未 합 | 7 申 합 | 8 酉 합 |
| | 1 寅 합 | 10 亥 합 | 11 子 합 | 4 巳 합 | 9 戌 합 | 10 亥 합 | 7 申 합 | 12 丑 합 | 5 午 합 | 10 亥 합 | 12 丑 합 | 11 子 합 |

월별 吉凶(길흉) 포국표 ※ 후천수궁과 같은 12지지도 吉月에 포함한다.

※ 합은 좋은 해석, 나쁨을 좋음으로 전환 ※ 충은 싸움, 터짐, 변화, 충돌, 다툼, 경쟁, 파멸, 해산 ※ 형은 소송, 구속, 체포, 형벌, 이혼, 사망, 관재구설, 관재, 고소, 고발 ※ 파는 이별, 사기꾼, 배신자, 분해 ※ 해는 적개심, 증오, 폭행, 상해, 반목, 미워함 ※ 원진은 갈등, 도주, 떠나감, 억울함, 피해

144

## 6-7-4(凶)년 해설

**⁂**

### 6-7-4

퇴식이 올해를 지배한다. 퇴식은 쇠퇴하고, 약해지고, 고통스럽고, 가난해지고, 돈이 나가거나 돈이 없고 병이 들면 치료가 힘들다. 또한 퇴식은 사람의 인연마저 안 좋게 만들고 연인의 사랑, 부부의 정, 친구의 우정, 부모의 헌신마저 약화시킨다.

1월 관록 6水는 2월 후천수궁 퇴식 7火를 水극火로 剋하고 있다. 또한 선후천수궁, 3월 안정 4金도 2월 퇴식 7火의 剋을 받아 깨졌다. 6-7-4가 들어오는 해에 1-2-3과 2-5-7을 만나면 부모님들의 건강이 안 좋아져 몸져눕거나 돌아가신다.

### 1-2-3

7 후천수궁이 있는 해에 1-2-3이면 병든 노인은 죽는다.

또 1-2-3이나 2-1-3이 수리가 후천수궁이 7 수리일 경우, 잘못되면 부모, 형제도 원수가 될 수가 있고 그로 인하여 가출도 한다. 친구와 가까운 사람도 배신하고 연인과는 반목하여 헤어진다. 직장을 가진 자는 이 시기에 직장 생활에 권태를 느껴 퇴사하려 한다. 4월 시생 1水는 안 좋은 기운이 생겨나 주위를 반목시키고 원수로 만들고 배신하게 하며 5월 변동 2火를 水극火로 剋을 해서, 6월 귀신 3木의 발동을 도와서 검은 그림자를 드리우게 만든다. 모든 일이 뒤죽박죽된다. 그래서 이 수리군에는 1월부터 6월까지 가족은 서로 아끼고 존중하고 위로하고 단결하여야 하며 약자는 건강한 자나 젊은이가 보살피고 노인은 사전에 건강 이상을 살펴 처방하라.

### 4-5-9

7월 안정 4金이 8월 경파 5土의 生을 받고 9월 문서 9金은 8월 경파 5土의 生을 받는가 하면 후천수궁, 퇴식 7火는 8월 경파 5土를 火생土하므로 안정 속에 큰일을 벌여서 주위를 놀라게 할 수 있다. 그러나 다음으로 오는 10월, 11월, 12월 3개월이 안 좋아 일을 크게 벌이면 안 좋다. 적당한 선에서 조용히 마무리하라. 7월, 8월, 9월은 좋다.

### 2-5-7

10월이 11월을 火생土로 生하고 12월 역시 火생土로 11월 경파 5土를 生하고 있으며 2월 후천수궁의 生을 火생土로 받고 있어 대단히 좋으나 2-5-7 수리 자체가 안 좋은 수리로 묶여 안 좋은 기를 발산하므로 좋은 일이 생기기 어렵다. 특히 12월 마지막 달에 퇴식 7은 후천수궁과 같은 힘이 되므로 집안 식구의 건강으로 인하여 집안 식구 전체가 크게 놀랄 일이 있을 수 있으므로 약자나 노인을 보살펴야 한다. 10월이 접어들기 전에 식구 모두 건강 검진을 받으면 12월을 무난히 넘기며 사업가는 무리한 투자를 하면 12월에 가서는 자금 유통이 안 되어 곤경에 빠진다. 직장인은 퇴사하려는 마음을 가지게 되므로 변동하지 마라. 가정이 갈등으로 깨진다.

## 6-8-5(吉)

| 관록 | 6 | 水☺ | 재물 | 8 | 木 | 경파 | 5 | 土☹ |
|---|---|---|---|---|---|---|---|---|
| 1월 | 寅 | 선천수 | 2월 | 卯 | 후천수 | 3월 | 辰 | 선후천수 |
| 변동 | 2 | 火☺ | 안정 | 4 | 金☹ | 관록 | 6 | 水☺ |
| 4월 | 巳 | 5+6=2 | 5월 | 午 | 5+8=4 | 6월 | 未 | 2+4=6 |
| 재물 | 8 | 木☺ | 시생 | 1 | 水☺ | 문서 | 9 | 金☹ |
| 7월 | 申 | 6+2=8 | 8월 | 酉 | 6+4=1 | 9월 | 戌 | 8+1=9 |
| 퇴식 | 7 | 火☺ | 안정 | 4 | 金☹ | 변동 | 2 | 火☺ |
| 10월 | 亥 | 6+2+8=7 | 11월 | 子 | 8+4+1=4 | 12월 | 丑 | 5+6+9=2 |

| 일지 | 寅 | 卯 | 辰 | 巳 | 午 | 未 | 申 | 酉 | 戌 | 亥 | 子 | 丑 |
|---|---|---|---|---|---|---|---|---|---|---|---|---|
| 凶月 | 4 巳 형 | 3 辰 해 | 2 卯 해 | 1 寅 형 | 2 卯 파 | 9 戌 형파 | 1 寅 형충 | 1 寅 원 | 3 辰 충 | 1 寅 원 | 2 卯 형 | 3 辰 파 |
| | 7 申 충 | 5 午 파 | 9 戌 충 | 7 申 형파 | 11 子 충 | 11 子 원 | 2 卯 원 | 2 卯 충 | 4 巳 원 | 3 辰 원 | 5 午 충 | 5 未 해원형충 |
| | 8 酉 원 | 7 申 원 | 10 亥 원 | 9 戌 원 | 12 丑 원 | 12 丑 형충 | 4 巳 형파 | 9 戌 해 | 6 未 형파 | 4 巳 충 | 6 未 해원 | 6 未 해원형충 |
| | 10 亥 파 | 9 酉 충 | 12 丑 파 | 10 亥 충 | | | 10 亥 해 | 11 子 파 | 8 酉 해 | 7 申 해 | 8 酉 파 | 9 戌 형 |
| | | 11 子 형 | | | | | | | 12 丑 형 | | | |
| 吉月 | 5 午 합 | 6 未 합 | 7 申 합 | 8 酉 합 | 1 寅 합 | 2 卯 합 | 3 辰 합 | 3 辰 합 | 1 寅 합 | 2 卯 합 | 3 辰 합 | 4 巳 합 |
| | 9 戌 합 | 9 戌 합 | 9 戌 합 | 12 丑 합 | 6 未 합 | 5 午 합 | 11 子 합 | 4 巳 합 | 2 卯 합 | 6 未 합 | 7 申 합 | 8 酉 합 |
| | 1 寅 합 | 10 亥 합 | 11 子 합 | 4 巳 합 | 9 戌 합 | 10 亥 합 | 7 申 합 | 12 丑 합 | 5 午 합 | 10 亥 합 | 12 丑 합 | 11 子 합 |

월별 吉凶(길흉) 포국표 ※ 후천수궁과 같은 12지지도 吉月에 포함한다.

※ 합은 좋은 해석, 나쁨을 좋음으로 전환 ※ 충은 싸움, 터짐, 변화, 충돌, 다툼, 경쟁, 파멸, 해산 ※ 형은 소송, 구속, 체포, 형벌, 이혼, 사망, 관재구설, 관재, 고소, 고발 ※ 파는 이별, 사기꾼, 배신자, 분해 ※ 해는 적개심, 증오, 폭행, 상해, 반목, 미워함 ※ 원진은 갈등, 도주, 떠나감, 억울함, 피해

# 6-8-5(吉)년 해설

**
##

## 6-8-5

누구나 갈망하는 재물운이 올해에 들어왔다. 6 선천수를 가진 사람은 올해 집안의 부귀영화를 위하여 힘껏 뛰어라. 1월 관록이 후천수궁을 水생木으로 生해주고 3월 경파 5土는 후천수궁의 剋을 받고 있다. 넓게 살펴보면 시생이나 재물, 변동, 관록 모두 후천수궁과 生 관계이므로 재물로 일어나는 일이나 벌어들이는 돈이나 움직이고 행동하는 일들과 윗사람, 은인, 관록에 연관된 일 모두 生 관계이니 3월 5土의 후천수궁과의 剋은 조금 놀라워할 뿐 문제가 되지 못한다. 힘차게 전진하라.

## 2-4-6

4월 변화, 변동은 2월 후천수궁의 재물 8木의 生을 받고 6월 관록 6水는 2월 후천수궁을 水생木으로 生해주고 있어 5월 안정 4金이 후천수궁, 재물 8木을 金剋木으로 剋하고 있으나 주위의 수리수들이 5월 안정을 깨는 수리가 없어 큰 문제가 되지 못한다. 다만 子 일주나 丑 일주가 재물로 하여 안정이 깨지므로 남과 돈거래를 하지 말고 4월에 巳와 충이 되는 亥 일주와 巳와 원진이 되는 戌 일주는 변화, 변동으로 재물 손실을 본다. 왜냐하면 4월 火가 5월 金을 火극金하므로 변동하면 안정이 깨지고 재물이 불안정으로 돈 관계가 악영향을 미친다. 돈거래를 하지 마라. 그러나 수리가 좋으므로 凶이 없는 일주는 형, 충, 파, 해에 신경 쓰지 말고 과감히 행동하여 재물을 얻어라.

## 8-1-9

8월에 시생 1水는 후천수궁, 재물을 生해주고 7월 재물 8木을 똑같이 生해주고 있어 귀인이다. 그것도 재물을 가져다주는 귀인이다. 다만 9월 문서 9金이 후천수궁을 金극木으로 剋을 하므로 9월과 凶이 되는 일주는 조심하라. 돈이 나갈 수 있고 10월에 퇴식이 들어서니 몸이 아파 돈이 나갈 수가 있다. 金이 木을 치면 木 병으로는 간이나 담석증, 피로에서 오는 안질 등을 주의하라. 그러나 최고의 수리군이다. 7월, 8월, 9월은 6 선천수를 가진 사람에게 기회의 3개월이다. 놓치지 말아야 한다. 귀인에게 재물을 얻을 수 있는 좋은 기회이다. 분발하라.

## 7-4-2

10월은 건강을 주의하여야 할 때이다. 亥 일주는 自刑(자형)이고, 寅, 巳, 申 일주는 刑이다. 건강에 신경을 써야 한다. 돈 생각으로 안정이 깨지는 데서 오는 병이다. 12월 변동 2火는 11월 안정 4金을 火극金으로 剋하고 있어 변동할수록 안정이 깨지므로 복지부동하라. 스트레스도 많이 받는다.

## (태생)선천수 6의 궁도

### 6-9-6(凶)

| 관록 | **6** | 水☺ | 문서 | **9** | 金 | 관록 | **6** | 水☺ |
|---|---|---|---|---|---|---|---|---|
| 1월 | **寅** | 선천수 | 2월 | **卯** | 후천수 | 3월 | **辰** | 선후천수 |
| 귀신 | **3** | 木☹ | 관록 | **6** | 水☺ | 문서 | **9** | 金☺ |
| 4월 | **巳** | 6+6=3 | 5월 | **午** | 6+9=6 | 6월 | **未** | 3+6=9 |
| 귀신 | **3** | 木☹ | 관록 | **6** | 水☺ | 문서 | **9** | 金☺ |
| 7월 | **申** | 9+3=3 | 8월 | **酉** | 9+6=6 | 9월 | **戌** | 3+6=9 |
| 귀신 | **3** | 木☹ | 귀신 | **3** | 木☹ | 관록 | **6** | 水☺ |
| 10월 | **亥** | 6+3+3=3 | 11월 | **子** | 9+6+6=3 | 12월 | **丑** | 6+9+9=6 |

| 일지 | 寅 | 卯 | 辰 | 巳 | 午 | 未 | 申 | 酉 | 戌 | 亥 | 子 | 丑 |
|---|---|---|---|---|---|---|---|---|---|---|---|---|
| 凶月 | 4巳형<br>7申충<br>8酉원<br>10亥파 | 3辰해<br>5申파<br>7申원<br>8酉원<br>11子형 | 2卯해<br>9戌충<br>10亥원<br>12丑파 | 1寅형<br>7申형파<br>9戌원<br>10亥충 | 2卯파<br>11子충<br>12丑원 | 9戌형파<br>11子원<br>12丑원 | 1寅형충<br>2卯원<br>4巳형파 | 1寅원<br>2卯충<br>9戌해<br>10亥해 | 3辰충<br>4巳원<br>6未형파<br>11子파<br>12丑형 | 1寅파<br>3辰원<br>5午충<br>8酉해 | 2卯형<br>5午<br>6未해원형충<br>7申<br>8酉파 | 3辰파<br>5午해원형충<br>6未형<br>9戌형 |
| 吉月 | 5午합<br>9戌합<br>1寅합 | 6未합<br>9戌합<br>10亥합 | 7申합<br>8酉합<br>11子합 | 8酉합<br>12丑합<br>4巳합 | 1寅합<br>6未합<br>9戌합 | 2卯합<br>5午합<br>10亥합 | 3辰합<br>11子합<br>7申합 | 3辰합<br>4巳합<br>12丑합 | 1寅합<br>2卯합<br>5午합 | 2卯합<br>6未합<br>10亥합 | 3辰합<br>7申합<br>12丑합 | 4巳합<br>8酉합<br>11子합 |

월별 吉凶(길흉) 포국표 ※ 후천수궁과 같은 12지지도 吉月에 포함한다.

※ 합은 좋은 해석, 나쁨을 좋음으로 전환 ※ 충은 싸움, 터짐, 변화, 충돌, 다툼, 경쟁, 파멸, 해산 ※ 형은 소송, 구속, 체포, 형벌, 이혼, 사망, 관재구설, 관재, 고소, 고발 ※ 파는 이별, 사기꾼, 배신자, 분해 ※ 해는 적개심, 증오, 폭행, 상해, 반목, 미워함 ※ 원진은 갈등, 도주, 떠나감, 억울함, 피해

## 6-9-6(凶)년 해설

.⁎.
⁎⁎

### 6-9-6

올해는 문서로 울고 웃는 해가 되겠다. 문서는 모든 일의 마무리다. 사람이 하는 일의 증빙은 문서로 마무리한다. 2월 후천수궁의 왼쪽, 오른쪽으로 관록을 걸고 있다. 직장인은 승진과 명예를 얻을 수 있다. 그러나 凶이 되는 일주는 관재수에 들어간다. 관청에 드나들어야 하는 소송, 고소, 고발, 이혼 소송 등이 발생한다. 사람 간에 안 좋은 일로 법의 심판을 기다리는 게 관재수다. 문서와 관계된 일로 남과 싸운다. 투자하지 말고 경계하라. 학생은 시험에 합격할 수 있다.

### 3-6-9

4월 귀신 3木은 2월 후천수궁의 金극木으로 剋을 당하고 있어 안 좋다.

이럴 경우 문서로 야기되는 관재수에 휘말리고 특히 4월과 凶이 되는 일주, 寅, 申, 戌, 亥 일주는 관재수를 조심하라. 직장인은 잘못하면 관재 때문에 퇴사할 수 있으니 조심하라. 5월과 6월은 후천수궁과 生 관계이므로 무난하나 수리수가 안 좋으니 5월에 午, 6월에 未와 刑, 沖이 되는 일주는 관록에 해당되는 일 중 직장에서 명예가 실추되거나 강등이 되고 문서로 인하여 계약이 취소되거나 문서로 이루어진 일들이 깨진다. 조심하라.

### 3-6-9

4월부터 10월까지 반복되는 안 좋은 관재구설을 조심하는 것을 제일 먼저 생각해야 하는 7개월이다. 누구나 고통이 심해진다. 그러나 인내심으로 견디면 된다.

특히 직장을 다니는 사람들은 항상 남의 일에 끼어들지 말고 상사와 좋은 관계를 유지하고 직장을 생명 줄로 생각해서 고수하라. 잘못하면 귀신의 발동으로 귀한 직장을 퇴사하려는 마음을 먹게 되는 운이고 직장을 나오면 부부와 이혼까지 가는 운이다. 이때, 9월의 문서는 이혼 합의서가 되거나 이혼 소장이 된다.

### 3-3-6

3-3 뒤에 6이 들어오면 3-3 연속은 퇴식과 같은 효력이 있어 환자는 병이 더 심해지고 병든 노인은 사망에 이른다. 또 3-3 뒤에 6이 오면 관재구설로 심하게 심적, 물적 타격을 받아 심신이 황폐해져 건강을 해칠 수 있다. 학생, 직장인, 부부, 사업가 가릴 것 없이 의욕을 상실할 수 있다. 상갓집에 가지 마라.

# 7 수리 해설

7-1-8 ~ 7-9-7

| 7 수리 운세표 | | | | | | | | |
|---|---|---|---|---|---|---|---|---|
| 평 | 흉 | 흉 | 길 | 평 | 평 | 흉 | 길 | 흉 |
| 718 | 729 | 731 | 742 | 753 | 764 | 775 | 786 | 797 |

## 7-1-8(平)

| 퇴식 | 7 | 火☹ | 시생 | 1 | 水 | 재물 | 8 | 木☺ |
|---|---|---|---|---|---|---|---|---|
| 1월 | 寅 | 선천수 | 2월 | 卯 | 후천수 | 3월 | 辰 | 선후천수 |
| 관록 | 6 | 水☺ | 문서 | 9 | 金☺ | 관록 | 6 | 水☺ |
| 4월 | 巳 | 8+7=6 | 5월 | 午 | 8+1=9 | 6월 | 未 | 6+9=6 |
| 귀신 | 3 | 木☺ | 관록 | 6 | 水☺ | 문서 | 9 | 金☺ |
| 7월 | 申 | 6+6=3 | 8월 | 酉 | 9+6=6 | 9월 | 戌 | 3+6=9 |
| 퇴식 | 7 | 火☹ | 퇴식 | 7 | 火☹ | 경파 | 5 | 土☹ |
| 10월 | 亥 | 7+6+3=7 | 11월 | 子 | 1+9+6=7 | 12월 | 丑 | 8+6+9=5 |

| 일지 | 寅 | 卯 | 辰 | 巳 | 午 | 未 | 申 | 酉 | 戌 | 亥 | 子 | 丑 |
|---|---|---|---|---|---|---|---|---|---|---|---|---|
| 凶月 | 4巳형 | 3辰해 | 2卯해 | 1寅형 | 2卯파 | 9戌형파 | 1寅형충 | 1寅원 | 3辰충 | 1寅파 | 2卯형 | 3辰파 |
| | 7申충 | 5午파 | 9戌충 | 7申형파 | 11子충 | 11子원 | 2卯원 | 2卯충 | 4巳원 | 3辰원 | 5午충 | 5午해형충 |
| | 8酉원 | 7申원 | 10亥원 | 9戌원 | 12丑원 | 12丑 | 4巳형파 | 9戌해 | 6未형파 | 4巳충 | 6未원해 | 6未원충 |
| | 10亥파 | 8酉충 | 12丑파 | 10亥충 | 10亥충 | | 10亥해 | 11子파 | 8酉해 | 7申해 | 8酉파 | 9戌형 |
| | | 11子형 | | | | | | 12丑형 | | | | |
| 吉月 | 5午합 | 6未합 | 7申합 | 8酉합 | 1寅합 | 2卯합 | 3辰합 | 3辰합 | 1寅합 | 2卯합 | 3辰합 | 4巳합 |
| | 9戌합 | 9戌합 | 8酉합 | 12丑합 | 6未합 | 5午합 | 11子합 | 4巳합 | 2卯합 | 6未합 | 7申합 | 8酉합 |
| | 1寅합 | 10亥합 | 11子합 | 4巳합 | 9戌합 | 10亥합 | 7申합 | 12丑합 | 5午합 | 10亥합 | 12丑합 | 11子합 |

월별 吉凶(길흉) 포국표 ※ 후천수궁과 같은 12지지도 吉月에 포함한다.

※ 합은 좋은 해석, 나쁨을 좋음으로 전환 ※ 충은 싸움, 터짐, 변화, 충돌, 다툼, 경쟁, 파멸, 해산 ※ 형은 소송, 구속, 체포, 형벌, 이혼, 사망, 관재구설, 관재, 고소, 고발 ※ 파는 이별, 사기꾼, 배신자, 분해 ※ 해는 적개심, 증오, 폭행, 상해, 반목, 미워함 ※ 원진은 갈등, 도주, 떠나감, 억울함, 피해

## 7-1-8(乎)년 해설

\*\*

### 7-1-8

시생이 올 한 해를 손아귀에 넣었다. 7 선천수를 가진 사람은 퇴식은 후퇴성 근성을 가지고 병과 가난의 대명사라 생각하라. 7 선천수를 가진 사람은 고집이 세고 남에게 잘해주고도 욕을 먹거나 배신을 당하는 사람이다. 여자는 남편을 도우려는 근성을 넘어 남편이 힘을 빼는 선까지 간섭하며 남자는 독단적으로 남의 말을 잘 안 듣는다. 1과 8이 붙어 있으면 여자는 임신수가 있다. 3월 재물 8木에 辰, 戌, 丑, 未 일주는 돈이 나간다. 申, 酉 일주도 조심하라. 1월에 申 일주는 신병을 긴장하고 酉 일주는 새로운 일을 만들지 않도록 하고 새로운 사람이나 인연에 집착을 끊고 지내라. 그렇지 않으면 나에게 큰 손실을 가져다준다. 3월에는 戌, 亥 일주는 새로운 사람이나 일로 서로 다툰다. 4월, 5월, 6월에 관재로 문서적으로 큰 타격을 입는다. 계약 파기, 재산 싸움, 돈 거래 등으로 사기, 횡령, 직장에서의 부조리 발각 등 여러 가지 형태로 관재로 시달릴 수 있으니 조심하라.

### 6-9-6

4월 관록과 6월 관록이 5월 문서의 힘을 金생水로 빼고 있고 5월 문서 9金은 후천수궁, 시생1水를 生하고 있어 좋은 형태다. 5월 문서는 후천수궁의 시생을 만나 관록에 심한 제약을 받고 있지 않다. 이 경우, 子 일주나 丑 일주는 큰 타격을 입는다. 동산, 부동산, 심지어 배우자까지 지켜내라. 그러나 일반인들은 운에 따라 직장에서 승진도 하고 상도 받고 지인이나 귀인, 조상의 도움으로 출세도 한다.

### 3-6-9

7월 귀신 3木은 양면성을 가졌다. 좋으면 조상이 돕고 나쁘면 관재수에 시달리거나 극한 상황이면 교도소도 갈 수 있는 운이다. 7 수리는 고집을 부리지 말고 같이하는 지인의 충고를 들어라. 또 새로운 사람과 경거망동하지 마라. 자신의 일주가 凶이 없고 자신의 일간에 습이 되는 재성이나 인성이 세운에서 들어오면 귀인의 도움으로 1월부터 6월까지 길운으로 횡재할 수 있고 복권도 당첨될 수 있는 운이다. 그러나 巳 일주는 9월에 문서가 깨지고 寅 일주는 8월에 새로운 사람을 만나면 도둑놈, 강도로구나 하고 생각하라.

### 7-7-5

午, 未 일주는 11월, 12월에 건강 관리에 신경 쓰고 7-7-5의 수리는 병의 산맥이다. 다음 해 1월, 2월, 3월에 오는 7-2-9는 7-7-5를 재료 삼아 큰 산을 만든다. 의사와 친해져라.

## 7-2-9(凶)

| 퇴식 | 7 | 火☺ | 변동 | 2 | 火 | 문서 | 9 | 金☹ |
|---|---|---|---|---|---|---|---|---|
| 1월 | 寅 | 선천수 | 2월 | 卯 | 후천수 | 3월 | 辰 | 선후천수 |
| 퇴식 | 7 | 火☺ | 변동 | 2 | 火☺ | 문서 | 9 | 金☹ |
| 4월 | 巳 | 9+7=7 | 5월 | 午 | 9+2=2 | 6월 | 未 | 7+2=9 |
| 퇴식 | 7 | 火☺ | 변동 | 2 | 火☺ | 문서 | 9 | 金☹ |
| 7월 | 申 | 9+7=7 | 8월 | 酉 | 9+2=2 | 9월 | 戌 | 7+2=9 |
| 귀신 | 3 | 木☺ | 관록 | 6 | 水☹ | 문서 | 9 | 金☹ |
| 10월 | 亥 | 7+7+7<br>=3 | 11월 | 子 | 2+2+2<br>=6 | 12월 | 丑 | 9+9+9<br>=9 |

| 일<br>지 | 寅 | 卯 | 辰 | 巳 | 午 | 未 | 申 | 酉 | 戌 | 亥 | 子 | 丑 |
|---|---|---|---|---|---|---|---|---|---|---|---|---|
| 凶月 | 4 巳 형 | 3 辰 해 | 2 卯 해 | 1 寅 형 | 2 卯 파 | 9 戌 형충 | 1 寅 형충 | 1 寅 원 | 3 辰 충 | 1 寅 파 | 2 卯 형 | 3 辰 파 |
| | 7 申 충 | 5 午 파 | 9 戌 충 | 7 申 형파 | 11 子 충 | 11 子 원 | 2 卯 원 | 2 卯 충 | 4 巳 원 | 3 辰 원 | 5 午 충 | 5 午 해원형충 |
| | 8 酉 원 | 7 申 원 | 10 亥 원 | 9 戌 원 | 12 丑 원 | 12 丑 형충 | 4 巳 형파 | 9 戌 해 | 6 未 형파 | 4 巳 충 | 6 未 해원 | 6 未 형충 |
| | 10 亥 파 | 8 酉 충 | 12 丑 파 | 10 亥 충 | | | | 10 亥 해 | 11 子 파 | 8 酉 해 | 7 申 해 | 8 酉 파 | 9 戌 형 |
| | | 11 子 형 | | | | | | | 12 丑 형 | | | |
| 吉月 | 5 午 합 | 6 未 합 | 7 申 합 | 8 酉 합 | 1 寅 합 | 2 卯 합 | 3 辰 합 | 3 辰 합 | 1 寅 합 | 2 卯 합 | 3 辰 합 | 4 巳 합 |
| | 9 戌 합 | 9 戌 합 | 9 戌 합 | 12 丑 합 | 6 未 합 | 5 午 합 | 11 子 합 | 4 巳 합 | 6 未 합 | 7 申 합 | 8 酉 합 | |
| | 1 寅 합 | 10 亥 합 | 11 子 합 | 4 巳 합 | 9 戌 합 | 10 亥 합 | 7 申 합 | 12 丑 합 | 5 午 합 | 10 亥 합 | 12 丑 합 | 11 子 합 |

월별 吉凶(길흉) 포국표 ※ 후천수궁과 같은 12지지도 吉月에 포함한다.

※ 합은 좋은 해석, 나쁨을 좋음으로 전환 ※ 충은 싸움, 터짐, 변화, 충돌, 다툼, 경쟁, 파멸, 해산 ※ 형은 소송, 구속, 체포, 형벌, 이혼, 사망, 관재구설, 관재, 고소, 고발 ※ 파는 이별, 사기꾼, 배신자, 분해 ※ 해는 적개심, 증오, 폭행, 상해, 반목, 미워함 ※ 원진은 갈등, 도주, 떠나감, 억울함, 피해

## 7-2-9(凶)년 해설

\*\*

### 7-2-9

변동이 올 한 해를 좌지우지할 것이다.

수리군 중 가장 과격하고 변동이 많은 수리군으로 안 좋다. 이런 때 사기꾼을 많이 만난다. 상담을 할 때 사기 치는 역학인도 많다. 내 주위에도 상당히 심각한 사기를 뻔뻔하게 치는 역학인이 있다. 학력도 없으면서 교수라는 둥, 상을 받았다는 둥, 10만 명 사주를 봤다는 둥 함부로 고객을 능멸하는 자가 있다. 이런 사기꾼을 주의하라. 사기꾼은 자신의 모습을 점잖고 의젓하게 꾸며서 남에게 보이는 게 특징이다. 변동하고 싶은 마음이 발동하는 운세라서 잘못하면 실수하고 실수하면 크게 손실이 생긴다. 또한 이런 운에 갈등이 심하므로 제정신을 잃는다. 그래서 사기도 당한다. 귀신이 난동을 부린다는 수리군이 1월부터 9월까지 지루하게 노려보고 있다. 그 너머에도 3-6-9라는 안 좋은 수리수군이 기다리고 있으니 올 한 해는 종 쳤다고 보아라. 이런 운에서는 제일 먼저 건강을 관리하고 사람을 조심하고 인연을 안 만들어야 한다.

### 7-2-9

변동이 후천수궁에서 일 년을 끌고 가니 심리적 갈등으로 부부는 자주 싸우고 노인은 아프거나 자식을 괴롭히고 직장인은 직장에 권태를 느껴서 사직하고 싶고 학생은 공부를 게을리하며 심하면 변동수로 가출하고 사업가는 자금줄이 끊겨 부도를 맞아 사업체를 접으며 그로 인하여 관재수가 들고 환자는 병세가 나빠지고 병든 노인은 죽는다. 이때 가정주부는 심한 스트레스에 시달리고 때론 알코올중독에 허우적거린다.

길흉과 관계없이 선천수 7을 가진 사람은 너그러운 마음과 양보하는 심정으로 올 한 해를 넘겨라. 7을 가진 자는 고집이 상당하여 남의 말을 안 듣는 기질이 강하여 어려움에 쉽게 직면한다. 3, 5, 7 수리의 사람들은 대문을 발로 차 부수고는 다음 날 달아 놓는다. 그러나 뒤끝은 없다. 의리가 있고 착하나 인덕도 없고 손해 볼 짓을 잘한다. 월별 길흉 포국표를 보고 특히 7월, 8월, 9월과 凶이 된다면 더욱 긴장하라.

### 7-2-9

7월, 8월, 9월은 더 강도가 높아져 어려움이 절정에 이른다. 제일 먼저 건강을 챙기고 이 운에 도래한 청소년은 사랑으로 돌봐야 하고 부부는 서로 아끼고 다독이고 부모를 모시는 자식들은 인내하고 효도하려는 마음을 가져라. 직장인은 절대 퇴직하거나 직장을 옮기지 말고 상사와 동료에게 최선을 다하여 자신을 낮추어라.

### 3-6-9

어려움으로 녹초가 된 사람을 확인 사살하는 수리군이다. 관재수로 어려움에 봉착하여 어려움이 겹치니 남과 다투지 말고 주위 사람과 원만한 행동으로 고개를 숙이고 지내라.

## 7-3-1(凶)

| 퇴식 | **7** | 火☺ | 귀신 | **3** | 木 | 시생 | **1** | 水☺ |
|---|---|---|---|---|---|---|---|---|
| 1월 | 寅 | 선천수 | 2월 | 卯 | 후천수 | 3월 | 辰 | 선후천수 |
| 재물 | **8** | 木☺ | 안정 | **4** | 金☹ | 귀신 | **3** | 木☺ |
| 4월 | 巳 | 1+7=8 | 5월 | 午 | 1+3=4 | 6월 | 未 | 8+4=3 |
| 변동 | **2** | 火☺ | 퇴식 | **7** | 火☺ | 문서 | **9** | 金☹ |
| 7월 | 申 | 3+8=2 | 8월 | 酉 | 3+4=7 | 9월 | 戌 | 2+7=9 |
| 재물 | **8** | 木☺ | 경파 | **5** | 土☹ | 안정 | **4** | 金☹ |
| 10월 | 亥 | 7+8+2=8 | 11월 | 子 | 3+4+7=5 | 12월 | 丑 | 1+3+9=4 |

| 일지 | 寅 | 卯 | 辰 | 巳 | 午 | 未 | 申 | 酉 | 戌 | 亥 | 子 | 丑 |
|---|---|---|---|---|---|---|---|---|---|---|---|---|
| **凶月** | 4巳형 | 3辰해 | 2卯해 | 1寅형 | 2卯파 | 9戌형파 | 1寅형충 | 1寅원 | 3辰충 | 1寅파 | 2卯형 | 3辰파 |
| | 7申충 | 5午충 | 9戌충 | 7申형파 | 11子충 | 11子원 | 3卯원 | 2卯충 | 4巳원 | 3辰원 | 5午충 | 5午해형충 |
| | 8酉원 | 7申원 | 10亥원 | 9戌원 | 12丑원 | 12丑원 | 4巳형파 | 9戌해 | 6未파 | 4巳충 | 6未해원 | 6未형충 |
| | 10亥파 | 8酉충 | 12丑파 | 10亥충 | | | 10亥해 | 11子파 | 8酉해 | 7申해 | 8酉파 | 9戌형 |
| | | 11子형 | | | | | | | 12丑형 | | 9戌원 | |
| **吉月** | 5午합 | 6未합 | 7申합 | 8酉합 | 1寅합 | 2卯합 | 3辰합 | 3辰합 | 1寅합 | 2卯합 | 3辰합 | 4합 |
| | 9戌합 | 9戌합 | 8酉합 | 12丑합 | 6未합 | 5午합 | 11子합 | 4巳합 | 2卯합 | 6未합 | 7申합 | 8酉합 |
| | 1寅합 | 1寅합 | 10亥합 | 11子합 | 4巳합 | 9戌합 | 10亥합 | 7申합 | 12丑합 | 5午합 | 10亥합 | 11子합 |

월별 吉凶(길흉) 포국표 ※ 후천수궁과 같은 12지지도 吉月에 포함한다.

※ 합은 좋은 해석, 나쁨을 좋음으로 전환 ※ 충은 싸움, 터짐, 변화, 충돌, 다툼, 경쟁, 파멸, 해산 ※ 형은 소송, 구속, 체포, 형벌, 이혼, 사망, 관재구설, 관재, 고소, 고발 ※ 파는 이별, 사기꾼, 배신자, 분해 ※ 해는 적개심, 증오, 폭행, 상해, 반목, 미워함 ※ 원진은 갈등, 도주, 떠나감, 억울함, 피해

## 7-3-1(凶)년 해설

**
**

### 7-3-1

귀신이 올해를 접수했다. 귀신은 보이지 않는 기운이다. 분간하기 어려우므로 하는 일이 쉽게 가늠하기 어려워진다. 그래서 실수가 많아지고 어려움도 커진다. 1월, 2월, 3월을 가만히 보면 3월 시생 1水는 2월 후천수궁, 귀신 3木을 生해주고 또 후천수궁은 木生火로 1월 퇴식 7火를 生해주고 있다. 이렇게 보면 새로운 기운으로 힘을 받은 귀신이 퇴식을 돕고 있는 꼴이다. 1월에 凶이 되는 일주는 조심하라. 대표적인 일주가 寅과 沖이 되는 申 일주, 寅과 원진이 되는 酉 일주이다. 조심하라. 건강이 나빠지거나 원수 같은 사람을 만나서 재물을 날릴 수 있다.

### 8-4-3

5월 안정 4金은 후천수궁을 도끼로 찍고 있다. 귀신이 가만히 있겠는가.
더구나 5월 안정 4金은 4월과 6월 양쪽으로 설기를 당하면서 2월 후천수궁을 剋을 하고 있어 역극을 당하므로 안정은 깨져 있다. 사주에서는 쇠자왕신발이라고 한다. 약한 오행이 강한 오행을 剋하다 逆剋(역극)을 당한다는 것이다. 5월 안정 4金은 1월, 2월, 3월, 4월, 6월 모든 오행으로부터 剋을 받거나 설기를 당해서 아주 심각한 지경이다. 3월의 시생 1水는 1월 퇴식 7을 멀리서 剋하므로 귀인이 아니라 나에게 해로움을 끼치는 존재이니 상대하지 말아야 하고 이 시기에 만난 인연은 오래가지 못하고 멀어진다. 5월에 子 일주나 丑 일주는 사람을 가려서 상대하고 돈거래나 문서로 계약하는 일들이나 주식 거래, 금전, 재물과 관계된 행위는 하지 않아야 한다.

### 2-7-9

7월 변동 2火와 8월 퇴식 7火는 2월 후천수궁의 木生火로 生을 받아 강력한 귀신 놀이의 변동으로 9월 문서 9金은 깨져서 엄청난 타격을 준다. 이때 사업가는 부도가 나거나 파산하며 노약자는 중병에 시달리거나 사망하며 친구나 동료는 배신이나 배반하며 소송 중인 사람은 패소를 당한다. 모든 일주는 긴장하고 아래 월별 길흉 포국표를 참조하여 달마다 해당되는 凶이 되는 일주는 긴장하라.

### 8-5-4

대체로 무난한 수리군이나 11월, 12월이 2월 후천수궁의 剋 관계에 있어서 크게 놀라고 안정은 깨진다. 10월 재물은 후천수궁의 몸과 같아 허울은 그럴듯하지만 나의 안정을 깨는 요소로 나타날 수 있다. 욕심을 버리고 10월, 11월, 12월도 자중하라. 특히 午, 未 일주는 부동하여 엎드려라.

## (태생)선천수 7의 궁도

### 7-4-2(吉)

| 퇴식 | 7 | 火☹ | 안정 | 4 | 金 | 변동 | 2 | 火☹ |
|---|---|---|---|---|---|---|---|---|
| 1월 | 寅 | 선천수 | 2월 | 卯 | 후천수 | 3월 | 辰 | 선후천수 |
| 문서 | 9 | 金☺ | 관록 | 6 | 水☺ | 관록 | 6 | 水☺ |
| 4월 | 巳 | 2+7=9 | 5월 | 午 | 2+4=6 | 6월 | 未 | 9+6=6 |
| 관록 | 6 | 水☺ | 귀신 | 3 | 木☹ | 문서 | 9 | 金☺ |
| 7월 | 申 | 6+9=6 | 8월 | 酉 | 6+6=3 | 9월 | 戌 | 6+3=9 |
| 안정 | 4 | 金☺ | 안정 | 4 | 金☺ | 재물 | 8 | 木☹ |
| 10월 | 亥 | 7+9+6=4 | 11월 | 子 | 4+6+3=4 | 12월 | 丑 | 2+6+9=8 |

| 일지 | 寅 | 卯 | 辰 | 巳 | 午 | 未 | 申 | 酉 | 戌 | 亥 | 子 | 丑 |
|---|---|---|---|---|---|---|---|---|---|---|---|---|
| 凶月 | 4 巳 형<br>7 申 충<br>8 酉 원<br>10 亥 파 | 3 辰 해<br>5 午 파<br>7 申 원<br>8 酉 충<br>11 子 형 | 2 卯 해<br>9 戌 충<br>10 亥 원<br>12 丑 파 | 1 寅 형<br>7 申 형파<br>9 戌 원<br>10 亥 충 | 2 卯 파<br>11 子 충<br>12 丑 원 | 9 戌 형파<br>11 子 원<br>12 丑 원 | 1 寅 형충<br>2 卯 원<br>4 巳 형파<br>10 亥 해 | 1 寅 원<br>2 卯 충<br>9 戌 해<br>10 亥 해 | 3 辰 충<br>4 巳 원<br>6 未 형파<br>11 子 파<br>12 丑 형 | 1 寅 파<br>3 辰 원<br>4 巳 원<br>8 酉 해<br>12 丑 형 | 2 卯 형<br>5 午 충<br>6 未 원<br>7 申 해 | 3 辰 파<br>5 午 해원형충<br>6 未 원<br>9 戌 형 |
| 吉月 | 5 午 합<br>9 戌 합<br>1 寅 합 | 6 未 합<br>9 戌 합<br>10 亥 합 | 7 申 합<br>8 酉 합<br>11 子 합 | 8 酉 합<br>12 丑 합<br>4 巳 합 | 1 寅 합<br>6 未 합<br>9 戌 합 | 2 卯 합<br>5 午 합<br>10 亥 합 | 3 辰 합<br>11 子 합<br>7 申 합 | 3 辰 합<br>4 巳 합<br>12 丑 합 | 1 寅 합<br>2 卯 합<br>5 午 합 | 2 卯 합<br>6 未 합<br>10 亥 합 | 3 辰 합<br>7 申 합<br>12 丑 합 | 4 巳 합<br>8 酉 합<br>11 子 합 |

월별 吉凶(길흉) 포국표 ※ 후천수궁과 같은 12지지도 吉月에 포함한다.

※ 합은 좋은 해석, 나쁨을 좋음으로 전환 ※ 충은 싸움, 터짐, 변화, 충돌, 다툼, 경쟁, 파멸, 해산 ※ 형은 소송, 구속, 체포, 형벌, 이혼, 사망, 관재구설, 관재, 고소, 고발 ※ 파는 이별, 사기꾼, 배신자, 분해 ※ 해는 적개심, 증오, 폭행, 상해, 반목, 미워함 ※ 원진은 갈등, 도주, 떠나감, 억울함, 피해

## 7-4-2(吉)년 해설

\*\*

### 7-4-2

안정이 주관하는 해이다. 1월은 후천수궁을 火극金으로 剋하므로 1월에 申, 酉 일주는 건강에 이상이 생기거나 손해 볼 일이 생기므로 긴장하고 3월 변동 2火 역시 후천수궁을 火극金하고 있어 경거망동하면 4월, 5월, 6월에 관재수로 법정에 서거나 감옥에 갈 수 있다. 그러나 건강과 행동을 살펴서 행동하면 무난할 수 있어 좋다.

### 9-6-6

4월 문서는 후천수궁과 같은 안정된 문서다. 5월, 6월 관록 6水도 후천수궁의 生을 받아 7 선천수인 사람을 돕는다. 모든 일이 순조로이 풀리며 하고자 하는 일이 안정된 상태에서 이루어진다. 하고자 하는 일이 있거나 관청에 볼일이 있으면 이때 하라. 계약할 일이 있어도 이때 하라. 부동산 매매도 좋은 시기다. 직장에 입사 원서를 내면 합격한다. 부동산을 경매하면 낙찰되고 연예인은 이름을 떨칠 일이 생기거나 방송을 탄다.

### 6-3-9

7월 관록 6水가 8월 귀신 3木을 生해주고 8월 귀신은 2월 후천수궁의 剋을 받아 쪼개지고 있는 상태에서 9월 문서 9金의 金극木으로 剋을 이중으로 받고 있어 처절하게 몸부림치고 있다. 8월에 凶이 되는 卯 일주나 寅 일주는 관재구설수를 만나니 조심하라. 또 믿었던 계약도 깨진다.

### 4-4-8

가장 좋은 수리군이다. 안정이 보장된 석 달 동안 돈을 벌 수 있고 재물을 취할 수 있다. 적극적으로 나서라. 이런 운을 만나기가 쉽지 않다. 내년이 좋은 운이라 적극 밀고 나가면 성공한다. 사업가는 안정을 바탕으로 돈을 벌어들이는 꼴이니 너무 지나치지 않게 조용히 나서면 더욱 좋다. 반대로 10월, 11월 안정과 凶이 되는 일주는 움직이지 말고 자리를 지키며 내년을 기약하라. 월별 길흉 포국표를 참조하라.

## 7-5-3(平)

| 퇴식 | 7 | 火☺ | 경파 | 5 | 土 | 귀신 | 3 | 木☹ |
|---|---|---|---|---|---|---|---|---|
| 1월 | 寅 | 선천수 | 2월 | 卯 | 후천수 | 3월 | 辰 | 선후천수 |
| 시생 | 1 | 水☹ | 재물 | 8 | 木☹ | 문서 | 9 | 金☺ |
| 4월 | 巳 | 3+7=1 | 5월 | 午 | 3+5=8 | 6월 | 未 | 1+8=9 |
| 시생 | 1 | 水☹ | 재물 | 8 | 木☹ | 문서 | 9 | 金☺ |
| 7월 | 申 | 9+1=1 | 8월 | 酉 | 8+9=8 | 9월 | 戌 | 1+8=9 |
| 문서 | 9 | 金☺ | 귀신 | 3 | 木☹ | 귀신 | 3 | 木☹ |
| 10월 | 亥 | 7+1+1=9 | 11월 | 子 | 5+8+8=3 | 12월 | 丑 | 3+9+9=3 |

| 일지 | 寅 | 卯 | 辰 | 巳 | 午 | 未 | 申 | 酉 | 戌 | 亥 | 子 | 丑 |
|---|---|---|---|---|---|---|---|---|---|---|---|---|
| 凶月 | 4巳형 | 3辰해 | 2卯해 | 1寅형 | 2卯파 | 9戌형파 | 1寅원 | 1寅형충원 | 3辰충 | 1寅파 | 2卯형 | 3辰파 |
| | 7申충 | 5午파 | 9戌충 | 7申형파 | 11子충 | 11子원 | 2卯원 | 2卯충 | 4巳원 | 3辰원 | 5午충 | 5午해원형충 |
| | 8酉원 | 7申원 | 10亥원 | 9戌원 | 12丑원 | 12丑형충 | 4巳형파 | 9戌해 | 6未파 | 4巳충 | 6未해원 | 6未해원형충 |
| | 10亥파 | 8酉충 | 12丑파 | 10亥충 | | | 10亥해 | 10亥해 | 8酉해 | 6未해원 | 8酉파 | 9戌형 |
| | | 11子형 | | | | | | 11子파 | 12丑형 | 7申해 | 9戌형 | |
| 吉月 | 5午합 | 6未합 | 7申합 | 8酉합 | 1寅합 | 2卯합 | 3辰합 | 3辰합 | 1寅합 | 2卯합 | 3辰합 | 4巳합 |
| | 9戌합 | 9戌합 | 8酉합 | 12丑합 | 6未합 | 5午합 | 11子합 | 4巳합 | 2卯합 | 6未합 | 7申합 | 8酉합 |
| | 1寅합 | 10亥합 | 11子합 | 4巳합 | 9戌합 | 10亥합 | 7申합 | 12丑합 | 5午합 | 10亥합 | 12丑합 | 11子합 |

월별 吉凶(길흉) 포국표 ※ 후천수궁과 같은 12지지도 吉月에 포함한다.

※ 합은 좋은 해석, 나쁨을 좋음으로 전환 ※ 충은 싸움, 터짐, 변화, 충돌, 다툼, 경쟁, 파멸, 해산 ※ 형은 소송, 구속, 체포, 형벌, 이혼, 사망, 관재구설, 관재, 고소, 고발 ※ 파는 이별, 사기꾼, 배신자, 분해 ※ 해는 적개심, 증오, 폭행, 상해, 반목, 미워함 ※ 원진은 갈등, 도주, 떠나감, 억울함, 피해

## (태생)선천수 7의 궁도

# 7-5-3(쭈)년 해설

**＊＊**

### 7-5-3

올해는 경파가 자리했다. 경파는 놀람, 격동이란 키워드를 가지고 있다. 1월 퇴식은 후천수궁 경파 5土를 生하지만 경파는 3월 귀신에게 剋을 당하고 있다.

선천수 7을 가진 사람은 안 좋다. 5라는 수리는 3, 5, 7과 같은 성질을 가졌다. 친구들이다. 그래서 서로 剋해도 5가 후천수이거나 3, 7이 후천수일 때도 서로 크게 싸우지 않는다. 그래서 1월, 2월, 3월은 큰 무리 없이 지낼 수가 있다.

### 1-8-9

5월, 8월 재물 8木은 후천수궁을 木극土하여 경파를 화나게 하고 4월, 7월 시생水가 후천수궁에 剋을 당하므로 좋은 1-8-9 수리군은 6개월이 나빠졌다. 그래서 각 달에 따라 변화가 무쌍하니 1월, 4월, 7월, 10월과 2월, 5월, 8월, 11월과 3월, 6월, 9월, 12월을 별도로 구분해서 월별 길흉 포국표를 보면서 凶이 되는 일주는 조심히 행동해야 한다. 그러나 각 달에 따라 凶을 넘기고 가면 좋은 수리군이니 그렇게 나쁘지 않다.

### 1-8-9

7월 시생 1水는 후천수궁의 剋을 받고 있어 귀인이 아니라 나에게 손해를 끼치는 사람이거나 내 재물이나 돈을 탈취하는 사람이다. 7월에 만나는 사람을 조심하라.

寅 일주나 卯 일주, 巳 일주를 가진 남성은 7월에 만난 사람과 부딪혀서 싸우거나 원한을 가지며 같은 일주를 가진 여성은 7월에 만난 사람의 폭행으로 산부인과에 출입할 수가 있다. 그렇지 않다면 그 사람 때문에 망신살이 뻗치는 일이 생긴다.

그러나 7월, 8월, 9월은 좋은 수리군을 가져서 나쁘지 않으므로 凶이 안 되는 사주는 좋은 귀인과 같이 재물을 얻는 일에 힘쓰라.

### 9-3-3

문서-귀신-귀신은 귀신이 줄줄이 따라붙은 문서라 좋은 문서가 아니다.

노인이 있는 가정은 노인이 겨울 석 달을 건강히 지낼 수 있도록 보살피고 환자가 있는 집안은 정성으로 간호하라. 소홀히 할 경우 큰일을 치를 수가 있다.

7 선천수를 가진 사람은 상갓집에 가는 것을 멈추어라. 그러나 근친은 관계없다.

전체적으로 볼 때 올해는 좋은 해다. 凶이 되는 일주들만 조심하면 된다.

이 겨울철은 모든 식구가 서로 건강을 살펴서 아픈 사람이 없도록 하는 게 상책이다.

## (태생)선천수 7의 궁도

### 7-6-4(平)

| 퇴식 | 7 | 火☹ | 관록 | 6 | 水 | 안정 | 4 | 金☺ |
|---|---|---|---|---|---|---|---|---|
| 1월 | 寅 | 선천수 | 2월 | 卯 | 후천수 | 3월 | 辰 | 선후천수 |
| 변동 | 2 | 火☹ | 시생 | 1 | 水☺ | 귀신 | 3 | 木☺ |
| 4월 | 巳 | 4+7=2 | 5월 | 午 | 4+6=1 | 6월 | 未 | 2+1=3 |
| 경파 | 5 | 土☹ | 안정 | 4 | 金☺ | 문서 | 9 | 金☺ |
| 7월 | 申 | 3+2=5 | 8월 | 酉 | 3+1=4 | 9월 | 戌 | 5+4=9 |
| 경파 | 5 | 土☹ | 변동 | 2 | 火☹ | 퇴식 | 7 | 火☹ |
| 10월 | 亥 | 7+2+5=5 | 11월 | 子 | 6+1+4=2 | 12월 | 丑 | 4+3+9=7 |

| 일지 | 寅 | 卯 | 辰 | 巳 | 午 | 未 | 申 | 酉 | 戌 | 亥 | 子 | 丑 |
|---|---|---|---|---|---|---|---|---|---|---|---|---|
| 凶月 | 4巳형<br>7申충<br>8酉원<br>10亥파 | 3辰해<br>5午파<br>7申원<br>8酉원<br>11子형 | 2卯해<br>9戌충<br>10亥원<br>12丑파 | 1寅형<br>7申형파<br>9戌원<br>10亥충 | 2卯파<br>11子충<br>12丑원 | 9戌형충<br>11子원<br>12丑 | 1寅형충<br>2卯원<br>4巳형파<br>10亥해 | 1寅원<br>2卯충<br>9戌해<br>11子파 | 3辰충<br>4巳원<br>6未형파<br>8酉해<br>12丑형 | 1寅파<br>3辰원<br>4巳충<br>7申해 | 2卯형<br>5午충<br>6未해원형충<br>8酉파 | 3辰파<br>5午해원형충<br>6未<br>9戌형 |
| 吉月 | 5午합<br>9戌합<br>1寅합 | 6未합<br>9戌합<br>1寅합 | 7申합<br>8酉합<br>10亥합 | 8酉합<br>12丑합<br>11子합 | 1寅합<br>6未합<br>4巳합 | 2卯합<br>5午합<br>9戌합 | 3辰합<br>11子합<br>10亥합 | 3辰합<br>4巳합<br>7申합 | 1寅합<br>2卯합<br>12丑합 | 2卯합<br>6未합<br>5午합 | 3辰합<br>7申합<br>10亥합 | 4巳합<br>8酉합<br>11子합 |

월별 吉凶(길흉) 포국표 ※ 후천수궁과 같은 12지지도 吉月에 포함한다.

※ 합은 좋은 해석, 나쁨을 좋음으로 전환 ※ 충은 싸움, 터짐, 변화, 충돌, 다툼, 경쟁, 파멸, 해산 ※ 형은 소송, 구속, 체포, 형벌, 이혼, 사망, 관재구설, 관재, 고소, 고발 ※ 파는 이별, 사기꾼, 배신자, 분해 ※ 해는 적개심, 증오, 폭행, 상해, 반목, 미워함 ※ 원진은 갈등, 도주, 떠나감, 억울함, 피해

## (태생)선천수 7의 궁도

## 7-6-4(卯)년 해설

.*.
**

### 7-6-4

관록이 지배하는 한 해가 들어왔다. 관록은 우리에게 한없는 꿈과 희망을 주고 삶의 터전을 마련해주고 안정과 질서를 가져다주지만 냉정할 때는 우리를 법정에 세우고 다툼의 시비를 가리는 과정에서 억울한 누명을 씌우며 부정 수표법으로 송치된 사업가를 감옥에 가둘 수 있으며 병원, 학교, 직장을 대변하는 얼굴을 가졌다.

2월 후천수궁 관록 6水는 1월 퇴식 7火를 水극火하니 巳, 申, 酉, 亥 일주는 건강에 유의하라. 2월, 3월은 관록이 안정되어 좋다. 직장에서 안정을 찾을 수 있고 1월과 凶이 안 되는 일주는 몸이 아프더라도 좋은 병원과 명의를 만나 건강이 회복되겠다.

### 2-1-3

4월 변동 2火가 2월 후천수궁 관록 6木의 剋을 받고 있어 안 좋다. 寅, 申, 亥 일주는 변동하지 마라. 잘못하다가는 관재로 돈을 잃고 병도 얻는다. 7 선천수를 가진 사람들은 특히 2-1-3을 만나면 여러 가지 악재에 고생하거나 고전하게 된다.

사업가는 동료나 사원이 배신하고 부부는 남이 되고 학생은 공부를 하지 않으며 식구나 지인은 나에게 도움을 못 주며 직장인은 직장을 퇴직하려는 마음이 생겨 태만하며 생활은 어렵고 하는 일은 잘 안된다. 그러나 5월 시생 1水가 2월 후천수궁 관록 6水와 같은 오행으로 剋을 하지 않으니 귀인은 되지 못하나 크게 해롭게 만들지 않는다. 후천수궁이 6월 귀신 3木을 水생木으로 生해주고 5월 시생 1水도 水생木으로 生하므로 귀신은 조상이나 좋은 기운이 되어 나쁜 기운을 정화시켜주니 해로움은 약화되어 정신을 차려 대응하면 안 좋은 일은 벌어지지 않을 수 있다.

### 5-4-9

다소 놀라고 긴장되는 일들이 생기지만 8월, 9월에 들어서면 안정되고 관록의 도움으로 하는 일이 잘되고 계약이나 나를 돕는 일들이 안정 속에서 자리한다. 다만 상대에게 겸손하여 속마음을 드러내지 말고 오만무례한 행동을 삼가면 대길하다.

### 5-2-7

후천수가 6일 때 2, 7을 만나면 병원에 입원하거나 병치레를 한다. 11월은 후천수궁 관록 6水의 剋을 받아 水극火로 과격하게 이동하다가는 교통사고나 상해나 폭행으로 감옥에 갈 수도 있다. 노약자는 건강에 신경을 써야 하며 자기 몸이 아프다고 생각되면 병원에 스스로 찾아가서 건강을 회복해야 한다. 2-5-7이나 5-2-7은 안 좋은 수리군이다. 특히 11월에 凶이 되는 일주 卯, 午 일주는 사고에 조심하라.

## (태생)선천수 7의 궁도

### 7-7-5(凶)

| 퇴식 | **7** | 火☺ | 퇴식 | **7** | 火 | 경파 | **5** | 土☺ |
|---|---|---|---|---|---|---|---|---|
| 1월 | 寅 | 선천수 | 2월 | 卯 | 후천수 | 3월 | 辰 | 선후천수 |
| 귀신 | **3** | 木☺ | 귀신 | **3** | 木☺ | 관록 | **6** | 水☹ |
| 4월 | 巳 | 5+7=3 | 5월 | 午 | 5+7=3 | 6월 | 未 | 3+3=6 |
| 문서 | **9** | 金☹ | 문서 | **9** | 金☹ | 문서 | **9** | 金☹ |
| 7월 | 申 | 6+3=9 | 8월 | 酉 | 6+3=9 | 9월 | 戌 | 9+9=9 |
| 시생 | **1** | 水☹ | 시생 | **1** | 水☹ | 변동 | **2** | 火☺ |
| 10월 | 亥 | 7+3+9=1 | 11월 | 子 | 7+3+9=1 | 12월 | 丑 | 5+6+9=2 |

| 일지 | 寅 | 卯 | 辰 | 巳 | 午 | 未 | 申 | 酉 | 戌 | 亥 | 子 | 丑 |
|---|---|---|---|---|---|---|---|---|---|---|---|---|
| 凶月 | 4巳형<br>7申충<br>8酉원<br>10亥파 | 3辰해<br>5午파<br>7申충<br>8酉충<br>11子형 | 2卯해<br>9戌충<br>10亥원<br>12丑파 | 1寅형<br>7申형파<br>9戌원<br>10亥충 | 2卯파<br>11子충<br>12丑원<br>10亥충 | 9戌형파<br>11子원<br>12丑원 | 1寅형충<br>2卯원<br>4巳형파<br>10亥해 | 1寅원<br>2卯충<br>9戌해<br>11子파 | 3辰충<br>4巳원<br>6未파<br>8酉해<br>12丑형 | 1寅파<br>3辰원<br>4巳충<br>6未형원<br>7申해 | 2卯형<br>5午충<br>6未해원형충<br>8酉파 | 3辰파<br>5午해원형충<br>6未해원형충<br>9戌형 |
| 吉月 | 5午합<br>9戌합<br>1寅합 | 6未합<br>9戌합<br>1寅합 | 7申합<br>8酉합<br>10亥합 | 8酉합<br>12丑합<br>4巳합 | 1寅합<br>6未합<br>9戌합 | 2卯합<br>5午합<br>10亥합 | 3辰합<br>11子합<br>7申합 | 3辰합<br>4巳합<br>12丑합 | 1寅합<br>2卯합<br>5午합 | 2卯합<br>6未합<br>10亥합 | 3辰합<br>7申합<br>12丑합 | 4巳합<br>8酉합<br>11子합 |

월별 吉凶(길흉) 포국표 ※ 후천수궁과 같은 12지지도 吉月에 포함한다.

※ 합은 좋은 해석, 나쁨을 좋음으로 전환 ※ 충은 싸움, 터짐, 변화, 충돌, 다툼, 경쟁, 파멸, 해산 ※ 형은 소송, 구속, 체포, 형벌, 이혼, 사망, 관재구설, 관재, 고소, 고발 ※ 파는 이별, 사기꾼, 배신자, 분해 ※ 해는 적개심, 증오, 폭행, 상해, 반목, 미워함 ※ 원진은 갈등, 도주, 떠나감, 억울함, 피해

## 7-7-5(凶)년 해설

✳️

### 7-7-5

올해는 퇴식이 자리하는 해다. 7 선천수를 가진 사람이 퇴식의 해를 맞이했다.

올해는 더욱 고집을 세게 부리고 손해 보는 일도 많겠다. 환자는 병이 더욱 깊어지고 병든 노인은 회복하기 힘들어 사망에 이를 수 있다. 일 년 내내 7 수리를 가진 사람들은 건강에 힘을 써야 하며 土 일주를 가진 사람들은 더욱 긴장하여야 한다. 병이 들어서면 쉽게 낫지 않으므로 집안에 우환이 생기고 인적, 물적 소비가 커진다. 1월, 2월, 3월을 무탈하게 보내야 4월, 5월, 6월도 수월하게 보낼 수 있으니 미리 검진을 받아라. 퇴식-퇴식-경파는 숨어 있던 병을 발견하여 크게 놀라는 꼴이다.

### 3-3-6

5 다음에 3-3이나 3-3 다음에 6이나 6 다음에 9-9-9가 오는 것은 매우 안 좋은 조합이다. 모두 질병이나 정신적 고통, 관재수나 직장 관계, 파산이나 부도, 종말, 떠남, 이별 등 안 좋은 일이 생긴다는 징조다. 4월에는 寅, 申, 戌, 亥 일주, 5월에는 卯, 子, 丑 일주, 6월에는 戌, 子, 丑 일주는 특히 조심해야 한다. 몸이 아프거나 가지고 있던 병세가 더 나빠지거나 때론 새로운 병으로 놀라게 되며 직장인은 직장 문제로 머리가 아파진다. 사업가는 부도를 맞아 관재수가 있게 된다.

### 9-9-9

7월, 8월, 9월이 모두 9-9-9다. 6 월 6 다음에 들어왔다. 6 다음에 9-9-9는 멀리 떠날수록 좋은 수다. 3 다음에 9-9-9가 들어오면 풍에 걸려 혈액 순환에 지장을 준다. 6월과 7월에 沖이나 刑이 되는 일주는 미리 대처하라. 9가 연속으로 들어올 때는 외국으로 여행을 가든지 직장인은 외국이나 직장에서 먼 곳으로 발령을 받든지 외국으로 이민을 가면 더욱 좋다. 2 수리 다음에 9-9-9가 오면 먼 곳으로 이사, 직장 이전, 이민을 가면 더욱 좋고, 학교도 먼 곳으로 지망하면 합격한다. 그러나 아무나 이에 해당하지 않는다. 노인이나 환자, 나이 많은 어르신은 종합 병원 1,000미터 반경에서 지내야 좋다. 산이나 먼 곳에 가라고 하면 그 말을 듣지 마라. 정신 빠진 상담사라고 봐라.

### 1-1-2

10월, 11월 시생 1水는 후천수궁을 모두 剋하고 있다. 일단 오행끼리 剋하거나 剋을 당하면 안 좋은 것이다. 특히 후천수궁을 剋하는 것은 반역죄를 범한 것이다. 임금이 무능하고 나쁜 군주라 해도 역모를 하면 무조건 이유 없이 반역죄에 해당한다. 이와 같이 10월, 11월 시생은 나쁜 일과 안 좋은 사람들이다. 반역자들이다. 나에게는 악인이다.

그러므로 10월, 11월에 만나는 사람과 상종을 금하고 변동이나 이동을 금하라.

## (태생)선천수 7의 궁도

### 7-8-6(吉)

| 퇴식 | **7** | 火☺ | 재물 | **8** | 木 | 관록 | **6** | 水☺ |
|---|---|---|---|---|---|---|---|---|
| 1월 | 寅 | 선천수 | 2월 | 卯 | 후천수 | 3월 | 辰 | 선후천수 |
| 안정 | **4** | 金☹ | 경파 | **5** | 土☹ | 문서 | **9** | 金☹ |
| 4월 | 巳 | 6+7=4 | 5월 | 午 | 6+8=5 | 6월 | 未 | 4+5=9 |
| 안정 | **4** | 金☹ | 경파 | **5** | 土☹ | 문서 | **9** | 金☹ |
| 7월 | 申 | 9+4=4 | 8월 | 酉 | 9+5=5 | 9월 | 戌 | 4+5=9 |
| 관록 | **6** | 水☺ | 문서 | **9** | 金☹ | 관록 | **6** | 水☺ |
| 10월 | 亥 | 7+4+4=6 | 11월 | 子 | 8+5+5=9 | 12월 | 丑 | 6+9+9=6 |

| 일지 | 寅 | 卯 | 辰 | 巳 | 午 | 未 | 申 | 酉 | 戌 | 亥 | 子 | 丑 |
|---|---|---|---|---|---|---|---|---|---|---|---|---|
| 凶月 | 4巳형 | 3辰해 | 2卯해 | 1寅형 | 2卯파 | 9戌형파 | 1寅형충 | 1寅원 | 3辰충 | 1寅파 | 2卯형 | 3辰파 |
| | 7申충 | 5午파 | 9戌충 | 7申형파 | 11子충 | 11子원 | 2卯원 | 2卯충 | 4巳원 | 3辰원 | 5午충 | 5午해원형충 |
| | 8酉원 | 7申원 | 10亥원 | 9戌원 | 9戌원 | 12丑원 | 4巳형파 | 9戌해 | 6未형파 | 5午충 | 6未해원형충 | 6未형 |
| | 10亥파 | 8酉충 | 12丑파 | 10亥충 | | | 10亥해 | 10亥해 | 8酉해 | 4巳충 | 7申해 | 9戌형 |
| | | 11子형 | | | | | | 11子파 | 12丑형 | 8酉파 | 8酉파 | |
| 吉月 | 5午합 | 6未합 | 7申합 | 8酉합 | 1寅합 | 2卯합 | 3辰합 | 3辰합 | 1寅합 | 2卯합 | 3辰합 | 4巳합 |
| | 9戌합 | 9戌합 | 8酉합 | 12丑합 | 6未합 | 5午합 | 11子합 | 4巳합 | 2卯합 | 6未합 | 7申합 | 8酉합 |
| | 1寅합 | 10亥합 | 11子합 | 4巳합 | 9戌합 | 10亥합 | 7申합 | 12丑합 | 5午합 | 10亥합 | 12丑합 | 11子합 |

월별 吉凶(길흉) 포국표 ※ 후천수궁과 같은 12지지도 吉月에 포함한다.

※ 합은 좋은 해석, 나쁨을 좋음으로 전환 ※ 충은 싸움, 터짐, 변화, 충돌, 다툼, 경쟁, 파멸, 해산 ※ 형은 소송, 구속, 체포, 형벌, 이혼, 사망, 관재구설, 관재, 고소, 고발 ※ 파는 이별, 사기꾼, 배신자, 분해 ※ 해는 적개심, 증오, 폭행, 상해, 반목, 미워함 ※ 원진은 갈등, 도주, 떠나감, 억울함, 피해

## 7-8-6(吉)년 해설

*
**

### 7-8-6

재물에 울고 웃는 해가 들어섰다. 없는 자는 몇만 원에 울고 있는 자는 몇억 원을 더 벌려고 사투를 벌인다. 2월 후천수궁은 金과 土에 둘러싸여 金극木이나 木극土나 木생火로 剋을 당하거나 剋을 하거나 설기를 당하고 있다. 이것만 보더라도 후천수궁의 재물은 허울 좋은 재물이다. 1월부터 11월까지 재물이 生을 받지 못하는 극히 드문 현상에 놓았다. 모르는 사람들은 4-5-9가 4월, 5월, 6월, 7월, 8월, 9월에 연속 들어오고 후천수궁이 재물이라 좋다고 할 수 있으나 생극제화를 따지고 보면 안 좋은 상태이다. 巳, 申 일주는 1월에 건강을 조심하고 2월, 3월에 돈거래로 다투거나 싸우는 일이 없도록 하라. 관재수가 보인다.

### 4-5-9

4월도 재물이나 돈 문제로 안정이 깨지고 5월 역시 돈 문제로 크게 놀라며 6월도 재물과 관련된 계약이나 문서적인 사유로 하던 일이 잘못되거나 취소가 될 수 있다. 재물에 투자하지 말고 함부로 부동산에 손을 대면 5월에 재물을 잃고 6월에 깡통 찬다. 子 일주, 丑 일주는 더욱 조심하고 4월에 亥 일주는 재물로 인해 관재수가 있으니 조심하라. 4-5-9는 안정 속에 큰 거, 한탕인 것은 누구나 인정하는 좋은 결과를 보는 수리지만 보다시피 2월 후천수궁을 剋하거나 설기하고 있으니 볼 장은 다 봤다.

### 4-5-9

안정-경파-문서가 모두 2월 후천수궁, 재물을 生하지 못하므로 빛 좋은 개살구지만 전에 사두었던 부동산이나 주식 등을 내다 파는 것은 좋다. 안정이 겹치고 경파와 문서 역시 겹쳐서 5월 경파를 土생金하거나 8월 경파를 土생金하므로 5월이나 8월에 팔면 큰돈이 된다. 왜냐하면 크게 놀랄 만큼 이득이 있다는 의미가 5월, 8월에 나타나기 때문이다. 문서란 재물을 포함한 돈도 된다.

### 6-9-6

관청과 크게 연관된 문서가 가운데 놓인 격이다. 관청과 연관되거나 규제를 받는 문서는 큰 이익을 남기지 못한다. 편법을 사용할 수가 없기 때문이다. 이런 경우 경매로 부동산 매입을 하면 좋다. 운이 좋은 해에 팔면 대박을 본다. 관록이 중중한 문서가 가운데 있다는 것은 나에게는 부담이 되는 계약이거나 큰손이나 타인의 힘을 얻어야 성사될 경우의 처지라 부단히 노력도 하여야 하고 빽도 있어야 하고 돈도 써서 로비도 하여야 문서를 크게 잡을 수가 있다. 그러나 실패할 확률이 조금이라도 높다면 경파의 성정으로 밀어붙이면 후환이 있게 된다. 잘못하면 파경에 도달하므로 사업가는 신중해라. 명예까지 날아간다.

## (태생)선천수 7의 궁도

### 7-9-7(凶)

| 퇴식 | **7** | 火☹ | 문서 | **9** | 金 | 퇴식 | **7** | 火☹ |
|---|---|---|---|---|---|---|---|---|
| 1월 | 寅 | 선천수 | 2월 | 卯 | 후천수 | 3월 | 辰 | 선후천수 |
| 경파 | **5** | 土☺ | 퇴식 | **7** | 火☹ | 귀신 | **3** | 木☹ |
| 4월 | 巳 | 7+7=5 | 5월 | 午 | 7+9=7 | 6월 | 未 | 5+7=3 |
| 재물 | **8** | 木☹ | 시생 | **1** | 水☺ | 문서 | **9** | 金☺ |
| 7월 | 申 | 3+5=8 | 8월 | 酉 | 3+7=1 | 9월 | 戌 | 8+1=9 |
| 변동 | **2** | 火☹ | 재물 | **8** | 木☹ | 시생 | **1** | 水☺ |
| 10월 | 亥 | 7+5+8=2 | 11월 | 子 | 9+7+1=8 | 12월 | 丑 | 7+3+9=1 |

| 일지 | 寅 | 卯 | 辰 | 巳 | 午 | 未 | 申 | 酉 | 戌 | 亥 | 子 | 丑 |
|---|---|---|---|---|---|---|---|---|---|---|---|---|
| 凶月 | 4 巳 형 | 3 辰 해 | 2 卯 해 | 1 寅 형 | 2 卯 파 | 9 戌 형충 | 1 寅 형충 | 1 寅 원 | 3 辰 충 | 1 寅 파 | 2 卯 형 | 3 辰 파 |
| | 7 申 충 | 5 午 파 | 9 戌 충 | 7 申 형파 | 11 子 충 | 11 子 원 | 2 卯 원 | 2 卯 충 | 4 巳 원 | 3 辰 원 | 5 午 충 | 5 午 해원형충 |
| | 8 酉 원 | 7 申 원 | 10 亥 원 | 9 戌 원 | 12 丑 원 | 12 丑 형충 | 4 巳 형파 | 9 戌 해 | 6 未 파 | 4 巳 충 | 6 未 해원형 | 6 未 |
| | 10 亥 파 | 8 酉 충 | 12 丑 파 | 10 亥 충 | | | | 10 亥 해 | 11 子 파 | 8 酉 해 | 7 申 해 | 9 戌 |
| | | 11 子 형 | | | | | | | 12 丑 형 | | 8 酉 파 | |
| 吉月 | 5 午 합 | 6 未 합 | 7 申 합 | 8 酉 합 | 1 寅 합 | 2 卯 합 | 3 辰 합 | 3 辰 합 | 1 寅 합 | 2 卯 합 | 3 辰 합 | 4 巳 합 |
| | 9 戌 합 | 9 戌 합 | 8 酉 합 | 12 丑 합 | 6 未 합 | 5 午 합 | 11 子 합 | 4 巳 합 | 2 卯 합 | 6 未 합 | 7 申 합 | 8 酉 합 |
| | 1 寅 합 | 10 亥 합 | 11 子 합 | 4 巳 합 | 9 戌 합 | 10 亥 합 | 7 申 합 | 12 丑 합 | 5 午 합 | 10 亥 합 | 12 丑 합 | 11 子 합 |

월별 吉凶(길흉) 포국표 ※ 후천수궁과 같은 12지지도 吉月에 포함한다.

※ 합은 좋은 해석, 나쁨을 좋음으로 전환 ※ 충은 싸움, 터짐, 변화, 충돌, 다툼, 경쟁, 파멸, 해산 ※ 형은 소송, 구속, 체포, 형벌, 이혼, 사망, 관재구설, 관재, 고소, 고발 ※ 파는 이별, 사기꾼, 배신자, 분해 ※ 해는 적개심, 증오, 폭행, 상해, 반목, 미워함 ※ 원진은 갈등, 도주, 떠나감, 억울함, 피해

168

## (태생)선천수 7의 궁도

### 7-9-7(凶)년 해설

**

#### 7-9-7

문서가 한 해를 결정하는, 확실한 도장을 찍는 해다.

1월, 3월이 퇴식 7火가 2월 후천수궁의 문서 9金을 火극金으로 불태우고 있다. 퇴식에 둘러싸인 문서는 삼척동자도 안다. 병이 있다는 진단서나 입원하라는 입실 배정서이다. 사업가는 파산 선고로 깡통을 차고 길가에 나앉은 상태다.

#### 5-7-3

1월, 2월, 3월에 진단을 받고 치료하여서 쉽게 낫겠거니 생각했던 병세가 더 나빠졌다는 검진을 받고 소스라치게 놀라는 꼴이다. 우측을 돌아보니 귀신이 어른거린다. 하는 일은 안 좋은 소식과 놀라는 일로 인해 손에 잡히지 않는다. 5-7-3에는 남과 거래하지 말고 부부는 말다툼을 하거나 외박하지 말고 직장을 가진 자는 잘못 처세하면 직장에서 쫓겨나고 자본이 약한 사업가는 이 運(운)에서 부도가 난다. 환자나 노약자, 노인은 병이 생기거나 깊어지며 쉽게 차도가 없다.

#### 8-1-9

약간 숨통이 트이는 형세이다. 그러나 1월부터 6월이 워낙 나빠서 겨우 바쁜 숨을 내쉬고 있는 상태라 안정이 덜 되어 있어 7월은 정신을 못 차리고 8월에 가서야 귀인을 만나서 좋은 일이 생기게 된다. 12월에 가서는 귀인들이 도움으로 크게 번영한다. 일지가 凶이 되는 사람은 올 한 해 매달 나에게 안 좋은 지지가 무엇인가 찾아보고 건강을 살펴야 한다. 특히, 忠과 刑이 있나 봐야 한다.

#### 2-8-1

7월, 8월, 9월에 하던 일을 계속하라. 9월의 문서는 좋은 문서이므로 변화, 변동을 거쳐 재물을 만들어라. 그러면 12월에 가서는 좋은 일이 생기거나 귀인이 재물을 더 크게 만들어준다. 다만 주는 것은 보류하라. 남에게 베풀지도 말라. 7 선천수를 가진 사람은 올해는 남에게 베풀지 말라. 크게 손해를 보거나 심하면 사기를 당하거나 깡통을 찬다. 부탁도 들어주면 안 된다. 가족이 부탁해도 신중히 가족회의를 거쳐야 한다. 모두 책임지는 일이 아닐 경우 단독으로 일을 처리하면 후회한다.

# 8 수리 해설

8-1-9 ~ 8-9-8

| 8 수리 운세표 | | | | | | | | |
|---|---|---|---|---|---|---|---|---|
| 길 | 흉 | 길 | 흉 | 흉 | 길 | 흉 | 평 | 길 |
| 819 | 821 | 832 | 843 | 854 | 865 | 876 | 887 | 898 |

## (태생)선천수 8의 궁도

## 8-1-9(吉)

| 재물 | 8 | 木☺ | 시생 | 1 | 水 | 문서 | 9 | 金☺ |
|---|---|---|---|---|---|---|---|---|
| 1월 | 寅 | 선천수 | 2월 | 卯 | 후천수 | 3월 | 辰 | 선후천수 |
| 재물 | 8 | 木☺ | 시생 | 1 | 水☺ | 문서 | 9 | 金☺ |
| 4월 | 巳 | 9+8=8 | 5월 | 午 | 9+1=1 | 6월 | 未 | 8+1=9 |
| 재물 | 8 | 木☺ | 시생 | 1 | 水☺ | 문서 | 9 | 金☺ |
| 7월 | 申 | 9+8=8 | 8월 | 酉 | 9+1=1 | 9월 | 戌 | 8+1=9 |
| 관록 | 6 | 水☺ | 귀신 | 3 | 木☺ | 문서 | 9 | 金☺ |
| 10월 | 亥 | 8+8+8=6 | 11월 | 子 | 1+1+1=3 | 12월 | 丑 | 9+9+9=9 |

| 일지 | 寅 | 卯 | 辰 | 巳 | 午 | 未 | 申 | 酉 | 戌 | 亥 | 子 | 丑 |
|---|---|---|---|---|---|---|---|---|---|---|---|---|
| 凶月 | 4 巳 형 | 3 辰 해 | 2 卯 해 | 1 寅 형 | 2 卯 파 | 9 戌 형파 | 1 寅 형충 | 1 寅 원 | 3 辰 충 | 1 寅 파 | 2 卯 형 | 3 辰 파 |
|  | 7 申 충 | 5 午 파 | 9 戌 충 | 7 申 형파 | 11 子 충 | 11 子 원 | 2 卯 원 | 2 卯 충 | 4 巳 원 | 3 辰 원 | 5 午 충 | 5 午 해원 |
|  | 8 酉 원 | 7 申 원 | 10 亥 원 | 9 戌 원 | 12 丑 원 | 12 丑 원 | 4 巳 형파 | 9 戌 해 | 6 未 형파 | 4 巳 충 | 6 未 해원 | 6 未 형충 |
|  | 10 亥 파 | 9 酉 충 | 12 丑 파 | 10 亥 충 |  |  | 10 亥 해 | 11 子 파 | 8 酉 해 | 7 申 해 | 8 酉 파 | 9 戌 형 |
|  |  | 11 子 형 |  |  |  |  |  |  | 12 丑 형 |  |  |  |
| 吉月 | 5 午 합 | 6 未 합 | 7 申 합 | 8 酉 합 | 1 寅 합 | 2 卯 합 | 3 辰 합 | 3 辰 합 | 1 寅 합 | 2 卯 합 | 3 辰 합 | 4 巳 합 |
|  | 9 戌 합 | 9 戌 합 | 8 酉 합 | 12 丑 합 | 6 未 합 | 5 午 합 | 11 子 합 | 4 巳 합 | 2 卯 합 | 6 未 합 | 7 申 합 | 8 酉 합 |
|  | 1 寅 합 | 10 亥 합 | 11 子 합 | 4 巳 합 | 9 戌 합 | 10 亥 합 | 7 申 합 | 12 丑 합 | 5 午 합 | 10 亥 합 | 12 丑 합 | 11 子 합 |

월별 吉凶(길흉) 포국표 ※ 후천수궁과 같은 12지지도 吉月에 포함한다.

※ 합은 좋은 해석, 나쁨을 좋음으로 전환 ※ 충은 싸움, 터짐, 변화, 충돌, 다툼, 경쟁, 파멸, 해산 ※ 형은 소송, 구속, 체포, 형벌, 이혼, 사망, 관재구설, 관재, 고소, 고발 ※ 파는 이별, 사기꾼, 배신자, 분해 ※ 해는 적개심, 증오, 폭행, 상해, 반목, 미워함 ※ 원진은 갈등, 도주, 떠나감, 억울함, 피해

## 8-1-9(吉)년 해설

⁂

**8-1-9**

시생이 들어와 한 해를 관장한다. 새로운 일, 새로운 사람과 인연으로 올 한 해를 보내게 될 것이다. 8-1-9가 1월부터 9월에 걸쳐 반복하여 들어온다. 가만히 살펴보면 2월 후천수궁 시생 1水를 剋하거나 剋을 당하는 달이 한 군데도 없다. 그러나 그렇다고 일사천리로 좋다고 판단하면 착오다. 이렇게 반복되는 수리군이 9개월 동안 세 차례 들어올 경우는 세심하게 판단하여야 한다. 자신의 일지와 각 달의 형, 충, 파, 해, 원진을 따져보는 것은 물론 더 나아가서는 선천수를 가진 자의 일주를 기준으로 하여 세운(올해의 운)에서 천간지지가 어떻게 들어왔느냐를 알아보고 나의 일주의 천간과 지지에 어떤 십신으로 도래했느냐를 보아야 한다. 예를 들어 내가 庚 일간이고 올해의 세운이 甲이나 乙을 만났다면 재성의 세운을 만난 것이다. 그러면 부동산, 동산, 돈, 주식, 운영 자금, 재산 등을 살펴보는데 여기 8-1-9에서는 8이 재물이므로 재성에 해당되므로 寅, 巳, 申월에 해당된다. 凶에 해당되는 일주는 2배 강력하게 재물을 잃게 되고 이때, 合 일주는 2배 이상 큰 재물을 얻게 된다. 1월, 2월, 3월이 모두 生 관계이므로 좋다. 새로운 일로 인해 재물을 얻는다.

**8-1-9**

寅 巳, 申과 凶이 되는 일주는 돈이 나가고 卯, 午, 酉와 凶이 되는 일주는 사람을 조심하라. 사기꾼을 만날 수가 있으며 辰, 未, 戌과 凶이 되는 일주는 문서로 오는 시빗거리와 계약상의 하자, 사기꾼과의 문서 계약에 조심하라. 그러나 凶 관계가 없는 일주는 하는 일을 잘하면 귀인을 만나 대박을 터트린다.

**8-1-9**

직장인, 수험생, 사업가, 공무원, 주부, 부동산 관계자, 인력 소개업자 등 8 선천수를 가진 사람은 9개월 동안 후회 없이 능력을 발휘해 발전의 발판을 만들어라. 특히 새로 사업을 시작하는 사람은 너무나 좋은 시기이다. 이때를 놓치지 말아야 성공한다. 8-1-9는 매우 귀한 수리군이다.

**6-3-9**

관록에 귀신이 들어 2월 후천수궁의 生을 받는다. 귀신이 시생의 生을 받는다는 것은 귀신의 작용이 강해진다는 것이다. 더군다나 10월의 관청의 生까지 받으므로 더욱 괴물이 되었다. 문서는 망가진다. 문서는 새로운 일이나 사람으로 큰 손해를 보거나 관재에 시달리거나 더욱 심해지면 교도소에 갈 일이 생기고 아픈 노인과 중환자는 사망에 이를 수도 있다. 6-3이 오면 먼저 관재를 생각하고 3-9가 오면 문서로 오는 하자를 먼저 생각하라.

# (태생)선천수 8의 궁도

## 8-2-1(凶)

| 재물 | **8** | 木☺ | 변동 | **2** | 火 | 시생 | **1** | 水☹ |
|---|---|---|---|---|---|---|---|---|
| 1월 | 寅 | 선천수 | 2월 | 卯 | 후천수 | 3월 | 辰 | 선후천수 |
| 문서 | **9** | 金☹ | 귀신 | **3** | 木☺ | 귀신 | **3** | 木☺ |
| 4월 | 巳 | 1+8=9 | 5월 | 午 | 1+2=3 | 6월 | 未 | 9+3=3 |
| 귀신 | **3** | 木☺ | 관록 | **6** | 水☹ | 문서 | **9** | 金☹ |
| 7월 | 申 | 3+9=3 | 8월 | 酉 | 3+3=6 | 9월 | 戌 | 3+6=9 |
| 변동 | **2** | 火☺ | 변동 | **2** | 火☺ | 안정 | **4** | 金☹ |
| 10월 | 亥 | 8+9+3=2 | 11월 | 子 | 2+3+6=2 | 12월 | 丑 | 1+3+9=4 |

| 일지 | 寅 | 卯 | 辰 | 巳 | 午 | 未 | 申 | 酉 | 戌 | 亥 | 子 | 丑 |
|---|---|---|---|---|---|---|---|---|---|---|---|---|
| **凶月** | 4巳형 | 3辰해 | 2卯해 | 1寅형 | 2卯파 | 3戌형파 | 1寅형충 | 1寅원 | 3辰충 | 1寅형 | 2卯형 | 3辰파 |
| | 7申충 | 5午파 | 9戌충 | 7申형파 | 11子충 | 11子원 | 2卯원 | 2卯충 | 4巳원 | 3辰원 | 5午충 | 5午해원 |
| | 8酉원 | 7申원 | 10亥원 | 9戌원 | 12丑원 | 12丑형충 | 4巳형파 | 9戌해 | 6未형파 | 4巳충 | 6未해원 | 6未형충 |
| | 10亥파 | 8酉충 | 12丑파 | 10亥충 | | | | 10亥해 | 11子파 | 8酉해 | 7申해 | 8酉파 |
| | | 11子형 | | | | | | | 12丑형 | | | 9戌형 |
| **吉月** | 5午합 | 6未합 | 7申합 | 8酉합 | 1寅합 | 2卯합 | 3辰합 | 3辰합 | 1寅합 | 2卯합 | 3辰합 | 4巳합 |
| | 9戌합 | 9戌합 | 8酉합 | 12丑합 | 6未합 | 5午합 | 11子합 | 4巳합 | 2卯합 | 6未합 | 7申합 | 8酉합 |
| | 1寅합 | 10亥합 | 11子합 | 4巳합 | 9戌합 | 10亥합 | 7申합 | 12丑합 | 5午합 | 10亥합 | 12丑합 | 11子합 |

월별 吉凶(길흉) 포국표 ※ 후천수궁과 같은 12지지도 吉月에 포함한다.

※ 합은 좋은 해석, 나쁨을 좋음으로 전환 ※ 충은 싸움, 터짐, 변화, 충돌, 다툼, 경쟁, 파멸, 해산 ※ 형은 소송, 구속, 체포, 형벌, 이혼, 사망, 관재구설, 관재, 고소, 고발 ※ 파는 이별, 사기꾼, 배신자, 분해 ※ 해는 적개심, 증오, 폭행, 상해, 반목, 미워함 ※ 원진은 갈등, 도주, 떠나감, 억울함, 피해

## (태생)선천수 8의 궁도

## 8-2-1(凶)년 해설
*⁂*

### 8-2-1

변동이 올 한 해를 요란하게 할 것이다. 변동이란 움직이며 바꾼다는 뜻이다.

재물에 대한 변동은 3월에 들어 안 좋은 일이나 인연으로 돈이 나간다. 2월 후천수궁 변동 2火를 3월 시생 1水가 水극火하고 있다. 계약이나 사람을 조심하라.

1월, 2월에 申, 酉 일주는 돈이 나간다. 寅, 申충, 卯, 酉충으로 재물이 변동 사항으로 흩어진다. 申, 酉 일주는 절대 투자하지 말고 사람도 조심하라.

### 9-3-3

3월, 4월은 2월 후천수궁과 剋 관계로 戌, 亥 일주는 다툼, 충돌, 싸움수가 있으니 남에게 시비를 걸지 말고 자동차 사고를 조심하고 원수 같은 놈과 죽기 살기로 싸우게 되므로 자중하라. 5월, 6월, 7월에 3-3-3이 연속 들어오고 3-3-3 앞에는 4월에 문서 9가 있다.

올해 후천수가 2 변동인 만큼, 변동을 하면 5월, 6월, 7월에 쪽박을 찬다. 사업장 이전, 환자가 있는 가정의 이사, 직장을 그만두는 일을 하지 마라. 다만 5월, 6월 귀신이 후천수궁과 生 관계라서 나쁘게 작용하지 않을 수 있으나 귀신이 중중하면 마음이 심란하고 하는 일에 정신을 집중할 수가 없으며 정신적 불안과 불면에 시달리고 우울증, 조울증 등으로 잘못하면 자살을 하려는 마음이 생긴다. 5월, 6월에 3-3이라 5월, 6월에 子, 丑 일주는 충, 형과 원진으로 상갓집에 가면 안 좋다.

### 3-6-9

9-3-3과 3-6-9가 연속되고 있다는 것은 4월, 5월, 6월에 쪽박 차는 수가 있다는 뜻이다. 3-6-9에 잘못하면 감옥 가는 수가 들어섰다면 해결 방책은 하나다. 꼼짝 말고 그 자리에서 고개 숙여 조상께 기도하거나 예수님, 부처님께 참회하는 게 제일 좋다. 종교가 없는 사람은 집에서 인터넷 강의로 역학 공부를 해라.

### 2-2-4

변동 해에 변동이 10월, 11월에 들어서니 마음은 무언가 하려고 무던히 애를 쓰지만 운이 별로라 답답할 시기다. 그러나 이왕 잘 인내한 김에 차분한 마음으로 있으면 12월에 가서는 안정을 만나 차츰 안정을 가지게 되면 내년 1월, 2월, 3월, 4월에 조상이 도와 소득도 있고 귀인도 만날 수가 있다. 사람은 내일을 믿고 오늘의 어려움을 감당해낸다. 비록 내일도 어려움이 지속되지만 포기하지 않고 희망을 가지고 살아가는 것이 부처의 심성이고 예수님의 가르침이다. 상담을 받는 자에게 언제나 힘을 가지고 살아가도록 상담을 해주는 사람은 역학인이다. 역학인은 경거망동하지 말고 진솔한 마음으로 고객을 대해야 복을 받는다.

## 8-3-2(吉)

| 재물 | 8 | 木☺ | 귀신 | 3 | 木 | 변동 | 2 | 火☺ |
|---|---|---|---|---|---|---|---|---|
| 1월 | 寅 | 선천수 | 2월 | 卯 | 후천수 | 3월 | 辰 | 선후천수 |
| 시생 | 1 | 水☺ | 경파 | 5 | 土☹ | 관록 | 6 | 水☺ |
| 4월 | 巳 | 2+8=1 | 5월 | 午 | 2+3=5 | 6월 | 未 | 1+5=6 |
| 퇴식 | 7 | 火☺ | 변동 | 2 | 火☺ | 문서 | 9 | 金☹ |
| 7월 | 申 | 6+1=7 | 8월 | 酉 | 6+5=2 | 9월 | 戌 | 7+2=9 |
| 퇴식 | 7 | 火☺ | 시생 | 1 | 水☺ | 재물 | 8 | 木☺ |
| 10월 | 亥 | 8+1+7=7 | 11월 | 子 | 3+5+2=1 | 12월 | 丑 | 2+6+9=8 |

| 일지 | 寅 | 卯 | 辰 | 巳 | 午 | 未 | 申 | 酉 | 戌 | 亥 | 子 | 丑 |
|---|---|---|---|---|---|---|---|---|---|---|---|---|
| 凶月 | 4 巳 형 | 3 辰 해 | 2 卯 해 | 1 寅 형 | 2 卯 파 | 9 戌 형파원 | 1 寅 형충원 | 1 寅 원 | 3 辰 충 | 1 寅 파 | 2 卯 형 | 3 辰 파 |
| | 7 申 충 | 5 午 파 | 9 戌 충 | 7 申 형파 | 11 子 충 | 11 子 충 | 2 卯 원 | 2 卯 충 | 3 辰 원 | 4 巳 원 | 5 午 충 | 5 午 해원형충 |
| | 8 酉 원 | 7 申 원 | 10 亥 원 | 10 亥 충 | 12 丑 원 | 12 丑 원 | 4 巳 형파 | 9 戌 해 | 6 未 형원 | 4 巳 원 | 6 未 해원형충 | 6 未 형원충 |
| | 10 亥 파 | 8 酉 충 | 12 丑 파 | | | | 10 亥 해 | 11 子 파 | 8 酉 해 | 7 申 해 | 8 酉 파 | 9 戌 형 |
| | | 11 子 형 | | | | | | | 12 丑 형 | 8 酉 파 | | |
| 吉月 | 5 午 합 | 6 未 합 | 7 申 합 | 8 酉 합 | 1 寅 합 | 2 卯 합 | 3 辰 합 | 3 辰 합 | 1 寅 합 | 2 卯 합 | 3 辰 합 | 4 巳 합 |
| | 9 戌 합 | 9 戌 합 | 8 酉 합 | 12 丑 합 | 6 未 합 | 5 午 합 | 11 子 합 | 4 巳 합 | 2 卯 합 | 3 辰 합 | 6 未 합 | 8 酉 합 |
| | 1 寅 합 | 10 亥 합 | 11 子 합 | 4 巳 합 | 9 戌 합 | 10 亥 합 | 7 申 합 | 12 丑 합 | 5 午 합 | 10 亥 합 | 12 丑 합 | 11 子 합 |

월별 吉凶(길흉) 포국표 ※ 후천수궁과 같은 12지지도 吉月에 포함한다.

※ 합은 좋은 해석, 나쁨을 좋음으로 전환 ※ 충은 싸움, 터짐, 변화, 충돌, 다툼, 경쟁, 파멸, 해산 ※ 형은 소송, 구속, 체포, 형벌, 이혼, 사망, 관재구설, 관재, 고소, 고발 ※ 파는 이별, 사기꾼, 배신자, 분해 ※ 해는 적개심, 증오, 폭행, 상해, 반목, 미워함 ※ 원진은 갈등, 도주, 떠나감, 억울함, 피해

# 8-3-2(凶)년 해설

※
※※

## 8-3-2

올해는 귀신이 12개 궁을 돌며 관여한다. 귀신은 형체가 없다. 다만 기운만 느낄 뿐이다. 그러나 그 기운은 때에 따라 凶한 기운으로 강력히 다가오고 때로는 기쁘고 좋은 선물을 안겨주기도 한다. 凶이면 나쁜 일을 만나고 生이면 행운을 선사한다. 올해는 재물, 시생, 변동, 퇴식 모두 2월 후천수궁과 生 관계에 있어 후천수궁 귀신은 조상님으로 보아도 좋다. 8 선천수를 가진 사람에게는 조상님이다. 조상님의 은덕을 입는 한 해라고 생각하고 열심히 뛰어라. 다만 후천수궁과 凶이 되는 일주는 조상으로 보지 말고 액운으로 생각하고 대비하라. 다만 5월, 6월에 子 일주와 丑 일주는 사정이 남과 다르니 자중하면서 신중히 행동하라. 잘못하면 사기꾼을 만나 관재에 휩싸인다.

## 1-5-6

4월, 5월, 6월 모두가 2월 후천수궁과 生 관계이다. 과감히 행동하고 과감히 투자하고 과감히 하고 싶은 일을 시행하라. 5-1-6, 1-5-6은 혁명의 피가 흐르는 수리군이다. 하기에 따라 인생의 행로가 바뀌는 운이다. 그러나 7월, 8월, 9월에 가장 안 좋은 수리수군이 들어오니 6월 내로 하던 일을 깔끔히 마무리하고 대세를 살펴라. 바둑을 잘 두는 방법 중 하나는 대세를 잘 살피는 것이다.

## 7-2-9

이 수리군은 가장 안 좋은 수리군으로 보면 된다. 퇴식이 요동을 치면 휴지 조각만 남는다. 사업가가 불경기를 만나 은행의 도움을 못 받거나 자금 유통이 안 되면 남는 것은 부도 수표뿐이다. 아픈 자가 몸부림을 쳐봐도 결국은 사망 진단서를 받는 꼴이고 노름꾼이 이것저것 다 팔아 법석을 떨면서 다시 노름판에 가봐야 남는 건 한숨이고 돌아오는 건 패가망신과 감옥 가는 것뿐인 꼴이 7-2-9다.
다행히 7월과 10월의 퇴식이 2월 후천수궁의 生을 받아 병치레는 없겠다. 8월에 凶이 되는 일주는 자리를 지키고 차 조심을 하고 9월에 凶이 되는 사람은 먼 곳 여행은 하지 마라. 조상도 돌보지 않는다.

## 7-1-8

10월 퇴식 7火는 후천수궁의 生을 받아 아프더라도 가볍게 넘어가지만 辰 일주나 巳 일주는 辰, 戌충, 巳, 亥충으로 병으로 고생한다. 11월에 午 일주는 사기꾼을 조심하고 12월에 未 일주는 재물이 沖을 맞고 부서진다. 조심하라.

## 8-4-3(凶)

| 재물 | **8** | 木☹ | 안정 | **4** | 金 | 귀신 | **3** | 木☹ |
|---|---|---|---|---|---|---|---|---|
| 1월 | 寅 | 선천수 | 2월 | 卯 | 후천수 | 3월 | 辰 | 선후천수 |
| 변동 | **2** | 火☹ | 퇴식 | **7** | 火☹ | 문서 | **9** | 金☺ |
| 4월 | 巳 | 3+8=2 | 5월 | 午 | 3+4=7 | 6월 | 未 | 2+7=9 |
| 변동 | **2** | 火☹ | 퇴식 | **7** | 火☹ | 문서 | **9** | 金☺ |
| 7월 | 申 | 9+2=2 | 8월 | 酉 | 9+7=7 | 9월 | 戌 | 2+7=9 |
| 귀신 | **3** | 木☹ | 문서 | **9** | 金☺ | 귀신 | **3** | 木☹ |
| 10월 | 亥 | 8+2+2=3 | 11월 | 子 | 4+7+7=9 | 12월 | 丑 | 3+9+9=3 |

| 일지 | 寅 | 卯 | 辰 | 巳 | 午 | 未 | 申 | 酉 | 戌 | 亥 | 子 | 丑 |
|---|---|---|---|---|---|---|---|---|---|---|---|---|
| 凶月 | 4巳형 | 3辰해 | 2卯해 | 1寅형 | 2卯파 | 9戌형파충 | 1寅형충 | 1寅원 | 3辰충 | 1寅파 | 2卯형 | 3辰파 |
| | 7申충 | 5午파 | 9戌충 | 7申형파 | 11子충 | 11子원 | 2卯원 | 2卯충 | 4巳원 | 3辰원 | 5午충 | 5午해원형충 |
| | 8酉원 | 7申원 | 10亥원 | 9戌원 | 12丑원 | 12丑원충 | 4巳형파 | 9戌해 | 6未형원 | 4巳충 | 6未 | 6未 |
| | 10亥파 | 8酉충 | 12丑파 | 10亥충 | | | 10亥해 | 11子파 | 8酉해 | 7申해 | 8酉파 | 9戌형 |
| | | 11子형 | | | | | | | 12丑형 | 8酉파 | | |
| 吉月 | 5午합 | 6未합 | 7申합 | 8酉합 | 1寅합 | 2卯합 | 3辰합 | 3辰합 | 1寅합 | 2卯합 | 3辰합 | 4巳합 |
| | 9戌합 | 9戌합 | 8酉합 | 12丑합 | 6未합 | 5午합 | 11子합 | 4巳합 | 2卯합 | 3辰합 | 6未합 | 8酉합 |
| | 1寅합 | 10亥합 | 11子합 | 4巳합 | 9戌합 | 10亥합 | 7申합 | 12丑합 | 5午합 | 10亥합 | 12丑합 | 11子합 |

월별 吉凶(길흉) 포국표 ※ 후천수궁과 같은 12지지도 吉月에 포함한다.

※ 합은 좋은 해석, 나쁨을 좋음으로 전환 ※ 충은 싸움, 터짐, 변화, 충돌, 다툼, 경쟁, 파멸, 해산 ※ 형은 소송, 구속, 체포, 형벌, 이혼, 사망, 관재구설, 관재, 고소, 고발 ※ 파는 이별, 사기꾼, 배신자, 분해 ※ 해는 적개심, 증오, 폭행, 상해, 반목, 미워함 ※ 원진은 갈등, 도주, 떠나감, 억울함, 피해

## 8-4-3(凶)년 해설

**

### 8-4-3

안정이 들어선 해이다. 그러나 12판을 돌아보니 2월 후천수궁 안정 4金은 자신의 세력인 6월, 9월, 11월에 문서 9金을 빼고는 사방이 적들이다. 다시 말해 다 剋 관계. 안정 속에 안주하기는 이미 틀렸다. 1월 재물 8木과 3월 귀신 3木 두 놈이 후천수궁의 金의 힘을 빼고 있으니 안정은 깨지고 재물은 귀신과 같이 어깨동무를 하고 놀고 있다. 1월, 2월, 3월에 凶이 되는 일주는 돈이 나가고 돈에 시달린다. 월별 길흉 포국표를 보라.

### 2-7-9

4월, 5월, 6월, 7월, 8월, 9월 6개월 동안 2-7-9가 들어왔다.

가족이 망가지는 수리수군이다. 학생인 아들은 공부를 안 하면서 친구들과 싸돌아다니고 아빠는 직장 상사가 마음에 안 든다고 사표를 던지고 나와서 백수로 집안에 들어앉고 시아버지는 노환으로 골골거리며 벽에 똥칠을 하고 며느리는 가겟세를 못 내서 집주인이 하루에 몇 번이고 집 비우라고 고함이니 이런 아수라장이 2-7-9의 꼴이다. 4월 亥 일주와 5월 子 일주는 건강에 힘쓰라. 잘못하면 내년까지 몸져누울 수가 있다. 2-7-9는 막장 드라마를 만든다. 항상 긴장해야 할 수리군의 대표 주자다.

### 2-7-9

이 수리군이 들어오면 가장 먼저 해야 하는 것은 부동자세로 유튜브를 보면서 건강에 대한 정보를 찾아서 몸 관리를 하는 것이다. 변화, 변동을 할수록 일은 꼬이고 몸은 말을 안 듣고 하는 일은 도와주는 사람이 없고 방해꾼만 만난다. 5월과 8월에 凶이 되는 일주들은 가장 먼저 건강을 주의하라. 子 일주와 卯 일주는 특히 건강에 신경 쓰라.

### 3-9-3

10월 귀신 3木과 12월 귀신 3木이 2월 후천수궁 안정 4金의 剋을 받으니 11월 문서 9金은 안정이 쓰인 문서를 분풀이하듯 약 올리며 힘을 빼고 있다.

이 수리군에 해당하는 午 일주는 11월에 건강을 주의하라. 아프면 못 일어날 수가 있다. 70세 이상 午 일주 노인은 특히 일주가 천충지충을 당하고 있는 운이라 잘못하면 사망에 이를 수가 있다. 8 후천수를 가진 사람은 4촌 이외의 상갓집에 가지 마라.

## 8-5-4(凶)

| 재물 | **8** | 木☹ | 경파 | **5** | 土 | 안정 | **4** | 金☺ |
|---|---|---|---|---|---|---|---|---|
| 1월 | 寅 | 선천수 | 2월 | 卯 | 후천수 | 3월 | 辰 | 선후천수 |
| 귀신 | **3** | 木☹ | 문서 | **9** | 金☺ | 귀신 | **3** | 木☹ |
| 4월 | 巳 | 4+8=3 | 5월 | 午 | 4+5=9 | 6월 | 未 | 3+9=3 |
| 관록 | **6** | 水☹ | 귀신 | **3** | 木☹ | 문서 | **9** | 金☺ |
| 7월 | 申 | 3+3=6 | 8월 | 酉 | 3+9=3 | 9월 | 戌 | 6+3=9 |
| 재물 | **8** | 木☹ | 재물 | **8** | 木☹ | 퇴식 | **7** | 火☺ |
| 10월 | 亥 | 8+3+6=8 | 11월 | 子 | 5+9+3=8 | 12월 | 丑 | 4+3+9=7 |

| 일지 | 寅 | 卯 | 辰 | 巳 | 午 | 未 | 申 | 酉 | 戌 | 亥 | 子 | 丑 |
|---|---|---|---|---|---|---|---|---|---|---|---|---|
| 凶月 | 4 巳 형<br>7 申 충<br>8 酉 원<br>10 亥 파 | 3 辰 해<br>5 午 파<br>7 申 원<br>8 酉 원<br>11 子 형 | 2 卯 해<br>9 戌 파<br>10 亥 원<br>12 丑 파 | 1 寅 형<br>7 申 형파<br>9 戌 원<br>10 亥 충 | 2 卯 파<br>11 子 충<br>12 丑 원 | 9 戌 형파<br>11 子 원<br>12 丑 형충 | 1 寅 형충<br>2 卯 원<br>4 巳 형파<br>10 亥 해 | 1 寅 원<br>2 卯 충<br>9 戌 해<br>11 子 파 | 3 辰 충<br>4 巳 원<br>6 未 형파<br>8 酉 해<br>12 丑 형 | 1 寅 파<br>3 辰 원<br>4 巳 충<br>7 申 해 | 2 卯 형<br>5 午 충<br>6 未 해원<br>8 酉 파 | 3 辰 파<br>5 午 해원형충<br>6 未 충<br>9 戌 형 |
| 吉月 | 5 午 합<br>9 戌 합<br>1 寅 합 | 6 未 합<br>9 戌 합<br>10 亥 합 | 7 申 합<br>8 酉 합<br>11 子 합 | 8 酉 합<br>12 丑 합<br>4 巳 합 | 1 寅 합<br>6 未 합<br>9 戌 합 | 2 卯 합<br>5 午 합<br>10 亥 합 | 3 辰 합<br>11 子 합<br>7 申 합 | 3 辰 합<br>4 巳 합<br>12 丑 합 | 1 寅 합<br>2 卯 합<br>5 午 합 | 2 卯 합<br>6 未 합<br>10 亥 합 | 3 辰 합<br>7 申 합<br>12 丑 합 | 4 巳 합<br>8 酉 합<br>11 子 합 |

월별 吉凶(길흉) 포국표 ※ 후천수궁과 같은 12지지도 吉月에 포함한다.

※ 합은 좋은 해석, 나쁨을 좋음으로 전환 ※ 충은 싸움, 터짐, 변화, 충돌, 다툼, 경쟁, 파멸, 해산 ※ 형은 소송, 구속, 체포, 형벌, 이혼, 사망, 관재구설, 관재, 고소, 고발 ※ 파는 이별, 사기꾼, 배신자, 분해 ※ 해는 적개심, 증오, 폭행, 상해, 반목, 미워함 ※ 원진은 갈등, 도주, 떠나감, 억울함, 피해

## 8-5-4(凶)년 해설

*⁎*

### 8-5-4

경파의 해다. 경파는 주위의 환경에 따라 색채를 바꾸는 카멜레온 같은 근성을 가졌다. 1월 재물이 2월 후천수궁을 木극土로 剋하여 재물은 안전성이 없는 뇌물과 같은 돈이라서 정당성을 잃었다. 3월 안정 4金은 후천수궁의 土를 힘을 빼고 있어 경파의 속성을 잃었다. 하는 일모두 풀리지 않고 중단된다.

### 3-9-3

5월 문서 9金은 2월 후천수궁의 土로 生을 받고 있으나 4월 귀신 3木과 5월 귀신 3木이 양쪽에서 힘을 빼고 있으니 문서는 깨졌다. 다시 말해 귀신의 안방에 놓인 문서라 불길한 문서가되었다. 子 일주, 나이 많은 노인은 사망수가 있으니 조심하고 가족은 노인을 잘 돌봐서 후환이 없도록 하라. 이 수리군은 집안을 불안하게 만든다. 심리적 불안증, 노이로제, 심한 강박증에 시달리는 기간이다.

가족을 서로 위로하고 격려하며 서로가 힘이 되는 것이 이 어려운 시기를 지혜롭게 넘기는 방책이다.

### 6-3-9

8의 선천수를 가진 사람들은 7월과 8월에 관재수를 조심하라.

7월 관록 6水는, 8월 귀신 3목은 2월 후천수와는 剋 관계에 있어 관재수에 노출되어 있다. 9월에 辰 일주가 환자라면 위험하다. 사망수가 있다. 관재수가 중중하므로 8의 선천수를 가진사람은 조심하라. 남들과 너무 가깝게 지내지 말고 거리를 두라. 남의 일에 끼어들지 말고 남의 험담을 하면 안 된다.

### 8-8-7

8-8이 동시에 들어올 때 투자하면 좋다. 다만 10월, 11월 재물이 木으로 후천수궁을 剋하므로 크게 벌어들이는 일은 적고 10월, 11월에 凶이 되는 일주는 오히려 돈이 나가고 12월에 가서는 몸이 아파서 눕는다.

## 8-6-5(吉)

| 재물 | **8** | 木☺ | 관록 | **6** | 水 | 경파 | **5** | 土☹ |
|---|---|---|---|---|---|---|---|---|
| 1월 | 寅 | 선천수 | 2월 | 卯 | 후천수 | 3월 | 辰 | 선후천수 |
| 안정 | **4** | 金☺ | 변동 | **2** | 火☹ | 관록 | **6** | 水☺ |
| 4월 | 巳 | 5+8=4 | 5월 | 午 | 5+6=2 | 6월 | 未 | 4+2=6 |
| 시생 | **1** | 水☺ | 재물 | **8** | 木☺ | 문서 | **9** | 金☺ |
| 7월 | 申 | 6+4=1 | 8월 | 酉 | 6+2=8 | 9월 | 戌 | 1+8=9 |
| 안정 | **4** | 金☺ | 퇴식 | **7** | 火☹ | 변동 | **2** | 火☹ |
| 10월 | 亥 | 8+4+1=4 | 11월 | 子 | 6+2+8=7 | 12월 | 丑 | 5+6+9=2 |

| 일지 | 寅 | 卯 | 辰 | 巳 | 午 | 未 | 申 | 酉 | 戌 | 亥 | 子 | 丑 |
|---|---|---|---|---|---|---|---|---|---|---|---|---|
| 凶月 | 4 巳 형 | 3 辰 해 | 2 卯 해 | 1 寅 형 | 2 卯 파 | 9 戌 형파 | 1 寅 형충 | 1 寅 원 | 3 辰 충 | 1 寅 파 | 2 卯 형 | 3 辰 파 |
| | 7 申 충 | 5 午 파 | 9 戌 파 | 7 申 형파 | 11 子 충 | 11 子 원 | 3 卯 원 | 2 卯 충 | 4 巳 원 | 3 辰 원 | 5 午 충 | 5 午 해형충 |
| | 8 酉 원 | 7 申 원 | 10 亥 원 | 9 戌 원 | 12 丑 원 | 12 丑 형충 | 4 巳 형파 | 9 戌 해 | 6 未 형파 | 5 午 충 | 6 未 해원 | 6 未 원 |
| | 10 亥 파 | 8 酉 원 | 12 丑 파 | 10 亥 충 | | | 10 亥 해 | 11 子 파 | 8 酉 해 | 7 申 해 | 8 酉 파 | 9 戌 형 |
| | | 11 子 형 | | | | | | | 12 丑 형 | 8 酉 파 | | |
| 吉月 | 5 午 합 | 6 未 합 | 7 申 합 | 8 酉 합 | 1 寅 합 | 2 卯 합 | 3 辰 합 | 3 辰 합 | 1 寅 합 | 2 卯 합 | 3 辰 합 | 4 巳 합 |
| | 9 戌 합 | 9 戌 합 | 8 酉 합 | 12 丑 합 | 6 未 합 | 5 午 합 | 11 子 합 | 4 巳 합 | 2 卯 합 | 6 未 합 | 7 申 합 | 8 酉 합 |
| | 1 寅 합 | 10 亥 합 | 11 子 합 | 4 巳 합 | 9 戌 합 | 10 亥 합 | 7 申 합 | 12 丑 합 | 5 午 합 | 10 亥 합 | 12 丑 합 | 11 子 합 |

월별 吉凶(길흉) 포국표 ※ 후천수궁과 같은 12지지도 吉月에 포함한다.

※ 합은 좋은 해석, 나쁨을 좋음으로 전환 ※ 충은 싸움, 터짐, 변화, 충돌, 다툼, 경쟁, 파멸, 해산 ※ 형은 소송, 구속, 체포, 형벌, 이혼, 사망, 관재구설, 관재, 고소, 고발 ※ 파는 이별, 사기꾼, 배신자, 분해 ※ 해는 적개심, 증오, 폭행, 상해, 반목, 미워함 ※ 원진은 갈등, 도주, 떠나감, 억울함, 피해

## 8-6-5(吉)년 해설

### 8-6-5

관록이 올 한 해를 이끌어간다. 관록은 한 손엔 선물을, 한 손엔 칼을 잡은 거대한 에너지다. 사회를 이루고 살아가는 사람이라면 모두 그의 범주 속에 있다. 1월 재물 8木은 2월 후천수궁 관록 6水의 生을 받고 있고 3월 경파 5土는 오히려 후천수궁을 土극水로 헸하고 있다. 이유가 무엇이든 그 해의 주인인 후천수궁을 헸하는 것을 좋게만 해석한다면 오산이다. 재물이 관록을 만나 순조롭게 소득을 보지만 후천수궁 관록 6水가 3월 경파에게 헸을 당하고 있어 정당하지 못한 법적인 일로 크게 놀라게 될 것이다. 1월, 2월, 3월은 정당하지 못한 행동으로 관재에 노출이 되지 않도록 경계하며 일을 추진하지 않으면 4월, 5월에 가서는 안정이 깨지며 변동 사항으로 재물과 법에 관계된 일로 인해 신경 쓸 일이 생긴다.

### 4-2-6

5월 변동 2火는 4월 안정 4金을 헸하여 안정을 흔들지만 6월 관록 6水에게 헸을 당하고 후천수궁에도 헸을 동시에 당하므로 힘을 잃었다.

4월, 5월, 6월에 1월, 2월, 3월에 하지 못한 일을 몰아서 시작해도 된다. 관록이 주도하는 해인 만큼 7월, 8월, 9월 3개월이 황금의 길을 깔아 놓아서 4월부터 6개월간 모든 일이 장애 없이 성사되므로 적극적으로 행동하라. 특히 이동수가 있는 사람도 꺼리지 말고 이동하라. 이사, 이동, 이전, 전근에 하자가 없고 직장 생활을 하는 자는 안정된 곳으로 부서를 옮기며 출산한 여자는 친정에 가면 안정되며 창업자는 귀인을 만나게 될 것이다.

### 1-8-9

이 수리군은 가장 순탄하고 행운이 따라주는 수리군이다. 2월 후천수궁과 석 달 모두 헸이 없어 아주 순탄하므로 꺼림이 전혀 없는 구간이다. 8 선천수를 가진 사람은 분발하여 이 운에 평소에 품었던 꿈을 현실로 만들어라. 이런 운이 쉽게 오기 힘들다. 좋은 일과 인연을 만나 재물이 관록의 힘을 얻어 누구나 인정하는 소득을 합리화하겠다. 지난 3년 동안 찌들어 살아온 어려움을 올해를 통하여 만회하라. 반드시 노력한 만큼 실리가 있을 것이며 관록의 힘을 얻고 귀인의 도움으로 일어선다. 일주가 凶함에 신경 쓰지 말고 선천수 8을 가진 사람은 모두 분발하라.

### 4-7-2

10월까지 몇 달을 힘차게 뛰어왔다면 이번 달에서 경주를 멈추고 결산하라. 11월에 퇴식이 2월 후천수궁에게 水극火로 헸을 당하므로 건강이 상당히 안 좋게 흐른다. 12월 그리고 내년 4월까지 이 병원, 저 병원 다니다 5월에 가서야 안정을 찾으므로 미리 사전에 동네 병원이라도 가서 건강을 체크해보라.

## 8-7-6(凶)

| 재물 | **8** | 木☺ | 퇴식 | **7** | 火 | 관록 | **6** | 水☹ |
|---|---|---|---|---|---|---|---|---|
| 1월 | 寅 | 선천수 | 2월 | 卯 | 후천수 | 3월 | 辰 | 선후천수 |
| 경파 | **5** | 土☺ | 안정 | **4** | 金☹ | 문서 | **9** | 金☹ |
| 4월 | 巳 | 6+8=5 | 5월 | 午 | 6+7=4 | 6월 | 未 | 5+4=9 |
| 경파 | **5** | 土☺ | 안정 | **4** | 金☹ | 문서 | **9** | 金☹ |
| 7월 | 申 | 9+5=5 | 8월 | 酉 | 9+4=4 | 9월 | 戌 | 5+4=9 |
| 문서 | **9** | 金☹ | 관록 | **6** | 水☹ | 관록 | **6** | 水☹ |
| 10월 | 亥 | 8+5+5=9 | 11월 | 子 | 7+4+4=6 | 12월 | 丑 | 6+9+9=6 |

| 일지 | 寅 | 卯 | 辰 | 巳 | 午 | 未 | 申 | 酉 | 戌 | 亥 | 子 | 丑 |
|---|---|---|---|---|---|---|---|---|---|---|---|---|
| 凶月 | 4巳형 | 3辰해 | 2卯해 | 1寅형 | 2卯파 | 9戌형파 | 1寅형충 | 1寅원 | 3辰충 | 1寅파 | 2卯형 | 3辰파 |
|  | 7申충 | 5午파 | 9戌충 | 7申형파 | 11子충 | 11子원 | 2卯원 | 2卯충 | 4巳원 | 3辰원 | 5午충 | 5午해원 |
|  | 8酉원 | 7申원 | 10亥원 | 9戌원 | 12丑원 | 12丑형충 | 4巳형파 | 9戌해 | 6未형파 | 4巳충 | 6未해원 | 6未형충 |
|  | 10亥파 | 8酉충 | 12丑파 | 10亥충 |  |  |  | 11子파 | 8酉해 |  | 8酉파 | 9戌형 |
|  |  | 11子형 |  |  |  |  | 10亥해 |  | 12丑형 |  |  |  |
| 吉月 | 5午합 | 6未합 | 7申합 | 8酉합 | 1寅합 | 2卯합 | 3辰합 | 3辰합 | 1寅합 | 2卯합 | 3辰합 | 4巳합 |
|  | 9戌합 | 9戌합 | 8酉합 | 12丑합 | 6未합 | 5午합 | 11子합 | 4巳합 | 2卯합 | 6未합 | 7申합 | 8酉합 |
|  | 1寅합 | 10亥합 | 11子합 | 4巳합 | 9戌합 | 10亥합 | 7申합 | 12丑합 | 5午합 | 10亥합 | 12丑합 | 11子합 |

월별 吉凶(길흉) 포국표 ※ 후천수궁과 같은 12지지도 吉月에 포함한다.

※ 합은 좋은 해석, 나쁨을 좋음으로 전환 ※ 충은 싸움, 터짐, 변화, 충돌, 다툼, 경쟁, 파멸, 해산 ※ 형은 소송, 구속, 체포, 형벌, 이혼, 사망, 관재구설, 관재, 고소, 고발 ※ 파는 이별, 사기꾼, 배신자, 분해 ※ 해는 적개심, 증오, 폭행, 상해, 반목, 미워함 ※ 원진은 갈등, 도주, 떠나감, 억울함, 피해

## 8-7-6(凶)년 해설

\*\*

### 8-7-6

퇴식년이 들어왔다. 병이 있는 자, 아픈 환자, 기저 질환 노인, 건강하더라도 80세 이상의 어르신 등은 첫째도, 둘째도 건강이 우선이다. 올해는 환자에게 재앙을 주는 해이다. 저승사자가 가장 바쁜 한 해이다. 7월 퇴식이 후천수궁에 들어서면 그 주위에 있는 오행은 퇴식의 영향으로 환경이 많이 바뀐다.

1월 재물 8木은 2월 후천수궁 퇴식 7火를 生하고 있다면 치료비로 들어갈 돈이다. 3월 관록 6水는 후천수궁을 水극火로 심히 剋하므로 병원이 된다. 관록은 관공서, 병원, 학교, 가정, 직장 등이 모두 해당된다. 여기서 심히 剋한다고 했는데 모든 剋 중 水극火가 가장 심하게 剋하는 현상이기 때문에 강조하는 것이다. 申 일주, 酉 일주, 戌 일주는 더욱 긴장하여 건강에만 힘쓰고 그 외의 凶이 되는 일주도 가볍게라도 아프고 지나갈 수 있으니 사전에 대비하라.

### 5-4-9

4월 경파 5土는 후천수궁의 生을 받고 있고 5월, 6월은 水극火로 후천수궁의 剋을 火극金으로 받고 있어 4월, 5월, 6월에 과격하고 급하게 재물 욕심으로 밀어붙이다가는 안정이 깨지고 건강 문제로 입원하라는 진단서를 받을 수 있다. 5-4-9는 원래 나쁜 수리군이 아니지만 후천수궁에 퇴식이 앉아 있는 이상 좋게만 해석해서는 안 된다. 그러나 合이 되는 일주나 凶이 없는 일주는 열심히 뛰어도 무리가 안 된다.

### 5-4-9

퇴식은 건강뿐만 아니라 가난과 부족함의 대명사다. 퇴식의 반대말은 풍요와 번영이지만 퇴식은 불편해지고 가난해지고 돈이 나갈 일만 생기고 퇴식운에 돈을 빌려주면 돈을 받지 못할 확률이 높으며, 장사를 해도 손해만 보며 부동산을 취득하면 잘못 사들여 반값도 못 받고 되팔아야 하는 일이 생긴다. 4월부터 9월까지 모든 일을 고집 피우지 말고 지인과 상의한 후 진행하고 과격한 행동을 자제하며 안정적으로 임하라. 또 9월에 문서가 퇴식년에 있는 만큼 보증을 서거나 돈거래를 하면 사기를 당한다.

### 9-6-6

10월, 11월, 12월이 모두 2월 후천수궁과 剋 관계라 안 좋다. 10월 문서는 후천수궁에서 火극金으로 진단서를 만들고 11월, 12월, 관록 6水는 겁도 없이 두 놈이 함을 합해 水극火를 하고 있어 병원비를 가지고 입원하라고 한다. 亥, 子, 丑월에 凶이 되는 일주는 건강을 조심하라. 그러나 凶과 관계없는 일주는 관록이 중중하므로 관청과 관계된 문서를 다룬다면 큰돈은 아니지만 이득이 있겠다.

## 8-8-7(平)

| 재물 | **8** | 木☺ | 재물 | **8** | 木 | 퇴식 | **7** | 火☺ |
|---|---|---|---|---|---|---|---|---|
| 1월 | 寅 | 선천수 | 2월 | 卯 | 후천수 | 3월 | 辰 | 선후천수 |
| 관록 | **6** | 水☺ | 관록 | **6** | 水☺ | 귀신 | **3** | 木☺ |
| 4월 | 巳 | 7+8=6 | 5월 | 午 | 7+8=6 | 6월 | 未 | 6+6=3 |
| 문서 | **9** | 金☹ | 문서 | **9** | 金☹ | 문서 | **9** | 金☹ |
| 7월 | 申 | 3+6=9 | 8월 | 酉 | 3+6=9 | 9월 | 戌 | 9+9=9 |
| 경파 | **5** | 土☹ | 경파 | **5** | 土☹ | 시생 | **1** | 水☺ |
| 10월 | 亥 | 8+6+9=5 | 11월 | 子 | 8+6+9=5 | 12월 | 丑 | 7+3+9=1 |

| 일지 | 寅 | 卯 | 辰 | 巳 | 午 | 未 | 申 | 酉 | 戌 | 亥 | 子 | 丑 |
|---|---|---|---|---|---|---|---|---|---|---|---|---|
| 凶月 | 4巳형<br>7申충<br>8酉원<br>10亥파 | 3辰해<br>5午파<br>7申원<br>8酉충<br>11子형 | 2卯해<br>9戌충<br>9戌원<br>12丑파 | 1寅형<br>7申형파<br>9戌원<br>10亥충 | 2卯파<br>11子충<br>12丑원 | 9戌형충<br>11子원<br>12丑형충 | 1寅형충<br>2卯원<br>4巳형파<br>10亥해 | 1寅원<br>2卯충<br>9戌해<br>11子파 | 3辰충<br>4巳원<br>6未형파<br>8酉해<br>12丑형 | 1寅파<br>3辰원<br>4巳충<br>7申해<br>8酉파 | 2卯형<br>5午충<br>6未원해<br>8酉파<br>9戌형 | 3辰파<br>5午해원형충<br>6未형충<br>9戌형 |
| 吉月 | 5午합<br>9戌합<br>1寅합 | 6未합<br>9戌합<br>10亥합 | 7申합<br>8酉합<br>11子합 | 8酉합<br>12丑합<br>4巳합 | 1寅합<br>6未합<br>9戌합 | 2卯합<br>5午합<br>10亥합 | 3辰합<br>11子합<br>7申합 | 3辰합<br>4巳합<br>12丑합 | 1寅합<br>2卯합<br>5午합 | 2卯합<br>6未합<br>10亥합 | 3辰합<br>7申합<br>12丑합 | 4巳합<br>8酉합<br>11子합 |

월별 吉凶(길흉) 포국표 ※ 후천수궁과 같은 12지지도 吉月에 포함한다.

※ 합은 좋은 해석, 나쁨을 좋음으로 전환 ※ 충은 싸움, 터짐, 변화, 충돌, 다툼, 경쟁, 파멸, 해산 ※ 형은 소송, 구속, 체포, 형벌, 이혼, 사망, 관재구설, 관재, 고소, 고발 ※ 파는 이별, 사기꾼, 배신자, 분해 ※ 해는 적개심, 증오, 폭행, 상해, 반목, 미워함 ※ 원진은 갈등, 도주, 떠나감, 억울함, 피해

## (태생)선천수 8의 궁도

### 8-8-7(卯)년 해설

※※

### 8-8-7

올해는 재물이 관장하게 된다. 우리가 가장 추구하는 목표이기도 하다. 재물이 우리의 삶을 윤택하게 하고 지위와 명예를 높이는 수단이 되기 때문이다. 그리고 사람과의 경쟁에서 안정을 획득하는 수단이다. 그러나 너무 재물 획득에 빠져 인심을 잃고 인간의 도리를 망각하면서 짐승같이 박 터지게 재물을 추구한다면 그것 또한 추잡한 인간으로 낙인찍히는 일이다. 8-8이 겹쳐 들어올 때, 사람들은 욕심이 발동한다. 그러나 잘못하다가는 바삐 먹은 음식 체하듯 탈이 난다. 1월, 2월, 3월에 형충이 되거나 凶으로 안 좋은 일주는 투자하거나 재물에 집착하는 행동을 자제하면서 지내라. 3월에 건강도 나빠진다. 자중하라. 그러나 서로 剋이 없으니 크게 아프지 않고 무난히 넘어간다.

### 6-6-3

관록-관록-귀신이다. 2월 후천수궁을 生하거나 힘을 보태주니 너무나 좋다. 6-6이 연이어 들어오면 명예욕이 강해지고 직장인은 진급에 목숨을 걸고 사업가는 빽을 찾아다닌다. 6월 귀신 3木이 후천수궁과 같은 오행으로 재물을 얻어주는 조상님이다. 8 선천수를 가진 자는 정성껏 제사를 지내고 선산 벌초를 태만히 말라. 그러나 凶이 되는 일주는 돈과 재물의 문제로 강력한 관재로 감옥에 갈 수가 있으니 조심하라. 반드시 월별 길흉 포국표를 보고 凶 일주를 찾아보라. 계약하거나 돈도 빌려주지 마라.

### 9-9-9

8 선천수를 가진 사람은 5월, 6월부터 검진해서 혈액 순환이나 고혈압, 고지혈증과 같은 병에 노출되어있지 않은지 진단을 받아보라. 6월 3 수리와 7월, 8월, 9월의 9-9-9의 수리가 손잡고 만나면 중풍이 온다. 뇌졸중, 뇌경색, 손발 비틀림, 구안괘사 등이 찾아온다. 생활에는 여행하고 싶은 희망을 가지며 해외에 지사가 있는 회사원이라면 해외 근무를 하고 싶어지고 잘하면 해외로 갈 기회가 생긴다. 6월 귀신 3木인 조상님이 도와주기 때문이다. 대학 입학시험을 보는 학생이나 직장인은 합격할 수 있다는 자신감으로 시험을 치르나 2월 후천수궁과 모두 剋을 하므로 합격하기는 힘들다.

### 5-5-1

2월 후천수궁이 10월, 11월 경파 5土를 木극土하므로 10월, 11월, 12월에 凶이 되는 일주는 경파는 고삐 풀린 망아지 두 마리가 요동을 치고 있는 꼴이라 가족들의 말을 안 듣고 재물과 부동산에 관여해 두서없이 밀고 나가다가 사기꾼을 만나서 탈탈 털린다. 월별 길흉 포국표를 꼭 참조하라. 그러나 합이 되거나 凶이 없는 사람은 적극적으로 투자하면 12월에 가서 재물을 얻는 일이 생긴다.

## 8-9-8(吉)

| 재물 | **8** | 木☹ | 문서 | **9** | 金 | 재물 | **8** | 木☹ |
|---|---|---|---|---|---|---|---|---|
| 1월 | 寅 | 선천수 | 2월 | 卯 | 후천수 | 3월 | 辰 | 선후천수 |
| 퇴식 | **7** | 火☹ | 재물 | **8** | 木☹ | 관록 | **6** | 水☺ |
| 4월 | 巳 | 8+8=7 | 5월 | 午 | 8+9=8 | 6월 | 未 | 7+8=6 |
| 안정 | **4** | 金☺ | 경파 | **5** | 土☺ | 문서 | **9** | 金☺ |
| 7월 | 申 | 6+7=4 | 8월 | 酉 | 6+8=5 | 9월 | 戌 | 4+5=9 |
| 시생 | **1** | 水☺ | 안정 | **4** | 金☺ | 경파 | **5** | 土☺ |
| 10월 | 亥 | 8+7+4=1 | 11월 | 子 | 9+8+5=4 | 12월 | 丑 | 8+6+9=5 |

| 일지 | 寅 | 卯 | 辰 | 巳 | 午 | 未 | 申 | 酉 | 戌 | 亥 | 子 | 丑 |
|---|---|---|---|---|---|---|---|---|---|---|---|---|
| 凶月 | 4巳형 | 3辰해 | 2卯해 | 1寅형 | 2卯파 | 9戌형파 | 1寅형충 | 1寅원 | 3辰충 | 1寅파 | 2卯형 | 3辰파 |
| | 7申충 | 5午파 | 9戌충 | 7申형파 | 11子충 | 11子원 | 2卯원 | 2卯충 | 4巳원 | 3辰원 | 5午충 | 5午해원형충 |
| | 8酉원 | 7申원 | 10亥원 | 9戌원 | 12丑원 | 12丑원 | 4巳형충 | 9戌해 | 6未형파 | 4巳원 | 6未해원 | 6未 |
| | 10亥파 | 8酉충 | 12丑파 | 10亥충 | | | 10亥해 | 11子파 | 8酉해 | 7申해 | 8酉파 | 9戌형 |
| | | 11子형 | | | | | | | 12丑형 | | | |
| 吉月 | 5午합 | 6未합 | 7申합 | 8酉합 | 1寅합 | 2卯합 | 3辰합 | 3辰합 | 1寅합 | 2卯합 | 3辰합 | 4巳합 |
| | 9戌합 | 9戌합 | 8酉합 | 12丑합 | 6未합 | 5午합 | 11子합 | 4巳합 | 2卯합 | 6未합 | 7申합 | 8酉합 |
| | 1寅합 | 10亥합 | 11丑합 | 4巳합 | 9戌합 | 10亥합 | 7申합 | 12丑합 | 5午합 | 10亥합 | 12丑합 | 11子합 |

월별 吉凶(길흉) 포국표 ※ 후천수궁과 같은 12지지도 吉月에 포함한다.

※ 합은 좋은 해석, 나쁨을 좋음으로 전환 ※ 충은 싸움, 터짐, 변화, 충돌, 다툼, 경쟁, 파멸, 해산 ※ 형은 소송, 구속, 체포, 형벌, 이혼, 사망, 관재구설, 관재, 고소, 고발 ※ 파는 이별, 사기꾼, 배신자, 분해 ※ 해는 적개심, 증오, 폭행, 상해, 반목, 미워함 ※ 원진은 갈등, 도주, 떠나감, 억울함, 피해

188

## 8-9-8(吉)년 해설

※※

### 8-9-8

올해는 문서의 해다. 문서는 우리의 말과 행동을 묶어 놓는 구속력을 가지는 도구이다. 문서를 소홀히 하면 소홀히 한 만큼 대가를 치러야 한다. 그런 의미에서 문서는 우리에게 막강한 영향력을 가지는 전쟁터의 무기와 같다. 1월 재물 8木과 3월 재물 8木은 다 같이 2월 후천수궁 문서 9金의 剋을 받고 있어 안 좋은 제물이다. 문서 한 장으로 인해 재물이 한 번에 빠져나갈 수 있고 문서 한 장으로 인해 들어오기로 했던 재물이 없던 일이 될 수도 있다. 그것은 자신의 일주의 천간지지와 들어오는 세운의 천간지지의 재성이 합이 되어 본인의 일주에 들어오면서 월별 길흉 포국표에서 합이 되는 일주나 凶이 없는 일주는 문서 한 장에 제물 2개를 얻는다고 해석하고 만일 반대라면 재물은 문서로 깨졌다고 보면 된다.

### 7-8-6

4월 퇴식 7火는 후천수궁 문서 9金으로 剋하고 5월 재물 8木은 후천수궁의 剋을 받고 있다. 아파서 돈이 나가지만 6월에 가서야 병원 치료로 완치된다.

6월의 관록은 병원이며 2월 후천수궁의 문서 9金의 生을 받고 있기 때문이다. 5월과 凶이 되는 일주는 재물이 나가고 6월과 凶이 되는 일주는 직장에서 문서적인 일로 잘못되어 직장을 잃거나 좌천된다. 돈을 만지는 직원은 주의하라.

### 4-5-9

7월, 8월, 9월은 대체로 좋은 수리군이다. 8월 경파가 있지만 이때 경파는 부동산으로 보라. 7월 안정된 상태에서 부동산을 취득하든지 돈이 들어온다. 문서는 돈도 된다. 7월, 8월, 9월 모두 후천수궁과 生이나 힘을 보태는 오행이다. 꺼림이 없다. 과감히 행동하라. 다만 8월에 凶이 되는 일주는 경솔히 행동하지 마라.

### 1-4-5

10월, 11월, 12월 모두 2월 후천수궁과 生 관계에 있어 좋은 인연을 만나 안정된 상태로 기쁨의 환호를 지른다. 그러나 10월 시생 11월 안정과 剋이 되면 사기꾼을 만나 안정이 깨지면서 십년감수할 일이 생기고 인연과 문서로 몸부림치게 된다.

# 9 수리 해설

9-1-1 ~ 9-9-9

| 9 수리 운세표 | | | | | | | | |
|---|---|---|---|---|---|---|---|---|
| 흉 | 평 | 흉 | 평 | 평 | 평 | 흉 | 길 | ? |
| 911 | 922 | 933 | 944 | 955 | 966 | 977 | 988 | 999 |

## (태생)선천수 9의 궁도

### 9-1-1(凶)

| 문서 | 9 | 金☺ | 시생 | 1 | 水 | 시생 | 1 | 水☺ |
|---|---|---|---|---|---|---|---|---|
| 1월 | 寅 | 선천수 | 2월 | 卯 | 후천수 | 3월 | 辰 | 선후천수 |
| 시생 | 1 | 水☺ | 변동 | 2 | 火☹ | 귀신 | 3 | 木☺ |
| 4월 | 巳 | 1+9=1 | 5월 | 午 | 1+1=2 | 6월 | 未 | 1+2=3 |
| 안정 | 4 | 金☺ | 경파 | 5 | 土☹ | 문서 | 9 | 金☺ |
| 7월 | 申 | 3+1=4 | 8월 | 酉 | 3+2=5 | 9월 | 戌 | 4+5=9 |
| 경파 | 5 | 土☹ | 재물 | 8 | 木☺ | 안정 | 4 | 金☺ |
| 10월 | 亥 | 9+1+4=5 | 11월 | 子 | 1+2+5=8 | 12월 | 丑 | 1+3+9=4 |

| 일지 | 寅 | 卯 | 辰 | 巳 | 午 | 未 | 申 | 酉 | 戌 | 亥 | 子 | 丑 |
|---|---|---|---|---|---|---|---|---|---|---|---|---|
| 凶月 | 4 巳 형 | 3 辰 해 | 3 卯 해 | 1 寅 형 | 2 卯 파 | 9 戌 형파 | 1 寅 형충 | 1 寅 원 | 3 辰 충 | 1 寅 파 | 3 卯 형 | 3 辰 파 |
| | 7 申 충 | 5 午 파 | 9 戌 충 | 7 申 형파 | 11 子 충 | 11 子 원 | 2 卯 원 | 2 卯 충 | 4 巳 원 | 3 辰 원 | 5 午 충 | 5 午 해원형충 |
| | 8 酉 원 | 7 申 원 | 10 亥 원 | 9 戌 원 | 12 丑 원 | 12 丑 형충 | 4 巳 형파 | 9 戌 해 | 6 未 형파 | 4 巳 충 | 6 未 원 | 6 未 해원형충 |
| | 10 亥 파 | 8 酉 원 | 12 丑 파 | 10 亥 충 | | | 10 亥 해 | 11 子 파 | 8 酉 해 | 7 申 해 | 8 酉 파 | 9 戌 형 |
| | | 11 子 형 | | | | | | | 12 丑 형 | | | |
| 吉月 | 5 午 합 | 6 未 합 | 7 申 합 | 8 酉 합 | 1 寅 합 | 2 卯 합 | 3 辰 합 | 3 辰 합 | 1 寅 합 | 2 卯 합 | 3 辰 합 | 4 巳 합 |
| | 9 戌 합 | 9 戌 합 | 9 戌 합 | 12 丑 합 | 6 未 합 | 5 午 합 | 11 子 합 | 4 巳 합 | 2 卯 합 | 6 未 합 | 7 申 합 | 8 酉 합 |
| | 1 寅 합 | 1 寅 합 | 10 亥 합 | 11 子 합 | 4 巳 합 | 9 戌 합 | 7 申 합 | 12 丑 합 | 5 午 합 | 10 亥 합 | 12 丑 합 | 11 子 합 |

월별 吉凶(길흉) 포국표 ※ 후천수궁과 같은 12지지도 吉月에 포함한다.

※ 합은 좋은 해석, 나쁨을 좋음으로 전환 ※ 충은 싸움, 터짐, 변화, 충돌, 다툼, 경쟁, 파멸, 해산 ※ 형은 소송, 구속, 체포, 형벌, 이혼, 사망, 관재구설, 관재, 고소, 고발 ※ 파는 이별, 사기꾼, 배신자, 분해 ※ 해는 적개심, 증오, 폭행, 상해, 반목, 미워함 ※ 원진은 갈등, 도주, 떠나감, 억울함, 피해

## (태생)선천수 9의 궁도

### 9-1-1(凶)년 해설

<sup>**</sup>

### 9-1-1

금년은 문서적으로 일과 사람들이 따르니 9 선천수를 가진 사람은 새롭게 발생하는 일과 사람들과 동서분주하는 해이다.

1월, 3월은 2월 후천수궁과 서로 生 관계라 큰 하자는 없으나 3월 시생 1水와 4월 시생 1水, 5월 변동 2火가 나란히 오고 있다. 3월, 4월에 1시생水들은 문서적으로 생긴 일이나 사람들이다. 3월과 4월에 凶이 되는 일주는 조심하라. 문서적인 일로 배신하거나 해를 끼친다. 3월에 凶이 되는 辰 일주는 자형(自刑)으로 자신의 실수로 일을 망친다. 그러나 合이 되는 일주나 凶이 안되는 일주는 새로운 일이나 사람을 만나 적극적으로 생각하는 일을 1월, 2월, 3월 동안 추진해도 아무런 무리가 따르지 않는다.

### 1-2-3

시생-변동-귀신이다. 새로운 사람이 새로운 일을 시작하는데 마음이 변하여 물귀신 작전으로 나를 배신하거나 괴롭히는 꼴이다. 5월 변동 2火가 후천수궁으로부터 水극火를 당함을 계기로 마음이 변한 것이다. 한마디로 반항하는 역신이 된 것이다. 이럴 경우 발생하는 일은 다음과 같다. 학생, 청소년은 가출하고 부부는 이혼이나 별거수가 있으며 환자는 병세가 깊어진다. 1-2-3 이 들어오면 3개월 동안 9 선천수를 가진 사람은 모두 자중하는 게 좋다. 이때는 인연도 만들지 말고 친구도 멀리하고 새로 만난 이성과도 교제를 하지 마라. 상처만 남기고 헤어진다. 될 수 있으면 배우자를 만나는 중매에도 나서지 말고 약혼, 결혼식도 하지 마라. 신혼여행에 갔다가 헤어질 수가 있다.

### 4-5-9

7월, 8월, 9월은 대체로 무난한 수리군이나 8월에 경파 5土가 후천수궁를 剋하고 있어 안 좋은 일로 크게 놀랄 일이 생기니 8월에 凶이 되는 寅, 卯, 戌, 子 일주는 새로운 일과 사람을 조심하라. 문서적인 일로 다툼이 있거나 가정이 파탄에 이를 수가 있다. 9월에 沖이 되는 일주들도 월별 길흉 포국표를 보고 돌다리도 두드리며 가라.

### 5-8-4

10월 경파 5土는 2월 후천수궁을 土극水로 剋하고 있다. 9월, 10월에 凶이 되는 일주는 문서나 돈 문제로 크게 놀란다. 11월 재물 8木은 후천수궁의 生을 받아 문제가 없는 재물이고 또한 12월은 안정에 들어서니 좋다. 다만 11월 재물 8木과 凶이 되는 일주는 돈 나갈 일이 생기니 문서나 일상 사고에 조심하라.

## (태생)선천수 9의 궁도

### 9-2-2(平)

| 문서 | 9 | 金☹ | 변동 | 2 | 火 | 변동 | 2 | 火☺ |
|---|---|---|---|---|---|---|---|---|
| 1월 | 寅 | 선천수 | 2월 | 卯 | 후천수 | 3월 | 辰 | 선후천수 |
| 변동 | 2 | 火☺ | 안정 | 4 | 金☹ | 관록 | 6 | 水☹ |
| 4월 | 巳 | 2+9=2 | 5월 | 午 | 2+2=4 | 6월 | 未 | 2+4=6 |
| 재물 | 8 | 木☺ | 시생 | 1 | 水☹ | 문서 | 9 | 金☹ |
| 7월 | 申 | 6+2=8 | 8월 | 酉 | 6+4=1 | 9월 | 戌 | 8+1=9 |
| 시생 | 1 | 水☹ | 퇴식 | 7 | 火☺ | 재물 | 8 | 木☺ |
| 10월 | 亥 | 9+2+8=1 | 11월 | 子 | 2+4+1=7 | 12월 | 丑 | 2+6+9=8 |

| 일지 | 寅 | 卯 | 辰 | 巳 | 午 | 未 | 申 | 酉 | 戌 | 亥 | 子 | 丑 |
|---|---|---|---|---|---|---|---|---|---|---|---|---|
| 凶月 | 4 巳 형 | 3 辰 해 | 2 卯 해 | 1 寅 형 | 2 卯 파 | 9 戌 형파 | 1 寅 형충 | 1 寅 원 | 3 辰 충 | 1 寅 파 | 2 卯 형 | 3 辰 파 |
| | 7 申 충 | 5 午 파 | 9 戌 충 | 7 申 형파 | 11 子 충 | 11 子 원 | 2 卯 원 | 2 卯 충 | 4 巳 원 | 3 辰 원 | 5 午 충 | 5 午 해원 |
| | 8 酉 원 | 7 申 원 | 10 亥 원 | 9 戌 원 | 12 丑 원 | 12 丑 원 | 4 巳 형파 | 9 戌 해 | 6 未 파 | 4 巳 충 | 6 未 해원 | 6 未 형충 |
| | 10 亥 파 | 8 酉 충 | 12 丑 파 | 10 亥 충 | 10 亥 충 | | 10 亥 해 | 11 子 파 | 8 酉 해 | 7 申 해 | 8 酉 파 | 9 戌 형 |
| | | 11 子 형 | | | | | | 12 丑 형 | | 12 丑 형 | | |
| 吉月 | 5 午 합 | 6 未 합 | 7 申 합 | 8 酉 합 | 1 寅 합 | 2 卯 합 | 3 辰 합 | 3 辰 합 | 1 寅 합 | 2 卯 합 | 3 辰 합 | 4 巳 합 |
| | 9 戌 합 | 9 戌 합 | 9 戌 합 | 8 酉 합 | 12 丑 합 | 6 未 합 | 5 午 합 | 11 子 합 | 4 巳 합 | 2 卯 합 | 6 未 합 | 7 申 합 |
| | 1 寅 합 | 10 亥 합 | 11 子 합 | 4 巳 합 | 9 戌 합 | 10 亥 합 | 7 申 합 | 12 丑 합 | 5 午 합 | 10 亥 합 | 12 丑 합 | 11 子 합 |

월별 吉凶(길흉) 포국표 ※ 후천수궁과 같은 12지지도 吉月에 포함한다.

※ 합은 좋은 해석, 나쁨을 좋음으로 전환 ※ 충은 싸움, 터짐, 변화, 충돌, 다툼, 경쟁, 파멸, 해산 ※ 형은 소송, 구속, 체포, 형벌, 이혼, 사망, 관재구설, 관재, 고소, 고발 ※ 파는 이별, 사기꾼, 배신자, 분해 ※ 해는 적개심, 증오, 폭행, 상해, 반목, 미워함 ※ 원진은 갈등, 도주, 떠나감, 억울함, 피해

## 9-2-2(묘)년 해설

※※

### 9-2-2

변동으로 한 해를 보내게 된다. 변동은 새로움을 찾아 끊임없이 목표를 향해 전진하는 움직임을 말한다. 변화는 이미 변해 있는 상태지만 변동은 시작부터 현재까지 움직이고 있는 진행형이다. 그런 의미에서 변화와 변동은 구분되어야 한다.

1월 문서 9金은 2월 후천수궁의 剋을 火극金으로 받고 있어 문서에 따른 일들로 변동을 하면 안 좋다. 그러나 문서 이외의 일로 변동을 하는 것은 좋다. 3월, 4월 변동 모두 후천수궁과 같은 오행으로 힘이 되어주고 있다. 이사, 이전, 직장 변경 등이나 취업, 알선, 작업 개시, 증축, 개축 등 모두 변동하는 것은 좋다.

### 2-4-6

변동이 2월, 3월, 4월 연속하여 중중하므로 심한 변동을 거치면서 5월 안정 4金은 2월 후천수궁의 변동 2火의 火극金으로 剋을 받아 깨졌다. 5월과 凶이 되는 일주, 卯, 子, 丑 일주는 안정이 깨지면서 밤잠을 설치고 불안감으로 노심초사하며 신경성 노이로제로 고생한다. 6월 관록 6水도 水극火로 2월 후천수궁의 변동 2火를 水극火로 剋하므로 관청 일이나 사업에 연관된 일이나 고소장과 소송 등에 변화를 주면 손해가 크다. 특히 戌, 子, 丑 일주는 관록과 관계된 일로 변화, 변동하지 마라. 다른 일주보다 손해가 크다.

### 8-1-9

이 수리군은 참으로 좋으나 7월 재물 8木은 2월 후천수궁을 生해주고 8월 시생 1水는 후천수궁을 水극火로 剋하며 더 나아가 9월 문서 9金도 후천수궁의 火로 剋을 당하고 있다. 8월, 9월 전부 후천수궁과 剋 관계에 있어 안 좋다. 변동으로 얻은 재물이 사기꾼을 만나 문서가 깨져 깡통을 찬 모양새이다. 단 7월에 승이 되는 일주는 돈이 노동의 대가로 약간 들어온다고 보면 된다.

### 1-7-8

10월 시생 1水는 후천수궁을 水극火로 剋하고 있고 11월 퇴식도 剋하므로 백해무익한 사람이거나 9월 문서를 망친 사람이다. 상종하지 마라. 11월 퇴식과 12월 재물은 2월 후천수궁과 生 관계에 있으므로 잠시 숨통은 트이나 결국 재물이 다음 해에 오는 후천수궁의 귀신으로 인해 문서가 깨져 재물을 모을 수가 없겠다.

## 9-3-3(凶)

| 문서 | 9 | 金☹ | 귀신 | 3 | 木 | 귀신 | 3 | 木☺ |
|---|---|---|---|---|---|---|---|---|
| 1월 | 寅 | 선천수 | 2월 | 卯 | 후천수 | 3월 | 辰 | 선후천수 |
| 귀신 | 3 | 木☺ | 관록 | 6 | 水☺ | 문서 | 9 | 金☹ |
| 4월 | 巳 | 3+9=3 | 5월 | 午 | 9+6=6 | 6월 | 未 | 3+6=9 |
| 귀신 | 3 | 木☺ | 관록 | 6 | 水☺ | 문서 | 9 | 金☹ |
| 7월 | 申 | 9+3=3 | 8월 | 酉 | 9+6=6 | 9월 | 戌 | 3+6=9 |
| 관록 | 6 | 水☺ | 관록 | 6 | 水☺ | 귀신 | 3 | 木☺ |
| 10월 | 亥 | 9+3+3=6 | 11월 | 子 | 3+6+6=6 | 12월 | 丑 | 3+9+9=3 |

| 일지 | 寅 | 卯 | 辰 | 巳 | 午 | 未 | 申 | 酉 | 戌 | 亥 | 子 | 丑 |
|---|---|---|---|---|---|---|---|---|---|---|---|---|
| 凶月 | 4巳형 | 3辰해 | 2卯해 | 1寅형 | 2卯파 | 9戌형파 | 1寅형충 | 3辰충 | 1寅파 | 2卯형 | 3辰파 | 3辰파 |
| | 7申충 | 5午파 | 9戌충 | 7申형파 | 11子충 | 11子원 | 2卯원 | 2卯충 | 3辰원 | 3辰원 | 5午충 | 5午해원형충 |
| | 8酉원 | 7申원 | 9戌원 | 9戌원 | 9戌원 | 12丑원 | 4巳형파 | 9戌해 | 4巳충 | 6未형원 | 6未해원형충 | 6未형 |
| | 10亥파 | 8酉충 | 12丑파 | 12丑파 | 10亥충 | | 10亥해 | 11子파 | 8酉해 | 7申해 | 8酉파 | 9戌형 |
| | | 11子형 | | | | | | | 12丑형 | | | |
| 吉月 | 5午합 | 6未합 | 7申합 | 8酉합 | 1寅합 | 2卯합 | 3辰합 | 3辰합 | 1寅합 | 2卯합 | 3辰합 | 4巳합 |
| | 9戌합 | 9戌합 | 8酉합 | 12丑합 | 6未합 | 5午합 | 11子합 | 4巳합 | 2卯합 | 6未합 | 7申합 | 8酉합 |
| | 1寅합 | 10亥합 | 11子합 | 4巳합 | 9戌합 | 10亥합 | 7申합 | 12丑합 | 5午합 | 10亥합 | 12丑합 | 11子합 |

월별 吉凶(길흉) 포국표 ※ 후천수궁과 같은 12지지도 吉月에 포함한다.

※ 합은 좋은 해석, 나쁨을 좋음으로 전환 ※ 충은 싸움, 터짐, 변화, 충돌, 다툼, 경쟁, 파멸, 해산 ※ 형은 소송, 구속, 체포, 형벌, 이혼, 사망, 관재구설, 관재, 고소, 고발 ※ 파는 이별, 사기꾼, 배신자, 분해 ※ 해는 적개심, 증오, 폭행, 상해, 반목, 미워함 ※ 원진은 갈등, 도주, 떠나감, 억울함, 피해

## (태생)선천수 9의 궁도

# 9-3-3(凶)년 해설

*

## 9-3-3

귀신이 한 해를 좌지우지하므로 음(陰)의 세력이 가장 심한 해가 되겠다.

1월 문서 9金은 2월 후천수궁 귀신 3木과 3월 귀신 3木을 도끼로 찍고 있다.

1월 문서 9金이 2월, 3월, 4월 귀신 셋을 상대하다가 힘이 떨어져 상당히 괴로운 상태로 역극(逆剋)을 당해 거의 죽을 지경에 이르렀다. 이 문서는 귀신이 가지고 노는 문서로 나에게 안 좋은 소식을 전하거나 가정이 위험에 처하거나 가족이 안 좋은 일을 당할 수가 있다. 9의 선천수를 가진 사람은 이 귀신의 영향으로 이때 종교로 귀의하거나 역학 공부를 시작하기도 하며 정신적 갈등으로 신을 받아 무속인이 되는 경우도 있게 된다. 학생은 공부하지 않으며 부부는 이혼한다고 합의서를 요구하고 노인이나 환자는 사망에 이를 수가 있다. 9의 선천수를 가진 모든 일주가 긴장하며 경계하여야 할 것이다.

## 3-6-9

4월 귀신이 5월 관록의 生을 받고 2월 후천수궁 귀신 3木을 같이 生하니 이 관록은 귀신의 기운이 강하게 묻어 있는 관록과 관계된 것들로 1월의 문서와 6월의 문서는 우리에게 의로운 문서로서의 명분이 깨져버렸다. 이럴 경우, 관재구설, 전부터 하던 일이 잘못되어 소송을 당하거나 사업이 부도가 나서 구속을 당하거나 지금껏 벌어둔 돈을 모두 탕진하는 일이 생기는, 문서적 조항의 위법에 대한 발동, 직장에서 문서를 잘못 다루어 회사에 피해를 주는 데서 오는 손해배상 청구 등의 사건으로 나쁜 운이 나타난다. 9의 선천수 모든 일주가 긴장하여야 하며 그중에 子, 卯, 丑 일주는 관공서나 법적인 하자로 법적 처벌을 받을 수가 있으니 미리 전에 마무리하지 못한 법적 문제를 속히 해결하라.

## 3-6-9

사람이 살아가는 데 가장 두려운 게 관재이다. 사람은 법으로부터 제약을 받기를 싫어하며 법적인 일로 구속을 당하거나 교도소에 들어가는 것을 가장 두려워한다. 그러나 이런 운에 과욕을 버리지 못하고 두서없이 밀고 나가다가는 한순간에 구렁텅이에 빠지거나 남의 꾐에 빠져 억울한 누명을 쓰고 감옥에 갈 수 있다. 그래서 모든 사람은 일단 3-6-9의 운이 들어오면 하던 일도 되도록 멈추고 동서남북 방향 감각을 잘 잡아 한 걸음, 한 걸음 조심히 나아가야 한다.

## 6-6-3

역시 관재구설이 중중한 수리군이다. 10월, 11월 관록이 후천수궁의 귀신을 生하므로 관청이나 법적인 일로 소환을 받거나 법정을 오가거나 구속을 당하는 일도 생긴다.

## (태생)선천수 9의 궁도

### 9-4-4(平)

| 문서 | **9** | 金☺ | 안정 | **4** | 金 | 안정 | **4** | 金☺ |
|---|---|---|---|---|---|---|---|---|
| 1월 | 寅 | 선천수 | 2월 | 卯 | 후천수 | 3월 | 辰 | 선후천수 |
| 안정 | **4** | 金☺ | 재물 | **8** | 木☹ | 귀신 | **3** | 木☹ |
| 4월 | 巳 | 4+9=4 | 5월 | 午 | 4+4=8 | 6월 | 未 | 4+8=3 |
| 퇴식 | **7** | 火☹ | 변동 | **2** | 火☹ | 문서 | **9** | 金☺ |
| 7월 | 申 | 3+4=7 | 8월 | 酉 | 3+8=2 | 9월 | 戌 | 7+2=9 |
| 변동 | **2** | 火☹ | 경파 | **5** | 土☺ | 퇴식 | **7** | 火☹ |
| 10월 | 亥 | 9+4+7=2 | 11월 | 子 | 4+8+2=5 | 12월 | 丑 | 4+3+9=7 |

| 일지 | 寅 | 卯 | 辰 | 巳 | 午 | 未 | 申 | 酉 | 戌 | 亥 | 子 | 丑 |
|---|---|---|---|---|---|---|---|---|---|---|---|---|
| 凶月 | 4巳형 | 3辰해 | 2卯해 | 1寅형 | 2卯파 | 9戌형파 | 1寅형충 | 1寅원 | 3辰충 | 1寅파 | 2卯형 | 3辰파 |
| | 7申충 | 5午파 | 9戌충 | 7申형파 | 11子충 | 11子원 | 2卯원 | 2卯충 | 3辰원 | 3辰원 | 5午충 | 5午해원충 |
| | 8酉원 | 7申원 | 10亥원 | 9戌원 | 12丑원 | 12丑형충 | 4巳형파 | 9戌해 | 6未형파 | 4巳충 | 5巳해원 | 6未해원형충 |
| | 10亥파 | 8酉충 | 12丑파 | 10亥충 | | | 10亥해 | 11子파 | 8酉해 | 7申해 | 8酉파 | 9戌형 |
| | | 11子형 | | | | | | | 12丑형 | | | |
| 吉月 | 5午합 | 6未합 | 7申합 | 8酉합 | 1寅합 | 2卯합 | 3辰합 | 3辰합 | 1寅합 | 2卯합 | 3辰합 | 4巳합 |
| | 9戌합 | 9戌합 | 8酉합 | 12丑합 | 6未합 | 5午합 | 11子합 | 4巳합 | 2卯합 | 6未합 | 7申합 | 8酉합 |
| | 1寅합 | 10亥합 | 11子합 | 4巳합 | 9戌합 | 10亥합 | 7申합 | 12丑합 | 5午합 | 10亥합 | 12丑합 | 11子합 |

월별 吉凶(길흉) 포국표 ※ 후천수궁과 같은 12지지도 吉月에 포함한다.

※ 합은 좋은 해석, 나쁨을 좋음으로 전환 ※ 충은 싸움, 터짐, 변화, 충돌, 다툼, 경쟁, 파멸, 해산 ※ 형은 소송, 구속, 체포, 형벌, 이혼, 사망, 관재구설, 관재, 고소, 고발 ※ 파는 이별, 사기꾼, 배신자, 분해 ※ 해는 적개심, 증오, 폭행, 상해, 반목, 미워함 ※ 원진은 갈등, 도주, 떠나감, 억울함, 피해

## (태생)선천수 9의 궁도

### 9-4-4(卯)년 해설

*
**

**9-4-4**

안정이 한 해를 다스린다. 안정은 가장 좋은 단어다. 안정은 사람에게 최고의 선물이다. 가정이 안정되는 것은 최고의 행복이다. 사랑이 안정됨은 신뢰와 믿음의 최고의 협주곡이며 앙상블이다. 1월, 2월, 3월은 모든 일이 안정 속에서 잘 풀린다. 마음껏 행동하고 성과를 얻어라. 이때 많은 사람과 교제하고 사업가는 이 시기에 사업을 위하여 귀빈을 만나고 회사원이나 공무원은 진급을 위하여 선임과 어울리고 정치가와 예술가는 명예를 위하여 로비를 한다면 뒤탈이 없을 것이다. 이때 여행을 하여도 좋다.

**4-8-3**

1월, 2월, 3월, 4월은 최고의 시간을 보냈다. 5월이 되면 환경이 바뀐다. 2월 후천수궁 안정 4金이 5월 재물 8木을 剋하고 있고 6월 귀신 3木을 5월과 같이 剋하고 있다.

6월 귀신 3木은 7월 퇴식 7火를 生하고 있어 5월 재물 8木은 귀신의 나쁜 기운으로 7월 퇴식을 만나 없어진다. 5월, 6월에는 모든 일을 내려놓고 쉬는 게 얻는 것이다. 子 일주, 丑 일주, 그 외 凶이 되는 일주는 자기 자리에서 안정을 계속 취하라.

**7-2-9**

7월에 9의 선천수를 가진 사람 중 凶 일주는 건강을 잃어 몸져눕는다. 寅, 卯, 巳, 亥 일주는 사전에 건강을 체크하라. 7월에 몸이 아픈 자가 움직이면 오래 몸져눕는다. 또, 자금이 부족한 사업가가 무리하게 변화, 변동을 주면 부도가 날 수 있다. 그러나 9월 문서 9金이 후천수궁과 같은 오행으로 안정에 힘을 보태므로 냉정히 현실을 지혜롭게 넘기면 무난하겠다. 凶이 안되는 일주는 9월에 직장인은 진급도 하고 학생은 합격하며 환자는 퇴원하라는 퇴실 명령서를 받게 된다.

**2-5-7**

10월 변동 2火와 12월 퇴식 7火는 2월 후천수궁을 다 같이 剋하고 있다. 剋을 하는 것 중에 후천수궁을 剋하는 게 가장 안 좋은 현상이다. 10월에 寅, 辰, 巳, 申 일주는 변화, 변동으로 야기되는 행동을 삼가고 오토바이, 자전거, 자동차 같은 쇠로 만든 교통수단에 노출되지 않도록 힘쓰라. 12월에 辰, 午, 未, 戌 일주는 심장, 혈액 순환, 고혈압, 폐, 대장의 병을 유의하라. 그 외의 일주는 일상을 유지하면 된다.

## 9-5-5(平)

| 문서 | 9 | 金☺ | 경파 | 5 | 土 | 경파 | 5 | 土☺ |
|---|---|---|---|---|---|---|---|---|
| 1월 | 寅 | 선천수 | 2월 | 卯 | 후천수 | 3월 | 辰 | 선후천수 |
| 경파 | 5 | 土☺ | 시생 | 1 | 水☹ | 관록 | 6 | 水☹ |
| 4월 | 巳 | 5+9=5 | 5월 | 午 | 5+5=1 | 6월 | 未 | 5+1=6 |
| 변동 | 2 | 火☺ | 퇴식 | 7 | 火☺ | 문서 | 9 | 金☺ |
| 7월 | 申 | 6+5=2 | 8월 | 酉 | 6+1=7 | 9월 | 戌 | 2+7=9 |
| 퇴식 | 7 | 火☺ | 안정 | 4 | 金☺ | 변동 | 2 | 火☺ |
| 10월 | 亥 | 9+5+2=7 | 11월 | 子 | 5+1+7=4 | 12월 | 丑 | 5+6+9=2 |

| 일지 | 寅 | 卯 | 辰 | 巳 | 午 | 未 | 申 | 酉 | 戌 | 亥 | 子 | 丑 |
|---|---|---|---|---|---|---|---|---|---|---|---|---|
| 凶月 | 4巳형<br>7申충<br>8酉원<br>10亥파 | 3辰해<br>5午파<br>7申원<br>8酉충<br>11子형 | 2卯해<br>9戌충<br>10亥원<br>12丑파 | 1寅형<br>7申형파<br>9戌원<br>10亥충 | 2卯파<br>11子충<br>12丑원 | 9戌형파<br>11子형파<br>12丑형충 | 1寅형충<br>2卯원<br>4巳형파<br>10亥해 | 1寅원<br>2卯충<br>9戌해<br>11子파 | 3辰충<br>4巳원<br>6未형파<br>8酉해<br>12丑형 | 1寅파<br>3辰원<br>4巳충<br>7申해 | 2卯형<br>5午충<br>6未해원<br>8酉파 | 3辰파<br>5午해원형충<br>6未형충<br>9戌형 |
| 吉月 | 5午합<br>9戌합<br>1寅합 | 6未합<br>9戌합<br>10亥합 | 7申합<br>8酉합<br>11子합 | 8酉합<br>12丑합<br>4巳합 | 1寅합<br>6未합<br>9戌합 | 2卯합<br>5午합<br>10亥합 | 3辰합<br>11子합<br>7申합 | 3辰합<br>4巳합<br>12丑합 | 1寅합<br>2卯합<br>5午합 | 2卯합<br>6未합<br>10亥합 | 3辰합<br>7申합<br>12丑합 | 4巳합<br>8酉합<br>11子합 |

월별 吉凶(길흉) 포국표 ※ 후천수궁과 같은 12지지도 吉月에 포함한다.

※ 합은 좋은 해석, 나쁨을 좋음으로 전환 ※ 충은 싸움, 터짐, 변화, 충돌, 다툼, 경쟁, 파멸, 해산 ※ 형은 소송, 구속, 체포, 형벌, 이혼, 사망, 관재구설, 관재, 고소, 고발 ※ 파는 이별, 사기꾼, 배신자, 분해 ※ 해는 적개심, 증오, 폭행, 상해, 반목, 미워함 ※ 원진은 갈등, 도주, 떠나감, 억울함, 피해

## 9-5-5(卯)년 해설

\*\*

### 9-5-5

경파의 해가 들어왔다. 경파란 깜짝 놀라 깨짐을 의미하고 合이 되면 좋은 일로 놀라고 沖이 되면 안 좋은 일로 놀란다. 행동은 과격하며 일은 저지르고 보는 습성이 있다. 부동산과 돈으로도 보며 편재성을 가진 큰돈이기도 하다. 5와 9는 부동산 문서로도 본다. 1월, 2월, 3월은 문서로 크게 놀랄 일이 생기나 경파가 4월까지 중첩되고 5월에 가서 시생이 후천수궁의 土극水로 훼을 당해 새로운 일과 새로운 사람으로 인해 안 좋은 상황으로 가는 모양새이니 긴장하여 사전에 사고를 방지하는 수단을 강구하라.

### 5-1-6

이 수리수는 과감히 전진하여 일을 성취하면 팔자가 바뀌는 혁신적이며 혁명적인 수리지만 1월, 2월, 3월에 이어지는 경파가 중중한데, 거기에 5월 시생 1水와 6월 관록 6水가 후천수궁의 훼을 받으니 새로운 일과 사람으로 인해 관재나 법과 연관된 일로 큰 손해로 놀라고 차후 건강이 급격히 나빠질 수 있다. 子 일주는 5월에, 丑 일주는 6월에 새로운 일과 사람으로 관재에 시달리고 몸져누울 수가 있으니 조심하라. 그 외 凶이 되는 일주는 경계하며 움직이고 合이 되는 일주나 凶이 없는 일주는 일과 사람을 가리면서 평상시와 같이 목표를 향해 나아가라.

### 2-7-9

7월은 움직이지 마라. 잘못 움직이거나 변화, 변동 시 얻는 것보다 잃는 것이 많다. 움직이면 놀랄 일이 기다리고 병이 찾아온다. 8월 퇴식 7火와 9월 문서 9金은 서로 상생 관계이니 경파가 주관하는 년인 만큼 크게 문제는 없으나 8월과 9월에 凶이 되는 일주는 아파서 병원에 가야하는 진단을 받을 수 있으니 긴장해야 한다. 명심하라. 월별 길흉 포국표를 꼭 참고해서 보라.

### 7-4-2

11월, 12에 凶이 되는 일주는 변화, 변동, 이동을 하지 말아야 하고 10월에 凶이 되는 일주는 안정을 취하면서 건강에 신경을 써야 한다. 그러나 10월, 11월, 12월 모두 2월 후천수궁을 훼하지 않으므로 크게 나쁘지 않아 너무 긴장할 필요는 없다.

## 9-6-6(平)

| 문서 | **9** | 金☺ | 관록 | **6** | 水 | 관록 | **6** | 水☺ |
|---|---|---|---|---|---|---|---|---|
| 1월 | 寅 | 선천수 | 2월 | 卯 | 후천수 | 3월 | 辰 | 선후천수 |
| 관록 | **6** | 水☺ | 귀신 | **3** | 木☺ | 문서 | **9** | 金☺ |
| 4월 | 巳 | 6+9=6 | 5월 | 午 | 6+6=3 | 6월 | 未 | 6+3=9 |
| 관록 | **6** | 水☺ | 귀신 | **3** | 木☺ | 문서 | **9** | 金☺ |
| 7월 | 申 | 9+6=6 | 8월 | 酉 | 9+3=3 | 9월 | 戌 | 6+3=9 |
| 귀신 | **3** | 木☺ | 귀신 | **3** | 木☺ | 관록 | **6** | 水☺ |
| 10월 | 亥 | 9+6+6=3 | 11월 | 子 | 6+3+3=3 | 12월 | 丑 | 6+9+9=6 |

| 일지 | 寅 | 卯 | 辰 | 巳 | 午 | 未 | 申 | 酉 | 戌 | 亥 | 子 | 丑 |
|---|---|---|---|---|---|---|---|---|---|---|---|---|
| 凶月 | 4巳형 | 3辰해 | 2卯해 | 1寅형 | 2卯파 | 9戌형파 | 1寅형충 | 1寅원 | 3辰충 | 1寅파 | 2卯형 | 3辰파 |
| | 7申충 | 5午파 | 9戌충 | 7申형파 | 11子충 | 11子충 | 2卯원 | 2卯충 | 4巳원 | 3辰원 | 5午충 | 5午 해원형충 |
| | 8酉원 | 7申원 | 10亥원 | 9戌원 | 12丑원 | 12丑원 | 4巳형파 | 9戌해 | 6未형파 | 4巳충 | 6未해원 | 6未형충 |
| | 10亥파 | 8酉충 | 12丑파 | 10亥충 | | | 10亥파 | 11子파 | 8酉해 | 7申해 | 8酉파 | 9戌형 |
| | | 11子형 | | | | | | | 12丑형 | | | |
| 吉月 | 5午합 | 6未합 | 7申합 | 8酉합 | 1寅합 | 2卯합 | 3辰합 | 3辰합 | 1寅합 | 2卯합 | 4巳합 | 4巳합 |
| | 9戌합 | 9戌합 | 8酉합 | 12丑합 | 6未합 | 5午합 | 11子합 | 4巳합 | 2卯합 | 6未합 | 7申합 | 8酉합 |
| | 1寅합 | 10亥합 | 11子합 | 4巳합 | 9戌합 | 10亥합 | 7申합 | 12丑합 | 5午합 | 10亥합 | 12丑합 | 11子합 |

월별 吉凶(길흉) 포국표 ※ 후천수궁과 같은 12지지도 吉月에 포함한다.

※ 합은 좋은 해석, 나쁨을 좋음으로 전환 ※ 충은 싸움, 터짐, 변화, 충돌, 다툼, 경쟁, 파멸, 해산 ※ 형은 소송, 구속, 체포, 형벌, 이혼, 사망, 관재구설, 관재, 고소, 고발 ※ 파는 이별, 사기꾼, 배신자, 분해 ※ 해는 적개심, 증오, 폭행, 상해, 반목, 미워함 ※ 원진은 갈등, 도주, 떠나감, 억울함, 피해

## 9-6-6(쭈)년 해설

⁂

### 9-6-6

올해는 관록이 주도하는 해이다. 관록은 나라, 법정, 나라가 운영하는 기관, 학교, 병원, 가정과 식구이고 추상적 개념으로는 합격, 승진, 영전, 명예, 행운, 벼슬, 당선, 취직 등이다. 11개월 모두 2월 후천수궁과 生 관계로 헨이 없는 드문 해이다. 1월, 2월, 3월은 문서로 이루어지는 관록과 관계된 모든 일이 순조로움을 나타내고 있다. 문서로 이루어지는 일이라면 합격, 승진, 당선, 계약, 취업, 부동산 취득, 아파트 입찰 당첨 등 수많은 것이 있을 것이고 책도 역시 문서이므로 공부하는 학생은 공부에 신경 쓰며 관록이 상생이므로 직장, 학교, 가정, 사업체, 사업장, 작업 현장, 생활에도 큰 애로가 없으며 관청과 연관된 사업을 하는 모든 업소도 평탄히 수익을 창출할 것이다.

### 6-3-9

이 수리는 별로 좋은 수리수가 아니다. 관록이 귀신을 만나 나쁜 문서로 나를 괴롭히는 꼴을 가진 수리수군이다. 그러나 4월, 5월, 6월과 7월, 8월, 9월 역시 2월 후천수궁과 척을 지지 않고 얌전하여 관록으로 생기는 일들이 고마운 조상을 만나 문서적으로 나에게 큰 선물을 준다고 생각하라. 모든 일주는 길흉을 따지지 말고 좋게 해석해도 된다.

### 6-3-9

4월, 5월, 6월과 같은 해석을 하면서도 한편으로는 관재에 귀신이 있으니 가까운 인연과의 관재는 신경을 써야 좋다. 직장 동료나 사업 동업자, 알고 지내는 지인, 친척, 가깝게는 식구나 부부와도 서로 원만하게 지내서 관재수가 없도록 노력하라.

관재란 생각지도 못한 곳에서 사소한 일이 발단이 되어 생긴다. 이런 안 좋은 수리가 들어올 경우에는 충고나, 잔소리, 자존심을 건드는 언사는 피해야 하며 좋은 이야기나 상대를 높여주는 말로 위안을 준다면 좋은 방편이 된다. 8월, 9월, 10월은 3-9-3 수리군이 줄지어 들어와 상문을 세우므로 집안에 중환자나 아픈 노인이 있다면 이에 대비하라.

### 3-3-6

위에서도 피력했듯이 9의 선천수의 모든 일주는 10월에는 상갓집을 가지 말아야 한다. 9의 선천수를 가진 가족에게는 신신당부하라. 액을 맞을 수 있다. 8월부터 11월까지 귀신이 중중하여 2월 관록은 죽어가는 자의 관록 작용을 한다고 보아야 한다. 염라대왕의 부름도 관록 작용의 뜻을 가진다고 봐라. 액을 맞으면 저승사자가 실수로 조문객을 같이 데리고 갈 수도 있음이다. 황당한 이야기 같지만 세상사는 정답이 없고 생각지도 못한 아이러니와 풀리지 않는 숙제가 많은 법이다.

## (태생)선천수 9의 궁도

### 9-7-7(凶)

| 문서 | 9 | 金☹ | 퇴식 | 7 | 火 | 퇴식 | 7 | 火☺ |
|---|---|---|---|---|---|---|---|---|
| 1월 | 寅 | 선천수 | 2월 | 卯 | 후천수 | 3월 | 辰 | 선후천수 |
| 퇴식 | 7 | 火☺ | 경파 | 5 | 土☺ | 귀신 | 3 | 木☺ |
| 4월 | 巳 | 7+9=7 | 5월 | 午 | 7+7=5 | 6월 | 未 | 7+5=3 |
| 시생 | 1 | 水☹ | 재물 | 8 | 木☺ | 문서 | 9 | 金☹ |
| 7월 | 申 | 3+7=1 | 8월 | 酉 | 3+5=8 | 9월 | 戌 | 1+8=9 |
| 재물 | 8 | 木☺ | 변동 | 2 | 火☺ | 시생 | 1 | 水☹ |
| 10월 | 亥 | 9+7+1=8 | 11월 | 子 | 7+3+8=2 | 12월 | 丑 | 7+3+9=1 |

| 일지 | 寅 | 卯 | 辰 | 巳 | 午 | 未 | 申 | 酉 | 戌 | 亥 | 子 | 丑 |
|---|---|---|---|---|---|---|---|---|---|---|---|---|
| 凶月 | 4巳형<br>7申충<br>8酉원<br>10亥파 | 3辰해<br>5午파<br>7申원<br>8酉충<br>11子형 | 2卯해<br>9戌충<br>10亥원<br>12丑파 | 1寅형<br>7申형파<br>9戌원<br>10亥충 | 2卯파<br>11子충<br>12丑원<br>10亥충 | 9戌형파원<br>11子원<br>12丑원 | 1寅형충<br>2卯원<br>4巳형파<br>10亥파 | 1寅원<br>2卯충<br>9戌해<br>11子파 | 3辰충<br>4巳원<br>6未형파<br>8酉해<br>12丑형 | 1寅파<br>3辰원<br>4巳해<br>7申해<br>8酉파 | 2卯형<br>5午충<br>6未해원<br>8酉파<br>9戌 | 3辰파<br>5午해원형충<br>6未<br>9戌형 |
| 吉月 | 5午합<br>9戌합<br>1寅합 | 6未합<br>9戌합<br>10亥합 | 7申합<br>8酉합<br>12丑합 | 8酉합<br>12丑합<br>11子합 | 1寅합<br>6未합<br>4巳합 | 2卯합<br>5午합<br>10亥합 | 3辰합<br>11子합<br>7申합 | 3辰합<br>2卯합<br>12丑합 | 1寅합<br>6未합<br>5午합 | 2卯합<br>7申합<br>10亥합 | 3辰합<br>7申합<br>12丑합 | 4巳합<br>8酉합<br>11子합 |

월별 吉凶(길흉) 포국표 ※ 후천수궁과 같은 12지지도 吉月에 포함한다.

※ 합은 좋은 해석, 나쁨을 좋음으로 전환 ※ 충은 싸움, 터짐, 변화, 충돌, 다툼, 경쟁, 파멸, 해산 ※ 형은 소송, 구속, 체포, 형벌, 이혼, 사망, 관재구설, 관재, 고소, 고발 ※ 파는 이별, 사기꾼, 배신자, 분해 ※ 해는 적개심, 증오, 폭행, 상해, 반목, 미워함 ※ 원진은 갈등, 도주, 떠나감, 억울함, 피해

## 9-7-7(凶)년 해설

\*\*

### 9-7-7

퇴식의 해를 맞이하였다. 퇴식은 정신적 갈등, 의욕, 욕구, 건강 상실 등을 의미한다. 훼이나 凶이 되면 크게 아프거나 입원하며 사망할 수도 있는 수리다. 또한 모든 일이 자기 뜻대로 안 되며 평생 작은 질병을 가지고 산다.

1월 문서 9金이 2월 후천수궁의 퇴식 7火로 火극金을 당하고 있어 이미 문서는 안 좋은 문서가 되었다. 퇴식은 2월, 3월, 4월에 줄지어 도사리고 있어 1월의 문서는 안 좋은 문서로 보라. 이 기간은 몸에 이상이 있는 사람은 병원을 찾아 병이 깊어지기 전에 처방을 받아야 하고 가족 중 아픈 환자는 정성으로 간호하여 병세가 깊어지지 않도록 신경을 쓰지 않으면 큰일을 당할 수가 있다.

### 7-5-3

2월, 3월, 4월이 모두 퇴식으로 줄을 섰다. 그리고 5월 경파 5土는 후천수궁의 퇴식 7火와 4월 퇴식 7火의 生을 받아 감당하지 못할 만큼 놀라 쓰러져 있는데 6월 귀신 3木조차도 木극土로 확인 사살을 하니 놀라움은 사실, 큰일이 벌어지고야 마는 지경에 이르렀다. 아픈 자는 건강이 악화되어 사망 선고를 받을 지경이거나 사망하며 집안은 우환이 있고 사업자는 자금줄이 막혀 부도 위기에 놓이며 직장인은 직장 생활에 권태를 느낀다. 1월부터 6월까지 9의 선천수를 가진 자는 일주와 관계없이 자신과 가족의 건강을 위하여 기도하고 기도하라. 이런 운에는 정성스러운 마음으로 기도하라.

### 1-8-9

7월 시생 1水는 후천수궁 火를 훼하고 있어 좋지 않으나 바로 옆에 8월 재물 8木을 水생木으로 生하므로 재물이 생긴다. 9월은 후천수궁에게 火극金으로 훼을 당하므로 辰, 巳, 未, 丑 일주는 돈이나 귀중한 서류를 도난당하니 조심하라. 1-8-9는 가장 좋은 수리군이나 후천수궁에 퇴식이 상좌에 앉아 있어 역량을 50%도 발휘하지 못한다.

### 8-2-1

10월 재물과 11월 변동이 후천수궁을 生하고 있다. 재물을 가지고 변화를 주거나 변동을 하면 더 큰 소득이 생긴다. 그러나 12월에 시생 1水가 후천수궁을 水극火로 훼을 하니 새로운 일과 사람으로 지장을 초래한다. 12월에 만나는 사람은 모두 조심하고 큰일을 벌이지 마라. 실패한다.

## (태생)선천수 9의 궁도

### 9-8-8(吉)

| 문서 | **9** | 金☹ | 재물 | **8** | 木 | 재물 | **8** | 木☺ |
|---|---|---|---|---|---|---|---|---|
| 1월 | 寅 | 선천수 | 2월 | 卯 | 후천수 | 3월 | 辰 | 선후천수 |
| 재물 | **8** | 木☺ | 퇴식 | **7** | 火☺ | 관록 | **6** | 水☺ |
| 4월 | 巳 | 8+9=8 | 5월 | 午 | 8+8=7 | 6월 | 未 | 8+7=6 |
| 경파 | **5** | 土☹ | 안정 | **4** | 金☹ | 문서 | **9** | 金☹ |
| 7월 | 申 | 6+8=5 | 8월 | 酉 | 6+7=4 | 9월 | 戌 | 5+4=9 |
| 안정 | **4** | 金☹ | 시생 | **1** | 水☺ | 경파 | **5** | 土☹ |
| 10월 | 亥 | 9+8+5=4 | 11월 | 子 | 8+7+4=1 | 12월 | 丑 | 8+6+9=5 |

| 일지 | 寅 | 卯 | 辰 | 巳 | 午 | 未 | 申 | 酉 | 戌 | 亥 | 子 | 丑 |
|---|---|---|---|---|---|---|---|---|---|---|---|---|
| 凶月 | 4巳형<br>7申충<br>8酉원<br>10亥파 | 3辰해<br>5午파<br>7申원<br>8酉충<br>11子형 | 2卯해<br>9戌충<br>10亥원<br>12丑파 | 1寅형<br>7申형파<br>10亥충 | 2卯파<br>11子충<br>12丑원<br>10亥충 | 9戌형파<br>11子원<br>12丑원 | 1寅형충<br>2卯원<br>4巳형파 | 1寅원<br>2卯충<br>9戌해<br>10亥파 | 3辰충<br>3辰원<br>6未형원<br>11子파<br>12丑형 | 1寅파<br>4巳원<br>4巳충<br>8酉해 | 2卯형<br>5午충<br>8酉파 | 3辰파<br>5午해원형충<br>6未형<br>9戌형 |
| 吉月 | 5午합<br>9戌합<br>1寅합 | 6未합<br>9戌합<br>10亥합 | 7申합<br>9戌합<br>11子합 | 8酉합<br>8酉합<br>4巳합 | 1寅합<br>6未합<br>9戌합 | 2卯합<br>5午합<br>10亥합 | 3辰합<br>11子합<br>7申합 | 3辰합<br>4巳합<br>12丑합 | 1寅합<br>2卯합<br>5午합 | 2卯합<br>6未합<br>10亥합 | 3辰합<br>7申합<br>12丑합 | 4巳합<br>8酉합<br>11子합 |

월별 吉凶(길흉) 포국표 ※ 후천수궁과 같은 12지지도 吉月에 포함한다.

※ 합은 좋은 해석, 나쁨을 좋음으로 전환 ※ 충은 싸움, 터짐, 변화, 충돌, 다툼, 경쟁, 파멸, 해산 ※ 형은 소송, 구속, 체포, 형벌, 이혼, 사망, 관재구설, 관재, 고소, 고발 ※ 파는 이별, 사기꾼, 배신자, 분해 ※ 해는 적개심, 증오, 폭행, 상해, 반목, 미워함 ※ 원진은 갈등, 도주, 떠나감, 억울함, 피해

## 9-8-8(吉)년 해설

\*\*

### 9-8-8

재물이 후천수궁에 앉아 올해의 관리자로 자리하였다.

1월 문서 9金은 2월 후천수궁의 재물 8木과 3월 재물궁마저 도끼질을 하고 있으나 역극(逆剋)을 당하고 있어 문서는 깨지고 재물에 대한 욕구와 욕심이 剋에 달했다. 9-8-8-8은 재물에 대한 강한 욕구의 발동을 나타낸다.

재물 8과 合이 되면서 일주 천간지지에 세운이 재성을 달고 와 지합, 천합이 되면 큰 재물을 얻을 것이다. 그러나 凶이 되면 큰돈을 얻지 못한다.

### 8-7-6

4월, 5월, 6월도 2월 후천수궁을 生하거나 같은 오행이 힘을 보태주므로 3개월 동안 왕성히 재물을 얻을 수 있어 좋은 석 달이다. 1월, 2월, 3월에 얻지 못한 재물이 있다면 4월, 5월, 6월에 쟁취하여야 한다. 후천수궁이 재물인 해에 재물을 쟁취하지 못한다면 다른 해에는 더 얻기가 힘들다. 凶 일주를 크게 따지지 말고 노력하라. 다만 5월에 퇴식이 자리한 만큼 건강을 돌보지 않고 너무 무리하게 함부로 덤비면 건강에 문제가 생길 수 있으니 월별 길흉 포국표를 참조하여 5월과 凶이 되는 일주는 조심하라.

### 5-4-9

7월, 8월, 9월은 2월 후천수궁과 모두 剋 관계에 있어 안 좋다. 그중에서도 8월 안정 4金이 후천수궁을 도끼질을 하고 있어 7월, 8월, 9월 중 가운데서 교량 역할을 하지 못하므로 7월, 8월, 9월은 안 좋게 해석하는 게 맞다. 7월에 재물 문제로 안 좋은 쪽으로 놀란다. 여기서 두 가지 해석이 가능하다. 너무 지나친 재물욕에서 유발되는 피로가 건강에 영향을 미쳐 갑자기 활동하기 어려울 정도의 지경에 놓여 크게 놀라고 8월에 안정이 후천수궁의 재물을 치니 나갈 돈이며 환자가 되어 병원과 관련된 문서, 즉 진단서나 병원 입원을 지시하는 문서를 받는다는 점과 다른 하나는 가정 문제로 갑자기 발생한 가족 간의 돌발적 상황에 크게 놀라서 가정의 안정은 깨지고 안 좋은 문서로 귀결되는 일이 있지 않을까 가늠할 수가 있다. 그래서 두 가지 관점 모두를 염두에 놓고 조심하여야 할 것이다. 하나는 돈에 대한 애착으로 오는 건강의 문제와 가족 간의 불화나 돈 문제로 발생하는 충돌이나 부부간에 행위의 이탈로 생긴 일로 법정까지 가거나 이혼 합의서를 요구하는 일로 문제가 발생할 수 있으니 월별 길흉 포국표를 보고 7월, 8월, 9월에 각각 자기 일주를 대입해 여기에 속해 있으면 주의하라.

### 4-1-5

7월, 8월, 9월에 이어 10월에도 안정을 못 찾고 11월에 가서야 새로운 일이나 사람을 통하여 마무리되는 모양새이지만 만일 11월 시생 1수와 凶이 되면 반대로 해석하라.

## 9-9-9(平)

| 문서 | 9 | 金☺ | 문서 | 9 | 金 | 문서 | 9 | 金☺ |
|---|---|---|---|---|---|---|---|---|
| 1월 | 寅 | 선천수 | 2월 | 卯 | 후천수 | 3월 | 辰 | 선후천수 |
| 문서 | 9 | 金☺ | 문서 | 9 | 金☺ | 문서 | 9 | 金☺ |
| 4월 | 巳 | 9+9=9 | 5월 | 午 | 9+9=9 | 6월 | 未 | 9+9=9 |
| 문서 | 9 | 金☺ | 문서 | 9 | 金☺ | 문서 | 9 | 金☺ |
| 7월 | 申 | 9+9=9 | 8월 | 酉 | 9+9=9 | 9월 | 戌 | 9+9=9 |
| 문서 | 9 | 金☺ | 문서 | 9 | 金☺ | 문서 | 9 | 金☺ |
| 10월 | 亥 | 9+9=9=9 | 11월 | 子 | 9+9=9=9 | 12월 | 丑 | 9+9=9=9 |

| 일지 | 寅 | 卯 | 辰 | 巳 | 午 | 未 | 申 | 酉 | 戌 | 亥 | 子 | 丑 |
|---|---|---|---|---|---|---|---|---|---|---|---|---|
| 凶月 | 4 巳 형<br>7 申 충<br>8 酉 원<br>10 亥 파 | 3 辰 해<br>5 午 파<br>7 申 원<br>8 酉 충<br>11 子 형 | 2 卯 해<br>9 戌 충<br>10 亥 원<br>12 丑 파 | 1 寅 형<br>7 申 형파<br>9 戌 원<br>10 亥 충 | 2 卯 파<br>11 子 충<br>12 丑 원 | 9 戌 형파<br>11 子 원<br>12 丑 원 | 1 寅 형충<br>2 卯 원<br>4 巳 형파<br>10 亥 파 | 1 寅 원<br>2 卯 충<br>9 戌 해<br>11 子 파 | 3 辰 충<br>4 巳 원<br>6 未 파<br>8 酉 해<br>12 丑 형 | 1 寅 파<br>3 辰 원<br>4 巳 충<br>7 申 해 | 2 卯 형<br>5 午 충<br>6 未 해원<br>8 酉 파 | 3 辰 파<br>5 午 해원형충<br>6 未 해원형충<br>9 戌 형 |
| 吉月 | 5 午 합<br>9 戌 합<br>1 寅 합 | 6 未 합<br>9 戌 합<br>10 亥 합 | 7 申 합<br>9 戌 합<br>11 子 합 | 8 酉 합<br>12 丑 합<br>4 巳 합 | 1 寅 합<br>6 未 합<br>9 戌 합 | 2 卯 합<br>5 午 합<br>10 亥 합 | 3 辰 합<br>11 子 합<br>7 申 합 | 3 辰 합<br>4 巳 합<br>12 丑 합 | 1 寅 합<br>2 卯 합<br>5 午 합 | 2 卯 합<br>6 未 합<br>10 亥 합 | 3 辰 합<br>7 申 합<br>12 丑 합 | 4 巳 합<br>8 酉 합<br>11 子 합 |

월별 吉凶(길흉) 포국표 ※ 후천수궁과 같은 12지지도 吉月에 포함한다.

※ 합은 좋은 해석, 나쁨을 좋음으로 전환 ※ 충은 싸움, 터짐, 변화, 충돌, 다툼, 경쟁, 파멸, 해산 ※ 형은 소송, 구속, 체포, 형벌, 이혼, 사망, 관재구설, 관재, 고소, 고발 ※ 파는 이별, 사기꾼, 배신자, 분해 ※ 해는 적개심, 증오, 폭행, 상해, 반목, 미워함 ※ 원진은 갈등, 도주, 떠나감, 억울함, 피해

## 9-9-9(酉)년 해설

\*\*

### 9-9-9

올해는 9 수리가 한 해를 지켜간다. 9의 선천수를 가진 사람의 마지막 수리인 9는 때에 따라 해석하기가 애매모호하다. 그런데 12달 모두 9 수리로 채워졌다면 더욱 해석하기가 만만치 않을 것이다. 9-9-9 수리의 해설은 큰 의미가 없다. 9-9-9 수리의 반복인 상황을 12달 동안 달마다 해설할 수 있겠는가? 9 수리의 의미는 문서, 계약, 학문 증서, 자격증, 진단서 송장, 법에 관련된 지시서로 크게 나누지만 세밀히 들어가면 천태만상으로 해석할 요소가 많은 키워드이다.

그래서 이 9-9-9는 계절별로 나누어 해설하는 게 가장 신빙성을 가질 수 있다고 본다. 봄철의 9-9-9, 여름철의 9-9-9, 가을철의 9-9-9, 겨울철의 9-9-9이다.

봄철의 9-9-9는 서서히 사람들이 움직이기 시작하는 때이다. 농부는 전답을 살피고 사업가는 겨울 동안 미루어 두었던 회사 내에 산적해 있는 계획했던 작업을 할 때고 학생이나 부모는 신학기에 필요한 학자금이나 교재를 준비하거나 교복을 맞출 거고 정치인은 선거철인 만큼 유세나 당선을 위하여 활발한 유권자와 접객이 이루어질 것이다. 회사원은 진급이나 승진을 위하여 로비 활동이 있거나 다른 회사로 이직할 때이며 노동자는 겨울철에 활동이 안 된 어려움을 풀려고 할 것이다.

여름, 가을, 겨울도 마찬가지로 사람이 계절에 맞추어 살아가는 모습을 9-9-9를 계절에 실어 해설하는 것이 더 정확한 해설이 될 것이다.

그래서 사계절을 바탕에 깔고 달마다 각각 분리해서 9 수리에 대한 키워드를 사용해 그달에 슴이 되는 일주, 凶이 되는 일주, 凶도 슴도 없는 일주를 나누어 사람의 직업에 맞추어 해설하는 게 9-9-9 수리를 잘 해설해주는 것이 된다. 참고해둘 만하다. 9 수리는 여행이 중요한 키워드이며 더 나아가서는 전출, 해외 활동, 이민, 먼 곳으로 떠남, 나쁘게 해석할 경우 사별도 포함된다.

9-9-9 수리는 사회의 현실적 상황에 따라, 계절에 따라, 상담자의 직업에 따라, 질문에 따라, 일주의 길흉을 달마다 대입하여 상담, 해설을 해라.

9-9-9의 수리 해설은 상담자의 재량에 따라 해설할 부분이지, 따로 구분해서 억지로 해설할 부분이 아니다. 12달이 모두 문서에, 12달이 모두 9 수리에, 12달이 모두 金이라는 오행에, 12달이 모두 같은 힘을 보태는 세력에 놓여있는 수리군을 쉽게 나누어 몇 개 부분만 눈 가리고 아웅 하는 식의 해설을 하면 틀린 해설이 될 것이다. 단 9-9-9 수리는 여행이나 먼 곳으로 이사, 이전, 부동산 투기, 재물의 축적, 해외 이민, 대출 서류, 매매 문서, 보증 문서, 주식 투자, 부동산 매입 서류와 매출 서류, 전출, 발령, 사직서, 입사 확인서 등 공무적인 키워드는 암기해 놓고 적절히 사용하면 좋다.

그냥 일방적으로 "합이 되면 부동산에 투자하라. 刑이 되면 부동산을 잃는다. 사람이 죽는다."라고 단순히 해설할 부분이 아니다.

이 책을 보시는 모든 분께 9-9-9 수리의 해설을 공부 과제로 남겨드려 죄송히 생각하며 더욱 발전하시기를 기원합니다.

# 사주 명리학 기초 이론

## 부담 없이 자습하세요

천간과 지지, 합, 극, 흉(형, 충, 파, 해, 원진), 십신을 알면
모든 역학을 더 쉽게 배웁니다.

## 제1장 基礎理論

# 1. 음양오행(陰陽五行)

## 1) 음양(陰陽)이란?

○ 원래 천지간에는 무극(○)의 기가 있었다. 그것이 동(動)하였다가 정(靜)한 후에 태극(☯)으로 나누어져 음양(陰陽)이 된 것이다. 그 후 태양(太陽)은 火, 태음(太陰)은 水, 소양(少陽)은 木, 소음(少陰)은 金이 되고 土는 木火金水의 기(氣)가 모여 결성된 것이다.

○ 天은 양(陽)이요, 地는 음(陰)이요, 해는 陽이요, 달은 陰이며, 남은 陽이요, 여는 陰이며 노출된 것, 활동적인 것, 적극적인 것은 陽이고 감추어진 것, 정적인 것, 소극적인 것은 다 陰이다.

| 양<br>(陽) | 천<br>天 | 일<br>日 | 주<br>晝 | 남<br>男 | 건<br>健 | 강<br>剛 | 부<br>夫 | 군<br>君 | 대<br>大 | 진<br>進 | 중<br>重 | 동<br>動 | 진<br>眞 | 표<br>表 | 개<br>開 | 부<br>富 | 귀<br>貴 | 시<br>始 | 남<br>南 | 고<br>高 |
|---|---|---|---|---|---|---|---|---|---|---|---|---|---|---|---|---|---|---|---|---|
| 음<br>(陰) | 지<br>地 | 월<br>月 | 야<br>夜 | 여<br>女 | 순<br>順 | 유<br>柔 | 부<br>婦 | 신<br>臣 | 소<br>小 | 퇴<br>退 | 경<br>輕 | 정<br>靜 | 위<br>僞 | 리<br>裏 | 폐<br>閉 | 빈<br>貧 | 천<br>賤 | 종<br>終 | 북<br>北 | 저<br>低 |

○ 천지간에 五行이 삼라만상을 구성하며 春夏秋冬 사계절을 이루고 있다.
  ① 봄: 따뜻하고 초목이 생동하니 동풍이 많이 불어 木이라 한다.
  ② 여름: 덥고 열이 많아 火氣가 성하고 남풍이 많이 부니 火라 한다.
  ③ 가을: 서늘하고 숙살지기가 있어 모든 초목의 생장을 막는 기운이 강하고, 서풍이 많이 부니 金이라 한다.
  ④ 겨울: 차가운 수기가 대지를 얼게 하고 북풍이 많이 부니 水라 한다.

## 2) 오행(五行)이란?

☞ 오행이란 木, 火, 土, 金, 水를 말하며 의미는 음(陰)과 양(陽)이 교차 운동으로 변화하여 기질(氣質)이 이합집산(離合集散)하는 작용체를 말한다.
오행(五行)은 우주의 변화를 이용하여 인간의 변화 요소를 이용하는 것으로 우주 구성의 원리이다.

## 가. 오행의 기원

○ 천지가 열리지 않았을 때의 우주는 암흑과 고요의 시기인 혼둔(混鈍)이었다.

○ 우주에 기(氣)가 형성되기 이전인 태역(太易)에 가장 먼저 물(水)이 생성되고, 기(氣)는 생성되었으나 형태가 없는 시기인 태초(太初)에 불(火)이 생성되고, 형태는 있으나 그 성질이 없는 태시(太始)에 나무(木)가 생성되었으며, 성질은 있으나 형체가 없는 태소(太素)인 쇠(金)가 생성되고, 삼라만상의 일체의 본질을 가진 태극(太極)인 흙(土)이 생성되었다.

## 나. 오행의 수(數)

○ 오행의 생성된 순서에 따라 水는 1(6,) 火는 2(7), 木은 3(8), 金은 4(9), 土는 5(10)가 된다.

○ 수(數)에도 음양이 있는데 홀수는 양이고, 짝수는 음이다.

 - 水의 수리는 양은 1이고, 음은 6이다.
 - 火의 수리는 양은 7이고 음은 2이다.
 - 木의 수리는 양은 3이고, 음은 8이다.
 - 金의 수리는 양은 9이고, 음은 4이다.
 - 土의 수리는 양은 5이고, 음은 10이다.

# 3) 오행(五行)의 상생(相生)

☞ 상생이란 오행(五行) 木, 火, 土, 金, 水의 상호관계의 서로 돕는 친화성(親和性)을 말한다.

## 다. 상생관계(相生關係)

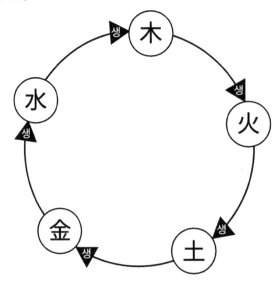

○ 木生火 - 나무를 쪼개어 불을 붙여 불을 일으킨다.

○ 火生土 - 불은 모든 것을 태워 흙을 비옥하게 하고, 양화인 태양은 빛을 내려 흙을 돕는다.

○ 土生金 - 흙은 땅속의 쇠를 보호한다.

○ 천간이 지지를 생하는 것

　- 甲木, 乙木은 巳火, 午火를 생한다.

　- 丙火, 丁火는 辰戌土, 丑未土를 생한다.

　- 戊土, 己土는 申金, 酉金을 생한다.

　- 庚金, 辛金은 子水, 亥水를 생한다.

　- 壬水, 癸水는 寅木, 卯木을 생한다.

○ 지지가 천간을 생하는 것

　- 寅木, 卯木은 丙火, 丁火를 생한다.

　- 巳火, 午火는 戊土, 己土를 생한다.

　- 辰土, 戌土, 丑土, 未土는 庚金, 辛金을 생한다.

　- 申金, 酉金은 壬水, 癸水를 생한다.

　- 亥水, 子水는 甲木, 乙木을 생한다.

| 甲木, 乙木<br>寅木, 卯木 | 丙火, 丁火<br>午火, 巳火 | 戊土, 己土<br>辰土, 戌土 | 庚金, 辛金<br>申金, 酉金 | 壬水, 癸水<br>子水, 亥水 |
|---|---|---|---|---|
| 生<br>↓ | 生<br>↓ | 生<br>↓ | 生<br>↓ | 生<br>↓ |
| 丙火, 丁火<br>午火, 巳火 | 戊土, 己土<br>辰土, 戌土 | 庚金, 辛金<br>申金, 酉金 | 壬水, 癸水<br>子水, 亥水 | 甲木, 乙木<br>寅木, 卯木 |

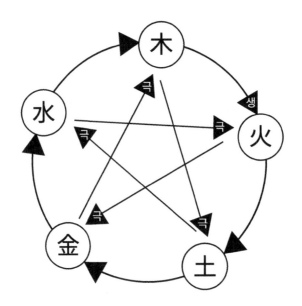

## 4) 五行의 상극(相剋)

☞ 상극(相剋)이란 오행 관계의 서로 반대되는 극해성(剋害性)을 말한다.

○ 木剋土 - 나무는 흙을 뚫는다. 나무가 많으면 땅이 황폐화된다.

○ 土剋水 - 흙(둑)은 물의 흐름을 막는다. 땅속에 물을 저장한다.

○ 水剋火 - 물은 불을 끈다.

○ 火剋金 - 불(대장간)은 쇠의 형태를 바꾸고 녹인다.

○ 金剋木 - 쇠(톱, 도끼)는 나무를 베거나 다듬는다.

[외울 것]

※ 목극토(木剋土), 화극금(火剋金), 토극수(土剋水), 금극목(金剋木), 수극화(水剋火)

### 라. 오행의 상극 관계 외우는 법

○ 천간이 천간을 극하는 것

  - 甲木, 乙木은 戊土, 己土를 극한다.

  - 丙火, 丁火는 庚金, 辛金을 극한다.

  - 戊土, 己土는 壬水, 癸水를 극한다.

  - 庚金, 辛金은 甲木, 乙木을 극한다.

- 壬水, 癸水는 丙火, 丁火를 극한다.

○ 지지가 지지를 극하는 것

- 寅木, 卯木은 辰土, 戌土, 丑土, 未土를 극한다.

- 巳火, 午火는 申金, 酉金을 극한다.

- 辰土, 戌土, 丑土, 未土는 亥水, 子水를 극한다.

- 申金, 酉金은 寅木, 卯木을 극한다.

- 亥水, 子水는 巳火, 午火를 극한다.

| 甲木, 乙木<br>寅木, 卯木 | 丙火, 丁火<br>午火, 巳火 | 戊土, 己土<br>辰土, 戌土<br>丑土, 未土 | 庚金, 辛金<br>申金, 酉金 | 壬水, 癸水<br>子水, 亥水 |
|---|---|---|---|---|
| 剋<br>↓ | 剋<br>↓ | 剋<br>↓ | 剋<br>↓ | 剋<br>↓ |
| 戊土, 己土<br>辰土, 戌土,<br>丑土, 未土 | 庚金, 辛金<br>申金, 酉金 | 壬水, 癸水<br>子水, 亥水 | 甲木, 乙木<br>寅木, 卯木 | 丙火, 丁火<br>午火, 巳火 |

○ 천간이 지지를 극하는 것

- 甲木, 乙木은 辰戌土, 丑未土를 극한다.

- 丙火, 丁火는 申金, 酉金을 극한다.

- 戊土, 己土는 子水, 亥水를 극한다.

- 庚金, 辛金은 寅木, 卯木을 극한다.

- 壬水, 癸水는 午火, 巳火를 극한다.

○ 지지가 천간을 극하는 것

- 寅木, 卯木은 戊土, 己土를 극한다.

- 巳火, 午火는 庚金, 辛金을 극한다.

- 辰土, 戌土, 丑土, 未土는 壬水, 癸水를 극한다.

- 申金, 酉金은 甲木, 乙木을 극한다.

- 亥水, 子水는 丙火, 丁火를 극한다.

# 2. 천간(天干)과 지지론(地支論)

## 1) 간지(干支)란 무엇인가?

간지(干支)라 함은 십천간(十天干)과 십이지지(十二地支)를 총칭하여 부르는 것이다. 즉, 천간(天干)의 간(干)과 지지(地支)의 지(支)를 따서 간지(干支)라고 하는데, 다시 말하면 천간지지를 줄여서 간지(干支)라고 한다.

간(干)은 줄기 간(幹)의 약자이며 지(支)는 가지 지(枝)의 약자이며, 또한 간(干)은 위에 있는 줄기를 말함이요, 하늘(天, 乾)을 뜻하며 지(支)는 아래에 있는 근지(根支)를 말하며, 땅(地, 坤)을 의미한다.

## 2) 천간(天干)

| 10天干 | 甲+ | 乙- | 丙+ | 丁- | 戊+ | 己- | 庚+ | 辛- | 壬+ | 癸- |
|---|---|---|---|---|---|---|---|---|---|---|
| 음양(陰陽) | 양 | 음 | 양 | 음 | 양 | 음 | 양 | 음 | 양 | 음 |
| 오행(五行) | 목 | 목 | 화 | 화 | 토 | 토 | 금 | 금 | 수 | 수 |

○ 천간은 10자로 구성되어 있으므로 10천간이라고 한다.
○ 천간에는 오행별로 각각 2자씩 구성되어 있는데, 이는 양과 음으로 구분되어 총 10자로 구성되었다. - 甲乙木, 丙丁火, 戊己土, 庚辛金, 壬癸水
○ 천간은 10자로 구성되어 있으므로 10천간이라고 한다.

| 10天干 | 목(木) | 화(火) | 토(土) | 금(金) | 수(水) |
|---|---|---|---|---|---|
| 양(陽) | 甲+ | 丙+ | 戊+ | 庚+ | 壬+ |
| 음(陰) | 乙- | 丁- | 己- | 辛- | 癸- |

○ 외우는 법은 甲木, 乙木, 丙火, 丁火, 戊土, 己土, 庚金, 辛金, 壬水, 癸水

## 3) 지지(地支)

| 12地支 | 子+ | 丑- | 寅+ | 卯- | 辰+ | 巳- | 午+ | 未- | 申+ | 酉- | 戌+ | 亥- |
|--------|-----|-----|-----|-----|-----|-----|-----|-----|-----|-----|-----|-----|
| 음양(陰陽) | 양 | 음 | 양 | 음 | 양 | 음 | 양 | 음 | 양 | 음 | 양 | 음 |
| 오행(五行) | 수 | 토 | 목 | 목 | 토 | 화 | 화 | 토 | 금 | 금 | 토 | 수 |

○ 지지는 12자로 구성되어 있으므로 12지지라고 한다.

○ 지지의 시작은 시간의 시작을 기준으로 시작하기 때문에 子부터 시작하여 亥에서 끝나는데 총 12자로 구성된다.

○ 쉽게 외우는 법은 지지오행의 木은 寅卯가 되니 매년 1월은 寅월부터 시작되어 12월인 축월에 끝난다. - 월을 기준으로 하여 외우면 쉽다.

   - 봄인 1, 2, 3월은 寅卯辰월인데, 寅卯는 木이요, 辰은 土다.

   - 여름인 4, 5, 6월은 巳午未월인데, 巳午는 火이요, 未는 土다.

   - 가을인 7, 8, 9월은 申酉戌월인데, 申酉는 金이요, 戌은 土다.

   - 겨울인 10, 11, 12월은 亥子丑월인데, 亥子는 水이요, 丑은 土다.

○ 지지의 木火金水의 오행은 음과 양 각각 1자씩 총 2자로 구성되어 있는데, 土의 오행은 사계절에 다 있으므로 양 2자(辰戌)와 음 2자(丑未) 총 4자로 구성되어 있다.

| 10地支 | 목(木) | 화(火) | 토(土) | 금(金) | 수(水) |
|--------|--------|--------|--------|--------|--------|
| 양(陽) | 인(寅) | 오(午) | 진술(辰戌) | 신(申) | 자(子) |
| 음(陰) | 묘(卯) | 사(巳) | 축미(丑未) | 유(酉) | 해(亥) |

○ 외우는 법은 寅木, 卯木, 巳火, 午火, 辰土, 戌土, 丑土, 未土, 申金, 酉金, 子水, 亥水를 순서대로 외운다.

○ 손마디를 이용한 지지 활용법

十二地支 집는 법과 계절

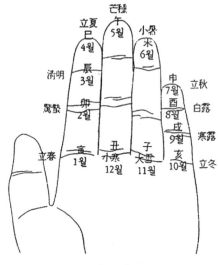

地支와 節의 도표.

24절기 (12절 12기)

| 月 | 1 | 2 | 3 | 4 | 5 | 6 | 7 | 8 | 9 | 10 | 11 | 12 |
|---|---|---|---|---|---|---|---|---|---|---|---|---|
| 節 | 寅 | 卯 | 辰 | 巳 | 午 | 未 | 申 | 酉 | 戌 | 亥 | 子 | 丑 |
| | 立春 | 驚蟄 | 淸明 | 立夏 | 芒種 | 小暑 | 立秋 | 白露 | 寒露 | 立冬 | 大雪 | 小寒 |
| | 입춘 | 경칩 | 청명 | 입하 | 망종 | 소서 | 입추 | 백로 | 한로 | 입동 | 대설 | 소한 |
| 氣 | 雨水 | 春分 | 穀雨 | 小滿 | 夏至 | 大暑 | 處暑 | 秋分 | 霜降 | 小雪 | 冬至 | 大寒 |
| | 우수 | 춘분 | 곡우 | 소만 | 하지 | 대서 | 처서 | 추분 | 상강 | 소설 | 동지 | 대한 |
| | 春 | | | ↑ 夏 | | | ↑ 秋 | | | ↑ 冬 | | |

## 4) 60갑자(六十甲子) 세우는 법

○ 10천간 중 제일 먼저 시작하는 오행이 갑목(甲木)인 양(陽)이다.

○ 12지지 중 제일 먼저 시작하는 오행이 자수(子水)인 양(陽)이다.

○ 천간 중 첫 글자인 양목인 갑목(甲木)과 지지 중 첫 글자인 양수인 자수(子水)가 만나서 갑
자(甲子)가 된다. 그다음으로 천간의 두 번째인 음목인 을목(乙木)과 지지의 두 번째인 음

토인 축토(丑土)가 만나서 을축(乙丑)이 된다.

여기에서 보면 천간의 오행이 양이면 지지의 오행도 반드시 양끼리 만난다는 것을 알 수가 있다(음의 간지도 동일, 이 원리는 항상 머리에 새겨둘 것).

○ 이와 같이 갑자(甲子)에서 순서대로 간지를 붙여가면 맨 마지막에 계해(癸亥)까지 총 60개의 간지로 이루어진다. 갑자부터 시작하므로 60갑자 간지라 한다.

○ 우리나라의 나이로 61살을 회갑(回甲)이라 하는 연유도 여기에 있다.

### ▣ 육십갑자(六十甲子) ☞ 반드시 외워야 한다.

| | | | | | | | | | |
|---|---|---|---|---|---|---|---|---|---|
| 甲子 | 乙丑 | 丙寅 | 丁卯 | 戊辰 | 己巳 | 庚午 | 辛未 | 壬申 | 癸酉 |
| 甲戌 | 乙亥 | 丙子 | 丁丑 | 戊寅 | 己卯 | 庚辰 | 辛巳 | 壬午 | 癸未 |
| 甲申 | 乙酉 | 丙戌 | 丁亥 | 戊子 | 己丑 | 庚寅 | 辛卯 | 壬辰 | 癸巳 |
| 甲午 | 乙未 | 丙申 | 丁酉 | 戊戌 | 己亥 | 庚子 | 辛丑 | 壬寅 | 癸卯 |
| 甲辰 | 乙巳 | 丙午 | 丁未 | 戊申 | 己酉 | 庚戌 | 辛亥 | 壬子 | 癸丑 |
| 甲寅 | 乙卯 | 丙辰 | 丁巳 | 戊午 | 己未 | 庚申 | 辛酉 | 壬戌 | 癸亥 |

○ 육십갑자는 천간과 지지를 조합하는데, 이때는 반드시 양간(陽干)은 양지(陽支)와 결합하고, 음간(陰干)은 음지(陰支)와 결합을 한다.

○ 양간인 갑병무경임(甲丙戊庚壬)은 지지의 子寅辰午申戌과 결합하고, 음간인 을정기신계(乙丁己辛癸)는 지지의 丑卯巳未酉亥와 결합을 한다.

# 3. 천간론(天干論)

## 1) 천간의 형상(形象)

| 천간 | 땅 | 하늘 | 사람 | 동물 |
|---|---|---|---|---|
| 갑(甲) | 대림목, 동량목 | 우레, 천둥 | 두목, 교육자 | 여우: 자존심 강하고 최고를 지향한다. 꾀가 많다. |
| 을(乙) | 새싹, 초목, 화초, 넝쿨, 잔디 | 바람, 번개 | 비서, 여행자 | 담비: 마음이 어질고 여리다. |
| 병(丙) | 큰불, 문화, 광명 | 태양 | 장군, 허영자 | 사슴: 고고한 기상과 우아하다. 존경받고 명랑하다. |
| 정(丁) | 등불, 난로, 전깃불 | 별, 은하수 | 안내자, 어머니 | 노루: 총명하고 정이 많다. 어진 편이나 단순하다. |
| 무(戊) | 높은 산, 담장 | 노을, 안개 | 대립자, 단체 | 표범: 신의가 있고 몸이 비대하며 순하다. |
| 기(己) | 전답, 도로, 인장, 발자국 | 구름, 먼지 | 중개인, 기록원 | 게: 침착하나 잘 놀란다. |
| 경(庚) | 강철, 큰 바위, 철광석 | 달 | 정복자, 무관 | 까마귀: 효조이며 의리파, 예시를 해준다. |
| 신(辛) | 보석, 칼, 침, 자갈, 조약돌 | 서리, 이슬 | 보증자, 도술자 | 꿩: 인물이 예쁘다. 화려하게 보인다. |
| 임(壬) | 바다, 강하, 호수 | 이슬, 소낙비 | 이탈자, 깨달은 자 | 제비, 철새: 인물이 좋으며 바쁘다. |
| 계(癸) | 시냇물, 샘물, 빗물 | 봄비, 눈, 물방울 | 야행자 | 박쥐: 변덕, 마음이 엉큼, 낮엔 새이며 밤엔 쥐다. |

## 2) 천간의 자의(字意)

| 천간 | 뜻 | 기 본 성 질 | 물상 |
|---|---|---|---|
| 갑<br>(甲) | 으뜸<br>떡잎 날 | 봄에 싹을 터트리고 싹이 돋아나는 현상 | 용출, 투철, 확장, 성장, 순진, 통솔력, 교육 등 |
| 을<br>(乙) | 새<br>굽힐 | 甲의 현상을 계승하여 싹이 점점 자라는 현상 | 재치, 외교, 세일즈맨, 유순, 온순 등 |
| 병<br>(丙) | 천간<br>남녘 | 태양이 만물을 밝히고 정체를 드러내는 현상 | 발산, 화끈, 정열적, 적극적, 정치, 예술 문화 업무 등 |
| 정<br>(丁) | 성할<br>장정 | 만물이 착실하게 성장하는 현상 | 빛, 안광, 시력, 사색, 탐색, 노력, 수사, 과학, 역사학 등 |
| 무<br>(戊) | 천간<br>성할 | 만물의 무성한 성장과 火의 상승 기운, 水 기억제 | 조화 작용, 저장, 보수적, 비밀 지킴, 참모, 종교 지도자 |
| 기<br>(己) | 몸<br>천간 | 만물의 성장이 완성 단계 | 변화, 화합 작용, 규칙적, 법률적, 자기화, 비밀, 종교 |
| 경<br>(庚) | 초저녁<br>별 이름 | 강경하여 결실 수확, 수축, 응고, 내적 완성. | 희생적, 냉정, 군경, 의사, 공업, 강직 |
| 신<br>(辛) | 메울<br>독할 | 성장을 다 하여 모체에서 분리 | 사별, 고통, 귀금속 세공, 침술, 역학, 종교와 무관 |
| 임<br>(壬) | 북방<br>천간 | 임신, 음양이 서로 교차하는 것 | 냉혹, 고독, 치밀, 분석적, 만물박사, 무역, 개척자 |
| 계<br>(癸) | 몸날<br>천간 | 추운 겨울에 따뜻한 기운으로 가는 준비 과정 | 종교, 교육, 사법 연구, 과학, (남에게 정신적 도움을 줌) |

## 3) 천간의 해설

### 가. 甲乙木論

◆ 木의 성질은 위로 오르기만 좋아하며 氣가 왕하면 金으로 다듬어 주면 좋다. 水에 의지하여 생육하나 많으면 부목(浮木)이다.

◆ 土가 중하면 뿌리가 깊이 뻗어 좋으며 土가 적고 가지만 무성하면 뿌리가 위태롭다.

◆ 甲戌, 乙亥는 木의 근원이고, 甲寅, 乙卯는 木의 고향이요, 甲辰, 乙巳는 木의 생지이며 이는 모두 活木이다.

◆ 甲申, 乙酉는 木이 극을 받고, 甲午, 乙未는 木이 스스로 죽고 甲子, 乙丑은 金에서 극을 받아 모두 死木이다.

◆ 활목과 사목의 구별

| 活 木 | 甲戌, | 乙亥, | 甲寅, | 乙卯, | 甲辰, | 乙巳 |
|---|---|---|---|---|---|---|
| 死 木 | 甲子, | 乙丑, | 甲午, | 乙未, | 甲申, | 乙酉 |

◆ 生木은 火를 만나야 木火通明으로 좋고, 金을 보면 상한다. 死木은 火를 보면 타버리고 金을 보면 다듬어 그릇으로 시용한다. 물을 보면 세력이 다해 뿌리가 뽑힌다.

## 1) 갑목론(甲木論)

○ 甲목은 양기(陽氣)로 바깥으로 음기(陰氣)에 둘러싸여 있으므로 싹을 틔울 때 껍질이 터져서 밖으로 나오는 형상으로 하늘에서는 우레를 뜻한다.

○ 甲목은 대림목으로 결실목, 동량목이며 하늘에서는 우레다.

○ 甲목은 하늘(亥)이 뇌성을 치고 비(癸)를 내려 번개(寅)를 쳐서 땅을 가르니 초목에 싹을 틔울 준비를 하는 봄이 옴을 의미하며, 봄을 만남을 기뻐하고 가을을 만남을 싫어한다.

## 2) 을목론(乙木論)

○ 乙은 일년생 화초로 꽃나무이며, 넝쿨, 나뭇가지이다.

나뭇가지는 바람을 일으키니 하늘에서는 바람(風)이다. 乙목은 陽氣가 과하여 만물이 껍질에서 터져 나와 방향을 몰라 꾸불꾸불하게 뻗어나갈 때이다.

○ 乙은 甲木의 지엽(枝葉)으로 활목이라 성하면 바람이 불어 甲木이 부러지니 甲木은 乙을 만나면 해롭다. 그러나 乙木은 甲木을 좋아하고 丙火, 癸水를 반긴다.

### 나. 丙丁火論

◆ 火의 본성은 열과 광명이니 木으로 체를 삼는다. 木을 만나면 빛을 발하고, 水를 만나면 증발하는 힘이 있다.

◆ 丙화는 壬수를 만나면 온 사방이 찬란하고, 丁화는 甲목을 만나야 영원불멸이다. 金을 만나면 녹여서 그릇을 만들고, 水를 만나면 기제의 공이 있고, 土를 만나면 빛을 잃어버리고, 木을 만나면 발열하게 된다.

## 1) 병화론(丙火論)

○ 丙火는 양화(陽火)로 태양이요, 인류를 밝히는 문명의 상이다. 봄인 寅월에 장생하여 한여름인 午월에 열기가 강력하며 酉월에서 死한다.

○ 丙은 빛을 잃게 하는 戊土(山)와 癸水(雨), 辛金을 꺼린다.

## 2) 정화론(丁火論)

○ 丁화는 밤에 필요한 등촉으로 확 끌어당김이 강한 것으로 만물의 장정을 이루는 불로, 하늘에서는 별이다. 丙화가 死하는 酉시에 丁화는 장생하므로 밤이 깊을수록 별이 빛난다.

○ 丙火와 같이 있으면 대낮에 별을 볼 수가 없으니 존재 가치가 없는 불이라 쓸모가 없다.

### 다. 戊己土論

◆ 土는 통일과 조화, 중용을 뜻한다.

◆ 辰未는 봄, 여름에 있어 만물을 기르고 丑戌은 가을, 겨울로 만물을 숙살시킨다.

◆ 戊이 많으면 싸우기 좋아하고 잠이 많다.

◆ 辰未는 먹기 좋아하고, 丑은 맑고 항상 주변을 잘 살핀다.

## 1) 무토론(戊土論)

○ 戊土는 넓은 대지로 높고 건전하여 만물이 무성함을 뜻한다.

○ 戊土는 해(丙)가 뜨고 지는 寅(東)에 장생하고 酉에 사하니 해(丙)가 질 때의 노을이 지는 陽土가 되니 노을(霞)로 보고 땅에서는 山이 된다.

○ 비(癸)가 오면 무지개가 산에서부터 생기니 陰(癸), 陽(丙戊)이 만나길 좋아함이요, 戊日이 癸를 만나면 戊癸합을 이뤄 화려함을 추구하고 예술적 감각이 뛰어나며, 또한 인물이 준수하다.

## 2) 기토론(己土論)

○ 己土는 습토이며 지층이 약한 토로 기복이 심하고 변화가 많음을 뜻하며 또한 기록, 일어
   난다는 뜻으로 만물이 형체를 갖추어 기록과 식별됨을 말한다.

○ 己土는 습한 땅에서 열기를 받아 수증기가 되어 하늘로 올라가니 하늘에서 구름이다.

○ 구름인 기(己)와 우레인 갑(甲)이 합하여 비인 계(癸)가 되어 땅으로 내려오기 때문에 습토
   이다.

   - 하늘에서 구름이 모이고 천둥과 번개가 치면 하늘에서 비가 내린다.

○ 구름(己)과 우레(甲)가 合하여 비를 내리고자 하나, 乙이 있으면 질투하여 바람을 일으켜
   구름을 흩어지게 하니 공명이 헛된다.

## 라. 庚辛金論

◆ 金은 만물의 성장을 억제하며 고체화하므로 열매의 껍질이 견고하게 된다.

◆ 金은 실용화를 뜻하므로 분석, 가공, 조립, 제조, 실험 응용, 상품 시장 등을 상징한다.

◆ 金은 목적과 이익을 위해 강제적, 폭력, 살상 등을 서슴지 않는다.

## 1) 경금론(庚金論)

○ 庚은 원석이며 강철로 금기가 강경해 肅殺之氣로 만물의 성장을 완성, 변경한다는 뜻이다.

○ 庚金은 하늘에서는 달(月)이다.

○ 庚日이 乙己가 있으면 가을생은 밝은 달과 맑은 바람이 부는 격이라 上命이나 겨울생은
   次格이며, 춘하월은 취함이 별로다.

## 2) 신금론(辛金論)

○ 辛은 원석에서 만들어낸 작은 검으로 새로워진다는 뜻이며 성장을 다 하여 모체에서 분리
   되어 독단으로 행함을 나타낸다.

○ 辛金은 서리(霜)로 酉月(祿)에 서리가 내려 낙엽이 진다.

○ 辛이 해(丙)를 보면 물로 변하여 冬節을 반긴다.

## 마. 壬癸水論

◆ 물은 우주를 창조한 본체로 열을 보면 기체요, 냉하면 액체요, 한냉하면 고체다.

   물이 순행하면 도량이 넓고, 역행하면 명예를 얻고, 길신이 보조하면 더욱 길하고, 형충파
   해되면 방탕으로 흘러 흉조가 있다.

## 1) 임수론(壬水論)

○ 壬은 맡긴다(任), 임신(姙)한다는 뜻이며 하늘에서는 가을의 이슬, 소낙비요, 땅에서는 바다, 강하, 호수이다.

○ 나무를 생성하게 하려면 이슬이 나뭇잎에 내려 수생목을 하여야 하고 또한 나무를 키우려면 丙화가 있어 따뜻한 기로 차가운 이슬을 온수로 만들어 생해주어야 한다.
  - 그래야 재물을 만들 수 있다.

## 2) 계수론(癸水論)

○ 癸는 헤아린다(揆度)는 뜻이며, 하늘에서는 우로(雨露), 봄비다. 땅에서는 샘물, 시냇물, 수맥(水脈)이다.

○ 子水, 癸水는 한수(寒水)지만 陽水生인 지하수는 따스하다. 午월은 陰을, 子월은 陽을 시생하고, 申을 만나면 강하(江河)를 이룬다.

○ 癸水는 봄비로 봄이나 여름에 내려야 그 공덕이 있다.

# 4. 지지론(支地論)

## 1) 지지(地支)의 형상

| 지지 | 뜻 | 기 본 성 질 | 당사주 | 음양 구분 |
|---|---|---|---|---|
| 子 | 쥐 서 (鼠) | 양기가 싹트는 것을 말하니 아이를 잉태한 것과 같다.<br>모성, 부성애, 인정, 사교적, 작은 일에 잘 놀라나 큰일에 대범, 인덕 없고, 식성 까다로움, 외부 일에 강하다. | 천귀성 (天貴星) | 앞 발가락 4 뒷발가락 5 양(陽) |
| 丑 | 소 우 (牛) | 屈從됨을 뜻하니 한기가 스스로 굴복하기 시작한 것이다.<br>부지런함과 건실, 마음 풍족, 두령급, 느리며 명예욕이 강하고 매사 시켜야 일한다. | 천액성 (天厄星) | 발굽 2개 음(陰) |
| 寅 | 호랑이 호(虎) | 양기가 나와 만물이 활동하려는 의욕이 강함을 의미한다.<br>무관심, 이기주의, 의지박약(자포자기), 만사 대길 | 천권성 (天權星) | 발가락 5개 양(陽) |
| 卯 | 토끼 묘 (昴) | 冒行이라 만물이 땅 위로 솟아 나오는 현상<br>성급, 논리적, 투쟁력 강함, 증오심, 선비형, 예술적 감각 풍부 | 천파성 (天破星) | 발가락 4개 음(陰) |
| 辰 | 용 용 (龍) | 만물이 기개를 펴고 발전 기상을 지니고 있다.<br>공상, 신경성, 큰 포부, 신앙, 통솔, 남자는 두령급, 여자는 돈, 유혹에 약하고 사치성이 있다. | 천간성 (天奸星) | 발가락 5개 양(陽) |
| 巳 | 뱀 사 (蛇) | 양기가 충만함을 뜻한다.<br>인물과 두뇌 명석, 이별, 방황, 유혹, 허영, 음란 | 천문성 (天文星) | 혓바닥 2개 음(陰) |

| 지지 | 뜻 | 기 본 성 질 | 당사주 | 음양 구분 |
|---|---|---|---|---|
| 午 | 말 마 (馬) | 음양이 교제함에 서로 놀라고 미워함을 뜻함<br>거국적 실질 숭상, 실리적 공상가, 게으름, 일복이 많고, 바람기, 현실 도피 | 천복성 (天福星) | 발톱 1개 양(陽) |
| 未 | 양 양 (羊) | 양이 쇠잔하기 시작한 것을 뜻한다.<br>자존심, 거만, 독선, 사색, 큰 재물 욕심 없고, 학구적이며, 청빈하다. | 천역성 (天驛星) | 발톱 2개 음(陰) |
| 申 | 원숭이 원(猿) | 만물의 형체가 완성되었음을 뜻한다.<br>재주, 풍류, 고독, 단체성, 종족 보존, 이기주의 | 천고성 (天孤星) | 발가락 5개 양(陽) |
| 酉 | 닭 계 (鷄) | 만물이 그 결실을 완료한 것이다.<br>인정, 신앙심, 잡귀불침, 인도환생, 신경과민, 예지 능력 | 천인성 (天刃星) | 발가락 4개 음(陰) |
| 戌 | 개 구 (狗) | 만물의 생성 일대가 멸진했음을 뜻한다.<br>은덕, 적반하장, 색욕, 음량 풍부<br>男 - 궤변 능통,<br>女 - 학술적 언어학 일품 | 천예성 (天藝星) | 발가락 5개 양(陽) |
| 亥 | 돼지 저 (猪) | 核이라 만물의 일대는 끝났으나 씨앗의 수장을 의미<br>귀향, 항변, 원성, 황음, 음흉, 백의종군, 독선, 융화, 건망증 | 천수성 (天壽星) | 발가락 2개 음(陰) |

## 2) 지지(地支)의 자의(字意)

| 지지 | 뜻 | 기본 성질 | 물 상 | 인체 |
|---|---|---|---|---|
| 子 | 쥐 서(鼠) | 子는 양기가 싹트는 것을 의미하며, 아이를 잉태한 것과 같다. (一陽이 始生) | 수도, 하수구, 목욕탕, 지하실, 암실, 변소, 해양, 저수지, 양어장, 강하, 땜, 항구, 수력발전소, 산부인과, 해수욕장, 소방서, 염전, 이미용실, 소아과, 원자력발전소, 전자제품공장, 주점, 종묘원, 탁아소. | 신장, 요도, 자궁, 고환, 귀, 정자 |
| 丑 | 소 우(牛) | 한기가 스스로 굴복한 시기다. (二陽이 始生) | 주방, 마루, 차고, 금고, 자석, 과수원, 전원, 농장, 분묘, 광산, 목장, 주차장, 사찰, 교회, 정류장, 문화재, 고궁, 은행, 복덕방, 세관, 증권사, 군부대, 무기고, 금은방, 결혼상담소, 전당포, 기계상. | 배, 비위, 양발, 췌장, 맹장 |
| 寅 | 호랑이 호(虎) | 양기가 나와 만물이 활동할려고 시작하는 시기이다. | 바람, 우레, 전원, 삼태성(별), 부엌, 서재, 아궁이, 보일러실, 발전실, 도서실, 계곡, 신문방송실, 도로, 교량, 목재소, 학교, 학원, 정류장, 역, 문화관, 입법부, 법원, 연료실, 산신당, 서점, 의상실. | 담, 머리, 동맥, 무릎, 근육, 팔 |
| 卯 | 토끼 묘(昴) | 새싹이 땅위를 뚫고 솟아 오르는 형상이다. | 장남, 젊은이, 정문, 창문, 기둥, 서까래, 초원, 화원, 농장, 가로수, 임업시험장, 가구점, 수공예품공장, 양복점, 아동복점, 제지공장, 종묘원, 방직공장, 완구점, 건재상, 과수원. | 간, 이마, 모세혈관, 팔,발 |
| 辰 | 용 용(龍) | 만물이 생기왕성하게 전하는 기상이다. | 신용, 발전, 통지, 원방, 정신, 물탱크, 냉장고, 대륙, 해양, 평원, 전원, 광산, 염전, 부두, 간척지, 도로., 양어장, 사찰, 수산시장, 회의장, 법원, 군부대, 교도소, 여관, 정당, 골프장, 현관, 지질연구소, 운동장, 보관창고, 경찰서보호실, 비행장, | 위장, 피부, 배,코, 족, 겨드랑이 |
| 巳 | 뱀 사(蛇) | 지열이 왕하여 양기가 충만하는 시기이다. | 주방, 보일러실, 공장지대, 공업도시, 제련소, 화학공장, 석유공장, 주유소, 화약, 번화가, 극장, 염색공장, 사진관, 통신전화, 고무, 백화점, 양품점, 미장원. | 소장, 얼굴, 인후, 치아, 편도선 |

228

| 지지 | 뜻 | 기 본 성 질 | 물 상 | 인 체 |
|---|---|---|---|---|
| 午 | 말 마 (馬) | 양이 극에 달하여 음양이 교차하는 시기이다(一陰이 始生). | 열, 광명, 이별, 현관, 정면, 도심지, 번화가, 문화관, 극장, 예식장, 염색 공장, 언론 기관, 광고업, 화장품 회사, 신문사, 조명 기구, 안경점, 전기용품, 사진관, x선 병원, 무기, 레이저 광선, 안과, 정신과 병원 | 심장 혀 심포 시력 열 정신 |
| 未 | 양 양 (羊) | 양이 쇠해지기 시작함을 뜻한다. | 노파, 주부, 주방, 정원, 초석, 용마루, 전원, 장독대, 전답, 채석장, 광산, 공동묘지, 살롱, 건축장, 식품점, 예식장, 연회장, 방직 공장, 토건 회사, 양복점, 양품점, 정육점, 나이트클럽, 사찰, 제방 | 비위 배 잇몸 팔 척추 복막 |
| 申 | 원숭이 원(猿) | 만물이 결실을 거두는 시기로 완성을 뜻한다. | 주부, 전화, 통신, 수도, 차고, 도로, 철도, 철교, 여행사, 관광 회사, 견직 공장, 은행, 조선소, 조폐 공장, 해로, 역, 항로, 행군 부대, 야전 사령부, 항공사, 승강기, 세차장 | 대장 근골 폐 정맥 음성 |
| 酉 | 닭 계 (鷄) | 결실을 완료하였다는 것을 의미한다. | 창문, 후문, 화장실, 보석 상자, 천장, 은행, 금은 시계, 금전, 보석상, 총기상, 군부대, 술, 양조장, 이발 기구, 당구장, 침술, 기원, 세균 검사소, 균 배양소, 산부인과 | 폐 기관지 혈관 음성 월경 코 |
| 戌 | 개 구 (狗) | 만물이 생을 다함을 뜻한다. 동면에 들어가는 시기이다. | 고급품, 산악, 절벽, 고분, 고적지, 동굴, 관광지, 채석장, 담장, 전택, 사찰, 교회, 학교, 학원, 도서관, 국회, 법원, 경찰서, 형무소, 정보부, 감사원, 사법부, 보석상, 극장, 여관, 암실, 예술 단체, 통제소 | 위 명문 두뇌 대변 항문 |
| 亥 | 돼지 저 (猪) | 핵(核)으로 만물의 생은 끝났으나 씨앗이 수장됨을 의미한다. | 고급품, 내실, 변소, 하수구, 수도, 목욕탕, 세면장, 암실, 지하실, 장독대, 해양, 강하, 해수욕장, 수력 발전소, 수원지, 양조장, 등대, 산부인과, 소아과, 제지 공장, 소방서, 사창가, 섬유 공장 | 생식기 고환 월경 대소변 장딴지 |

## 3) 지지의 해설

### 가. 子

○ 잉(孕) 자에서 취하였다. 정북방인 감(坎)궁으로 태초의 시원을 의미하며 만물의 시초로 일양이 시생하는 시기이다.

○ 한랭하고 습하기 때문에 따뜻함을 요하고 수면이라 낮고 어둡기 때문에 밝은 것과 오르길 좋아한다.

○ 속이 차갑기 때문에 고독하고 우울하며 비관적이며 실천력이 약하며 지혜롭긴 하나 표현력이 부족하다.

### 나. 丑

○ 뉴(紐) 자에서 취하였다. 동북방인 간(艮)궁으로 준비, 뛰어오르기 위해 움츠리고 있는 상이다.

○ 동토로 한랭하고 얼음처럼 차갑게 굳어 있으니 따뜻하고 밝음을 기다리나 빨리 다가오지 않으니 급한 마음과 고독하며 고집이 있다.

○ 지혜가 뛰어나 일의 계획은 잘 수립하나 혼자만 간직하고 타인에게 비밀로 하는 심성이 강하다.

### 다. 寅

○ 동(東), 연(演) 자에서 취하였다. 동북방인 간(艮)궁에 속하고 완성의 뜻이요, 뛰어오르는 형상이다.

○ 열기가 있고 무성하게 자라서 굳고 늠름한 자세로 환하게 웃는 모습이다.

○ 일의 개척과 우두머리로 상승의 기세를 갖춘 발전의 상과 진취적이고 맹진적, 강권적인 양기가 충만한 기상이다.

○ 寅은 매사에 자신감을 과신하여 진취적으로 추진하므로 실패가 많다.

### 라. 卯

○ 류(柳), 란(卵) 자에서 취하였다. 정동방인 진(震) 궁으로 지점, 포용의 의미가 있다.

○ 싹이 움을 터서 나오는 분리, 전향하는 기가 있다. 새로움을 나타내며 일을 벌여 속성속패함이 많고 자만심이 넘쳐 경멸하는 기가 강하다.

### 마. 辰

○ 진(震) 자에서 취하였다. 동남방인 손(巽) 방에 거하며 수의 고(庫)이다.

○ 만물을 생장하는 덕을 갖추었으나 저장하는 고의 성격이라 자신의 것을 지키기 위한 투쟁심이 강하다. 욕심이 많고 남녀 모두 식욕과 성욕이 강하다. 과한 욕심으로 우둔한 행동을 잘한다.

230

## 바. 巳

○ 기(起) 자에서 취하였다. 동남방인 손(巽) 궁에 거하며 일어난다는 의미가 있으며 끝과 새로움의 출발하는 지점이다. 음양이 교체하는 지점이라 과거와 미래의 분기점, 교체점이다.

○ 갈림길이 모이는 사거리 광장과 같다.

## 사. 午

○ 시(矢) 자에서 취하였다. 정남방인 이(離) 궁에 거하며 새로운 출발과 장대하고 높이 솟아오르는 따뜻한 기로 만물이 성장한다.

○ 새로운 것에 민감하고 새 유행에 민감하다. 미완성이란 뜻이 있고 부족함을 보충하는 의미가 있어 해당 궁의 육친이 약하다.

○ 옛날의 봉화대를 의미하니 새 소식과 연관이 있으며 금방 피어올랐다가 바로 식어버리는 급변화의 성격이 있다.

## 아. 未

○ 미(味) 자에서 취하였으며 서남방인 곤(坤) 궁에 거한다.

○ 먹기를 즐기며 화합하고 사교성이 풍부하다. 전문가적인 기질을 발휘하지만 항상 부족한 것 같아 자료 수집을 하려는 기가 강하며, 주변과 화합하여 안정한다.

## 자. 申

○ 곤(坤), 신(神) 자에서 취하였으며 서남방인 곤(坤) 궁에 거한다.

○ 수를 생성하는 시기이니 곡식이 열매를 맺어 씨앗으로 저장하는 때로 서늘한 기운이 감돌아 따뜻함을 원하게 된다.

○ 성질이 야무지고 우직하며 단순하지만 성에 차지 않으면 포악해지는 고지식함도 있다.

○ 장검을 가진 무사, 보스의 기질이 있으며 의리파이며 약한 자에겐 자기 일과 같이 헌신적으로 돕는 정의감도 있다.

## 차. 酉

○ 수(糸酉) 자에서 취하였으며 정서방인 태(兌) 궁에 거한다.

○ 酉월은 사물의 성장이 그치는 시기이라 정지, 수습의 의미가 있고 버릴 것과 취할 것을 구분하는 것이 정확하다.

○ 서리같이 차갑고 칼같이 날카로우며 끊고 맺는 것이 분명하고 현실주의자로서 타산적이고 실리주의를 지향한다.

○ 받기를 좋아하여 미움을 받아 소외되기 쉬우며 깔끔한 성격으로 주변을 둘러보면 자기와는 딴판이라 스트레스를 받고, 또한 항상 앞일에 대비하여 사전에 걱정하여 스스로 스트레스를 만들며 산다.

## 카. 戌

○ 융(絨) 자에서 취하였으며 서북방인 건(乾) 궁에 거한다.

○ 만물이 생장을 끝내고 쇠멸하여 온기를 저장한 곳이며 음양이 휴수사멸한 시기로 매사 지체됨을 의미한다.

○ 모든 일에 창의력과 적극성이 없으며 잠이 많으며 게으르다. 건드리지만 않으면 반응이 없고 매사 무관심하다.

○ 남을 의심하여 자신을 감추려 하고 불로 소득을 노리는 헛된 욕심을 부리기도 한다.

## 타. 亥

○ 해(垓), 핵(核) 자에서 취하였으며 서북방인 건(乾) 궁에 거한다.

○ 어둡고 차가우며 죽은 상태인 핵의 상태로 잠자고 있는 모습이다. 먼지, 오물, 고물, 헌 것 등을 의미한다.

○ 생각이 깊고 슬픈 명상에 잠기기를 즐긴다. 헌 것, 즉 경험을 소중히 여기고 모든 일의 시작할 때와 결과에 참여하기 좋아한다. 참을성이 강하나 한번 노하면 끝장을 내려는 투쟁심이 강하다.

| 일지 | 성 격 |
|---|---|
| 子 | 부드러운 성격이라 상대방에게 안정감을 주며 예리한 직감력으로 감각적으로 사물을 판단한다. 색정, 이성으로 인해 정신적 고통과 재물의 손해가 있다.<br>차고 냉정하고 비밀이 많다. 절약형이며 머리가 영리하고 꾀가 많다. |
| 丑 | 말이 적어 표현이 부족하나 내심 생각이 많다. 근면하고 노력가이며 끈기로 일을 성취한다.<br>친절과 동정심도 있으나 농담을 사실로 잘 받아들인다.<br>부부운이 희박하다. 신의는 있으나 미련하다. 사교성이 없는 외골수다. |
| 寅 | 정의심과 우월감이 강하고 용맹과 통이 크며 조직의 우두머리 기질이다.<br>기백이 든든하고 하고자 하는 것은 끝내고 마는 공포감 있는 성격이다.<br>의협심과 동정심이 강해 약자를 위하는 기질로 그로 인해 고심사가 많다.<br>다정다감하나 공격적이며 창의성도 뛰어나다. 육영, 사회사업에 길하다. |
| 卯 | 낙천적이며 애교가 있고 쾌활하고 호인형이며 대인 관계가 원만하다.<br>허영심이 강하고 새것을 좋아하고 색정에 약하며 저항력이 없어 고생한다.<br>청결하고 근면하다. 부지런하다. 불면증이 있다. |

| | |
|---|---|
| 辰 | 향상심이 있고 진취적이며 독선적이라 주위 사람의 의견을 무시하는 경향이 있다. 총명, 지혜가 풍부하고 성급함으로 단시일에 이루어지나 나중에는 손해다. 열정적이나 매사 용두사미다. 허망한 꿈과 아이디어, 허풍쟁이, 사기꾼 기질이다. |
| 巳 | 치밀한 사고력이 있어 너무 신중하다. 허영, 사치성, 감각이 뛰어나다. 영리하고 이론을 좋아하며 감수성이 예민하여 신비로움을 추구하는 형이다. 색정의 집념이 강하다. 실천형이고 의무감, 끊고 맺는 것이 확실하다. |
| 午 | 활기와 애교가 있고 교제술에 능하며 직감과 추리력이 풍부하고 두뇌 회전이 빠르다. 감추는 것이 없고 정직, 솔직하나 언동이 너무 직선적이다. 기분파이며 화려함을 추구하고 소비성으로 낭비가 심하고 유흥과 호색하다. 논리적이라기보다 감정적이다. 사장 기질, 자만심이 있어 나 정도면 내가 최고다. |
| 未 | 온화하고 인정이 많으며 예의가 바르다. 생각이 너무 깊어 결단하는 시간이 길어 시기를 놓치는 경향이 많고 신경성이 있다. 활동적이지 않고 게으르다. 방어 본능과 예지 능력으로 일의 대응에 능하다. 다정다감하고 색정에 강하다. |
| 申 | 애교가 있고 명예, 독점욕이 강하고 라이벌 의식이 있으며 두목 기질이 있다. 의리파로 남의 일을 잘 도우며 강자에겐 강하고 약자에겐 도움을 준다. 감정적이라 흥분을 잘한다. 모험을 하지 않는다. 주의가 산만하다. 재주꾼이다. |
| 酉 | 표현력(화술), 예지력이 풍부하며 포부는 크나 성급하여 무위로 끝날 수 있다. 유화하나 내심은 강하며 자유주의로 타인의 명령을 싫어한다. 한 가지 일에 집착과 경제 관념이 강하며 말로 인해 어리석은 행동으로 화근을 일으킨다. |
| 戌 | 일편단심으로 정직, 정의, 의무감이 강하며 윗사람에게 순종, 헌신적이다. 자존심이 강하여 고집불통인 면이 있고 보수적이고 경솔한 것을 싫어한다. 비밀스러운 일을 많이 갖고 있다. 말이 많고 허풍이 많다. 정에 약하며 헤프고, 잠이 많다. |
| 亥 | 자존심이 강하고 의리, 인정, 순정파로 강한 듯하나 눈물이 많은 편이다. 마음이 결정되면 전후를 가리지 않고 적극적으로 맹진하는 경향이 있다. 융통성과 유연성이 부족하여 인간미가 없다. 경제관념이 철저하고 과묵한 편이나 말문이 열리면 청산유수다. 무골호인으로 실속도 있다. |

# 陰陽 5行의 意味

| 天 干 | 甲 | 乙 | 丙 | 丁 | 戊 | 己 | 庚 | 辛 | 壬 | 癸 |
|---|---|---|---|---|---|---|---|---|---|---|
| 地 支 | 寅 | 卯 | 午 | 巳 | 辰戌 | 丑未 | 申 | 酉 | 子 | 亥 |
| 陰 陽 | 陽 | 陰 | 陽 | 陰 | 陽 | 陰 | 陽 | 陰 | 陽 | 陰 |
| 後天數 | 3 | 8 | 7 | 2 | 5 | 10 | 9 | 4 | 1 | 6 |
| 5 行 | 木 | | 火 | | 土 | | 金 | | 水 | |
| 방 위 | 동 | | 남 | | 중앙 | | 서 | | 북 | |
| 계 절 | 봄 | | 여름 | | 춘, 하, 추, 동 | | 가을 | | 겨울 | |
| 1 일 중 | 아침 | | 낮 | | 日 中央 | | 저녁 | | 밤 | |
| 기(氣) | 생氣 | | 왕氣 | | 頓 | | 肅殺之氣 | | 사氣 | |
| 色 | 청 | | 적 | | 황 | | 백 | | 흑 | |
| 性 質 | 인 | | 예 | | 신 | | 의 | | 지 | |
| 5 官 | 눈 | | 혀 | | 입 | | 코 | | 귀 | |
| 5 味 | 신맛 | | 쓴맛 | | 단맛 | | 매운맛 | | 짠맛 | |
| 5장 6부 | 간·담 | | 심장, 소장 | | 비위 | | 폐, 대장 | | 신, 방광 | |
| 5 체 | 근육 | | 혈맥 | | 살 | | 털 | | 뼈 | |
| 5 지 | 화냄 | | 기쁨 | | 걱정 | | 슬픔 | | 두려움 | |

○ 온난(溫暖)과 한습(寒濕)

| 구 분 | 天 干 | | | | | 地 支 | | | | | |
|---|---|---|---|---|---|---|---|---|---|---|---|
| 온 난 | 甲 | 乙 | 丙 | 丁 | 戊 | 寅 | 卯 | 巳 | 午 | 未 | 戌 |
| 한 습 | 己 | 庚 | 辛 | 壬 | 癸 | 申 | 酉 | 亥 | 子 | 丑 | 辰 |

# 5. 60화갑자(六十花甲子)

## 가. 선천수(先天數)

○ 천지(天地)의 생수는 1, 2, 3, 4, 5이고 성수는 6, 7, 8, 9, 10이니 그 합수는 총 50이 되며 이수를 천지의 대연수(大衍數)라 하고 여기에서 태극의 수인 1을 제하면 49가 되는데 이 수가 역에서 사용하는 시초의 수이다.

○ 10간 12지에 대한 선천수는 1양(一陽)이 시생하는 자(子)에서부터 노생(老生)하는 신(申)까지를 음양배합의 분계점으로 관찰하는 원리이다.

♤ **선천수의 원리**

甲乙丙丁戊己庚辛壬

子丑寅卯辰巳午未申

- 갑자(甲子)에서 임신(壬申)까지는 9번째가 되니 9수가 되고,

   갑과 천간합하는 기(己)와 자(子)와 충되는 오(午)도 9수가 된다.

- 을축(乙丑)에서 임신(壬申)까지는 8번째가 되니 8수가 되고,

   을(乙)과 간합되는 경(庚)과 축(丑)과 충되는 미(未)도 8수가 된다.

- 병인(丙寅)에서 임신(壬申)까지는 7번째가 되니 7수가 되고,

   병(丙)과 간합되는 신(辛)과 인(寅)과 충되는 신(申)도 7수가 된다.

- 정묘(丁卯)에서 임신(壬申)까지는 6번째가 되니 6수가 되고,

   정(丁)과 간합되는 임(壬)과 묘(卯)와 충되는 유(酉)도 6수가 된다.

- 무진(戊辰)에서 임신(壬申)까지는 5번째가 되니 5수가 되고,

   무(戊)와 간합되는 계(癸)와 진(辰)과 충되는 술(戌)도 5수가 된다.

- 기사(己巳)에서 임신(壬申)까지는 4번째가 되니 4수가 되고,

   여기에서 기(己)는 9수에 포함되었으니 제외하고 사(巳)와 충되는 해(亥)도 4수가 된다.

| 간지<br>(干支) | 갑기자오<br>(甲己子午) | 을경축미<br>(乙庚丑未) | 병신인신<br>(丙辛寅申) | 정임묘유<br>(丁壬卯酉) | 무계진술<br>(戊癸辰戌) | 사해<br>(巳亥) |
|---|---|---|---|---|---|---|
| 선천수<br>(先天數) | 9 | 8 | 7 | 6 | 5 | 4 |

## 나. 후천수(後天數)

○ 앞에서 설명한 오행수인 水1, 火2, 木3, 金4, 土5를 생수(生數)라 하고, 성수(成數)란 생수

에 음양을 배합하여 우주 창조를 완성시킨 10수를 말한다.

○ 생수에 5를 더하면 같은 오행의 음양이 구분되는 그 오행의 배우자가 생성되는 것이다.

○ 오행의 후천수

| 시기(時期) | 태역(太易) | 태초(太初) | 태시(太始) | 태소(太素) | 태극(太極) |
|---|---|---|---|---|---|
| 오행(五行) | 수(水) | 화(火) | 목(木) | 금(金) | 토(土) |
| 생수(生數) | 1 | 2 | 3 | 4 | 5 |
| 성수(成數) | 6 | 7 | 8 | 9 | 0 |

# 6. 천간합(天干合)과 지지합(地支合)

## 1) 천간합(天干合)

| | | | | |
|---|---|---|---|---|
| 갑기합화토 | 을경합화금 | 병신합화수 | 정임합화목 | 무계합화화 |
| 甲己合化土 | 乙庚合化金 | 丙辛合化水 | 丁壬合化木 | 戊癸合化火 |

○ 쉽게 외우는 법

- 甲자기 己숩주면 土한다(밥 먹은 직후에).
- 乙지로 庚찰이 合동 金(검)문 한다.
- 丙辛이 合하여 水다를 뜬다.
- 丁壬이는 木석 같은 아가씨다.
- 戊癸를 合하면 火차만큼 나간다.

◉ 干合이라고도 하며 부부유정의 상으로 음양화합의 이치를 방법화한 것이다.
　즉, 남녀가 부부로 만나 새로운 가정을 이루는 것과 흡사하다.

◉ 十干중 5개의 陽干은 여섯 번째 陰干과 합이 된다. 즉, 甲陽木과 己陰土는 木剋土하
　지 않고, 甲(남편)과 己(아내)는 부부관계인 애정으로 연결되어 合이 된다는 것이다.

◉ 기타 상세한 설명은 합의 작용론에서 알아본다.

## 2) 지지육합(地支六合)

| | | |
|---|---|---|
| 자 축 합 화 토<br>子 丑 合 化 土 | 인 해 합 화 목<br>寅 亥 合 化 木 | 묘 술 합 화 화<br>卯 戌 合 化 火 |
| 진 유 합 화 금<br>辰 酉 合 化 金 | 사 신 합 화 수<br>巳 申 合 化 水 | 오 미 합 불 변<br>午 未 合 不 變 |

○ 쉽게 외우는 법

- 교재 뒤쪽에 있는 손바닥의 손금에 지지를 외우고 난 뒤에,
- 子丑, 寅亥, 卯戌, 辰酉, 巳申, 午未를 엄지손가락으로 짚어가면서 외우면 쉽게 알 수 있다.
- 합은 대등한 관계이기 때문에 평행으로 나아간다.

◉ 지지합을 줄여서 지합(支合)이라 한다. 또는 12지지가 2개씩 짝을 이뤄 합을 하므로 육합(六合)이라고도 한다.

◉ 지지 12자가 서로 만났을 때 음양오행상(陰陽五行上)의 원리에 의하여 반드시 합반충극(合反冲剋) 간의 어떠한 관계 작용을 일으킨다.

◉ 그 작용 중 가장 친합적인 조화 관계를 가지고 있는 것이 합의 관계다.

◉ 합이란 음양배합의 원리로 부족으로부터 은(恩)을 입어 음양이 서로 결합하여 목적을 완성하는 것이며 합의 목적은 생산에 있다.

## 3) 지지삼합(地支三合)

| | | | |
|---|---|---|---|
| 인오술합화<br>寅午戌合火 | 신자진합수<br>申子辰合水 | 해묘미합목<br>亥卯未合木 | 사유축합금<br>巳酉丑合金 |

◉ 삼합회국(三合會國) 또는 국(局)이라고도 부르며, 뒷장에서 배우는 12운성의 제왕 (계절 가운데 달)인 子午卯酉가 있어야 성립된다.

- 12운성은 사람의 일생일대(임신에서 태어나고 활동하다 죽어서 묘지에 들어가는 과정)라고 보면 된다.

◉ 삼합은 동일한 오행의 속성이 장생(長生), 제왕(帝旺), 묘(墓) 등이 합하여 국세(局 勢)를 나타내는 것을 말한다.

- 장생은 아기가 태어남을 말하는 것이고,

- 제왕은 가장 왕성한 활동을 하는 시기이고,

- 묘지는 죽어서 장사를 지내는 것을 말한다.

◉ 삼합은 각각 분리되어 있을 때는 독자적인 오행의 개성이 뚜렷하나, 삼합을 이루면 삼합국세를 이룬 오행의 기운이 강하게 작용하여 강력한 개성의 위력으로 나타난다.

◉ 삼합에는 3개의 지지가 합하여 이루어지나 3개의 지지 중에 2개의 지지가 있어도 서로 합하여 작용하는데 이를 반합이라고 한다.

◉ 반합(半合)

- 亥卯未삼합 중 亥卯, 卯未, 亥未l가 있으면 반합이라 한다.

- 寅午戌삼합 중 寅午, 午戌, 寅戌이 있으면 반합이라 한다.

- 巳酉丑삼합 중 巳酉, 酉丑, 巳丑이 있으면 반합이라 한다.

| 삼 합 | | 해묘미합목<br>亥卯未合木 | 인오술합화<br>寅午戌合火 | 사유축합금<br>巳酉丑合金 | 신자진합수<br>申子辰合水 |
|---|---|---|---|---|---|
| 구<br><br>분 | 월 | 1 2 3 | 4 5 6 | 7 8 9 | 10 11 12 |
| | 방합<br>(계절) | 寅卯辰<br>(봄木) | 巳午未<br>(여름火) | 申酉戌<br>(가을金) | 亥子丑<br>(겨울水) |

○ 삼합을 주재하는 것은,

- 봄은 寅卯辰월이니 卯월이 봄의 기운이 가장 강하니까, 卯가 주재하여 삼합하여 木을 만들어낸다.

- 여름은 巳午未월이니 午월이 여름의 기운이 가장 강하니까, 午가 주재하여 삼합하여 火

를 만들어낸다.

- 가을은 申酉戌월이니 酉월이 가을의 기운이 가장 강하니까, 酉가 주재하여 삼합하여 金을 만들어낸다.

- 겨울은 亥子丑월이니 子월이 겨울의 기운이 가장 강하니까, 子가 주재하여 삼합하여 水를 만들어낸다.

○ **쉽게 외우는 법**

☞ 봄의 기운은 卯월이 강하고, 여름의 기운은 午월이 강하고, 가을의 기운은 酉월이 강하고, 겨울의 기운은 子월이 강하다.

- 亥卯未삼합(木은 봄): 봄은 앞 계절인 겨울의 첫 달 亥월에 태어나서 卯월에 봄기운이 왕성하고 다음 계절인 여름의 마지막 달인 未월에 묘지에 들어간다.

- 寅午戌삼합(火는 여름): 여름은 앞 계절인 봄의 첫 달 寅월에 태어나서 午월에 여름 기운이 왕성하고 다음 계절인 가을의 마지막 달인 戌월에 묘지에 들어간다.

- 巳酉丑삼합(金은 가을): 가을은 앞 계절인 여름의 첫 달 巳월에 태어나서 酉월에 가을 기운이 왕성하고 다음 달 겨울의 마지막 달인 丑월에 묘지에 들어간다.

- 申子辰삼합(水은 겨울): 겨울은 앞 계절인 가을의 첫 달 申월에 태어나서 子월에 겨울 기운이 왕성하고 다음 달 봄의 마지막 달인 辰월에 묘지에 들어간다.


# 7. 상충살(相冲殺)


## 1) 천간충(天干冲)

| 甲庚 | 乙辛 | 丙壬 | 丁癸 | 戊甲 | 己乙 | 庚丙 | 辛丁 | 壬戊 | 癸己 |
|------|------|------|------|------|------|------|------|------|------|

○ 천간충은 천간에서 일곱 번째 오행이 서로 상극 관계에 있음을 말한다.

○ 천간이 양일 때 일곱 번째 천간도 양이므로 양은 양끼리 양극 관계에서 충되고, 천간이 음일 때 일곱 번째 천간도 음이므로 음은 음끼리 음극 관계에서 충이 된다.

○ 그러므로 일명 칠살이라고도 한다.

## 2) 지지충(地支冲)

| 子午 | 丑未 | 寅申 | 卯酉 | 辰戌 | 巳亥 |
| --- | --- | --- | --- | --- | --- |

○ 지지 12자가 일곱 번째의 지지와 만나면 정면 상대가 되므로 상충이라 한다.

○ 지지충은 모두 여섯이므로 육충이라고도 하고, 모두 일곱 번째의 글자와 상충하므로 지지 칠살 또는 칠충이라고도 한다.

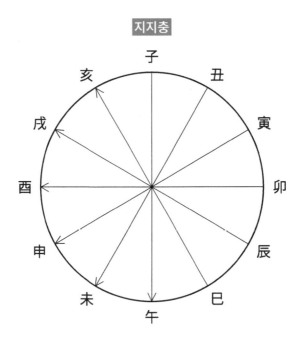

지지충

# 8. 사계절(四季節)과 방합(方合)

## 1) 사절(四節)

| 寅卯辰☞ 春節 | 巳午未☞ 夏節 | 申酉戌☞ 秋節 | 亥子丑☞ 冬節 |
| --- | --- | --- | --- |

◆ 지지의 12절을 절후에 맞출 경우 1년은 사계절이므로 1 계절에 3자씩 나누면, 매 절기의 끝에는 오행 중 土기의 글자가 오게 된다.

◆ 방합은 삼합보다는 그 작용이 약하며 방위와 그 계절을 의미한다.

## 가. 계절(季節-方合)

(1) 寅卯辰은 東方으로 만물이 시생하는 따뜻한 봄으로 木왕절이다.

(2) 巳午未는 南方으로 만물이 성장하는 무더운 여름이며 火왕절이다.

(3) 申酉戌은 西方으로 만물을 결실하는 서늘한 가을이며 金왕절이다.

(4) 亥子丑은 北方으로 만물을 저장하고 동결된 겨울이며 水왕절이다.

## 나. 四季

☞ 辰戌丑未는 土로 4季의 끝 달에 있어 그 계절이 끝나는(墓) 작용과 새로운 계절을 잉태(庫)하고 있는 달로 환절기를 나타내므로 일명 고, 묘라고도 한다.

(1) 辰月은 木生火하여 나무가 꽃이 피는 계절로 초목에 물을 공급하고 뿌리를 돕는 수화기제(水火旣濟)의 역할을 하는 온토(溫土)이다.

(2) 未月은 여름의 끝 달이니 나무의 성장을 중지시켜 열매를 맺도록 하는 조토(燥土)이다.

(3) 戌月은 가을의 끝 달로 열매를 맺은 종핵을 겨울 동안 보존하기 위하여 보온 역할을 하는 온토(溫土)이다.

(4) 丑月은 겨울에 저장한 씨앗을 봄에 싹 틔우는 이양시생(二陽始生)의 외한내온(外寒內溫)의 土이다.

# 9. 근묘화실(根苗花實)

◎ 근묘화실이란 사주 네 기둥인 년주(年柱), 월주(月柱), 일주(日柱), 시주(時柱)를 말한다.

◎ 사주를 만물의 성장 과정기와 비교하면 년주가 뿌리가 되고, 월주는 묘(새싹)이며, 일주는 꽃이요, 시주는 꽃이 지고 결실을 거두어 씨앗을 맺는 단계를 의미한다.

| 年柱 | 근 | 원 | 眞太歲 | 초년 1~20년 | 조부모, 선대, 가통 | 전생, 과거 | 365일, 遠, 始 |
|---|---|---|---|---|---|---|---|
| 月柱 | 묘 | 형 | 提網 | 靑年 21~40년 | 부모, 형제, 직장 | 현재, 가문 | 30일, 中, 近, 遠 |
| 日柱 | 화 | 이 | 日柱 | 壯年 41~60년 | 주체, 배우자, 심복, 참모 | 가정, 현실 | 1일, 座, 中 |
| 時柱 | 실 | 정 | 時柱 | 老年 61~80년 | 자녀, 자손, 부하 | 내세, 미래 | 1/12일, 緊, 末 |

## 1) 년주(年柱)

○ 년주는 본인이 출생한 해(띠)로 자신의 뿌리(根), 조상을 뜻하고 밖으로는 국가, 종교, 집, 대문 등의 사회 활동으로 본다.

○ 년주(年柱)로 시원(始原)을 알고 20세 이전을 살피고 조상궁이므로 가까이는 조부모와 멀리는 선대의 가통을 알 수가 있다.

○ 년간지(年干支)에 흉성(凶星)이 있으면 조부는 고난을 겪었거나 어렵게 살았으며, 본인은 어려운 생활을 겪었거나 질병 등으로 고생하였다고 본다.

○ 연월(年月)이 극하면 부(父)는 조부(祖父)와 별거를 하거나, 조부를 쇠퇴하게 하였고, 연월(年月)이 상생(相生)하고 희용신(喜用神)이면 부(父)는 조부(祖父)의 덕이 있고, 본인도 어려서 가정이 유복했다고 판단한다.

## 2) 월주(月柱)

○ 본인이 출생한 월로 싹(苗)이고, 부모, 형제의 궁이며 가정, 환경 등을 월주를 보고 판단한다.

○ 월주(月柱)를 다른 말로 묘(苗), 월건(月建), 월령(月令), 월항(月恒), 제강(提綱)이라고도 한다.

○ 21세부터 40세까지의 시기로 보고 초반 청년기의 운을 살피고 부모, 형제와 가문을 본다.

○ 월주에 희용신(喜用神)이 있고 생왕하면 부모, 형제가 발전하고, 본인은 행복을 누린다.

○ 월주가 상극(相剋)하고 형충(刑冲)되고 공망(空亡)되면 부모, 형제의 덕이 없고, 청년 시기는 불운하다.

## 3) 일주(日柱)

○ 일주(日柱)는 꽃이니, 자기와 결혼 후를 보고, 결혼을 한 기혼자의 경우에는 가정을 판단한다.

○ 일간(日干)은 본인이며 사주의 주인공이다. 일간을 보고 그 사람의 됨됨이와 성격 등을 판단한다.

○ 일지(日支)는 부부궁으로 일간과 일지의 상호 작용 관계를 보고 부부의 금실과 가정환경을 알 수 있다.

○ 일주는 가정, 부부 관계, 본인의 41~60세까지의 시기로 청년기 후반과 장년기의 생활 상태를 본다.

○ 일주가 생왕하고 용, 희신이면 가정생활, 부부궁은 좋으며 장년기는 복을 누린다.

○ 일주가 상극충이 되고 기신이 있으면 가정과 부부 생활은 물론 장년기에 복이 없다.

## 4) 시주(時柱)

○ 시주(時柱)를 열매(實)라 하고 말년을 보고 자손에 대하여 알 수 있고 건강, 직업, 수명, 결실을 주재하는 궁이다.

  - 시는 자신의 말년궁이므로 본인의 61~80세까지의 시기로 장년기의 후반과 말년의 생활 상태를 본다.

  - 시는 자식의 궁이므로 자식의 운을 판단할 수 있으며 자신과 자식과의 관계를 알 수가 있다.

○ 시(時)를 제왕의 자리라 하여 일주와 시주가 상생하여 조화를 이루고 天干도 合하고, 地支도 合하면 녹마(祿馬), 복귀(福貴)의 기운이 시상(時上)에 모인다고 한다.

  - 그러면 훌륭한 자녀를 두고 말년에 크게 행복하게 살 수 있게 되는 것이다.


### ▣ 근묘화실(根苗花實) 판단법

☞ 사주(년, 월, 일, 시주)를 판단하여 통변하는 법을 살펴본다.

○ 년주는 가정으로는 조상궁이요, 자신의 유아에서 청소년기이며, 사회로는 학교, 직장, 직업 등이다.

  - 년주가 희신이면 조상, 사회활동의 덕이 있고, 공망, 기신이면 덕이 없다.

○ 월주는 가정으로는 부모, 형제궁이요, 청년기이며, 사회로는 손윗사람이다.

  - 월주가 희신이면 부모, 형제의 덕이 있고, 공망, 흉신이나 기신이면 덕이 없다.

○ 일주는 부부궁이요, 청장년기이며, 사회로는 직장의 동료, 친구이다.

  - 일지가 희신이면 배우자의 덕이 있고, 공망, 흉신이나 기신이면 덕이 없다.

○ 시주는 가정으로는 자식궁이요, 장년과 말년이며, 사회로는 아랫사람이다.

  - 시주가 희신이면 자식의 덕이 있고, 공망, 흉신이나 기신이면 덕이 없다.

# 10. 성격파악(性格把握)

## 1) 띠(生年)

| 띠 | 성 격 |
|---|---|
| 子 | 평생 실패다. 성격은 고상하나 고지식하고 교만하다. 큰일을 당해도 무난히 처리한다. 의심이 많아 남을 믿지 않는 경향으로 실패수가 많다, 교육자, 기술 계통에 길하다. 초년 고생자가 많고 말년에 대길하다. |
| 丑 | 놀고먹는 법이 없고 항상 바쁘다. 정직하고 참을성 많다. 좀처럼 고집을 부리지 않으나 고집 내면 강하고 오래간다. 대담한 듯하나 약하며 인내심이 강하여 실패는 별로 없다. 변덕 스러운 성질로 성공, 상업, 농업, 은행가, 관직 등이 길하다. 여자는 식당, 식품, 곡물상 등이 길하다. 초년은 길하나 중년은 풍파다. 말년은 길하다. |
| 寅 | 인정 많고 성격은 급하나 뒤가 없고 악이 없는 착한 사람이다. 한평생 편안하고 활발, 강직하여 지지 않으려는 성질이다, 강한 자에겐 냉정하나 약한 자에겐 의협심이 강하여 물불을 가리지 않는다. 자기 위치를 생각하지 않고 일을 하기 때문에 실패다. 어려운 일이 없으며 항상 남에게 존경을 받는다. 정치가, 투기, 사업가, 의사, 역학자가 길하다. 초년에 고생, 중년은 반반, 말년은 행복하다. |
| 卯 | 유순하여 너그럽고 덕망이 많다. 게으른 편으로 매사 용두사미이며 실패가 많다. 편히 놀면서 타인을 이용해 앞장서려는 투기심으로 실패다. 참을성과 결단성이 적고 사치와 방탕 기질이 있다. 인내와 결단을 가져야 타인보다 성공한다. 정치가, 브로커, 사업가 등이 길하다. 초년 안락, 중년 후는 풍파다. 자손의 덕이 없다. |
| 辰 | 고집이 강하며 순진하나 한번 폭발하면 못 막는 성질이다. 도량이 넓어서 깊이를 알 수 없고 책임감이 강하며 대개 교만하여 내가 최고라는 완고함이 있다. 투쟁하고 노력하지만 뒷일을 생각하지 않는 미련함으로 실패가 많다. 법관, 형사, 발명가, 기능직이 길하다. 초년부터 말년까지 고초는 겪으나 부귀, 득명한다. |

| | |
|---|---|
| 巳 | 인정 많고 경위가 발라 바른말을 잘한다. 지혜와 용맹 겸비, 교제술 능란, 가정이나 사업운, 풍파 많다. 고집은 강하나 뒤가 없다(잘못 알면서 고집부림). 여자는 대부분 남편과 이별 후 재혼이 많다. 식당, 식료품, 다방 등에 종사, 남자는 예술가, 종교가 등이 길하다. 초년 고독, 중년 풍파다. 말년은 재산과 가정이 편안하다. |
| 午 | 마음이 약하고 순진하고 착하다. 자기를 도와주는 것 같으면 속마음을 잘 털어놓고 자기를 과대평가한다. 말한 후 바로 후회하는 성질이다. 화려하고 사치스러운 것을 좋아하나 실상은 털털한 성격이다. 기술업, 관공직, 무역업 등이 길하다. 초년보다 중년에 고생한다. 말년에 대길하다. |
| 未 | 마음이 양순하며 착하고 고지식하다. 거짓말을 모르고 진실성 내포, 근심 걱정이 있어도 없는 것같이 태연하지만 유난히 걱정이 많다. 인덕 없고 매사 너무 신중하여 도리어 실패가 많다. 부모 유산 있으면 성공하나 없으면 고생이 많다.<br>교육자, 연구가, 농장, 공업, 직장인 등이 길하다. 대다수 말년 고생, 평탄한 자도 있다. |
| 申 | 성격은 고지식하며 거짓 없는 외고집쟁이나 영리하여 천재적 재질로 공부를 잘한다.<br>교제술이 좋고 지혜가 있어 영특해 보이나 마음이 좁고 성질을 잘 내며 남을 이해하지 않고 용서하지 않는 성격이다. 결단성이 없는 결점이 있다. 관공직, 발명 연구가, 기술 계통이 길하다. 초년, 중년, 말년이 반흉, 반길한 형세다. |
| 酉 | 활달하고 예능이 발달한 팔방미인이다. 교제술이 좋고 처세술이 주도면밀하고, 원망심이 있다. 적은 재주로 대망을 품고 행하니 항상 힘이 든다. 너무 설치는 성질만 버리면 길하다. 예술가, 법관, 교육자, 실업계가 길하다. 한평생 길흉 반반 생활이다. |
| 戌 | 인정 많고 착실하며 정직하고 청렴결백하다. 성질은 급하며 인내심이 약한 것이 흠이다. 의리를 숭상하고 굽히지 않는 강직한 성격이며 마음이 좁아 관대한 도량이 부족하다. 관공직, 정치가, 의사, 철학, 공업, 은행 등이 길하다. 평생 의식 유복, 초년 고독, 중년 이후 길하다. |
| 亥 | 남자다운 성품, 욕심은 많으나 변덕은 없으며 고집이 강하여 오래간다. 의협심이 강하여 어떤 일에도 원망을 하지 않는다. 유산이 있으면 실패나 성공이 많다. 직업은 모든 것이 길하다. 나이 들면서 재산을 득할 운으로 주색만 주의하면 말년은 부귀하다. |

## 2) 생월(生月)

| 생월 | 성 격 |
|---|---|
| 1(寅) | 평생 의식주 풍부, 명예도 얻고 친절하고 남에게 구제심이 많은 사람 |
| 2(卯) | 조실부모나 조출타향, 자수성가 팔자 |
| 3(辰) | 어질고 착하다. 정직한 성격과 관대한 아량이 있고 모든 일이 순조롭다.<br>헌신적인 노력가 |
| 4(巳) | 조실부모나 조출타향, 자수성가 팔자<br>마음이 약하고 순하며 인정 있고 인자하다. |
| 5(午) | 문학에 소질이 있어 학자 진출 가능<br>재복도 있고 편안한 생활을 하는 길운 |
| 6(未) | 평생 풍파가 많다. 영리하고 예민하여 신경질적이나 평생 식록은 많다. |
| 7(申) | 외적으로 화려하나 내적으론 허한 운<br>평생 일주일 편하면 일주일은 불화 연속<br>착실한 신앙심을 가지면 길한 운, 불화로 인한 주색으로 방탕함을 조심 |
| 8(酉) | 자존심 강하고 자기 잘못을 인정하지 않고 변명, 고집으로 망한다.<br>옳은 말을 들을 줄 알아야 하고, 비난하는 성질을 못 버리면 평생 고독하다. |
| 9(戌) | 계산과 눈치는 빠르지만 인덕이 없고 항상 고독<br>지식도 많고 교제술이 능하다. |
| 10(亥) | 마음은 착하나 용서할 아량이 없는 고집쟁이다.<br>쉽게 고집을 부리지 않으나, 한번 노하면 용납하지 않는 성질, 40세 이후는<br>괜찮다. |
| 11(子) | 평생 의식이 풍부하고 이해심이 많다.<br>그러나 실패가 많아 한탄과 고독감이 자주 있다. |
| 12(丑) | 조출타향, 풍파다. 착해서 여자 도움은 있다. |

## 3) 일천간(日天干)

| 일간 | 성 격 |
|------|-------|
| 甲<br>(木) | 대림목이라 위에서 내려다보는 상이라 우두머리가 되어야 하고, 남의 밑에서 일하기 싫어한다.<br>심성은 점잖고 겸손하며, 이론적으로 사리를 판단하는 사람이다.<br>천간 중에 제일 먼저라 양기 왕성, 개척 정신, 포부가 크고 자존심과 독립심, 불굴의 기상이 늠름하다.<br>활발, 인자, 인정 많고 한 우물을 파는 성격이라 목적을 달성하는 기질이 있다. 사적인 일보다는 공적인 일에 헌신한다. |
| 乙<br>(木) | 인자하나 자존심이 강하다. 인정이 많고 내심이 강하나 온순하고 부드럽다.<br>경계심과 주의력이 강하며 매사 자기 위주로 생각하며 외면은 온화하나 내면은 강하고 편굴하다.<br>이성에 약하여 애정으로 인한 재난이 있다.<br>등나무, 넝쿨, 수양버들과 같다. 강한 바람에 꺾일 듯해도 끈질기게 버티는 특성이다.<br>싹싹하고 부드러워서 남을 기쁘게 하며 분위기를 살리는 성실한 비서가 많다. |
| 丙<br>(火) | 정열의 소유자로 나서길 좋아하고 사치와 화려한 것을 좋아한다.<br>성격이 급하나 뒤끝이 없으며 정이 많다. 지식이 없으면 평생 허송한다.<br>명랑, 쾌활하고 매사 남보다 앞장서며 진보적이라 새로운 것을 좋아한다.<br>시작은 잘하나 지구력이 약하다. 감정이 수시로 변하며 불안정한 성품이다.<br>욕심과 필요 없는 지출이 많으나 약자를 보면 적극적으로 돕는 인정 많은 사람이다. |
| 丁<br>(火) | 끈기 있는 노력가이며, 외유내강형으로 집념이 강해 어려운 일도 능히 처리하는 추진력이 뛰어나다.<br>온화하고 재주 있고 싹싹하며 착실한 성품이다.<br>외면은 온순하나 내심은 급진성이 있으며 순정파이나 질투심이 강하여 이성 관계로 구설이 있다.<br>신경이 예민하며 취미가 풍부하고 기억력이 좋다. |
| 戊<br>(土) | 정직하고 순박하며 중후하여 완고하고 보수적이며 욕심이 많다.<br>성을 잘 내고 용맹이 지나치고 단도직입적이고 생각이 단순한 사람이다.<br>자존심이 강하고 외면은 온후하나 허풍이 있다. 집착이 강하나 인내력이 약하다. |
| 己<br>(土) | 다정다감하고 인정에 후하다. 기록적이고 까다롭고 논리적인 사람이다. 말이 적어 조심성과 생각이 깊고 꼼꼼하며 기량이 다양하다. 자기중심적으로 흐르기 쉽다.<br>세심하고 규칙적이나 의심이 많으며 뜬구름을 잡으려 한다. 모성애가 강하다.<br>변화가 많고 적극성이 부족하다. 신약은 주관이 약해 이용을 당하기 쉽고, 수명에 이상이 있다. |
| 庚<br>(金) | 강철이니 깡다구와 힘과 저력이 있는 사람이다. 숙살의 기가 있어 남의 약점과 일에 간섭을 잘한다.<br>자신감이 넘치며 잘난 척하며 기량이 뛰어나 재주를 뽐내나 경위는 바르다. 적극적, 활발하며 의리에 강해 불의를 보면 못 참는다. |
| 辛<br>(金) | 보석도 되고 면도날도 되니 얼굴이 예쁘고 고상한 성격으로 외유내강형이나, 끊고 맺는 것이 정확하며 확 쏘는 기질이 있다. 자존심, 자부심이 강하고 너무 세밀한 성격이라 과민성, 신경성이 있어 마음의 안정이 잘 안된다. |
| 壬<br>(水) | 너그러우며 재주가 있고 원만하며 온화하고 인자한 호인의 기질이다.<br>남의 일을 돌보기 좋아해 고생할 수 있으며 총명하고 교제술이 뛰어나다.<br>흐르는 강물과 같아 머리가 영리하며 일관성이 없고, 한곳에 가만 못 있는 단점이 있다.<br>예술을 아는 척을 잘하고 풍류를 즐긴다. |
| 癸<br>(水) | 정직, 독실하나 너무 침착하고 철두철미하고 완고하며 지성도 있으나 냉정하다.<br>성급하여 투쟁심이 강하나 반발과 저항심도 있으며 독단적으로 잘 행하는 편이다.<br>봄비로 약한 물이나 지지에 亥가 있으면 壬水와 같은 큰물이 된다.<br>항시 우울 속에 살고, 꾀와 비밀이 많은 사람이다. 남의 일을 잘 도와주는 사람이다. |

# 11. 십이운성(十二運星)

---

절 태 양 장생 목욕 관대 건록 제왕 쇠 병 사 묘
絶→胎→養→長生→沐浴→冠帶→建祿→帝旺→衰→病→死→墓
(포)                ( 장 )
(胞)                ( 葬 )

---

☞ 十二運星은 生老病死와 같다.

○ 사람이 태어나서 죽을 때까지, 즉 요람에서 무덤까지의 일대 순환기를 말한다.

 ▷ 포, 절(胞,絶): 생명이 모태에 입태하기 직전의 부모 결합의 시기를 말한다.

 ▷ 태(胎): 생명이 모체에 입태된 단계

 ▷ 양(養): 모태에서 점차 성장해가는 과정

 ▷ 장생(長生): 모태로부터 분리되어 세상에 출생하는 과정

 ▷ 목욕(沐浴): 유아를 목욕시키고 소변, 대변을 씻겨주는 시기

 ▷ 관대(冠帶): 스스로 옷을 입고 허리띠를 맬 줄 아는 성장기의 소년 시절

 ▷ 건록(建祿): 성장하여 결혼을 하며 벼슬을 하고 자립하는 시기

 ▷ 제왕(帝旺): 일생 최고의 극성한 활동을 하는 장년 시절을 뜻한다.

 ▷ 쇠(衰): 극성한 때가 지나 노쇠한 인생의 노년기를 의미한다.

 ▷ 병(病): 늙어서 노쇠하여 시들고 병든 노년기를 말한다.

 ▷ 사(死): 병들어 생명이 끊어진 상태로 죽음을 뜻한다.

 ▷ 묘, 장(墓,葬): 죽어서 장사 지내고 땅에 묻혀 일생일대가 끝났음을 의미한다.

○ 이 순환기 중에는 四孟(寅申巳亥), 四正(子午卯酉), 四季(辰戌丑未)로 나눌 수 있다.


## ■ 사맹(四孟) ☞ 寅申巳亥

○ 사맹은 월에 비유하면 계절이 시작되는 달이고, 지장간의 중기에 다음 계절을 대표하는 오행을 암장하고 있어 다음 계절의 장생지이다.

 - 寅은 지장간의 중기에 丙화를 암장하고 있어 丙火의 長生地이다.

 - 申은 지장간의 중기에 壬수를 암장하고 있어 壬水의 長生地이다.

 - 巳는 지장간의 중기에 庚금을 암장하고 있어 庚金의 長生地이다.

 - 亥는 지장간의 중기에 甲목을 암장하고 있어 甲木의 長生地이다.

◆ 사맹을 발생지국이라 하며 사물에 대한 발명, 발상, 개발, 창의, 설계, 계획, 창조의 특성을 갖는다. 또한 새로이 시작을 한다는 의미가 있어 바쁘게 움직이는 모습이니 역마성이라 한다.

## ▣ 사정(四正, 仲, 敗) ☞ 子午卯酉
○ 사정은 계절의 중앙에 위치한 달이며 다음 계절의 욕지이다.
- 甲木은 子가 浴地이다.
- 庚金은 午가 浴地이다.
- 丙火는 卯가 浴地이다.
- 壬水는 酉가 浴地이다.
○ 사정은 계절의 중앙에 위치하므로 일명 사중(四仲)이라고도 하며, 그 계절의 가장 왕성한 기운을 뿜어내므로 도화성을 내포하고 있어 주색으로 패가망신하는 것으로 사패(四敗)라고도 한다.

## ▣ 사계(四季, 墓, 庫) ☞ 辰戌丑未
○ 사고란 계절의 마지막 달이며 환절기이며, 지장간에 앞 계절의 음간을 암장하고 있어 앞 계절의 묘지가 된다.
☞ 묘(墓)는 음택이므로 땅속, 즉 지장간에는 음간만 들어갈 수가 있다.
- 甲木은 다음 계절의 마지막 달인 未월의 지장간에 乙목을 암장하고 있어 未가 墓地이다.
- 庚金은 다음 계절의 마지막 달인 丑월의 지장간에 辛금을 암장하고 있어 丑이 墓地이다.
- 丙火는 다음 계절의 마지막 달인 戌월의 지장간에 丁화를 암장하고 있어 戌이 墓地이다.
- 壬水는 다음 계절의 마지막 달인 辰월의 지장간에 癸수를 암장하고 있어 辰이 墓地이다.
○ 사계는 土이니 土는 흙이요, 사람은 흙에 집이나 곳간을 지어 살다가 흙에 묻히는 묘지로 일명 사묘(四墓)라 하고 또한 옛날에는 소중한 물건을 보관하는 창고는 땅속에 창고를 만들어 보관하였으므로 사고(四庫)라고도 한다. 또한 사계는 사계절로 가을에 거둔 곡식을 수확하여 창고에 저장하거나, 죽은 시신을 매장하는 것과 같으며 사물의 종료, 저장, 보관, 흡수, 조화, 종합을 뜻하며, 종교와 관련이 있으며 예술성과도 관련되어 화개성이라 한다.

## 1) 십이운성 조견표(십이운성 조견표)

| 日干\n12運 | 甲 | 乙 | 丙戊 | 丁己 | 庚 | 辛 | 壬 | 癸 |
|---|---|---|---|---|---|---|---|---|
| 장생 | 亥 | 午 | 寅 | 酉 | 巳 | 子 | 申 | 卯 |
| 목욕 | 子 | 巳 | 卯 | 申 | 午 | 亥 | 酉 | 寅 |
| 관대 | 丑 | 辰 | 辰 | 未 | 未 | 戌 | 戌 | 丑 |
| 건록 | 寅 | 卯 | 巳 | 午 | 申 | 酉 | 亥 | 子 |
| 재왕 | 卯 | 寅 | 午 | 巳 | 酉 | 申 | 子 | 亥 |
| 쇠 | 辰 | 丑 | 未 | 辰 | 戌 | 未 | 丑 | 戌 |
| 병 | 巳 | 子 | 申 | 卯 | 亥 | 午 | 寅 | 酉 |
| 사 | 午 | 亥 | 酉 | 寅 | 子 | 巳 | 卯 | 申 |
| 묘(고) | 未 | 戌 | 戌 | 丑 | 丑 | 辰 | 辰 | 未 |
| 절(絶) | 申 | 酉 | 亥 | 子 | 寅 | 卯 | 巳 | 午 |
| 태(胎) | 酉 | 申 | 子 | 亥 | 卯 | 寅 | 午 | 巳 |
| 양(養) | 戌 | 未 | 丑 | 戌 | 辰 | 丑 | 未 | 辰 |

### ※ 12운성을 찾는 법은

☞ 양간(甲丙戊庚壬)은 지지의 순행으로 시작한다.

☞ 음간(乙丁己辛癸)은 지지의 역순으로 시작한다.

※ 남녀 구분 없이 일간의 음양으로 순행과 역행으로 나간다는 것을 기억해둘 것

### ▣ 12운성 순서 외우는 법

○ 절태양이 먼저이나 활용하기 편리한 장생지부터 외운다.

   - 장생은 ⇒ 생

   - 목욕은 ⇒ 욕

   - 관대는 ⇒ 대

- 건록은 ⇒ 록

- 제왕은 ⇒ 왕

- 쇠는 ⇒   쇠

- 병은 ⇒   병

- 사는 ⇒   사

- 묘는 ⇒   묘

- 절은 ⇒   절

- 태는 ⇒   태

- 양은 ⇒   양

○ 순서: 생욕대, 록왕쇠, 병사묘, 절태양으로 외운다.

○ 장생지: 甲亥, 乙午, 丙戊寅, 丁己酉, 庚巳, 辛子, 壬申, 癸卯를 외운다.

⇒ 반드시 입에 익도록 외울 것

- 甲은 亥가 장생지요,- 乙은 午가 장생지요,

- 丙과 戊는 寅이 장생지요,- 丁과 己는 酉가 장생지요,

- 庚은 巳가 장생지요,- 辛은 子가 장생지요,

- 壬은 申이 장생지요,- 癸는 卯가 장생지이다.

○ 장생지만 외우면

- 일천간이 양간(甲丙戊庚壬)이면 시계 방향을 기준으로 하여 손금을 순행으로 짚어나가면 되고,

- 일천간이 음간(乙丁己辛癸)이면 시계의 반대 방향으로 손금을 역행하여 짚어나가면 된다.


**◼ 12운성을 빨리 보는 법은**

첫 번째: 장생지인 甲亥, 乙午, 丙戊寅, 丁己酉, 庚巳, 辛子, 壬申, 癸卯를 외우고,

두 번째: 생욕대, 록왕쇠, 병사묘, 절태양을 외우면 된다.

※ 머리로 외우지 말고 입에 익도록 외울 것

○ 갑목일주는 亥가 장생지이고, 卯가 제왕지이며, 未가 묘지이다.

亥卯未 삼합을 생왕묘라고 기억하면 쉽게 볼 수 있다.

○ 을목일주는 午가 장생지이고, 寅이 제왕지이며, 戌이 묘지이다.

午와 삼합하는 것은 寅午戌인데 午가 장생지라 午寅戌삼합으로 보고 생왕묘라고 기억하면 쉽게 볼 수 있다.

○ 丙火와 戊土 일주는 寅이 장생지이고, 午가 제왕지이며, 戌이 묘지이다.

寅午戌 삼합을 생왕묘라고 기억하면 쉽게 볼 수 있다.

○ 丁己일주는 酉가 장생지이고, 巳가 제왕지이며, 丑이 묘지이다.

○ 庚금일주는 巳가 장생지이고, 酉가 제왕지이며, 丑이 묘지이다.

　巳酉丑 삼합을 생왕묘라고 기억하면 쉽게 볼 수 있다.

○ 辛금일주는 子가 장생지이고, 申이 제왕지이며, 辰이 묘지이다.

○ 壬수일주는 申이 장생지이고, 子가 제왕지이며, 辰이 묘지이다.

　申子辰 삼합을 생왕묘라고 기억하면 쉽게 볼 수 있다.

○ 癸수일주는 卯가 장생지이고, 亥가 제왕지이며, 未가 묘지이다.


**▣ 12운성 찾는 법 연습**

예문 1)　戊　庚　辛　戊

　　　　　寅　子　酉　戌

　　　　　絶　死　旺　衰

▷ 일간이 庚금이니 장생지는 巳이므로

- 庚금은 양간이니 순행(시계 방향으로 돌린다) 巳부터 생욕대, 록왕쇠, 병사묘, 절태양으로 짚어 나가면 된다.

- 酉금은 제왕지요, 戌토는 쇠지이며, 子수는 사지, 寅목은 절지이다.

예문 2)　辛　丁　壬　甲

　　　　　亥　酉　申　辰

　　　　　胎　生　欲　衰

- 酉금은 장생지요, 申금은 욕지이며, 辰토는 쇠지, 亥수는 태지이다.

※ 12운성은 일간을 기준으로 하여 찾는다. 남녀 구분 없이 양간은 순행이요, 음간은 역행인데 대운의 남명과 여명을 보아 역순행으로 착각을 많이 한다. 착오가 없길 바란다.


## 2) 십이운성해설(十二運星解說)

☞ 12운성은 운명작용의 보조성으로 운세, 가정환경, 육친, 배우자, 자식, 직업 등에 강하게 작용한다. 특히 月柱와 日柱에 있는 것을 가장 강하게 보는 것을 말한다.

○ 12운성의 왕쇠는 4개씩 묶어 구분이 되는데 기운이 왕성한 사왕과 보통인 사평과 아주 쇠한 사쇠로 구분된다.

　- 사왕(四旺): 장생, 건록, 관대, 제왕

- 사평(四平): 묘, 목욕, 태, 양
- 사쇠(四衰): 쇠, 병, 사, 절

## (1) 장생(長生)

### 가. 특징

○ 12운성 중 가장 힘 있고 청결함이 있다. 탄생의 별이라 하여 개척, 창조, 발전, 은혜, 수복, 유화, 감각적, 유약의 특징이 있으며, 통솔력이 약하다.

○ 학당성으로 개척자, 발명가, 학문가의 기질이 있다.

### 나. 사주 내의 판단법

○ 년주: 조상이 발흥했고 복록이 증진하였다고 본다. 형충, 공망이면 손상된다.

○ 월주: 부모, 형제의 덕이 있으며 인덕이 있고 윗사람을 잘 모신다.

○ 일주: 부부운이 좋으며 장자가 아니라도 부모의 유산을 받으며 언행이 온화하다(戊寅, 丁酉, 壬申, 丙寅 일주는 덕이 없다). 장수의 운도 있다.

○ 시주: 자식이 귀하게 되고 덕이 있으며 자신은 말년에 발복한다.

### 다. 육친과의 판단법

○ 재성: 식상 위에 있으면 최고의 길성이다.

○ 관성: 명예, 직장에 길하고, 자식이 어질며 여자는 좋은 남편과 인연이 있다.

○ 인성: 인수는 문장으로 이름이 나고 편인은 인기가 상승한다.

○ 비겁: 형제자매가 모두 성공한다.

○ 식상: 의식주, 문화 혜택이 있으며 가업이 번창한다.

## (2) 목욕(沐浴)

### 가. 특징

○ 목욕살은 함지살, 패욕살이라 하는데 색욕과 불안정, 실패, 노고, 변덕, 회의적, 낭비, 주색방탕, 구설, 천방지축 등의 특성이 있다.

○ 유흥, 연극, 오락, 외교적 수완의 기질이 있다.

### 나. 사주 내의 판단법

○ 년주: 집안은 좋으나 조상이 주색으로 탕진하여 빈궁하다.

○ 월주: 모친이 재취 등 가정환경이 불미, 부부의 연이 박하고 장자의 덕이 없다.

○ 일주: 부모덕이 없고 어릴 때부터 고생이 많고 주색 풍파 조심, 사교성은 좋다.

○ 시주: 처자식의 덕이 없고 말년이 고독하고 어렵다.

**다. 육친과의 판단법**

○ 재성: 가산 탕진의 위험이 있다.

○ 관성: 편관은 직업에 애로, 남자는 자식이 낭비벽, 여자는 남편이 주색을 탐한다.

○ 인성: 어머니가 외정(外情)이 있다.

○ 비겁: 형제자매 등이 주색으로 가산을 탕진한다.

○ 식상: 여자는 자식이 주색으로 가산 탕진하고 본인은 호색하게 된다.


### (3) 관대(冠帶)

**가. 특징**

○ 관대는 자존심이 강하고 고통을 인내하고 부정과 불의에 대항하며 명예, 존경, 성공, 출세 욕망, 고집불통 등의 특성이 있다.

○ 실업가, 관리, 군인, 학자, 종교인의 기질이 있다.

**나. 사주 내의 판단법**

○ 년주: 명문가 출신이며 조상의 유산이 있고 일찍 출세한다. 늙어 재혼수가 있다.

○ 월주: 개성이 강하며 끈질긴 집념으로 수단과 방법을 가리지 않고 출세한다.

○ 일주: 형제간에 우애가 있고 공명을 얻으나 부부궁이나 주소 변동이 많다.

○ 시주: 자녀가 발달하고 자식덕이 있다.

**다. 육친과의 판단법**

○ 재성: 가산이 늘고 가정에서 처가 주권을 갖는다.

○ 관성: 시험운이 있고 관직에 승진이 빠르고 고위직에 중용된다.

○ 인성: 기예의 발달이 있거나 사기를 당할 수 있고 여자는 자식에게 재난이 있다.

○ 비겁: 형제 중에 관직 진출자가 있거나 형제나 친구의 도움으로 관록이 있다.

○ 식상: 식신은 의식주가 풍족, 상관은 남자는 관직 박탈, 여자는 부부 이별, 질병으로 고생하게 되거나 남편의 일에 장애가 온다.


### (4) 건록(建祿)

**가. 특징**

○ 록이란 사회와 국가로부터 일한 만큼의 대가나 보수를 받음을 말한다.

○ 부정과 불의를 배격하고 공명정대, 공사가 분명하며, 책임 의식이 뚜렷하다.

**나. 사주 내의 판단법**

○ 년주: 선대가 번창하였거나 부친이 자수성가하였다.

○ 월주: 형제가 자수성가하고 주관이 강하고 고집이 세다. 여자는 경제활동을 한다.

○ 일주: 독립심이 강하여 성공하나 부부 관계는 원만하지 못하다.

- 남자는 장자 역할을 하고, 중년 전 발복하면 중년 후에 어렵고, 초년에 고생하면 중년 이후 발복한다.

- 여자는 남편이 작첩하거나 혼자되기 쉽고 생활 전선에서 고생한다.

○ 시주: 자손이 발복하고 말년이 좋다.

**다. 육친과의 판단법**

○ 재성: 재물이 풍족하고 공직 생활에는 발전이 있다.

○ 관성: 고위직으로 진출하여 성공한다.

○ 인성: 학문에 발전이 있다.

○ 비겁: 관록의 형제가 있고 희신이면 형제나 친구의 도움으로 이름난다.

○ 식상: 의식주와 공직이나 직장 생활에 발전이 있다.

### (5) 제왕(帝旺)

**가. 특징**

○ 제왕은 지배력 또는 군왕성을 말한다. 불굴의 정신과 강인한 의지, 강자에 대한 반항심, 정의, 독립, 두령, 왕비, 헌신, 투쟁, 솔선수범 등이 특성이다.

○ 군인, 법관, 의사, 도살, 타인의 조언 무시 등의 기질이 있다.

**나. 사주 내의 판단법**

○ 년주: 선대가 명문가이고 본인은 자비심이 많은 사람이다.

○ 월주: 타인 무시, 고집이 세고 독립심과 수완이 뛰어나 두령 노릇을 한다. 부모, 형제의 연이 박하다.

○ 일주: 부모나 부부와의 인연이 박하다. 여자는 사회 활동을 한다.

○ 시주: 자녀가 발달하고 말년이 좋으며 학문 탐구를 좋아한다.

**다. 육친과의 판단법**

○ 비겁: 강왕해 몸이 상한다. 재혼하거나 자신과 남을 해친다.

○ 관성: 권위의 직이나 생살지권을 갖는다.

○ 인성: 학문, 예술, 체육에 재능이 있고 어머니도 현명한 분이다.

○ 비겁: 형제나 친구의 도움이 신강자는 흉하고 신약자는 길하다.

○ 식상: 식신은 왕성한 경제 활동을 하며 의약업이나 식품업에 인연이 많다.

상관은 남을 해치지 않으면 나를 해친다. 여자는 과부가 된다.

## (6) 쇠(衰)

### 가. 특징

○ 쇠는 고독을 좋아한다. 안정을 위주로 흘러 모험을 피하고 내실을 기하며 보수적 사고, 평화적 타협심이 풍부한 특성이다. 쇠에 해당하는 육친은 쇠약해진다.

○ 행정원, 교직원, 연구가, 발명가, 사색가, 고리대금업, 종교인, 의사, 권모술수, 기술 방면에 뛰어난 기질이다.

### 나. 사주 내의 판단법

○ 년주: 선대가 쇠퇴하였고 가정적이나 사회에서는 두각을 나타내기 어렵다.

○ 월주: 부모, 형제가 운이 약하고 청년기에 어렵고 남을 도와주다 손재를 당한다.

○ 일주: 경제적이고 조용한 운세이다. 보증 조심, 여명은 현모양처이나 갑진, 경술, 신미일은 부부궁이 불길하다.

○ 시주: 자식의 덕이 없으며 자녀로 인해 걱정이 있고 말년은 곤고하다.

### 다. 육친과의 판단법

○ 비겁: 주변 배경이 몰락하고 형제가 쇠해진다.

○ 재성: 재산이 줄거나 생활이 어려워진다.

○ 관성: 명예가 하락하고 자녀가 약하며 가문이 쇠해진다.

○ 인성: 본인이나 어머니가 어질고 착하나 심약하다.

○ 식상: 활동이 저조하고 사고력이 약하다.

## (7) 병(病)

### 가. 특징

○ 병은 남의 호감을 받게 되는 풍류인이며 환상가로 공상적, 내성적이다. 명예에는 별로 취미가 없으며 모순, 건실, 허약, 비애적인 것이 특성이다.

○ 만능 재주인이며 작가, 교직원, 철학인, 연구 발명가, 설계사, 참모, 기사, 간호, 약사, 구류가의 기질이다.

○ 병과 동주하는 육친은 쇠약해지고 병란을 겪으며 재산도 쇠락한다.

### 나. 사주 내의 판단법

○ 년주: 선대에 곤궁하였고 어릴 때 건강이 약하다.

○ 월주: 부모, 형제나 가정이 좋지 않고 청년기에 쇠하고 병약하다.

○ 일주: 다정다감하고 어려서부터 병약하고 부모와 처덕이 박하다.

○ 시주: 자식 근심이 있고 말년에 질병으로 고생한다.

## 다. 육친과의 판단법

○ 재성: 처의 몸이 안 좋거나 재물운이 약하다.

○ 관성: 자녀가 잦은 질병이 있거나 신분이나 지위가 미천하다.

○ 인성: 부모덕이 없다.

○ 비겁: 형제자매가 질병이 있다.

○ 식상: 식도와 관련된 질병이 있고 병약하다.

### (8) 사(死)

## 가. 특징

○ 사는 만물이 병들고 사람의 수명이 다해 죽음을 상징한다.

○ 성품이 고요하고 자성이 담백하여 정직, 근면, 노력형이며 매사에 순종, 복종하고 인자하며 동정이 많다.

○ 학자, 연구가, 발명가, 종교인, 문예 작가, 기획 조명, 기능 설계, 효자의 기질이다.

○ 死와 동주하는 육친과 인연이 박하고 일찍 사별하거나 신병이 있게 된다.

## 나. 사주 내의 판단법

○ 년주: 선대가 빈천하였다.

○ 월주: 부모, 형제와 인연이 박하고 고독하다.

○ 일주: 어려서 큰 병을 앓거나 처에게 질병이 있거나 처덕이 박하다.

○ 시주: 자식을 얻기 어렵고 자식 때문에 근심이 있다.

## 다. 육친과의 판단법

○ 재성: 가산이 몰락한다.

○ 관성: 명예가 훼손되며 여명은 남편과 사별한다.

○ 인성: 모의 인연이 박하고 학문이나 결단력이 약하다.

○ 비겁: 형제자매의 발전이 없거나 사별하고 어렵다.

○ 식상: 의식주에 어려움이 많고 재산이 줄어든다.

### (9) 묘(墓)

## 가. 특징

○ 묘는 창고 또는 묘지라고 하며 저축의 별이다. 매사 침착하고 건실하여 낭비, 허식이 없는 실질적인 생활을 추구하는 수전노의 특성이다.

○ 매사에 끌어모으려 하고 인색하며 종교인, 학자, 미술가, 은행, 금융인, 장의사, 창고인, 보

관업, 공인 회계사, 전당포 등의 기질이다.

○ 해당되는 육친과 인연이 박하고 생활 능력이 없든지 아니면 일찍 죽는다.

**나. 사주 내의 판단법**

○ 년주: 조상의 선산을 잘 보살핀다.

○ 월주: 부모, 형제나 처와 인연이 박하고 타인으로 인해 낭비가 많다.

○ 일주: 부모, 형제, 처의 연이 박하고 이사를 자주 한다.

○ 시주: 자식 근심이 있거나 신체가 허약하다.

**다. 육친과의 판단법**

○ 재성: 현금 축재를 하며 돈이 들어가면 나올 줄 모르는 수전노이다.

○ 인성: 조상의 음덕이나 윗사람의 혜택을 받고 지혜가 뛰어나다.

○ 인성: 부모와 연이 적고 학업 중단이나 전학 등이 따른다.

○ 비겁: 안정된 형제가 있고 모르는 사이에 입옥하거나 사별할 수 있다.

○ 식상: 학예나 기예로 명성을 날리나 요절할 수도 있다.


### (10) 절(絶)

**가. 특성**

○ 만물이 땅속에 있을 때 형체가 없는 것과 같이 무념무상의 지극히 정적인 상태이고 외부의 충동에 동요하기 쉽다. 인정에 흔들리고 변화, 환생, 뜬구름 잡는 격이다. 권태, 실속이 없다.

○ 편식하는 등 여자는 정조를 잃는 특성이다.

○ 사색가, 교육가, 철학자, 종교인, 학자, 연구가의 기질이다.

**나. 사주 내의 판단법**

○ 년주: 부모의 연이 박하다.

○ 월주: 형제가 고독하며 매사 손실이 많다. 육친에 변화가 많다.

○ 일주: 부모나 부부덕이 없고 주관이 약해 잘 속으며 호색으로 망신수가 있다.

○ 시주: 자식과 인연이 나쁘다.

**다. 육친과의 판단법**

○ 재성: 재산상 어려우며 처의 질병, 사별 등이 있다.

○ 관성: 남자는 자식, 여자는 남편운이 박하다. 명예에는 불길하다.

○ 인성: 모와 인연이 박하거나 건강이 좋지 않다.

○ 비겁: 형제덕이 없다. 형제가 일찍 떠나거나 건강이 좋지 않다.

○ 식상: 생활이 어렵고 활동에 장애가 많으며 여자는 자식을 두기 어렵다.

## 가. 특징

○ 태는 수태됨과 같고 천지 만물이 음양 교접하여 땅에서 새 생명이 움트는 것과 같아 얽매임을 싫어하고 이상주의적이며, 약하고 의타심이 강해 색정 문제를 유발할 수 있다. 사색, 지능, 능변, 변덕, 연구, 기억력 등은 우수하나 활동, 처세술은 끝이 안 좋다. 유머를 잘 쓰며, 전통 가업을 급변동하는 특성이다.

○ 태는 생명을 귀여워하고 화초, 종자, 묘목 등에 취미가 있고 산부인과, 탁아소, 화원 등의 기질의 특성이다.

## 나. 사주 내의 판단법

○ 년주: 부모 변화가 있고 조상은 발전하였다.

○ 월주: 청년기에 직업을 많이 바꾸거나 새롭게 시작하려는 기질이 많다.

○ 일주: 어릴 때 허약해 죽을 고비를 겪으나 중년 이후는 건강하다. 유시무종

○ 시주: 자식은 부모 의사와 달리 가업을 돌보지 않고 전업한다.

## 다. 육친과의 판단법

○ 재성: 처의 잉태, 재산이 늘어난다.

○ 관성: 자식의 잉태나 공직의 발전이 예견된다.

○ 인성: 학문 발전이나 연구 생활에 진전이 있다.

○ 비겁: 형제의 도움으로 발전한다.

○ 식상: 의식주에 어려움이 많고 재산이 줄어든다.

## (12) 양(養)

## 가. 특징

○ 양이란 외부적인 투쟁 없이 태중에서 안정과 보호 속에 양육됨을 비유하고 양자, 분가, 발전, 색난, 견실, 교육, 팔방미인, 낙천적인 특성이 있다.

○ 양은 식물, 사육, 고아원, 요양원, 양로원 등의 기질이다.

## 나. 사주 내의 판단법

○ 년주: 아버지가 양자이거나 본인이 양자나 분가한다.

○ 월주: 중년에 호색으로 파가한다.

○ 일주: 어릴 때 생모가 아닌 자에게 양육된다. 양자로 간다. 호색으로 부부가 불길하다.

○ 시주: 늙어서 자녀의 덕이 있다.

## 다. 육친과의 판단법

○ 재성: 년이나 월이 간지가 재성이면 조부모나 부모가 양자이고 월이나 일주에 있으면 다른 사람의 손에서 양육된다.

○ 인성: 편인이면 계모에 이복형제가 있다.

○ 비겁: 이복형제가 있고 형제들이 착하다.

○ 식상: 식신이면 가축 사육으로 성공할 수 있고, 상관이면 조모가 양육했을 수 있다.


# 12. 육친법(六親法)

사주의 팔자 가운데 특히 일주(日柱)의 천간(天干)은 사주의 주인공이다. 그러므로 기신(己身), 아신(我身)이라고도 한다. 일천간과 다른 7자와의 오행상의 왕약(旺弱), 기상적 조후(調候) 관계가 어떠한가, 그리고 운로상에서 맞이하는 대운과 년운의 오행 조화는 어떻게 변화하느냐를 가지고 결정하게 된다. 곧 인성(印星), 관성(官星), 재성(財星), 식상성(食傷星), 비겁성(比劫星)의 오성(五星)에 아신(我身)을 합하여 육신(六神), 즉 육친(六親)이 되는데 이것을 좀 더 자세히 풀면 10신(十神)이 된다. 10신에는 인수성(印綬星), 편인성(偏印星), 식신성(食神星), 상관성(傷官星), 정재성(正財星), 편재성(偏財星), 정관성(正官星), 편관성(偏官星), 비견성(比肩星), 겁재성(劫財星)이 있다.

## 1) 육친 표출법(六親 表出法)

| 六親\日干 | 비견比肩 | 겁재劫財 | 식신食神 | 상관傷官 | 편재偏財 | 정재正財 | 편관偏官 | 정관正官 | 편인偏印 | 인수印綬 |
|---|---|---|---|---|---|---|---|---|---|---|
| 甲+ | 甲+ | 乙- | 丙+ | 丁- | 戊+ | 己- | 庚+ | 辛- | 壬+ | 癸- |

★ 비견(比肩) ☞ 日干과 오행이 같고 음양도 같은 것

★ 겁재(劫財) ☞ 日干과 오행은 같으나 음양이 다른 것

★ 식신(食神) ☞ 日干이 생하는 것으로 음양이 같은 것

★ 상관(傷官) ☞ 日干이 생하는 것으로 음양이 다른 것

★ 편재(偏財) ☞ 日干이 극하는 것으로 음양이 같은 것

★ 정재(正財) ☞ 日干이 극하는 것으로 음양이 다른 것

★ 편관(偏官) ☞ 日干을 극하는 것으로 음양이 같은 것

★ 정관(正官) ☞ 日干을 극하는 것으로 음양이 다른 것

★ 편인(偏印) ☞ 日干을 생하는 것으로 음양이 같은 것

★ 인수(印綬) ☞ 日干을 생하는 것으로 음양이 다른 것

# 13. 십이신살(十二神殺)

## ▣ 十二神殺 早見表

| 殺<br>年支 | 劫殺 | 災殺 | 天殺 | 地殺 | 年殺<br>(桃花) | 月殺<br>(枯草) | 亡神 | 將星 | 攀安<br>(金輿) | 驛馬 | 六厄 | 華蓋 |
|---|---|---|---|---|---|---|---|---|---|---|---|---|
| 年支三合局 | 絶 | 胎 | 養 | 生 | 浴 | 帶 | 建 | 旺 | 衰 | 病 | 死 | 墓 |
| 巳酉丑(庚) | 寅 | 卯 | 辰 | 巳 | 午 | 未 | 申 | 酉 | 戌 | 亥 | 子 | 丑 |
| 申子辰(壬) | 巳 | 午 | 未 | 申 | 酉 | 戌 | 亥 | 子 | 丑 | 寅 | 卯 | 辰 |
| 亥卯未(甲) | 申 | 酉 | 戌 | 亥 | 子 | 丑 | 寅 | 卯 | 辰 | 巳 | 午 | 未 |
| 寅午戌(丙) | 亥 | 子 | 丑 | 寅 | 卯 | 辰 | 巳 | 午 | 未 | 申 | 酉 | 戌 |

◇ 십이신살 외우는 법

- 겁살　⇒ 겁

- 재살　⇒ 재

- 천살　⇒ 천

- 지살　⇒ 지

- 도화살 ⇒ 도

- 고초살 ⇒ 고

- 망신살 ⇒ 망

- 장성살 ⇒ 장

- 반안살 ⇒ 반

- 역마살 ⇒ 역

- 육액살 ⇒ 육

- 화개살 ⇒ 화로 줄여서 외울 것

○ 겁재, 천지, 도고, 망장, 반역, 육화로 입에 익도록 외우길 바란다.

○ 십이신살은 년지를 기준으로 하여 연월일지를 대조하여 붙여나가면 된다.

◇ **찾는 법은**

○ 년지(띠)와 삼합되는 마지막 지지의 다음 자가 겁살이다.

- 년지(띠)가 亥卯未생이면 申이 겁살

- 년지(띠)가 寅午戌생은 亥가 겁살

- 년지(띠)가 巳酉丑생은 寅이 겁살이다.

○ 손금으로 겁살부터 시작하여

- 겁재천지도고망장반역육화를 손금을 활용하여 시계 방향으로 사주 각 주에 해당하는 지
지까지 짚어나가면 해당하는 살을 찾을 수 있다.

◇ **십이신살 쉽게 외우는 법**

⇒ 위의 찾는 법을 먼저 외우고, 삼합을 가지고 찾으면 쉽게 외울 수 있다.

○ 亥卯未생이면 申부터 겁살인데 시계 방향으로

- 亥까지 짚어나가면 지살에 해당된다.

- 卯까지 짚어나가면 장성살에 해당된다.

- 未까지 짚어나가면 화개살에 해당된다.

○ 寅午戌생은 亥가 겁살인데 시계 방향으로

- 寅까지 짚어나가면 지살에 해당된다.

- 午까지 짚어나가면 장성살에 해당된다.

- 戌까지 짚어나가면 화개살에 해당된다.

○ 巳酉丑생은 寅이 겁살인데 시계 방향으로

- 巳까지 짚어나가면 지살에 해당된다.

- 酉까지 짚어나가면 장성살에 해당된다.

- 丑까지 짚어나가면 화개살에 해당된다.

※ 여기에서 공통적으로 띠를 기준으로 삼합되는 자는 지살, 장성살, 화개살이 된다.
년주(띠)를 기준으로 하여 삼합은 지장화로 외우면 쉽게 기억할 수 있다.

■ **예를 들어 도화살을 찾으려면**

○ 亥卯未생이면 亥가 지살인데 지살 다음이 도화살이다.

- 亥 다음 자인 子가 도화살에 해당된다.

○ 寅午戌생은 寅이 지살인데 지살 다음이 도화살이다.

- 寅 다음 자인 卯가 도화살에 해당된다.

○ 巳酉丑생은 巳가 지살인데 지살 다음이 도화살이다.

- 巳 다음 자인 午가 도화살에 해당된다.

**▣ 예를 들어 역마살을 찾으려면**

○ 亥卯未생이면 亥가 지살인데 지살을 충하는 지지가 역마살이다.

- 亥를 충하는 巳가 역마살에 해당된다.

○ 寅午戌생은 寅이 지살인데 지살을 충하는 지지가 역마살이다.

- 寅을 충하는 申이 역마살에 해당된다.

○ 巳酉丑생은 巳가 지살인데 지살을 충하는 지지가 역마살이다.

- 巳를 충하는 亥가 역마살에 해당된다.

※ 다른 지지도 이러한 순서대로 찾으면 빨리 익힐 수 있다.


# 1) 겁살(劫殺)

> 겁살의 역할은 쿠데타의 주동자, 일명 대모살, 천지대살로 살 중에 작용력이 강한 살이며 외부로부터 겁탈과 강탈을 당하며 재화백출, 급질, 파재, 비명횡사, 교통사고, 강제탄압, 강제 압류 철거를 당하게 된다.
> 년주를 기준으로 巳酉丑생은 寅, 亥卯未생은 申, 寅午戌생은 亥, 申子辰생은 巳가 겁살이다.

## 가. 특징

○ 겁살은 재물 겁탈이 많고, 비견, 겁재, 양인이 많으면 산재나 몸을 다친다.

○ 관성과 동주하면 행정관, 군인은 병권을 잡아 대권을 맡는다.

○ 겁살이 있으면 내심 독기가 있고 잔인하며, 무뚝뚝하고 잔정이 없고, 학업이 중단된다.

○ 원진과 공망살은 도심이 발동하고 사주에 화나 금과 만나면 교통사고를 당한다.

○ 겁살이 장생지나 귀인성 등 길성과 놓이면 가업을 부흥시키는 인물이 된다.

○ 겁살 방향에 건축하면 동토가 일어난다. 이때 불설소재길상다라니경을 써서 사용하면 효험이 있다.

○ 대운, 세운에서 거듭 만나고 사주에 겁살이 있으면 흉액을 피할 수 없다.

○ 겁살이 귀인이나 천월덕 등의 길신과 같이 있으면 위엄이 있고 총명하고 주변으로부터 신

망이 있어 힘든 일이 있어도 헤쳐 나갈 수 있는 능력이 있다.

○ 겁살이 녹지와 같이 있으면 술을 좋아한다.

○ 일과 시에 겁살이 합되면 주색을 탐하며 수치를 모른다.

○ 운에서 겁살운이 오면

巳酉丑생은 寅방에 목재를 고치거나 목재 등과 관련된 일

亥卯未생은 申방에 금속물이나 금속과 관련된 일

寅午戌생은 亥방에 물과 관련된 일, 즉 해외로 가거나 해물, 물장사 등의 일

申子辰생은 巳방에 화와 관련된 일을 하거나 그와 관련된 일로 피해를 입게 된다.

○ 겁살띠가 맏딸이면 여동생은 있으나 남동생은 없다.

○ 직업으로는 의사, 약사, 법조인, 차압, 압수 등과 관련된 직업이 좋다.

○ 겁살의 귀신 작용은 주로 남귀이며 삼촌이나 큰아버지의 객사로 인한 죽음이나 원앙귀로 주로 비명횡사나 한이 맺혀 간 조상이 있다.

- 이 경우에는 자식의 혼사가 이루어지지 않거나 하는 일마다 꼬이니 그 한을 풀어주어야만 우환이 없어진다.

**나. 사주 내 판단법**

○ 년주: 조상이 무력하였거나 패망하였다. 유년기에 허약하거나 죽을 고비를 많이 겪었다. 재산 파탄이 많다. 선조 대에 비명횡사한 분이 있다.

○ 월주: 부모, 형제가 쇠약하고 가정 파탄이나 부모, 형제의 덕이 없으며 고독하게 자란다. 급하게 밀어붙이는 기질로 인해 화를 자청할 수 있다.

○ 일주: 부부궁이 부실하고 생사 이별이나 질병으로 고생하거나 인덕이 없으며 평생 풍파가 많다.

○ 시주: 자식이 귀하고 있으면 자식으로 인해 고통(방탕, 불구, 단명 등)이 있다. 본인은 노상 횡액을 당하거나 처자식을 극한다.

## 2) 재살(災殺)

재살은 일명 수옥살이라고도 한다. 역할은 역모의 동조자를 의미하며, 이 살이 사주에 있으면 사법 기관이나 권력 기관에서 명망이 높지만, 일반인이면 구속, 납치, 감금, 송사, 교통사고, 혈광사, 횡사액 등이 많게 된다. 현대에서는 야당파의 운동권 인사, 민주 양심수 등의 운명이다.

## 가. 특성

○ 재살이 형살 및 양인 칠살과 동주하면 권력은 행사하나 횡액, 교통사고, 강탈을 당하기 쉽다.

○ 해당된 육친은 관액, 횡액 등이 따르며 상관, 재성, 관성이 태왕하면 화가 크다.

○ 재살이

   - 수화(水火)에 해당하면 불이나 물과 관련된 화재나 수액을 당하고

   - 금(金)에 해당하면 총검이나 차량에 의한 액을 당하고

   - 토(土)에 해당하면 동토나 추락, 전염병 등에 걸리는 액을 당한다.

○ 여명은 일지에 재살이 있으면 남편이 관재가 많고 운이 안 풀린다.

○ 취직을 하려면 재살띠에게 부탁하라.

○ 나에게 질투심을 갖는 띠로 죽이고 싶도록 미운 사람이다.

○ 申子辰생은 午가 재살이니 정남 쪽의 사람이고 적색 계통의 옷을 즐겨 입는다.

○ 사주에 재살이 있으면 총명하고 재주가 많으며 야당성, 깡패 같은 기질이 있다.

○ 재살 방향을 파괴하거나 나아가면 흉액을 당할 수 있다.

○ 재살띠의 자식이면 출세할 소질이 많다.

○ 재살의 귀신 작용은 신병과 관련된 귀신의 작용이다. 윗대 조부의 신액, 첩살이 귀신, 원한 품은 귀신이 있다.

   - 이러한 경우에는 집안이나 자신이 귀신으로 인해 고통을 받는다.

## 나. 사주 내 판단법

○ 년주: 조상이 허약하거나 패망하였으며, 조상이 관재를 당하여 옥살이 등을 하였거나 질병, 급사, 횡사, 혈광사를 당하였다.

○ 월주: 육친의 덕이 없으며 부모, 형제 중에서 비명횡사나 객사로 사망한 분이 있다. 집안에 실물수나 관액이 항상 따라다닌다. 12운성의 제왕이면 복이 많다.

○ 일주: 부부간에 상처나 비명횡사 등의 파란이 많고, 재물의 실패가 많으며 잔병이 많아 몸이 허약하다.

○ 시주: 자식의 덕이 없으며, 자식으로 인한 풍파나 관재 등이 많으며, 자신의 말년에는 풍파가 많고 관재구설이 많다.

# 3) 천살(天殺)

> 천살은 군주(君主), 신주(神主)로 불리는 살로 하늘에서 내리는 신벌이라는 뜻이다. 불시의 재난과 화근이 미치는 천재지변의 살로 가뭄, 홍수, 지진, 태풍, 수화, 재난, 벼락, 전기, 열병, 정신 질환, 불치병, 마비, 언어 장애 등이 일어난다.

## 가. 특성

○ 천살로 재난이 일어나면 반안살방에 가서 치료나 머리를 두고 자면 효력이 있다.

○ 천살방은 조상신이 보호하는 호법신들이 출입하는 방이므로 종교적 물건을 두어서는 안 된다.

○ 천살방은 학생에게는 행운의 방으로 등교하는 방향이며, 진학의 목표이다. 학교가 천살 방향에 있는 학교이면 좋다.

○ 귀신이 진을 치는 방향이고 조상이 머무는 방향이다.

○ 조상님의 선산을 모실 방향이나.

○ 천살운에 마비, 중풍, 언어, 신경, 암, 과음, 말더듬증, 심장 질환 등의 병이 발생하게 되며 신불 기도가 필요하다.

○ 천살이 있는 사주는 농산업은 불길하며 수확이 없다.

○ 하늘처럼 떠받드는 분이 천살띠이다.

○ 직업은 종교와 관련되거나 음성적인 직업이 좋다. 중개업, 브로커 등

○ 천살의 귀신은 몽달귀신의 작용이며 신액, 못 갈 데 가서 부정 쓰고 죽은 귀신의 작용이다.

## 나. 사주 내 판단법

○ 년주: 부를 선망하고 의지할 곳이 없어 힘들고 고독하다. 조상 중에 비명횡사한 분이 있다. 12운 중 생이나 제왕이면 길하다.

○ 월주: 부모, 형제의 덕이 없다. 심장이나 간장의 병이 있을 수 있고 청년기에 중병을 조심해야 한다. 항상 건강이 좋지 않다.

○ 일주: 부모나 친척의 덕이 없으며 배우자는 죽을 때 비명횡사한다. 객지에서 고생은 하나 말년에는 부유해진다. 12운의 관대나 천을귀인이면 길하다.

○ 시주: 낙상을 조심해야 하며 자식은 허약하나 착하며 재물은 넉넉하다.

## 4) 지살(地殺)

지살은 땅이 움직이는 살이며, 역할은 외무부 장관에 해당되며 지살이 있으면 항상 동분서주하며 개인보다 집단 임무로 이동이 많다. 이사, 변동, 여행, 해외 이주, 가정, 업무, 변동 등을 맡은 살이다. 생년에 있으면 주로 고향을 떠나게 되고, 지살이 형충 되어도 교통사고를 당한다.

### 가. 특성

○ 형살과 일지와 합이 되면 교통사고가 난다.

○ 인수와 합이나 동주면 외국 유학을 가며 역마살, 지살과 학당, 문창, 인성과 동주될 경우 외 국어를 전공하면 길하고 통역과 특파원이 길하다.

○ 도화, 홍염, 목욕살과 동주하면 색정으로 도주한다.

○ 지살 방향은 차고 및 출입문, 현관, 복도, 베란다 방향이다.

○ 지살에서 문제가 발생하면 역마월이나 역마년에 해결이 된다.

○ 사장이나 오너이면 지살 방향으로 출근하고, 월급을 받거나 동업자이면 역마살 방향으로 출근한다.

○ 지살의 작용은 육해살(子午卯酉)을 만나면 화재나 관재구설이 발생한다.

○ 지살의 귀신은 선조 중 객사 영혼이 있거나 동토, 산이나 묘지의 탈이 있거나, 짐승과 관련 된 귀신이며 주로 터줏대감 등의 작용이다.

　- 임자 없는 영혼이나 주변의 수호신을 위해 항상 제사를 지내주면 좋은 일이 많아진다.

### 나. 사주 내 판단법

○ 년주: 일찍 부모 곁을 떠나거나 조실부모 등으로 고생을 한다. 조상 중에서 객사하신 분이 있다.

○ 월주: 부모의 덕이 없으며 자수성가한다. 부모에게 질병이 있고, 양모나 양부가 있을 팔자다.

○ 일주: 부부궁이 불길하다. 쓸데없는 일을 만들거나 이사를 자주 다닌다. 말년에 질병을 주 의해야 한다.

○ 시주: 자식이 외국에 나가거나 객사할 수 있다. 말년엔 재물운이 풍부하다. 시력이 약하거 나 하는 일 없이 바쁘기만 하다.

## 5) 연살(年殺), 도화살(桃花殺)

> 연살은 일명 함지, 목욕, 도화살로 주색잡기살, 교제살이다. 역할로는 시녀(侍女)이 며, 미색을 탐하고 애정 행각을 누비고 다닌다. 특히 여자는 천성이 음란하고 성욕이 강하여 간부를 두기도 하는데 항상 자기 꼬리를 치며, 타인이 잘 따르고 유혹을 하게 된다. 타인의 유혹을 이용하면 절개를 지키게 되고, 유흥업, 연예계로 진출하면 이름 을 떨치고 대성한다.

### 가. 특성

○ 성욕, 쾌락을 바탕으로 결혼 생활을 하는 자가 많고 색정 문제로 함정에 빠진다.

○ 얌전하던 사람이 색난으로 가정 풍파가 있으면 도화병으로 사망한 영혼을 찾아 시식 천도 제를 올려주면 신효가 있다.

○ 도화살방에 장롱, 화장대, 장식물을 진열하면 길하다.

○ 도화살은 형살과 합을 대흉하고 공망을 좋아한다.

○ 사주에 도화가 있고 운에서 도화살을 만나면 이성 재난, 관새 망신을 당한다.

○ 도화가 역마면 사랑 도피 등의 일이 있고, 일생 동안 색으로 표류한다.

○ 도삽도화가 있으면 풍류를 알고 강개심이 있다.

○ 연살운은 일의 반복, 중복, 일이 꼬이는 운이다.

○ 대운이 연살이면 교제비가 많이 나가는 사업을 한다.

○ 연살의 귀신은 객사하거나 익사, 교사한 귀신이 있고, 도화병이나 늙은 여자와 관련된 귀 신과 연루되었고 병들어 외롭게 죽은 귀신이 있다.

### 나. 사주 내 판단법

○ 년주: 조상이 풍류 기운(한량)이 있었다. 조상 중에 도화병으로 가시거나 산액이나 그 후유 증으로 가신 분이 있다. 유년기에 가족의 귀여움을 받고 유족하게 자랐다.

○ 월주: 부모나 형제의 덕이 없다. 어머니가 재취나 소실로 시집을 왔다. 부모가 색정에 빠졌 었거나 어려서 연애를 하고 첩이 있을 팔자다.

○ 일주: 부부 이별이나 변화가 많다. 재복은 있으나 주색을 밝혀 부부간에 풍파를 일으킨다.

○ 시주: 부부의 변동이 많고 자식이 예술을 하거나 화류계와 인연을 맺는다. 말년에 주색과 풍류를 즐기면서 산다.

## 6) 월살(月殺), 고초(枯草)

> 월살은 일명 고초살로 만물이 고갈되고 싹이 트지 못하며 패배하는 살이다.
> 역할로는 내당 마님이며, 용두사미라 하며 이날은 파종, 교미, 부화, 성교 등을 하면
> 곯은 달걀이 된다고 한다. 이날 남녀가 교접하면 임신도 잘 안되고 자식을 출생해도
> 잔병이 많고, 평생 신체가 허약하다. 이날은 재수가 막히게 된다. 월살은 각종 기능
> 마비, 소아마비, 사업 부진, 자금 고갈, 종교상 분쟁, 교통사고 등이 많고 평생 원인 불
> 명(신들린 것처럼)으로 시름시름 아프다.

### 가. 특성

○ 고초살은 매사가 순조롭지 못하며 고갈되고 일이 위축됨을 뜻한다.

○ 고초살은 항상 정법을 위반해 종교 분쟁을 일으키기 쉽다. 신비주의를 추구한다.

○ 고초살이 있으면서 관살이 태왕하면 신이 들린다.

○ 해자축생의 부부에게 월살이 있으면서 자식을 출산하게 되면, 복덩이를 낳게 되어 살림이
   날로 일어난다.

○ 고초살 방향에는 생필품과 가전제품, 구급약, 외출복을 두고 사용하면 길하다.

○ 월살띠의 여자와 결혼하면 처가의 덕이 있다(처가의 상속).

○ 월살띠의 남자와 결혼하면 남편이 친정집을 돌보고 남편의 덕을 본다.

○ 급전이 필요할 때 월살띠에게 부탁하면 융통이 된다.

○ 고초살의 귀신은 신살로 가거나 산바람(점쟁이), 공을 드리다, 죽은 귀신, 명신아기, 청춘
   영가가 있으며 굶어 죽은 조상이 있다.

   - 고초살의 작용은 신병으로 간 귀신의 한을 풀어줘야 한다.

### 나. 사주 내 판단법

○ 년주: 조상 중에 무당이나 스님이 있다. 관재구설이 있으며 신당을 모신다. 조상 중에 굶어
   죽은 조상이 있다.

○ 월주: 평생 되는 일이 없어 고통의 연속이다. 부모, 형제 중에 걸식한 영혼이 있다. 부모님
   이 신불 또는 스님이거나 자신은 수행자 경험을 한다.

○ 일주: 신기로 인해 고통이다. 부부 풍파가 많으며 상처를 하거나 주색에 빠지거나 몸이 허
   약하고 기가 약하다.

○ 시주: 무속인이나 승려가 될 수 있다. 재물운은 좋으나 여자를 주의하여야 한다. 자식으로
   인해 근심이 많다. 자식 중에 유산이나 객사한 영혼귀가 있다.

## 7) 망신살(亡身殺)

망신살은 일명 관부살이며 파군살이다. 역할로는 왕의 인척으로 주로 실패, 허언, 도난, 사기 등 주색잡기로 망신하게 된다. 화려한 색과 혁명성을 동시에 지닌 정치살이다. 여난과 정치적 암투에서 속성속패의 암시가 있다.

또한 자신이 일을 저질러 안에서 크게 잃는 것이다. 망신살이 생왕하고 길성과 함께 있으면 큰소리를 잘 치고 권모술수가 능하며 계산이 빠른 사람이다. 흉살과 같이 있으면 눈치는 빠르나 게으르고 거짓말과 송사를 잘 일으킨다.

### 가. 특성

○ 망신살은 내부로부터 자신의 잘못으로 잃어버린다는 뜻이다.

○ 망신살과 형살이 같이 있으면 감옥에 간다.

○ 기술 및 두들기는 직업과 도살직, 청부업을 갖는다.

○ 인수와 망신 동주는 정치적인 실천가이다.

○ 일반인에게 망신살이 있으면 이성적 매너가 좋고 섬세하다.

○ 사주 내에 1개면 비밀이 많고, 2개년 거짓말쟁이, 3개면 사기꾼 아니면 불치병을 잃는다.

○ 망신합이 되면 주색파, 장생동주는 크게 출세한다. 길성 작용을 하면 매사 백전백승이다.

○ 부부가 외도할 때 애인을 숨겨둔 방향이다(바람을 피우면 반안살 방향으로 머리를 두라).

○ 망신살 운은 퇴직금, 사례금, 상속금, 보상금 등을 받기도 하나 날리기도 한다.

○ 망신살이 있고 다시 대세운에서 만나면 파재, 감금, 망신, 관액을 당한다.

○ 망신살은 신체에서 탈이 난 부분이다.

   - 亥卯未생은 寅(간, 담), 申子辰생은 亥(방광, 신장, 귀), 巳酉丑생은 申(폐, 대장), 寅午戌생은 巳(심장, 소장)

○ 망신살의 작용은 부정, 객사, 음식을 잘못 먹어 간 귀신, 아버지 형제(남, 여)의 원한을 품은 귀신의 작용이며 청춘귀는 영혼결혼식을 해주면 길하다.

### 나. 사주 내 판단법

○ 년주: 조상은 쇠락했으며 후처나 첩살이를 한 분이 있거나 서자 출신이 있다. 일찍 타향에서 고생한다.

○ 월주: 장모가 후처나 첩일 수 있다. 부모, 형제 등에 변화와 변동수가 많으며 객사혼이 있어 가정이 불안하고 풍파가 많다.

○ 일주: 부부궁이 안 좋아 늦게 결혼하는 것이 좋다. 정신 불안 등으로 신경성 질환이 있다.

270

○ 시주: 자식이 바람기가 많다. 재산 탕진을 하거나 여자로 인해 망신을 당한다. 청춘귀가 있어 가정이 불안하다.

## 8) 장성살(將星殺)

> 장성살은 장수이며 국가의 안녕과 공익을 위한다는 뜻이다. 역할은 내무부 장관(경찰청장) 등의 치안 업무이며 강한 힘, 발전, 명예, 권력, 건강, 용맹, 이익, 납품, 승진, 번영의 뜻이 있다.
> 용맹심이 왕성하고 과감함이 있고 진취적이고, 인내와 끈기가 투철해 고난을 극복하고, 장상의 그릇이고, 사법 경찰관, 군인 등으로 진출하면 성공한다.

### 가. 특성

○ 양인과 동주하면 생살대권을 장악하고, 관성과 동주하면 정부의 고관이며, 재성과 동주하면 재정 관리의 총수가 된다.

○ 일지에 있으면 소신이 뚜렷하고 겁이 없고, 망신살이고 동주면 국가의 동량감이다.

○ 장성이 월지에 길성과 놓이면 사법관으로 출세한다.

○ 여명에 있으면 기가 너무 강해 흉하게 본다. 본인이 사회생활을 해야 하고, 집에 있으면 발광해 신기가 있게 되고, 남자를 시시하게 본다. 칼 찬 여자다.

○ 장성과 반안살이 겸하면 점잖은 종교인이 된다. 월살과 동주면 종교의 이단자이다.

○ 장성살은 전사한 영혼으로 본다. 위령제를 지내면 길하다.

○ 장성 방향은 항상 담장을 높여야 한다. 만약 대문이나 출입구가 다 있으면, 봇물 터진 것과 같이 가운이 기울며 특히 남자에게 화가 크다. 학생도 꺼린다.

○ 장성과 공망이 동주면 세상을 도피하거나 입산수도 한다. 일명 無用之將이다.

○ 관재사건은 장성살에게 부탁하고, 남녀 간에 장성살띠와 교제하면 일이 풀린다.

○ 동토가 나면 장성살 방향에 부적을 붙여야 한다.

○ 장성살의 작용은 남귀와 여귀가 모두 있으며 깡패 같은 기질의 팔자가 세고, 간이 크고 고집이 센 귀신의 작용이다.

  - 선대의 조상 중 전사한 분이 있다.

### 나. 사주 내 판단법

○ 년주: 조상 중 무관 출신이 있다. 전쟁에서 전사한 분이 있다.

○ 월주: 부모가 권력가이나 형제덕은 없다. 문무가 뛰어나나 무관이나 사법계로 진출하면 성공한다.

○ 일주: 관록이나 권력 기관이 좋으며 사업을 해도 성공할 수 있다. 처덕은 있으나 부부궁은 좋지 않으니 항상 마음을 비우고 이해심과 포용으로 가정을 돌보아야 한다.

○ 시주: 자식이 성공할 수 있고 말년에는 성공하고 부귀를 이룬다.

## 9) 반안살(攀安殺)

반안살은 일명 금여록이라고도 하고 역할은 내시(內侍)에 해당하며, 말안장과도 같으니 출세, 승진, 번영의 뜻이 있다.

상인은 수익이 있고, 외교관, 무역가, 월급을 받는 자는 승진하며, 학생은 진학하게 되고, 일반인은 집을 편안하게 하는 길신이다.

### 가. 특성

○ 사주에 있으면 조상의 음덕이 있고, 월에 있으면 인품이 중후하고 존대를 받는다.

○ 천을귀인과 동주 및 길성과 동주하면 일찍 출세한다.

○ 자금 은닉이나 비밀 부탁은 반안살띠에게 부탁하면 안전하다.

○ 반안살방은 숨는 곳이며 사람 및 물건을 찾는 곳이다.

○ 학생, 경쟁자 등은 반안살방에서 잠을 자면 목표를 성취한다.

○ 반안살 운에 가전제품, 귀중품, 자동차 등을 구입하면 좋다.

○ 잠을 잘 때 머리를 두는 방향이다.

○ 천살 방향으로 잠을 자면 시험에 낙방, 혼인이 막힌다.

○ 혼인이 안 되면 반안살 방향으로 머리를 두고 자면 이루어진다.

○ 돈거래는 반안살띠와 하면 후환이 없다.

○ 점포의 금고는 반안살 방향에 두어야 재수가 있다.

○ 직원은 반안살띠를 채용하면 충복이다.

○ 반안살의 작용은 흉사나 횡액을 당한 귀신의 작용이다.

　- 조상의 음덕이 있으니 기도해주면 매사 잘 풀린다.

### 나. 사주 내 판단법

○ 년주: 조상이 관록이 대길하였고 조상의 덕이 있다. 조상과 부모덕으로 일생 동안 복록이 넘친다.

○ 월주: 부모와 형제 등 가정운이 좋다. 인품이 중후하고 주변 사람들로부터 존경을 받는다.

○ 일주: 부부궁이 좋아 부부의 금슬이 좋다. 가정이 화목하여 평안한 집안이다. 성격은 인자

하며 여유가 있다.

○ 시주: 말년에 재물이 풍부하고 자손들도 안락하다.


## 10) 역마살(驛馬殺)

### 가. 특성

○ 寅巳 역마는 비행기, 申은 자동차, 亥는 배로 비유한다.

○ 역마가 흉신 작용을 하면 평생 안전이 없고 직업 변동을 계속한다.

○ 공망이 되면 병든 말이라, 유년에는 토하는 병에 걸리기 쉽고, 노년에는 허리가 아파 고생을 한다.

○ 역마가 형살, 재살, 충되면 귀향, 교통사고, 횡액을 당한다.

○ 역마살방은 소리가 크게 울리는 도구 및 서류(안내)함이 진열되면 좋다.

○ 직업, 학술과의 첫 인연은 역마살띠며, 입사한 직장 사장은 재살띠고, 소개자는 역마살띠다. 가정에서 감금, 염원하는 사람이나 중대사 발생자도 역마살띠이다.

○ 관재구설로 구속되어 있으면 역마살이 와야 석방된다.

○ 취직의 부탁은 역마살띠에게 하면 길하다.

○ 수형자는 역마살띠의 변호사를 수임해야 득이 된다.

○ 역마살의 작용은 외국을 돌아다니면서 객사한 귀신이다. 여기에는 태평양 전쟁 때 전사한 조상도 해당된다.

○ 역마가 공망이 되면 밖에 나가 굶어 죽은 조상이 있다.

### 나. 사주 내 판단법

○ 년주: 일찍 고향을 떠나서 생활한다. 조상 중에 객사한 분이 있다.

○ 월주: 초년에 부모 곁을 떠나 고생한다. 맑고 깨끗하며 마음이 따뜻한 성격이며 공직으로 진출하면 길하다. 부모, 형제 중에 객사한 분이 있다.

○ 일주: 부부궁에 풍파가 많고, 이성 문제로 염문을 뿌린다. 활동적인 직업이 적성에 맞으며 항상 분주하게 산다.

○ 시주: 마음이 안정되지 않아 풍파가 많다. 양방에 자식수가 있다. 청춘에 간 객사 영혼이 있다.

## 11) 육해살(六害殺)

육해살은 일명 6가지 액운을 말하고 해친다는 뜻이며, 역할로는 문지기이고, 일의 지름길이다. 육해살은 잔병을 많이 앓거나 중도 좌절을 해서 일생이 절름발이 운으로 흐른다. 부모, 형제, 부부, 자녀 등 육친 무덕하고, 패운이 꼬리를 문다.

### 가. 특성

○ 양자로 가든지 신앙으로 일생을 보내야 한다. 사망할 때는 종신한다.

○ 육해살은 동작이 민감하고 예민하며 눈치가 빠르며 음식을 빨리 먹는다.

○ 여성은 난산을 한다. 식상이 파괴된 자는 아기를 낳고 죽거나 자식이 죽게 된다.

○ 원인을 모르게 사업이 부진하거나 자주 조상 현몽을 할 때는 조상 천도제를 올리면 좋다. 주로 의술, 도를 닦다 돌아가신 영혼의 덕을 많이 본다.

○ 육해살의 년이나 월, 일, 시에 제사를 지내주면 막혔던 일이 순조롭게 풀린다. 망자를 위한 모든 의식은 육해살이 제일 길하다.

○ 중요한 물건은 육해살방에 두지 말고, 수리용 기구나 기증물, 헌 물건 등을 진열해놓아야 한다.

○ 육해살방은 업이 머무는 방이라 깨끗하게 해놓으면 소원이 쉽게 이루어진다.

○ 육해살띠와 원한 관계가 있으면 반드시 피해를 보며, 전생에 빚을 갚고자 온 사람이다.

○ 육해살방은 적게는 수호신의 방이요, 제사 방향, 외상 및 빚을 얻고자 하는 방이다.

○ 육해살방은 급할 때 전주(錢主)가 사는 곳이고, 육해살띠는 은인이다.

○ 집을 사거나 세를 얻을 때 육해살 방향을 선택해야 이득이 있다.

○ 육해살의 작용은 원앙귀, 청춘으로 간 귀신의 작용이다. 또한 신앙을 경시하여 신앙의 벌을 받아 간 조상이 있다.

　- 청춘에 간 한을 풀어주어야 한다.

### 나. 사주 내 판단법

○ 년주: 조상이 쇠락했으며 어릴 때 허약하여 건강이 부실하다. 양자로 가거나 양자로 간 조상이 있다. 신벌로 사망한 조상이 있다.

○ 월주: 부모, 형제가 쇠퇴하거나 조실부모로 고독하다. 신병으로 몸 고생을 한다. 신앙생활을 하거나 중생 제도를 해야 몸 고생을 안 한다.

○ 일주: 재물이 막히고 가산을 탕진한다. 무당이 되거나 종교를 가져야 한다. 부부간에도 그렇게 살아야 한다.

○ 시주: 자손들이 종교와 관련된 일을 하거나 신병으로 고생한다.

## 12) 화개살(華蓋殺)

화개는 만물을 추수하여 창고에 보관하는 것과 같다. 역할은 자문관, 참모이며 학교, 학원, 명예, 고독, 학문, 종교, 문화, 예술, 신앙의 별이다. 심성은 항상 적적하고 사색과 명상을 즐긴다. 이상적인 세계를 추구하며, 자칫 수렁에 빠지는 수가 있으며 총명하고, 팔방미인의 운명이다.

### 가. 특성

○ 화개는 사물과 정신을 보관하는 작용과 동시에 새로운 창조를 하려는 진리의 보고이다.

○ 인수와 동주하면 대학자가 되고, 천월 2덕과 놓이면 청귀한 위인이다.

○ 화개가 공망이 되면 승려의 길로 나가야 막힘이 없다. 자식 얻기도 어렵다.

○ 화개 여인은 미색은 좋으나 색에 강하다.

○ 진술축생은 선대의 몰락이나 패망한 것을 복구할 책임을 띠고 태어났다.

○ 화개살띠와 동업하거나 연애하거나 어려운 부탁을 하지 말고, 돈을 빌려 쓰지 말라. 생활이 쪼들리고 피곤하여 신용이 타락한다.

○ 화개살이 있으면 선대는 불도의 집안이다. 조상 중 승려가 있으며, 상관화개는 조모, 인수화개는 어머니이고 년, 일에 화개가 있으면 자신이 불도와 인연이 깊다.

○ 사주에 화개살이 있으면 트림을 자주 하고 위장 질환이 있고 기호 식품을 섭취한다.

○ 화개살띠는 재기에 도움을 주는 사람이다.

○ 화개살의 작용은 산 따라 물 따라 바람 부는 대로 떠도는 풍류의 기운이 많은 귀신의 작용이다.

※ 화개는 일명 목에 태를 걸고 나왔다고 하는데, 이는 곧 염주를 의미한다.

### 나. 사주 내 판단법

○ 년주: 총명하고 재주는 많으나 일찍 부모 곁을 떠나고 고독하다. 예술, 예능, 불도와 관련되고 공들여 태어났다. 기도하다가 간 조상이 있다.

○ 월주: 부모, 형제의 덕이 없으며 자수성가할 운명이다. 일찍 고향을 떠나며 평생 풍파가 많다.

○ 일주: 처궁이 부실하여 부부가 해로하지 못한다. 불도의 집안이며 스님이 된 집안의 후손이라 항상 기도하며 살아야 한다.

○ 시주: 문필, 문학, 예술, 서예 등에 재주가 많아 그로 인하여 이름을 떨치거나 성공할 수 있다. 자식도 또한 같다.

육해살이나 월살이 있는 사주는 선대에 기도로 도를 깨우친 분이나 무당, 사당을 섬기던 분이 있었으며, 본인도 조상과 깊은 인연이 있으므로 지극정성으로 기도를 해야 하고 활인공덕을 쌓아야만 모든 일이 잘 풀리고 가정도 화목하고 편안하게 보낼 수 있다.

## 제2장 合冲과 殺의 作用論

# 1. 천간합(天干合)과 지지합(地支合)

> 생산을 목적으로 힘을 합하는 것
>
> 하나만으로 목적을 이룰 수 없어서 주위의 협조를 도모하는 행위
>
> 집합, 결합, 보완, 채집, 우방, 합은 天干合과 地支合이 있다.

○ 합이 많은 사주는 사교가 좋고 애교가 많다. 지지에 6합이 많으면 음탕하다.

○ 월지나 일지를 대운이 합을 시키면 길하다.

○ 년지나 일지가 대운과 삼합될 때 충파되는 해에 사망한다(신약은 객사).

○ 여명은 천간에 합이 있으면 가정적이고, 지지에 합이 있으면 사회 활동을 한다.

### 1) 천간합 ☞ 甲己合 化土, 乙庚合 化金, 丙辛合 化水, 丁壬合 化木, 戊癸合 化火

> 天干合化法은 寅辰으로 변화하는데 이는 風虎雲龍으로 조화 비상한 짐승이다.
>
> 甲己合化土는 甲己之年 丙寅頭로 寅(虎)에서 순행하여 辰(龍)에 멈추게 되는데 이
>
> 는 戊辰으로 天干 戊土를 작용하여 甲己化土하였고, 乙庚合化金은 乙庚之年 戊
>
> 寅(虎)頭로 순행하여 辰(龍)에 멈추면 庚辰이니 辰위의 庚金을 인용하여 金이 되며,
>
> 다른 天干合의 원리도 동일하다.

### 가. 甲己合土(中正之合) - 재산이 많다. 분수를 지키고 언쟁을 싫어한다.

○ 甲일생 己와 합 - 처의 권력이 강하다. 신의는 있으나 지능이 부족하며 간혹 코가 큰 편이다.

○ 己일생 甲과 합 - 처는 다정하다. 신의가 없고 음성이 탁하며 코가 낮은 편이다.

### 나. 乙庚合金(仁義之合) - 관록으로 성공한다. 강직하고 과감하여 친절한 사람이다.

○ 乙일생 庚과 합 - 무식, 경솔, 예의와 결단이 없다. 치아가 나쁘다. 처는 허약하며 박정한 편이다.

○ 庚일생 乙과 합 - 가정이 윤택하고 행복하다. 자비심이 없고 냉정하며 의리 있는 척 과장

처세한다. 이가 튼튼하여 식욕이 왕성하다.

**다. 丙辛合水(威嚴之合) - 주색을 즐긴다. 호색가이며 엉큼하고 잔인한 성격이다.**

○ 丙일생 辛과 합 - 지혜는 있으나 예의가 없고 간계를 잘 쓴다. 여자는 간부를 둔다.

○ 辛일생 丙과 합 - 포부가 작고 소극적, 체구가 작다.

**라. 丁壬合木(仁壽之合) - 교육자가 많다. 색을 좋아하는 편이다. 감정 변화가 많다.**

○ 丁일생 壬과 합 - 편굴하고 질투심이 많다. 몸이 마르고 살이 찌지 않는다.

○ 壬일생 丁과 합 - 신의가 없고 성질을 잘 내며 믿음이 적고 몸집이 큰 사람이 많다.

**마. 戊癸合火(無情之合) - 차 사업이 길하다. 미인형, 마음은 박정하고 남자는 평생 결혼을 하지 않는 경향이 있다. 여자는 미인형의 남자를 만나는 운이다.**

○ 戊일생 癸와 합 - 총명하나 무정함으로 사귀기 어렵고 얼굴이 붉은 경향이 많다.

○ 癸일생 戊와 합 - 질투심이 많고 지능이 부족한 경향이 있다. 매사에 일을 종결짓지 못하고, 남자는 늙은 여자와 살고, 여자는 나이 많은 남자와 살게 된다.

○ 일주: 관록이나 권력 기관이 좋으며 사업을 해도 성공할 수 있다.

**3) 지지육합 ☞ 子丑合土, 寅亥合木, 卯戌合火, 辰酉合金, 巳申合水, 午未合不變**

◉ 支合 또는 六合이라 하며 합이 많으면 사교적이라 외교적 수단이 뛰어나고 여명은 끼가 많다.

◉ 길신이 합되면 길함이 배가되고, 흉신이 합되면 흉이 배가된다.

◉ 支合은 공망, 형, 충, 파, 해를 해소하나 그 역량은 떨어진다.

◉ 年과 月의 합은 부자유친, 조업 계승을 하고 장남이 아니어도 가권 상속의 운명이다.

◉ 年日合은 배우자와 시부모의 사이가 원만해 화합한 가정이다.

◉ 日時合은 노후 행복, 자식과도 화합하니 같이 살아도 된다.

◉ 年과 時, 月과 時의 합은 요합(遙合)이니 작용이 약하다.

○ 子丑合土: 日支丑에 子와 합되면 복이 후하고, 日支子에 丑과 합되면 복이 가볍다.

○ 寅亥合木: 日支寅에 亥와 합되면 복이 후하고, 日支亥에 寅과 합되면 복이 가볍다.

○ 卯戌合火: 日支卯에 戌과 합되면 복이 후하고, 日支戌에 卯와 합되면 복이 가볍다.

○ 辰酉合金: 日支酉에 辰과 합되면 복이 후하고, 日支辰에 酉와 합되면 복이 가볍다.

○ 巳申合水: 日支申에 巳와 合되면 복이 후하고, 日支巳에 申과 合되면 복이 가볍다.

○ 午未合不變: 日支未에 午와 合되면 복이 후하고, 日支午에 未와 合되면 복이 가볍다.

▣ 지지의 합은 중간에 충하는 지지가 있으면 합을 방해하고 중간에 충이 없고 그 옆에 형충이 있으면 합이 먼저고 형충을 형충으로 보지 않는다. 이를 탐합망극, 형(貪合忘剋, 刑)이라고 한다.

▣ 지지합에서 일지가 2개의 지지와 합하는 것을 연상합(戀想合)이라 하는데 이 합이 있으면 타인과 친하고 정이 있는 사람이다.

▣ 방합은 동방 木局인 寅卯辰(봄)과 남방 火局인 巳午未(여름), 서방 金局인 申酉戌(가을), 북방 水局 亥子丑(겨울)이 있다.

▣ 천지덕합(天地德合): 천간은 천간끼리, 지지는 지지끼리 서로 합되는 것을 말한다.
예) 남자 甲子일이 己丑 여자를 만나거나 운에서 己丑을 만나는 것을 말한다.

## 4) 지지삼합 ☞ 寅午戌合 化火, 申子辰合 化水, 亥卯未合 化木, 巳酉丑合 化金

● 三合은 동일한 오행의 속성이 長生, 帝旺, 墓 등이 합하여 국세(局勢)를 나타내는 것을 말한다.

● 다수의 사람이 결합하여 사회 공동생활을 영위해나가는 조직, 단체 결성 등이 三合에 해당되며 합하면 합할수록 세력이 확장되어 더욱 공고해진다.

● 三合은 각자 분리되어 있으면 독자적인 개성이 지배하나 三合을 이루면 개성은 삼합국세(三合局勢)에 동화, 귀의하게 된다.

● 三合은 일명 회국(會局)이라고도 하며, 三合되는 지지 중에서 2字를 만나면 반합국(半合局)이라 하며 三合보다 작용이 조금 약하다고 본다.
  - 寅午戌 火局의 경우 寅午, 午戌이 半合이 되며, 寅戌은 半合이 되나, 그 작용이 제일 약하다.

### 가. 三合의 종류

(1) 寅午戌 火局 염상(炎上)

○ 정신문화, 화학 공업, 연료, 색소, 예술, 미술, 화기, 화려한 홍등가, 법, 예도, 학문의 전당, 문화관, 언론 기관

(2) 亥卯未 木局 곡직(曲直)

○ 식물성 자원, 목재, 토목건축, 섬유질, 영농, 종묘, 제사, 방직, 가구, 목장, 펄프, 건축 자재

(3) 申子辰 水局 윤하(潤下)

○ 액체 물질, 수자원, 해안, 어망, 강하, 상하수도, 댐, 저수지, 수력 발전소, 원자력, 전자
　제품, 견직, 섬유 물질, 선

(4) 巳酉丑 金局 종혁(從革)

○ 고체 물질, 금속 자원, 금은보석, 철, 기계류, 무기, 화폐, 현금, 전기 제품, 폭발물 저장소

## 나. 三合의 작용

○ 육합은 가정지합이고 삼합은 대외적인 합으로 삼합, 육합이 같이 있으면, 가정과 사회생활
　의 각 분야에서 유관한 인연을 맺게 된다.

○ 木이 희신일 때 삼합하여 木이 되면 길이 증가하고, 木이 기신일 때는 삼합, 육합이 되면
　흉이 중하다.

○ 삼합된 자는 용모가 수려하고 마음이 바르고 매사 원만하고 총명하다.

○ 길신, 길성과 삼합하면 매우 길하고, 흉신, 흉성과 삼합하면 흉이 중하다. 천을귀인, 인수,
　정관과 합하면 의록이 풍부하고 귀인의 사랑을 받는다. 식신이 합하면 의록이 풍부하고 먹
　기 좋아하며, 건록과 합하면 의외의 횡재가 많고, 명망과 복이 있다.

○ 합한 가운데 충을 만나면 파국이 되고 원진, 형, 해가 있으면 말과 행동이 일치하지 않고
　무례하며 음성이 탁하다.

○ 함지가 합을 이루면 간악, 사통하거나 불량, 음란한 행동을 저지른다.

○ 관부(官符)와 합하면 형옥, 송사, 비방, 시비 등을 잘 일으킨다.

## 다. 반합(半合)

○ 삼합 중에서 2자가 있으면 이를 반합이라고 한다.

○ 반합은 반드시 삼합의 가운데 글자(사패지: 子午卯酉)가 있어야 반합으로 성립이 된다고 본다.

- 申子辰 삼합 중 申子 또는 子辰이 반합이다(申辰은 합이 약하다).
- 亥卯未 삼합 중 亥卯 또는 卯未이 반합이다(亥未는 합이 약하다).
- 寅午戌 삼합 중 寅午 또는 午戌이 반합이다(寅戌은 합이 약하다).
- 巳酉丑 삼합 중 巳酉 또는 酉丑이 반합이다(巳丑은 합이 약하다).

※ 실제 감정에서는 申辰, 亥未, 寅戌, 巳丑 합의 힘은 약하나 작용은 하므로 반합으로 보아
　야 한다.

# 2. 상충살(相沖殺)

◆ 충은 합한 사물을 충돌하게 하여 분리, 변화, 이별, 변동을 시키는 작용이다.

◆ 간지 모두 일곱 번째를 충돌, 분리시키므로 칠살(七殺), 칠충(七冲)이라고도 한다.

◆ 천간은 양(陽)으로 항상 동하니 극이라 하고, 지지는 음(陰)으로 정하니 冲이라 한다.

◆ 천극(天剋)하면 지지도 동하고, 지충(地冲)하면 천간도 동하는데, 천극지충(天剋地冲)이면 영향력이 크다.

◆ 천극(天剋)은 영향력이 가볍고, 지충(地冲)은 급하며 그 영향력도 크다.

◆ 양년(陽年)은 길흉 작용이 빠르고, 음년(陰年)은 그 작용이 늦게 일어난다.

◆ 寅申巳亥는 충을 기(忌)하고, 辰戌丑未는 충이 있어야 창고를 열고, 子午卯酉는 왕지(旺地)임과 동시에 패지(敗地)가 되니 충에 유동성이 있나 자세히 살펴야 한다.

## 1) 상충살의 작용

○ 충을 판단하기에 앞서 명조의 왕약과 희신, 기신을 구별하여야 한다.

○ 왕함을 충하면 쇠하여지고, 쇠함을 충하면 넘어지거나 다시 왕하여 진다.

○ 희신을 충하면 흉하고, 기신을 충하면 길하게 된다.

○ 근충은 충의 힘이 강하고, 원충은 충의 힘이 약하다.

○ 월주는 제망이라 하여 충하면 불리하다. 년운, 월운에 충이 겹치면 월령이 강건하면 충을 두려워하지 않으나, 월령이 약하면 흉화가 일어난다.

○ 천동지충이면 조업을 파하거나 조상의 덕이 없고, 평생 노고가 많다.

○ 충의 세력은 水火冲일 때는 水가 이기고, 二支一支 충일 때는 二支가 이긴다.

○ 연월이 상충하면 부모의 업을 지키지 못하고 고향을 떠난다.

○ 월일이 상충하면 부모, 형제에 불리하고 일시가 상충하면 자손 인연이 없고, 동거하기 어렵다.

◆ 일주와 일진이 충되면 불길하나 가출한 사람은 충되면 돌아온다.

◆ 건록을 충하면 실직하는 일이 있고, 손재하는 일이 있다.

◆ 역마를 충하면 이동, 이사, 직업 변동이 있고 간교한 일을 하려고 한다.

◆ 양인을 충하면 파재, 사고, 조난, 질병, 형액이 있게 된다.

◆ 일지와 대운지지가 충이 되면 병고, 매가, 재패, 부부 이별

◆ 월지, 일지를 대운이 충을 시키면 불길, 합이 되면 길하다.

◆ 대운과 용신이 길운이어도 형충이 들면 바쁘기만 하고 실패하는 운이다.

## 2) 내충(內冲)

○ 사주 내에 충이 있을 때를 내충이라 하며 이는 스스로 사건을 만드는 것이다.

## 3) 외충(外冲)

○ 사주 내 한 글자에 대운이나 세운이 와서 충하는 것을 외충이라고 하며 이는 외부의 일이
나 남의 일로 사건이 발생하는 것을 말한다.

## 4) 비충(飛冲)

○ 비충은 난다는 뜻이니 날아와서 충한다는 말이다. 즉, 한 칸이나 두 칸 떨어져 있는 충을
말하며 연과 일, 월과 시, 연과 시의 충을 말하며 이는 작용이 옆에 있는 근충보다는 약하
므로 충으로 보지 말고 상극으로 보아야 한다.

## 5) 천간충(天干冲) ☞ 甲庚, 乙辛, 丙壬, 丁癸, 戊甲, 己乙, 庚丙, 辛丁, 壬戊, 癸己

| 년간 | 부친 출생 후 조상의 패가망신이나 조실부모 또는 성장 중 조상 재산 탕진 |
|---|---|
| 월간 | 부친이 조출타향을 하여 자수성가 |
| 일간 | 본인이 초년 질병으로 건강 쇠약, 형제간 생리사별 |
| 시간 | 자식이 초년 질병이 잦다. 어려서 이별수 |

## 6) 지지충(地支冲) ☞ 子午, 丑未, 寅申, 卯酉, 辰戌, 巳亥

| 충 | 원 명(原 命) | 세 운(歲 運) | 궁 합(宮 合) |
|---|---|---|---|
| 년지 | 직업 다변, 풍파 | 사회생활 장애, 타인에게 배신, 직업 변화, 생가나 고국을 떠난다. | 사회적으로 되는 일이 없다. 직장 파직, 부부 이별 |
| 월지 | 부모 형제 이별, 조출타향 | 이사, 분가, 이별, 형제 중 무단가출 | 부모 형제의 의가 없다. 원망과 불평 |
| 일지 | 부부 이별, 언쟁 많다. | 부부 이별, 질병, 연정 관계 이별 | 부부 불화, 이별 |
| 시지 | 자손과 이별, 무덕 | 자손과 이별, 질병, 무단가출 | 자손과 불화, 이별, 무덕 |

가. 子午沖

○ 일신의 노고가 많아 안정할 때가 없다. 庚일 甲일생이면 타향 생활을 한다.

○ 수도, 수리, 문화, 정신, 심장, 신장 계통의 질병이 있다. 남녀 간의 쟁투로 연을 끊는다.

나. 丑未沖

○ 매사에 막힘이 많다. 형제간 불화나 재산 다툼이 있고, 원한으로 변한다. 파혼한다.

○ 전택, 토지매매사, 영농, 토목공사, 비장, 위장, 소화기 계통의 질병이 발생한다.

다. 寅申沖

○ 다정다감한 사람이다. 남녀 쟁투가 많다.

○ 도로, 교통, 전달, 원행, 간, 담, 대장, 신경 계통의 질환이 발생한다.

라. 卯酉沖

○ 배은망덕하고 평생 곤고하다. 골육참상하고 부부는 불화한다.

○ 문호갱신, 가문 변화, 수족, 간, 폐, 말초 신경 관련 질환이 발생한다.

마. 辰戌沖

○ 고독하고 팔자가 세다. 丑未와 함께 四庫地는 沖함으로 길경이 발생한다.

○ 전택, 토지, 소송, 투쟁, 시비 등의 일, 위, 심장, 신장, 피부 질환이 발생한다.

바. 巳亥沖

○ 간섭을 잘하고 시간만 허비한다. 반복이 많고 경함이 중하게 되고, 구한 후에 손해 본다.

○ 연료, 폭발, 海事, 이동, 원행 관련 일이 발생하고 심장, 소장, 방광, 혈압에 관한 질병이 발생한다.


# 3. 상파살(相破殺) ☞ 子酉 丑辰 寅亥 午卯 戌未 巳申

◆ 파는 사물 상호 간에 파괴, 분리 이별, 절단하는 작용을 말한다.

◆ 파만 독립하여 보면 작용이 약하나, 刑冲害가 가세하면 그 영향력은 크고 사건의 결과가 확대된다. 예로 子午나 子卯에 子酉破가 가세하면 사업자는 파산이나 중대한 손실이 있고, 질병일 경우 입원, 구급 치료, 수술 등을 하게 된다.

◆ 직업이나 경영업의 정신 작용, 질병 등이 있을 때 이를 파손, 절단, 수술, 변경, 이동, 분리하는 작용을 말한다.

◆ 흉신을 파하면 길하고 길신을 파하면 흉하다.

○ 특히 日支가 年支를 파하면 부모와 일찍 이별하며, 他柱가 日支를 파하고 時支도 日支를 파하면 파살이 작용을 못 한다.

○ 日과 月의 파는 처궁이 불리하고 年을 파하면 양친과 이별하고 月을 파하면 변동이 많다. 日이 파를 만나면 가정이 불안하고 처에게 해롭다.

○ 月柱나 日支를 대운이 파하면 불길하다. 특히 日支가 파하면 병고, 재패, 이별이다.

## 1) 子酉破

○ 子는 요도, 생식기, 酉는 세균인 까닭에 요도염이 발생한다.

○ 요통, 생리통, 폐 질환, 주색, 변태성, 대하, 이비인후, 부부 불신, 고독, 탕진

○ 주점, 요정, 해수욕장, 목욕탕, 이발소, 세차장, 당구장, 산부인과 등에 인연이 있다.

## 2) 丑辰破

○ 丑중 辛金이 辰중 乙木을 剋하고 丑중己土가 辰중 癸水를 극하여 파가 성립한다.

○ 골육상쟁, 비굴, 매몰, 위장, 암, 옴, 피부 질환, 습진, 종양 등이 따른다.

○ 축대 붕괴, 경계선 다툼, 조경, 정지, 주택의 수리 등이 발생한다.

## 3) 寅亥破

○ 寅亥는 합인 동시에 파가 성립한다. 합의 작용이 크므로 파의 작용은 경미하다.

○ 호사다마, 이산, 정지, 결단 부족, 심신불안, 냉증, 산신 기도, 방광염, 담석증

## 4) 午卯破

○ 卯는 午를 상생하나 卯중 乙木이 午중 己土를 상극하는 데서 파가 이루어진다.

○ 午火를 기준으로 卯가 욕지가 되니 빈번한 실패와 색정 관계나 오락 등 유흥 문제로 손해, 명예를 떨어뜨리게 된다.

## 5) 戌未破

○ 戌未는 刑인 동시에 파가 되니 그 작용이 크다.

○ 未중 丁火는 戌중 辛을 극하고 戌중 辛金은 未중 乙木을 상극하여 형파가 된다.

○ 주객 사이 또는 가까운 육친 간에 구설, 시비, 배신, 사기, 질투 등의 일이 따른다.

○ 요척통, 신경 쇠약, 좌골 신경통, 심장 질환, 위장 질환 등이 따른다.

## 6) 巳申破

○ 巳申은 합도 되며 형도 되고 파도 된다.

○ 처음에는 합하여 화합하고 뜻이 맞으나 중도에는 배신과 불화가 발생하여 손재, 파산 등으로 합이 깨짐을 내포하고 있다.

○ 심장 질환, 소장, 삼초 질환, 구설, 시비, 대장, 냉증 등이 있다.

| 파(破) | 원 명(原 命) | 세 운(歲 運) | 궁 합(宮 合) |
|---|---|---|---|
| 년지 | 조상이 재산을 파멸당했고 또는 조상덕이 없다. | 백사 불여의, 낙직, 이사, 질병, 관재구설, 교통사고 | 결혼 후 가정 파괴, 직업 장애 |
| 월지 | 조별 부모 및 풍파, 인덕 무 | 부부 이별, 배우자 수술, 구설수, 직업 변동, 투쟁 | 부모, 형제간 언쟁 발생 |
| 일지 | 부부간 수술, 질병, 풍파다. | 구설, 이별, 투쟁, 직업 변동 | 부부 원수 |
| 시지 | 낙태, 자궁 질환, 부부생활 불만, 말년 고독 | 자식으로 인한 구설 등 | 무자식, 자손이 해롭고 출세를 못 함 |

# 4. 해살(害殺) ☞ 子未 丑午 寅巳 卯辰 申亥 酉戌

◆ 내가 상대를 沖하여 공격하려는데 상대와 합으로 응원해주고 있어 미워 만들어진 것이 害다.

◆ 害殺은 골육이 무정하고 가까운 사람으로부터 배신과 모략이 따르며, 공격을 많이 받고 살아가는 살이다.

◆ 적대 의식이나 그로 인해 복수와 공격을 가하려는 증오심이 발동하는 것이다.

○ 害가 생왕하면 정신이 결백하고 준수하다. 귀격이면 지조와 착한 일을 한다.

○ 육친 간에 강하게 작용하며 동기간에 중상모략과 배신, 암해, 투쟁, 시비를 한다.

○ 매사가 안 풀리고 소송, 투쟁, 시기, 질투, 질병 등 고통과 손실이 있다.

○ 日時에 있으면 평소에 잔질이 있거나 노년에 질병이 있고, 양인과 동주면 동물에게 해(害)를 입는다.

○ 年을 害하면 타향살이 팔자이다. 조실부모, 수양부모이다.

○ 月을 害하면 장자여도 분가 또는 양자로 가는 수가 많다. 형제와 친구의 덕이 없다.

○ 日을 害하면 부부 인연이 없다. 연정 관계가 깊고 풍파가 많다. 건강운이 불길하고 몸에 흉터가 있다.

○ 時를 害하면 죽는 자식이 있거나 종신까지 자손이 없고 말년이 고독하다, 질병, 원망, 불평이 많고 단명을 한다.

◆ 酉일 戌시는 머리나 얼굴에 흉한 흠이 생기고 농아가 되는 자가 많다.

◆ 卯일 辰시는 수술 및 자손에 근심이 있어 무자식이 되는 수가 많다.

◆ 午일 丑시는 수술 및 자손에 근심이 있어 무자식이 되는 수가 많다.

◆ 寅巳가 이중으로 있으면 불구자나 폐병, 간장병이 있고 다른 해살도 이중이면 간장 질환이 있다.

◆ 여자가 해살이 많으면 난산을 한다.

◆ 月支를 大運이 해를 시키면 불길하다.

◆ 日支와 大運支가 해가 되면 병고, 재패, 부부 이별을 하기 쉽다.


## 1) 子未害

○ 관재구설, 일의 장애, 시비, 쟁투, 모략, 배신, 흉터, 수술, 사고, 소송, 권력

○ 未일생이 子운에는 존장 또는 부인의 신상에 액이나 척추, 요통, 자궁 질환이 있다.


## 2) 丑午害

○ 丑 중 癸水에게 午 중 丁火가 피해를 당한다. 午가 丑의 剋을 받는다.

○ 부부 불화, 용두사미, 정신 질환, 중풍, 뇌졸중, 건망증, 음독, 암투 등이 따른다.

○ 財庫와 金庫에 관한 암투로 인한 불상사가 발생한다.


## 3) 寅巳害

○ 寅 중 甲木이 巳 중 戊土를 剋해 발생한다. 害인 동시에 刑이라 영향이 크다.

○ 신체 고장, 수술, 사고, 소송, 관재구설, 생왕길응하면 권위직에 진출한다.

○ 소장염, 편도선염, 소화 불량, 황달, 견비통 등이 발생한다.

## 4) 卯辰害

○ 卯는 辰土에 뿌리내려 살아가니 신세를 지는 처지라 멸시, 원망, 배신하는 해이다.

○ 가산 탕진, 고독, 멸시, 배신, 중상, 모략, 골육무정 등이 따르고 위장 질환, 신경계 질환, 간
  장 질환이 발생한다.

## 5) 申亥害

○ 안면에 상처가 있거나 즐거운 일이 슬픔으로 변하고 水命은 水厄을 조심해야 한다.

○ 암투, 분쟁, 사고, 풍파, 절교, 원수, 비방, 낙태, 산후병, 대장, 생식기, 방광 질환이 있다.

## 6) 酉戌害

○ 개는 도둑을, 닭은 시간을 알리는데 사랑을 받기 위해 질투와 암투가 있는 해다.

○ 질투, 암투, 경쟁, 골육상쟁, 밀고, 협박, 불화, 배신 등이 따른다.

○ 언어 장애, 간장, 비장 질환, 신장염 등이 발생한다.

# 5. 형살(刑殺)

형살은 오행의 기운이나 기세가 극에 달한 것끼리 맞부딪혀 일어나는 것이며 주로 형액
을 초래하여 관재구설, 송사 등 불측지사가 돌발하고 부부 풍파, 병고산액, 파가, 감금,
납치, 대수술, 불구의 액난을 당한다.
이 살이 사주에 있으면 형무관, 사법관, 의사, 간호사, 약사, 이발사, 도살자, 양복점 재
단사 등의 직업을 가진 사람이 많다.
형살이 사나 절에 있으면 비굴, 교활하며 재앙을 잘 만난다.

■ 삼형살(三刑殺)

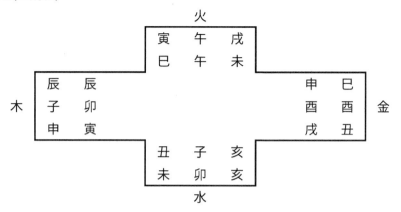

☞ 三刑의 성립은 三合과 방합이 교체, 대립하는 과정에서 이루어지는 현상이다.

◆ 寅午戌 火局과 巳午未 南方이 대립하여 刑을 이루고

◆ 巳酉丑 金局과 申酉戌 西方이 병존하면서 刑을 이루고

◆ 亥卯未 木局과 亥子丑 北方이 대치하여 刑을 이루고

◆ 申子辰 水局과 寅卯辰 東方이 대치하여 刑을 이룬다.

## 1) 寅巳申 - 지세지형(持世之刑)

○ 자기 세력을 믿고 저돌적으로 막강한 힘을 쓰다가 화를 자초한다.

○ 성격이 난폭하고 강직하고 용감하며 과단성이 있다. 비굴하고 교활하여 재앙도 떠나지 않
   는 특성이 있다.

   - 여자는 가정운이 불길하고 고독하다.

   - 직업으로는 절도, 무관, 권력가, 운동가 등에 많다.

○ 대운, 소운을 막론하고 관인은 여자로 인하여 사망하거나 자기 여자가 사망한다.

   - 평인은 구설수가 있거나 육친의 해가 있을 수 있다.

   - 실직운이고, 실업가나 상인은 대실패운이며 질병이나 상처할 수가 있다.

○ 12운성 중 왕성한 장생, 건록, 제왕과 같이 있으면 정신이 강용(强勇)하고 안색도 윤기가
   나고 좋다.

○ 12운성 중 쇠약한 사, 절과 같이 있으면 교활하거나 비굴한 자가 많으며, 재앙을 만나기 쉽
   다.

## 가. 寅巳刑

- 형 중에서 가장 강한 작용을 한다.

- 시기, 질투, 무정, 승부 근성이 강하고, 세력과의 갈등, 구설 시비, 송사, 반목 등이 따른다.

## 나. 巳申刑

- 먼저 合하고 후에 破하여 선소후원(先笑後怨)이라고 한다.

- 먼저 웃고 나중에는 원수지간이 되는 형합이다.

- 오해, 질투, 시기, 반목, 쟁투, 오만, 불손 등이 따른다.

## 2) 丑戌未 - 무은지형(無恩之刑)

○ 성질이 냉혹, 포악하고 친구가 없으며 은인을 원수로 갚고 배은망덕을 잘하며 비밀을 못 지키고 불량하다.

○ 여자 사주에 있으면 임신 중 곤란을 겪는 등의 문제가 생기거나 부부 금실에 문제가 있다.

○ 年에 있으면 부모에게 불효하고, 日時에 있으면 자식이 포악하거나 배우자는 악처로 덕이 없다.

## 가. 丑戌刑

- 戌 중 戊土가 丑 중 癸水를 合하려고 하나 戌 중 丁火가 癸水를 剋하니 戊癸合을 할 수 없다. 이때 癸水 입장에서는 戊土가 合해줄 것을 믿었으나 合을 해주지 않으니 배신을 당한 것과 같아 刑을 이룬다.

- 형제나 친구와 불화하고, 배신을 잘하며 당하기도 한다. 기만, 배신, 시기, 질투, 시비, 구설, 송사, 고독, 불안, 중상, 모략 등이 따른다.

## 나. 戌未刑

- 戌 중 辛金이 未 중 乙木을 剋하는데 未 중 丁火가 辛金을 극하고 있어 刑이 된다.

- 고집이 세고, 말이 앞서고 실천을 잘하지 못한다.

- 시기, 질투, 송사, 손해, 모략, 함정, 사기, 배신, 암투 등이 따른다.

## 다. 丑未刑

- 충도 되고 형도 된다. 부부간에 변화가 많고 불미하다.

- 활인공덕을 많이 쌓아야 한다.

- 성격이 급하여 문제를 야기시키며 마음이 안정되지 않아 항상 사고를 먼저 치고야 마는 성격이다.

## 3) 子卯 - 무례지형(無禮之刑)

○ 子는 일양이 시생하는 첫머리이며, 卯는 일출의 문이 열리는 첫머리로 서로가 윗사람 노릇을 하려고 하는 위아래가 없는 격이니 무례지형이 된다.

○ 성질이 냉혹, 잔인하다. 깡패, 관재구설, 예의가 없고 무례하다. 가풍 문란(패륜), 변태, 부부 불화, 구설, 시해, 음독, 색난 등이 따른다.

○ 여자는 남편을 형하고 자식과도 사이가 나쁘다.

 - 냉병이 있고 자궁이 약하여 물혹 등이 생겨 탈이 잘나며 수술수가 있다.

 - 성병으로 고생을 하거나 낙태 수술 등을 하기도 한다.

 - 甲乙 일주가 천간에 庚辛이 있으면 부부가 해로하기 어렵고, 음모가 없을 수 있다.

○ 대운, 소운에서 子卯형살을 만나면

 - 관인은 법적인 일이 발생을 하고, 상관에게 피해를 주는 일이 발생한다.

 - 평인은 상하지간에 불목하여 재앙이 발생한다.

 - 여명은 자손으로 인한 근심이 생긴다.

 - 年에 있으면 조상이 감옥 생활을 했거나 흉사했다.

 - 月에 있으면 부모 중 형액을 당한 분이 있거나 아니면 반대로 충신이 있다.

 - 日에 있으면 처를 원수로 생각하고 부부가 불화한다.

 - 時에 있으면 자손이 깡패, 죄인이거나 불구가 있을 수 있다.


### ▣ 자형살(自刑殺)

☞ 辰辰, 酉酉, 午午, 亥亥 - 자형살(自刑殺)

○ 方局의 집단과 三合의 집단이 한군데 모여 서로 세력 다툼을 하니 刑이 되었다.

○ 남에게 의존심이 많고 독립심이 없으며 열성과 인내심이 부족하다.

○ 대운, 소운을 만나면 관인은 관액으로 직장에서 낙직하고, 평인은 질병으로 고생하거나 아니면 관액 혹은 가옥 매매로 이사한다.

○ 일지가 辰인데 대운 辰年을 만나면 三刑殺과 동일 작용을 한다.

 - 연월에 있으면 부모와 조상 간의 불화, 일시에 있으면 부자지간이 원수다.


## 1) 辰辰자형

○ 辰은 水의 庫이며 法의 庫로 물질을 보관, 저장하는 창고와 같다.

○ 냉동 창고, 수산 시장, 보관 창고, 법원, 검찰청 등이 되며 이 刑이 좋게 되면 법관, 검사, 경

찰관, 감사 등의 직업을 가지거나 보관, 저장, 냉동업을 하게 된다.

○ 나쁜 작용은 수재, 냉해, 억압, 구속, 실형 언도, 구설, 시비, 위장병, 피부병, 붕괴, 풍랑의 피해를 당한다.

## 2) 午午자형

○ 火가 火를 만나면 염열(炎熱)하여 刑이 된다.

○ 극왕하면 폭발, 분사, 익사, 자해, 충돌, 수술, 화기 사고, 자살 등이 발생한다.

○ 심장, 폐, 대장, 변비, 신장, 정신 등의 질병이 발생한다.

## 3) 酉酉자형

○ 金기가 극강해 숙살, 살벌의 기운이 사물의 성장을 억압, 억제한다. 酉金은 도화요, 여자의 생식기와 같으니 여자의 생리와 관련되거나 피부가 나쁘다.

○ 자상, 수술, 상해, 간장, 수족, 기관지 질병이 발생한다.

## 4) 亥亥자형

○ 해수는 인체의 혈액, 소변, 대변이기 때문에 가형하면 당뇨나 고혈압이 발생한다.

○ 농작물, 어업에 수재로 인한 피해, 폭풍, 한파, 풍랑, 침수 등의 액이 있다.

○ 청소업, 세탁업, 목욕탕을 경영하기도 한다.

# 제3장 神殺論

## 1. 神殺早見表

### 1) 貴神類 早見表

| 日干 / 貴神 | 甲 | 乙 | 丙戊 | 丁己 | 庚 | 辛 | 壬 | 癸 |
|---|---|---|---|---|---|---|---|---|
| 建　　祿 | 寅 | 卯 | 巳 | 午 | 申 | 酉 | 亥 | 子 |
| 暗　　祿 | 亥 | 戌 | 申 | 未 | 巳 | 辰 | 寅 | 丑 |
| 金　　與 | 辰 | 巳 | 未 | 申 | 戌 | 亥 | 丑 | 寅 |
| 文　昌　星 | 巳 | 午 | 申 | 酉 | 亥 | 子 | 寅 | 卯 |
| 文　曲　星 | 亥 | 子 | 寅 | 卯 | 巳 | 午 | 申 | 酉 |
| 天　乙　貴　人 | 甲戊庚⇒丑未 | | | 乙己⇒子申 | 丙丁⇒亥酉 | | 壬癸⇒巳卯 | 辛⇒午寅 |
| 學　堂　貴　人 | 12運星 중 長生(月支, 時支) | | | | 懸針殺 | 甲午 | 甲申 | 辛卯 |

| 日干 / 貴神 | 甲 | 乙 | 丙 | 丁 | 戊 | 己 | 庚 | 辛 | 壬 | 癸 |
|---|---|---|---|---|---|---|---|---|---|---|
| 天廚貴人 | 巳 | 午 | 巳 | 午 | 申 | 酉 | 亥 | 子 | 寅 | 卯 |
| 福星貴人 | 寅 | 丑 | 子 | 酉 | 申 | 未 | 午 | 巳 | 辰 | 卯 |
| 天官貴人 | 未 | 辰 | 巳 | 酉 | 戌 | 卯 | 亥 | 申 | 寅 | 午 |
| 太極貴人 | 子午 | 子午 | 卯酉 | 卯酉 | 辰戌 | 丑未 | 寅亥 | 寅亥 | 巳申 | 巳申 |

### 2) 德星類 早見表

| 月支 / 德星 | 寅 | 卯 | 辰 | 巳 | 午 | 未 | 申 | 酉 | 戌 | 亥 | 子 | 丑 |
|---|---|---|---|---|---|---|---|---|---|---|---|---|
| 天　　德 | 丁 | 申 | 壬 | 辛 | 亥 | 甲 | 癸 | 寅 | 丙 | 乙 | 巳 | 庚 |
| 天　德　合 | 壬 | 巳 | 丁 | 丙 | 寅 | 己 | 戊 | 亥 | 辛 | 庚 | 申 | 乙 |
| 月　　德 | 丙 | 甲 | 壬 | 庚 | 丙 | 甲 | 壬 | 庚 | 丙 | 甲 | 壬 | 庚 |
| 月　德　合 | 辛 | 己 | 丁 | 乙 | 辛 | 己 | 丁 | 乙 | 辛 | 己 | 丁 | 乙 |
| 天德(醫)星 | 丑 | 寅 | 卯 | 辰 | 巳 | 午 | 未 | 申 | 酉 | 戌 | 亥 | 子 |
| 天　赦　星 | 戊寅日 | | | 甲午日 | | | 戊申日 | | | 甲子日 | | |

### 3) 歲支凶神 早見表

| 殺＼年支 | 子 | 丑 | 寅 | 卯 | 辰 | 巳 | 午 | 未 | 申 | 酉 | 戌 | 亥 |
|---|---|---|---|---|---|---|---|---|---|---|---|---|
| 喪門 | 寅 | 卯 | 辰 | 巳 | 午 | 未 | 申 | 酉 | 戌 | 亥 | 子 | 丑 |
| 弔客 | 戌 | 亥 | 子 | 丑 | 寅 | 卯 | 辰 | 巳 | 午 | 未 | 申 | 酉 |
| 鬼門關殺 | 酉 | 午 | 未 | 申 | 亥 | 戌 | 丑 | 寅 | 卯 | 子 | 巳 | 辰 |
| 怨嗔 | 未 | 午 | 酉 | 申 | 亥 | 戌 | 丑 | 子 | 卯 | 寅 | 巳 | 辰 |
| 年支 | 亥子丑 | | | 寅卯辰 | | | 巳午未 | | | 申酉戌 | | |
| 孤神 | 寅 | | | 巳 | | | 申 | | | 亥 | | |
| 寡宿 | 戌 | | | 丑 | | | 辰 | | | 未 | | |

### 4) 月家凶神 早見表

| 殺＼月支 | 寅 | 卯 | 辰 | 巳 | 午 | 未 | 申 | 酉 | 戌 | 亥 | 子 | 丑 |
|---|---|---|---|---|---|---|---|---|---|---|---|---|
| 斷橋關殺 | 寅 | 卯 | 申 | 丑 | 戌 | 酉 | 辰 | 巳 | 午 | 未 | 亥 | 子 |
| 急脚殺 | 亥 | 子 | | 卯 | 未 | | 寅 | 戌 | | 丑 | 辰 | |
| 天轉殺 | 乙卯日 | | | 丙午日 | | | 辛酉日 | | | 壬子日 | | |
| 地轉殺 | 辛卯日 | | | 戊午日 | | | 癸酉日 | | | 丙子日 | | |

### 5) 日干凶神 早見表

| 殺＼日干 | 甲 | 乙 | 丙 | 丁 | 戊 | 己 | 庚 | 辛 | 壬 | 癸 |
|---|---|---|---|---|---|---|---|---|---|---|
| 紅艷殺 | 午 | 午 | 寅 | 未 | 辰 | 辰 | 戌 | 酉 | 子 | 申 |
| 羊刃 | 卯 | 辰 | 午 | 未 | 午 | 未 | 酉 | 戌 | 子 | 丑 |
| 飛刃 | 酉 | 戌 | 子 | 丑 | 子 | 丑 | 卯 | 辰 | 午 | 未 |
| 梟神殺 | 子 | 亥 | 寅 | 卯 | 午 | 巳 | 辰戌 | 丑未 | 申 | 酉 |
| 少狼殺 | 午 | 辰 | 申 | 申 | 午 | 丑 | 寅 | 酉 | 未 | 亥 |
| 截路空亡 | 甲己⇒申酉 | | 乙庚⇒午未 | | 丙辛⇒辰巳 | | 丁壬⇒寅卯 | | 戊癸⇒子丑 | |
| 落井關殺 | 甲己⇒巳 | | 乙庚⇒子 | | 丙辛⇒申 | | 丁壬⇒戌 | | 戊癸⇒卯 | |
| 陰陽差殺 | 丙⇒子午 | | 丁⇒丑未 | | 戊⇒寅申 | | 辛⇒卯酉 | | 壬⇒辰戌 | 癸⇒巳亥 |
| 孤鸞殺 | 甲⇒寅 | | 乙⇒巳 | | 丁⇒巳 | | 戊⇒申 | | 辛⇒亥 | |
| 魁 W 罡殺 | 庚辰 | | 庚戌 | | 壬辰 | | 壬戌 | | 戊戌 | |
| 白虎大殺 | 甲戊⇒辰 | | 丙壬⇒戌 | | | 丁癸⇒丑 | | | 乙未 | |
| 湯火殺 | 甲丙戊庚壬⇒ 寅午 | | | | | 乙丁己辛癸⇒ 丑 | | | | |
| 曲脚殺 | 乙巳 | 乙丑 | 己巳 | 己丑 | 隔角殺 | 時支가 日支와 한자 격한것(예,子日寅時) | | | | |

# 2. 각종 신살과 작용

## 1) 건록(建祿)과 암록(暗綠)

| 日 干 | 甲 | 乙 | 丙 | 丁 | 戊 | 己 | 庚 | 辛 | 壬 | 癸 |
|---|---|---|---|---|---|---|---|---|---|---|
| 建 祿 | 寅 | 卯 | 巳 | 午 | 巳 | 午 | 申 | 酉 | 亥 | 子 |
| 暗 綠 | 亥 | 戌 | 申 | 未 | 申 | 未 | 巳 | 辰 | 寅 | 丑 |

### 가. 건록

○ 건록을 정록이라고도 하는데 록은 복록을 말한다. 즉, 관록 의식의 풍족을 의미하며, 그 작용은 사주의 길성과 동주하면 복록이 왕성하나, 흉성과 동주하면, 길함이 변하여 흉해진다.

### 나. 암록

○ 암록은 건록과 육합하는 지지다. 즉, 甲 일간의 건록이 寅이니 암록은 寅과 합하는 亥가 암록이 된다. 고로 건록을 암합해 온다고 하여 암합이라고 한다.

○ 사주에 암록이 있으면 항상 재물이 떨어질 날이 없고, 떨어져도 의외의 귀인을 만나 위험에서 벗어나고 타인이 모르는 재물이 따르고 자기를 도와주는 사람이 많다. 성질도 온후하고 영리하다.

## 2) 천을귀인(天乙貴人)

| 日 干 | 甲 戊 庚 | | | 乙 己 | | 丙 丁 | | 辛 | 壬 癸 | |
|---|---|---|---|---|---|---|---|---|---|---|
| 天乙貴人 | 丑 未 | | | 子 申 | | 亥 酉 | | 午寅 | 巳 卯 | |

○ 천을귀인이 사주에 있으면 지혜가 있고 총명하고 흉변위길이다. 생왕하면 정대한 인격자다.

○ 세운을 볼 때는 일간과 세운지를 연결하는데 어려운 난관이 해소되며 재운도 길하다.

○ 천을귀인은 합을 좋아하므로 합되거나, 귀인이 임한 천간과 합되면 사회적 신망을 얻어 출세가 빠르고 평생 형벌을 받지 아니한다.

○ 왕성한 12운(건록, 제왕 등)과 같이 있으면 평생 복이 많고, 쇠약한 12운과 같이 있으면 복이 없다.

○ 괴강과 같이 있으면 사리가 밝고 세인의 존경을 받으며 활달한 성격이다.

○ 식신과 동주하면 의록이 풍족하다. 역마와 동주하면 위엄과 지모가 있다.

○ 겁재와 동주하면 화태준재이다. 건록과 동주하면 학문을 좋아한다.

○ 대운, 소운에서 귀인을 만나면 발전하고 주위 환경이나 귀인의 도움을 받는다.

○ 형, 충, 파, 해나 공망되면 평생에 곤고함이 많다(없는 것보다 못하다).

## 3) 천주귀인(天廚貴人)

| 日干 | 甲丙 | 乙丁 | 戊 | 己 | 庚 | 辛 | 壬 | 癸 |
|------|------|------|-----|-----|-----|-----|-----|-----|
| 月支 | 巳 | 午 | 申 | 酉 | 亥 | 子 | 寅 | 卯 |

○ 천주귀인 사주는 일생 동안 동일하게 재산을 많이 갖고 복되게 생활한다.

○ 형충이나 공망되면 멸복한다.

## 4) 태극귀인(太極貴人)

| 日干 | 甲乙 | 丙丁 | 戊己 | 庚辛 | 壬癸 |
|------|------|------|--------|------|------|
| 年支 | 子午 | 卯酉 | 辰戌, 丑未 | 寅卯 | 巳申 |

○ 횡재, 급래복을 의미한다. 沖破害되지 않는 貴人일 때 吉年이다.

## 5) 학당귀인(學堂貴人)

| 日 干 | 甲 | 乙 | 丙 | 丁 | 戊 | 己 | 庚 | 辛 | 壬 | 癸 |
|--------|-----|-----|-----|-----|-----|-----|-----|-----|-----|-----|
| 學堂貴人 | 亥 | 午 | 寅 | 酉 | 寅 | 酉 | 巳 | 子 | 申 | 卯 |

○ 학당귀인은 일간의 장생지이다. 학당귀인이 있으면 학문에 능하고 총명하며 박사, 교수, 교사 등이 된다.

## 6) 문창성(文昌星)

| 日干 | 甲 | 乙 | 丙 | 丁 | 戊 | 己 | 庚 | 辛 | 壬 | 癸 |
|------|-----|-----|-----|-----|-----|-----|-----|-----|-----|-----|
| 文昌 | 巳 | 午 | 申 | 酉 | 申 | 酉 | 亥 | 子 | 寅 | 卯 |

○ 文昌星이 있으면 凶星을 吉하게 해준다. 여기에서 凶星이란 衰病死墓를 말한다.

○ 지혜가 있고 총명하고 문채와 문예의 재질이 뛰어날 뿐만 아니라 풍류를 즐긴다.

○ 비겁과 동주하면 형제나 친구가 학문이나 유능한 교직자가 있게 된다.

○ 식상과 동주는 자식과 조모가 총명하였다.

○ 재성동주면 처와 부친이 능하다고 보며 타 육친도 동일하다.

○ 학당귀인 중 양간만 기준으로 하여 충되는 지지이며, 음간은 학당귀인과 동일하다.

○ 文昌星은 空亡이나 刑冲되면 효력을 상실한다.


## 7) 문곡성(文曲星)

| 日干 | 甲 | 乙 | 丙 | 丁 | 戊 | 己 | 庚 | 辛 | 壬 | 癸 |
|---|---|---|---|---|---|---|---|---|---|---|
| 文昌 | 亥 | 子 | 寅 | 卯 | 寅 | 卯 | 巳 | 午 | 申 | 酉 |

○ 四柱內 文曲星이 있으면 학문과 지혜가 총명하며 살아생전보다 사후에 명성이 높이 평가
  된다.

○ 특히 문창성은 문학보다 문예에 능하다.

○ 학당귀인 중 음간만 기준으로 하여 충되는 지지이며, 양간은 학당귀인과 동일하다.


## 8) 천월덕귀인(天月德貴人)

| 月支 | 寅 | 申 | 巳 | 亥 | 子 | 午 | 卯 | 酉 | 辰 | 戌 | 丑 | 未 |
|---|---|---|---|---|---|---|---|---|---|---|---|---|
| 月德 | 丙 | 壬 | 庚 | 甲 | 壬 | 丙 | 甲 | 庚 | 壬 | 丙 | 庚 | 甲 |
| 月德合 | 辛 | 丁 | 乙 | 己 | 丁 | 辛 | 己 | 乙 | 丁 | 辛 | 乙 | 己 |
| 天德 | 丁 | 癸 | 辛 | 乙 | 巳 | 亥 | 申 | 寅 | 壬 | 丙 | 庚 | 甲 |
| 天德合 | 壬 | 戊 | 丙 | 庚 | 申 | 寅 | 巳 | 亥 | 丁 | 辛 | 乙 | 己 |

### 가. 천덕귀인 - 空亡되면 작용 무

○ 년주에 있으면 조상덕, 일주면 처덕, 시주면 자손덕이 있다.

○ 생일에 있는 게 제일 좋으며 모든 살을 제거하고 온순, 정조가 있고 자상하며 민첩하여 주
  위에 도와주는 사람이 많다.

○ 육합이나 삼합되면 더욱 왕성하여 작용하고 일생에 형액, 횡액을 면해준다.

  예) 寅月生이 丁年을 만나면 재운왕성, 만사형통, 성공과 출세운

### 나. 월덕귀인 - 쇠, 병, 사, 묘나 충, 파, 해되면 작용 무

○ 모든 살을 제거하고 심성이 착하고 자비심이 많고 관직운이 좋으며 병이 적고 물질덕이 많
  고 형액, 재앙을 소멸시키며 도와주는 사람이 많다.

○ 처덕과 형제덕이 있고 일이나 시에 있으면 액(산액)이 없고 정조가 강하다.

○ 세운에서 만나면 귀자 잉태나 생남, 친척이나 행불된 부모, 형제 상봉, 재수 대길이다.

**다. 천월덕합**

○ 천월덕과 비슷한 작용력을 갖는다(예로, 亥월이면 甲木이 월덕인데 甲이 없고 己土가 있으면 월덕합, 천덕은 을인데 을목이 없고 경이 있으면 천덕합이다).

## 9) 금여성(金輿星)

| 日干 | 甲 | 乙 | 丙 | 丁 | 戊 | 己 | 庚 | 辛 | 壬 | 癸 |
|---|---|---|---|---|---|---|---|---|---|---|
| 金輿 | 辰 | 巳 | 未 | 申 | 未 | 申 | 戌 | 亥 | 丑 | 寅 |

○ 건록의 앞 2번째가 금여가 된다(甲木의 건록은 寅이고 辰을 보면 금여다).

○ 甲日生이 辰年을 만나면 사회적으로 귀인을 만나고 대발전한다.

○ 辰日生이 甲年을 만나면 재산 많은 여자가 따라서 덕을 보는 격이다.

○ 일지나 시지에 있으면 일생이 편안하고 자손이 번성하며 주변 사람의 도움을 받는다.

## 10) 천의성(天醫星)

| 月支 | 寅 | 卯 | 辰 | 巳 | 午 | 未 | 申 | 酉 | 戌 | 亥 | 子 | 丑 |
|---|---|---|---|---|---|---|---|---|---|---|---|---|
| 天醫星 | 丑 | 寅 | 卯 | 辰 | 巳 | 午 | 未 | 申 | 酉 | 戌 | 亥 | 子 |

○ 천의성은 일명 활인성이라 하며, 월지의 後1位가 천의성이다.

○ 천의성이 있으면 의사, 종교자, 간호사, 약사, 운명가 등의 직업을 갖는다.

## 11) 현침살(懸針殺)

☞ 甲午, 甲申, 辛卯

○ 현침살은 포수, 의사, 약사, 간호사, 운명가, 특수 기능 등에 두각을 나타낸다.

○ 양인을 대동하면 도살업에 종사한다.

## 12) 천사성(天赦星)

○ 春戊寅이요, 夏甲午에, 秋戊申이며, 冬甲子로다.

○ 천사성은 월건대 일주로 보는 것인데 春三月生이면 戊寅日에 나면 천사성이요

○ 하절생이 甲午日에 나면 천사성에 해당하는 것이다.

○ 천사성은 사람의 재화를 구해주는 길성이다.

## 13) 귀문관살(鬼門關殺)

| 년    지 | 子 | 丑 | 寅 | 卯 | 辰 | 巳 | 午 | 未 | 申 | 酉 | 戌 | 亥 |
|---|---|---|---|---|---|---|---|---|---|---|---|---|
| 귀문관살 | 酉 | 午 | 未 | 申 | 亥 | 戌 | 丑 | 寅 | 卯 | 子 | 巳 | 辰 |

○ 이 살이 있는 자는 신경 쇠약에 잘 걸리며 살왕한, 즉 신경 이상에 걸린다.

## 14) 怨嗔殺

> 원진은 서로 보고 만나기를 싫어하며 불화, 증오, 이별, 고독, 억울함을 당한다.
> 원진의 침해 원인은 안에서가 아니라 밖으로부터 어려운 일을 당한다고 한다.

◉ 원진→ 子未  丑午  寅酉  卯申  辰亥  巳戌
○ 부인이 원진살을 가지면 말소리가 크고 성품이 탁하고 천인과 사통하고 불효자를 낳는다.
○ 원진이 원진을 만나면 더욱 흉하고 원진이 생왕귀성과 합하면 길해진다.
○ 년주가 원진되면 사회적으로 불평, 불만이 많다.
○ 연월이 원진되면 부조 간에 불화하였고 어려서 애정 없이 성장하였다.
○ 일월지가 원진이면 부모 형제 불화, 고부간 불화, 父母 사랑이 부족하다.
○ 일시지가 원진이면 처와 자식의 인연이 박하고 처와 생이별이나 자녀로 인한 근심이 있다.
○ 시월지가 원진이면 조상덕이 없고 육친 간에 원망한다.
○ 일지와 대운지가 원진되면 병고, 재패한다.
○ 사주 지지를 세운과 연결하여 원진되면 실직운이다.
○ 사주 내에 원진살이 있는 사람은 구두쇠가 많다.
○ 상관이 원진되면 겉과 속이 다르며 독종이고, 독설가이며 남의 흉을 잘 본다.
◉ 궁합 볼 때
○ 각주끼리 원진되면 원망과 불평, 불만이 많다.

## 15) 상문살(喪門殺)의 작용

☞ 금년 해운 두 단계 앞의 지지(己卯년이면 巳가 상문살)

○ 일지나 연지로 보며 몸이 아프거나 상복을 입게 된다.

○ 사망, 누적, 중지, 정지, 마비, 침체, 시체, 매몰, 불기(일어나지 못함)

- 상문살이 있으면 활동적인 것은 안 된다.

- 년과 시지가 상문이면 양쪽에 시체가 있는 격이니 빚잔치를 하는 격이다. 양쪽 다리에 신경통이 생긴다. 좌우 한쪽이라도 상문살이 들면 그쪽 다리를 못 쓴다.

- 정관운에 상문살이 들면 고생은 하지만 걱정할 것은 없다.

- 시지에 상문살이 들면 쫓겨나는 격이다. 시체를 치우려고 돌아다니는 격이다.

## 16) 조객살(弔客殺)의 작용

☞ 금년 해운 두 단계 전의 지지(戊辰년 이면 寅이 조객살)

○ 집안에 풍파가 있거나 재물 손해, 몸을 다치거나 상복을 입게 된다.

○ 부의, 찬조금, 문상객이다. 구차한 사람이 찾아와서 대접을 강요당하는 일들이 생긴다.

○ 조객살이 많으면 사업 확장으로 손님이 많아 대성황(개업 의사면 조객은 환자)한다.

## 17) 단교관살(斷橋關殺)과 급각살(急脚殺)

| 월    지 | 寅 | 卯 | 辰 | 巳 | 午 | 未 | 申 | 酉 | 戌 | 亥 | 子 | 丑 | |
|---|---|---|---|---|---|---|---|---|---|---|---|---|---|
| 단교관살 | 寅 | 卯 | 申 | 丑 | 戌 | 酉 | 辰 | 巳 | 午 | 未 | 亥 | 子 | 풍치 |
| 급 각 살 | 亥 子 | | | 卯 未 | | | 寅 戌 | | | 丑 辰 | | | 충치 |

○ 단교관살과 급각살은 일지가 작용이 가장 강하고, 넘어지거나 낙상하여 수족을 골절상을 당하는데 살이 왕하면 소아마비, 절름발이, 온몸에 흉터가 생기게 된다.

○ 이 살이 흉살과 동주하여 모이면 신체 불구가 되기 쉽다.

## 18) 곡각살(曲脚殺)

☞ 사주에 乙己巳丑이 있음을 말한다.

○ 곡각살이 있는데 형충해가 있고 사주가 편고하면 수족에 결함이 있다.

## 19) 괴강살(魁罡殺)의 작용

☞ 庚辰   壬辰   庚戌   戊戌

○ 괴강성은 길흉이 되는데 모든 길흉을 극단으로 작용한다. 하수구나 불모지를 뜻한다.

○ 용감, 총명, 과단, 괴벽, 결백성이 특징이며 대중을 제압하며 통솔력이 능하다.

○ 괴강이 3개 이상 있으면 부귀하며 대길하다. 미인이며 겸손하다.

○ 남자는 강폭하고 청렴결백하며, 일주 괴강에 타주에 중첩하면 대권을 장악한다.

○ 여자는 남자 기질로 고집이 세고 과부 팔자이다. 남편과 불화가 있고 천업에 종사한다(술집, 서비스업).

○ 괴강 사주면 병이 자주 침범하며 생이별을 한다. 서민적인 일 무엇이든 할 수 있는 사람이다.

○ 괴강 일주면 강성살(剛星殺)이라 하여 타살을 당하는 경우가 있다(인내심 필요).

  - 여자는 질투심과 생활력이 강하다. 그러나 일주천간이나 지지합이 되면 작용이 상실된다.

○ 괴강이 운세 초에 있으면 선대 몰락으로 보며 머리는 영리하다.

○ 신왕운은 길하고 충은 대기하며, 재관운도 흉하다.


## 20) 장성살(將星殺)의 작용 - 子 午 卯 酉

| 日 支 | 寅午戌 | 申子辰 | 巳酉丑 | 亥卯未 |
|---|---|---|---|---|
| 將 星 殺 | 午 | 子 | 酉 | 卯 |

○ 삼합의 가운데 자가 장성살이 되며 12운의 제왕지이다.

○ 문무의 큰 벼슬자리에 올라 두령급이다.

○ 재성과 같이 있으면 재정 관리자이다.


## 21) 화개살(花蓋殺)의 작용 - 辰 戌 丑 未

| 日 支 | 寅午戌 | 申子辰 | 巳酉丑 | 亥卯未 |
|---|---|---|---|---|
| 華 蓋 殺 | 戌 | 辰 | 丑 | 未 |

○ 삼합의 끝 자가 화개살이 되며 12운의 묘지이다.

○ 문장이나 예술, 재주에 능하고 어질다.

○ 인수와 같이 있으면 큰 학자가 된다.

○ 華蓋 있는 곳에 공망이 되면 성공하지 못하고 객지에서 풍파가 많다.

○ 年이면 사회적으로 명망이 높다.

○ 月이면 형제지간이 출세한다.

○ 時이면 천재적인 머리를 가지고 있고 자손이 출세한다.

○ 대운, 소운에서 만나면 문관은 직장을 옮기고, 무관은 직장 낙직, 평인은 파재 및 부부 이별
  이 있다.

## 22) 공방살(空房殺)의 작용

○ 일주와 똑같은 간지를 대운, 소운에서 만나는 경우

  - 부부간에 신액이 생기거나 배우자 해외 체류 또는 국내에서 타지로 간다.

  - 장기근속으로 별거수가 있다. 작첩, 작부 등으로 이별수가 있다.

○ 일간합을 대운, 소운에서 기혼자가 만나도 공방 작용을 한다.

## 23) 과숙살(寡宿殺)의 작용

- 亥子丑 ☞ 戌,  寅卯辰 ☞ 丑,  巳午未 ☞ 辰,  申酉戌 ☞ 未

◆ 년지나 일지를 주동해서 본다(合이 되면 작용 쇠약).

◆ 년지 주동 과숙일 때(12운성의 길성이 들면 이별 정도)

○ 년에 있으면 부모운이 나쁘다(남녀 동일).

○ 월이나 시에 있으면 부부, 자녀와의 인연이 불길하다(남녀 동일).

○ 일에 있으면 남자는 부부 이별, 여자는 상부하여 과부가 된다.

○ 남녀 과숙살이 있는 사주 기둥에 화개살 동주면 중이 될 팔자이다.

○ 과숙살이 역마살과 동주되면 과부가 된 후 객지에서 많은 남자와 연정을 맺으며 풍파가 있
  고 허송세월을 한다(남자도 동일하게 작용한다).

○ 사주 년지 주동 여자가 과숙년을 만나면 과부운, 재산 실패

          〃       남자가       〃       질병 침범, 부부 불화, 가정 불화

## 24) 고신살(孤身殺)의 작용

◆ 年支주동 - 亥子丑 ☞ 寅,  寅卯辰 ☞ 巳,  巳午未 ☞ 申,  申酉戌 ☞ 亥

○ 合이 되면 작용 쇠약

  - 남자에 있으면 상처하며 고독하다. 여자에 있으면 생이별 또는 별거를 한다.

○ 년지를 주동해서 일지 고신이면 상처 아니면 생이별을 한다.

○ 사주 년지가 고신년을 만나면 - 남자는 상처 또는 부부 이별, 사업 실패

  - 여자는 남자 관련 근심 발생, 간부가 생겨 망신운

◉ 궁합 볼 때

○ 남자 년지와 여자 일지를 연결, 고신이면 상처 및 대흉운

　　남녀 동일하게 고신살이 있으면 상처 및 이별


## 25) 고란살(孤鸞殺)

☞ 甲寅, 乙巳, 丁巳, 戊申, 辛亥(己酉, 丙午, 戊午, 壬子) - 여자에게 적용

○ 남편과 애정 생활이 원만하지 못하거나, 남편이 무력해 자신이 직업을 갖는다.

○ 辛亥, 己酉 일생은 남편보다 자식에 대한 애착이 많아 부부 사이가 멀어진다.


## 26) 도화살(桃花殺)의 작용

| 日　　支 | 寅午戌 | 申子辰 | 巳酉丑 | 亥卯未 |
|---|---|---|---|---|
| 桃花殺 | 卯 | 酉 | 午 | 子 |


○ 삼합되는 첫 글자의 다음이 도화살이다.

○ 일이나 시에 도화가 있고 양인살이면 배은망덕하며 교활하고 음탕하다.

○ 도화살이 있으면 남자는 호색가. 여자는 풍류를 좋아한다.

○ 여자 사주에 도화살과 역마살이 동주하면 음란하고 정부와 타향으로 도망간다.

○ 도화가 공망이면 더욱 길하다. 일간을 극하는 오행(官星)이면 복이 있다.

○ 음일간인데 극해오는 오행이 양(正官)이 되면서 도화살이 있으면 재복이 있다.

○ 일주 위주로 세운이 도화살이 되면 남녀가 바람피우며 재산에 손재가 많다.

○ 세운을 위주로 일지가 도화살이 되면 부부는 이별한다. 남자는 첩, 여자는 간부를 두는 수다.

○ 일주 위주로 대운, 소운에 도화살이면 공직자는 비밀이 탄로가 나서 예측할 수 없는 일을
　　당하며, 평인은 주색으로 파재, 고생한다.

○ 여명에 편관도화면 박복하고, 정관도화 동주하면 복록이 많다.

◉ 궁합 볼 때

○ 年끼리 도화면 결혼 후 되는 일이 없고, 남편의 앞길이 막힌다.

○ 月　　〃　　결혼 후 남자의 부모, 풍파 시작

○ 日　　〃　　남자는 춤추고, 여자는 간부 두고 부부 풍파

○ 時　　〃　　자손 불충, 가산 탕진, 학업 중단, 덕 없는 자손을 둔다.

도화의 분류

| 印綬桃花 | 첩모 봉양, 모친 정이 부족(이별, 재가) |
|---|---|
| 比劫桃花 | 탈재, 파산, 탈부 |
| 食傷桃花 | 삭관구설, 여명은 자녀가 호색연애 |
| 財祿桃花 | 취재, 소실축재, 인처치부, 부친풍류 |
| 正官桃花 | 승진, 남명은 자녀가 호색연애, 여명은 연애결혼, 부군작첩 |
| 殺星桃花 | 관재, 신병, 남명은 자녀 호색, 여명은 부군무덕 |
| 日支桃花 | 年基準, 작첩 동거, 여색구설, 여명은 사통, 부군작첩 |
| 月令桃花 | 年基準, 모친 재취, 모 외 유모, 이복형제, 부부 불미 |
| 偏野桃花 | 年基準하여 時, 기생 팔자, 향락, 유부 인연, 유랑 인연 |
| 園內桃花 | 日基準하여 月, 환경 불미, 유부남, 유부녀 사통 |
| 倒揷桃花 | 日基準하여 年(예☞ 年支卯에 寅午戌月日時), 연상 여인, 노랑 인연, 조달풍류, 간사, 시기심이 많다. |
| 刑殺桃花 | 도화에 형살이면 여난으로 관재구설, 성병, 주색 패가 |
| 滾浪桃花 | 간합지형으로 황음성병, 여명은 창녀, 남명은 여자로 인한 원한 |
| 流年桃花 | 일간합년으로 관재, 이성으로 구설, 처로 인해 재패 |
| 桃花生旺 | 용모 수려, 인후다정 |
| 桃花死絶 | 교활, 황음, 배은망덕 |
| 桃花空亡 | 자제극기, 봉충이면 음동 |
| 桃花羊刃 | 학문 연구, 신체 허약, 호색손명 |

## 27) 홍염살(紅艶殺)

| 日　干 | 甲 | 乙 | 丙 | 丁 | 戊 | 己 | 庚 | 辛 | 壬 | 癸 |
|---|---|---|---|---|---|---|---|---|---|---|
| 紅艶殺 | 午 | 午 | 寅 | 未 | 辰 | 辰 | 戌 | 酉 | 子 | 申 |

○ 홍염살은 성격이 다정다감해 눈웃음과 추파를 잘 던지며 외정을 즐기며, 허영과 사치를 좋아한다.

○ 여명은 남편궁이 나쁘며 통정으로 사생아를 낳기도 한다.

## 28) 역마살(驛馬殺)의 작용

| 年日支 | 寅午戌 | 亥卯未 | 申子辰 | 巳酉丑 |
|---|---|---|---|---|
| 驛馬殺 | 申 | 巳 | 寅 | 亥 |

○ 떠나는 것을 말하며 조출타향

○ 他支와 支合이 되면 길해져서 매사 吉, 그러나 변함없이 떠돌이 신세

○ 驛馬가 冲, 破, 害를 당하면 객지에서 타향 신세며 풍파 많다.

○ 年에 있으면 다사분주, 月에 있으면 객지에서 고생

○ 時有면 자손과 이별, 객지에서 고독, 年支主動해서 日支有면 부부 별거, 이별

○ 사주 년지를 주동해 태세가 역마가 되면 외국에 가든지 직업 변화가 있다.

    〃 월      〃      이사 아니면 새집을 짓는다.

    〃 일      〃      부부 이별, 처 도망, 간부 두는 처

    〃 시      〃      자손을 잃어버리거나 무단가출을 한다.

○ 대운, 소운에서 역마운일 때 장생이나 제왕이면 승진 발달

◉ 궁합 볼 때

○ 年끼리면 직업을 따로 가지고 협력 吉, 부부 별거, 이별

○ 月 〃 형제지간 행방불명 또는 객사하는 형제가 많다.

○ 日 〃 부부간 별거

○ 時 〃 인생 종말을 객지에서 보내게 된다.

## 29) 양인살(羊刃殺)의 작용

| 일지 | 甲 | 乙 | 丙 | 丁 | 戊 | 己 | 庚 | 辛 | 壬 | 癸 |
|---|---|---|---|---|---|---|---|---|---|---|
| 양인 | 卯 | 辰 | 午 | 未 | 午 | 未 | 酉 | 戌 | 子 | 丑 |

○ 陽干을 羊刃, 陰干은 陰刃이라 하고 그 작용력이 약하며, 기술성으로 작용한다.

○ 강열, 횡폭, 불세출, 열사, 여걸, 대부귀, 통치권 등을 뜻하며, 난폭하나 뒤는 깨끗하다.

○ 양인은 특수 기능자, 군인, 경찰, 운동선수, 청부, 의사 등의 직업에 종사한다.

○ 양인이 편관과 장성을 만나면 군권과 형법, 사법권을 손에 쥔다.

○ 양인이 중첩하면 안하무인이고 비사교적이며, 관재구설, 극부, 극처, 극자한다.

○ 년지면 조업을 파하고 초년 풍파, 은혜를 원수로 갚는다. 월지면 비굴한 성질이 있다. 일지 양인이면 작용이 약하다. 시지면 말년에 재화, 처자를 해치고 고독하다.

○ 양인은 칠살과 인수를 반기며 칠살은 양인을 기뻐한다. 양인은 殺과 印이 합하여 제어해야 대권을 잡고 위용을 떨친다.

○ 四支 중 삼지(年, 月, 時)면 농아나 맹아가 많다.

○ 양인과 삼합되면 타향살이

○ 양인공망은 거짓말쟁이, 상관동주와 형충되면 악사, 목욕동주면 악질로 고생한다.

○ 양인과 비견 동주는 처, 재물, 부친을 극하고 자기 재산을 탕진한다.

○ 양인이 겁재 또는 상관과 같이 있으면 말년에 재난

○ 양인이 인수와 같이 있으면 명예는 득하나 질병으로 고생

○ 양인이 정재와 같이 있으면 재물 다툼으로 명예 손상

○ 양인의 위의 천간이 겁재 또는 상관이 되면 말년에 재난, 패가망신

○ 양인과 인수, 편관, 식신성은 조화를 이뤄 운명이 좋아진다.

○ 남자가 2개 이상이면 처궁이 불길하고, 여자가 2개 이상 있으면 음란하여 망신

○ 여자 사주에 양인과 상관이 같이 있으면 남편이 횡사

○ 일간을 주동해서 양인이 드는 해는 사업 실패, 낙직, 관재구설, 수술하는 운

○ 대운, 소운에서 양인을 만나면 남자는 중혼살로 재혼, 여자는 재가하거나 바람난다.

● 궁합 볼 때

○ 남자 일천간이 여자 일지를 양인할 때 이미 결혼을 피해로 간주해서 무관

○ 여자 일천간이 남자 일지를 양인할 때 남편 신상에 흠, 아니면 단명

## 30) 비인살(飛刃殺)

| 일지 | 甲 | 乙 | 丙 | 丁 | 戊 | 己 | 庚 | 辛 | 壬 | 癸 |
|------|----|----|----|----|----|----|----|----|----|----|
| 비인 | 酉 | 戌 | 子 | 丑 | 子 | 丑 | 卯 | 辰 | 午 | 未 |

○ 비인은 양인과 충되는 지지이며, 작용은 양인과 비슷하나 그 힘은 약하다.

○ 비인이 있으면 무슨 일에 열중하기는 쉬우나 쉽게 싫증을 느끼며 지속성이 없다.

○ 모험과 투기심이 강해 일시 요행을 얻어도 오래 못 가며 끈기가 없어 실패한다.

## 31) 탕화살(湯火殺)

☞ 寅, 午, 丑일생이다(日干이 陽干이면 寅, 午, 陰干이면 丑).

○ 탕화살이 있으면 끓는 물이나 불에 화상을 입거나 음독이나 화재를 당한다.

    ① 인일생은 사나 신자가 있을 때  ② 오일생은 진오축자가 있을 때

    ③ 축일생은 술미오자가 있을 때  ④ 지지가 모두 화국으로 이루어졌을 때


## 32) 백호살(白虎殺)의 작용

◆ 백호살 - 甲辰 戊辰 丙戌 壬戌 丁丑 癸丑 乙未

○ 백호살은 피 흘리는 살로 암, 총사, 자살, 횡사, 객사, 피살, 악병사, 산망, 각혈, 교통사고, 사망 등을 겪게 된다. 흉성과 중복되거나 형충되면 화가 크다.

○ 해당 육친이 당하며, 남자는 관성이 백호면 자녀 액 주의

○ 여자는 식상이 백호면 자녀 및 자궁, 생식기, 유방 등의 손상이나 질병을 앓는다.

○ 신강한 사주에 격이 좋으면 군인, 경찰, 검찰 등의 무관으로 출세한다.

○ 年에 있으면 조상이 악사 또는 조별

○ 月柱면 부모나 형제 악사

○ 日柱면 부부간에 상부, 상처

○ 時柱면 자손이 악사

○ 歲運에서 같은 白虎를 만나면,

    ① 年柱면 사회적으로 흉운  ② 月柱면 부모, 형제가 흉운

    ③ 日柱면 부부, 첩 등이 흉운  ④ 時柱면 자손이 흉운

◉ 궁합 볼 때

○ 남녀 동일하게 살의 일주끼리 만나면 부부간 흉사, 사별을 한다.


## 33) 태백살(太白殺)

☞ 寅申巳亥年은 酉, 子午卯酉年은 巳, 辰戌丑未年은 丑

○ 매사 불성하고 파재, 분산, 낭비가 많다. 택일 시 개업일, 혼인일을 피해야 한다.

○ 생왕하고 귀격이면 인품이 관대하고 도량이 넓으며 결단성이 있는 등 길하다.

○ 사절을 만나고 천격이면 달변이나 간사하고 독설을 품으면 해를 당한다.

## 34) 과살(戈殺)

○ 戊戌이 日이나 時에 있으면 몸에 상처가 있고 중상, 중병을 앓게 된다.

## 35) 혼파살(婚破殺)의 작용

○ 四柱 月支가 現大運을 破할 때- 혼인을 파하는 살

☞ 子酉 丑辰 寅亥 午卯 戌未 巳申 - 월지와 대운지가 파가 될 때

## 36) 음욕살(陰欲殺)의 작용

○ 四柱 日支와 歲運支가 같은 자(字)를 만날 때 - 바람피우고 애인 생기는 살

## 37) 복음살(伏吟殺)의 작용

○ 日支와 現大運과 같은 字를 만날 때 ☞ 대흉운으로 손해 발생 및 파재, 부부 이별

## 38) 효신살(梟神殺)의 작용

◆ 일지 - 甲子 乙亥 丙寅 丁卯 戊午 己巳 庚辰 庚戌 辛未 辛丑 壬申 癸酉

○ 사주 중 日柱로 본다(年柱를 주동 空亡이면 작용력 없다).

○ 일찍 모친과 사별하거나 이별하게 되고 또는 서모나 큰어머니가 있을 수 있다.

○ 月支, 日支가 동시에 偏印이면 편모슬하에서 자라기 쉽고, 月支 偏印이 日支沖이면 일찍 어머니와 사별한다.

○ 日柱와 같은 歲運을 만나면 분가나 사업을 시작하나, 손재나 사기를 당하거나 부부가 이별한다.

◉ 궁합 볼 때

○ 남녀가 梟神殺 日柱를 만나면 주동하려는 고집이 있어 언쟁이 많고 결국은 이별한다.

## 39) 천라지망(天羅地網)

☞ 戌逢亥, 辰逢巳

   (1) 丙丁日이 戌亥를 보면 天羅가 되고 壬癸日이 辰巳를 보면 地網이 된다. 日支에 戌이나 辰이 있으므로 완전한 天羅地網이 된다고 한다.

   (2) 천라지망은 사물을 강제적으로 억압, 통제, 구속, 고정시켜 놓는 것으로 범인이나 죄인

을 구치소에 수감하거나 교도소에 복역시키는 작용에 해당한다.

(3) 감금, 구속, 관재구설, 시비, 송사를 당해보고 혹은 납치되기도 하며, 여명은 파혼 및 극
    자지액이 있다.

(4) 천라지망이 있는 사람은 활인업에 많이 진출하는데 교도관, 경찰, 헌병, 수사관, 법관,
    의사, 역술인, 종교인, 약사, 간호사 등이 많다.

(5) 천라지망살은 五行墓絶地로 남자는 天羅를 忌하고, 여자는 地網을 忌한다.

※ 日과 時에 가장 나쁘다. 30년 살이다. 그러나 부부가 같이 만나면 잘 산다.


## 40) 남녀 생사별의 일주

◆ 日柱 - 甲寅, 乙卯, 乙未, 丙午, 戊申, 戊戌, 戊辰, 己丑, 庚申, 辛酉, 壬子

○ 月柱에 있으면 외상 및 병신이 된다.

○ 남자 日柱에 있으면 妻가 早死, 여자 일주에 있으면 남편이 早死

○ 日柱에 있는 사람이 동일한 세운을 만나면 부부가 생이별, 사별한다.


## 41) 수액살(水厄殺)

○ 물에 빠져 죽지 않으면 죽을 고비를 겪는다(수액년).

○ 월지 기준 – 1월, 2월, 3월생으로 寅時 出生

  - 4월, 5월, 6월생으로 辰時 出生

  - 7월, 8월, 9월생으로 酉時 出生

  - 10월, 11월, 12월생으로 丑時 出生


## 42) 맹인살(盲人殺)

○ 봉사 아니면 눈에 이상이 있다. 부부가 맹인살이면 맹인 자식이 태어난다.

○ 月支 기준 – 1월, 2월, 3월생으로 酉일 또는 酉時 出生

  - 4월, 5월, 6월생으로 辰일 또는 辰時 出生

  - 7월, 8월, 9월생으로 未일 또는 未時 出生

  - 10월, 11월, 12월생으로 戌일 또는 戌時 出生


## 43) 백일살(百日殺)

○ 백일 내 죽지 않으면 죽을 고비를 넘긴다.

○ 月支 기준 _ 1월, 2월, 3월, 4월 출생자는 辰戌丑未日이나 時 출생

  - 5월, 6월, 7월, 8월 출생자는 子午卯酉日이나 時 출생

  - 9월, 10월, 11월, 12월 출생자는 寅申巳亥日이나 時 출생

## 44) 농아살(聾兒殺)

○ 귀머거리 아니면 귀에 이상이 있다. 부부가 농아살이 있으면 농아 자식이 태어난다.

○ 年支(띠) 기준 - 寅午戌생은 卯시 출생, - 申子辰생은 酉시 출생

  - 亥卯未생은 子시 출생- 巳酉丑생은 午시 출생

## 45) 병신살(病身殺)

○ 병신 아니면 몸이 아프다. 부부가 병신살이 있으면 병신 자식이 태어난다.

○ 乙巳일이나 乙巳시 출생, 乙未일이나 乙未시 출생, 己巳일이나 己巳시 출생

## 46) 신체(身體) 파괴살(破壞殺)

○ 水日土 칠살(偏官)은 聾, 鼻○ 金日火 칠살(偏官)은 肺經

○ 火日水 칠살(偏官)은 盲人○ 木日金 칠살(偏官)은 腰痛症

○ 土日木 칠살(偏官)은 疾病多

# 3. 삼재팔란(三災八難)

☞ 삼재란 12년 만에 한 번씩 돌아오는 흉신으로 8가지 난을 발생시킨다. 삼재는 누구나 3년
   씩 머물다 나가고 12년마다 돌아온다.

○ 삼재란?

   ① 수재(水災) ② 화재(火災) ③ 풍재(風災)를 말하고

○ 팔란이란?

   ① 손재난(損財難) ② 주색난(酒色難) ③ 질병난(疾病難) ④ 부모난(父母難)

   ⑤ 형제난(兄弟難) ⑥ 부부난(夫婦難) ⑦ 관재난(官災難) ⑧ 실직난(失職難)을 말한다.

○ 대운, 세운 등이 좋을 때 들어오면 복삼재요, 운이 불길할 때 들어오면 악삼재라 한다. 악삼

재일 때는 관재구설, 파재, 상복, 병액 등 흉액을 겪는다.

◆ 삼재 조견표

| 생 년 | 寅午戌 | 申子辰 | 亥卯未 | 巳酉丑 |
|---|---|---|---|---|
| 삼재년 | 申酉戌 | 寅卯辰 | 巳午未 | 亥子丑 |

○ 세년을 기준으로 하여 三合局에 해당되는 띠(生年)가 삼재에 입명된다.

○ 복삼재: 삼재 기간 중에 사주에 합이 함께 있으면 복삼재라 하며 복삼재 기간 중에는 오히려 좋은 일이 발생한다. 즉, 삼재 해당 년도와 사주 일지와 합이 되면 그해는 복삼재가 되어 좋은 운이 된다.

  예) 丁丑年歲運인데 삼재 해당자의 일주가 乙酉이면

▷ 酉丑 반합으로 복삼재가 되니 오히려 좋다. 단, 해당자는 신강 사주여야 한다.

  만약, 신약자이면 金局을 이루어 木을 극하니 직업이나 건강이 상한다.


# 4. 대장군방(大將軍方)

| 大將軍方 ☞ 歲年基準 | 亥子丑年 | 申酉戌☞ 西方3年 |
|---|---|---|
| | 寅卯辰年 | 亥子丑☞ 北方3年 |
| | 巳午未年 | 寅卯辰☞ 東方3年 |
| | 申酉戌年 | 巳午未☞ 南方3年 |

○ 세년을 기준으로 하여 방합국으로 본다.

○ 일주를 기준으로 하여 대장군 방향에 해당되는지를 확인해야 한다.

○ 대장군 방향에는 대장군살이 있으니 혹 건축을 하거나 집을 수리할 때 대장군 방향으로는 신축이나 보수를 하지 않아야 한다.

# 5. 삼살방(三殺方)

| 三殺方 ☞ 歲年基準 | 寅午戌年 | 亥子丑 ☞ 北方 | 日柱와 刑 |
|---|---|---|---|
| | 亥卯未年 | 申酉戌 ☞ 西方 | 冲破害되면 |
| | 申子辰年 | 巳午未 ☞ 南方 | 삼상방으로 |
| | 巳酉丑年 | 寅卯辰 ☞ 東方 | 가지말것 |

○ 삼살방이란 삼합국이 되는 세년을 기준으로 하여 극되는 방합국이다.

  즉, 삼살방은 삼합국이 되는 오행과 극되는 방향에 살이 끼어 있는 것을 말한다.

▷ 삼살방 방향으로는 장거리 여행 혹은 자동차 드라이버, 사업상 문서 계약을 할 때 동업자
  와 동행할 경우 자신에게 불리할 수 있다.

**예) 2000년일 경우**

      일주           세년

        戊             庚

        辰             辰

▷ 辰辰自刑殺이 들었으니 申子辰水局과 극하는 巳午未 남방으로는 여행이나 문서 계약
  등은 불길하다. 처덕은 있으나 부부궁은 좋지 않으니 항상 마음을 비우고 이해심과 넓은
  마음을 가져야 한다.

# 참고 문헌

**백암, 박서한**: 사주비경, 강의 교재, 2012

**김종현**: 운정비결(수리매화역수), 영강미디어출판, 2012

**한건희**: 매화역수와 구성학, 깁을타로개발원, 2017

**작자 미상**: 수리매화역수, 강의교재, 한국

**김수길, 윤상철**: 매화역수, 대유학당, 1996

**임석진**: 철학사전, 중원문화, 2009

**최태경**: 동아메이드국어사전, ㈜두산동아, 1996

**작자 미상**: 十二宮數理進學, 대만

**何建忠**: 八字心理推命學, 千古八字秘訣總解, 대만

**偉千里**: 命學講義, 八字倨要, 중국

# 매화역수

**1판 1쇄 발행** 2022년 12월 5일
**1판 3쇄 발행** 2024년 2월 8일

**저자** 안조영

**교정** 주현강  **편집** 김다인  **마케팅** 김혜지

**펴낸곳** 하움출판사  **펴낸이** 문현광

**이메일** haum1000@naver.com  **홈페이지** haum.kr
**블로그** blog.naver.com/haum1000  **인스타그램** @haum1007

**ISBN** 979-11-6440-212-0(03180)